国学
经典
文库

图文珍藏版

聚集人生哲理智慧　荟萃儒家文化经典

孟子

诠解

〔战国〕孟子◎原著　马博◎主编

线装书局

三十九、谋取私利

【释义】

设法取得私人方面的利益。

【故事】

孟子认为,片面强调私利,人人都将站在自己的立场上考虑问题。只有提倡仁义,才能涵盖众人的共同利益,使社会得到安定。

对此,孟子的弟子万章问道:"什么是仁和义呢?"

孟子解释道:"人都有不忍心做的事,把它推及于所忍心做的事上,这就是仁,人都有不愿做的事,把它推及于所愿意做的事上,这就是义。人若能扩充他不想害人的心,那么他的仁就用之不尽了。人若能扩充他不挖洞翻墙的心,那么他的义就用之不尽了。人若能扩充不受人轻贱的行为,则无论到哪里都不会不行义。与之相反,士人若不可以言谈却与之言谈,这是以言辞诱惑他以便自己谋取私利;而可以言谈的却不与之言谈,这是以沉默诱惑他以便自己谋取私利,这些都与挖洞翻墙的行为无异。"

万章听了孟子的解释后体会到:那卑鄙、狡猾、自以为得计的"不义"思想,确实是和人所共同鄙视的小偷行为一样的可耻。

四十、茅塞顿开

【释义】

形容闭塞的思路,由于得到了某种事物的启发,豁然开朗。明白了事物的内在含义。

图文珍藏版

【故事】

孟子有一个学生名叫高子，他向孟子学习知识，但是经常是三天打鱼，两天晒网，后来甚至半途又改学别的。因此，孟子做了一个恰当、生动的比喻：学习要循序渐进，一步一个脚印，正如小溪走成大路一样，不断得到提高；如果学习中断，正如熟路变成荒径、茅草丛生一样。现在，茅草堵塞了你的心。

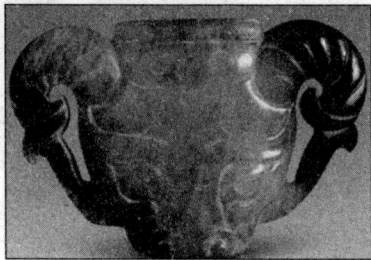

白玉牛首

高子听了孟子的教导，顿开茅塞，认识到学习知识一定要持之以恒。后来他迷途知返，认真学习知识，终于成为一位著名的学者。

四十一、藐视大人

【释义】

轻视，小看诸侯。大人，指诸侯。

【故事】

孟子为了实现"仁政"理想，以"舍我其谁"的气魄，"任重道远"的使命感，在各诸侯国之间奔走呼号。当时在各诸侯国之间游说的说客很多，他们有的专搞权谋机诈，有的一味逢迎拍马。而孟子却始终保持自己的独立人格，从不拿原则做交易。张仪、公孙衍是当时两个很会投机取巧的游士。有一次，孟子的弟子问孟子："张仪、公孙衍那样的人，说出话来在诸侯之间举重若轻，难道不是大丈夫吗？"孟子轻蔑地回答道："他们算什么大丈夫？没有一贯的政治主张，只会一味顺从附和，他们只是小媳妇罢了。富贵不能淫、贫贱不能移、威武不能屈，这才是大丈夫的精神！"

孟子傲然藐视那些高高在上的王侯，公然提出"民贵君轻"的口号，痛斥那些暴君为独夫民贼。他说："游说大人物，就得从心底里藐视他们，别把他们那高高在上的臭架子放在眼里。他们的殿堂好几仞高，他们的屋檐好几尺宽，我一朝得志，不会这样做。他们面前的菜肴足足摆满一丈见方，侍候的姬妾几百人，我一朝得志，不会这样做。他们酗酒狂欢，纵马射猎，跟随的车子上千辆，我一朝得志，不会这样做。他们所有的，都是我所不屑为的；我所拥有的，都符合古时的法度，我为什么要畏惧他们那臭架子呢？"由于孟子敢于藐视任何大人物，尤其是脑满肠肥、不学无术的大人物，弄得那些君主们狼狈不堪，威风扫地。

四十二、民贵君轻

【释义】

人民比君主更重要。这是民本思想。

【故事】

春秋时郑国杰出的政治家子产，主持郑国的国政，用自己的座车在溱水洧水边帮助别人过河。孟子评论说："待人有恩惠，却不懂得抓纲治国。在十一月，搭好走人的便桥，十二月，修好了走车的桥梁，百姓就不会为渡河而发愁了。一个大政治家，抓好自己的政务，他出巡，鸣锣开道都可以，哪能一个个地帮人渡河呢？所以，执政者要一个个地去讨人欢心，那时间就会永远不够用了。"

接着，孟子又讲了国君、社稷和人民的关系，他说："民众最为重要，其次是土地神和谷神，国君最轻。因此，赢得万民之心的人做天子，赢得天子之心的人为诸侯，赢得诸侯之心的人做大夫。如果诸侯危害到社稷，就改立诸侯；用于祭祀的牲口已是肥壮合乎标准，盛在祭器中的黍稷也已洁净，就按时进行祭祀，然而仍有水旱灾害，就改立土地神和谷神。"

从孟子的这段话中可以看出：如果天子得罪人民，由实行王道、受到人民拥戴的诸侯代表人民的意志来替换他。

四十三、君子之忧

【释义】

指君子的忧虑。孟子说,君子有终身之忧,无一朝之患也。君子的忧虑在忧国忧民。

【故事】

孟子认为君子应该严格要求自己,不断提高自己,用自我检查的方法克服从外界所遭受的委屈、困难,决不因此动摇自己的意志。因此,他说:"君子和常人的区别,就在于他的存心。君子把仁爱存于心,把礼让存于心。仁人爱护他人,有礼的人尊敬他人。爱他人的心常常被人爱护,敬他人的人常常受人尊敬。假如这儿有个人,他蛮横粗暴地对待我,那么君子必定会反躬自省:我一定是不仁,一定是无礼,否则怎么会发生这样的事呢?他反省做到了仁,反省做到了有礼。而那人的蛮横粗暴依然如故,君子再反躬自问:我一定是不忠,自省做到了忠。而那人的蛮横粗暴不变,君子就认为:这不过是个狂人而已。像这样,与禽兽有何区别?对禽兽又有什么可计较、责难的呢?因此君子有终身的忧虑,而没有一时的担心。至于他所忧虑的事情比如有:舜是人,我也是人。舜为天下做了榜样,可以传到后世,我则还不免是个乡里的普通人,这才是我值得忧虑的。忧虑这些又怎么办呢?向舜学习就行了。至于君子担心的事就没有了。不仁的事不干,无礼的事不做,即使有一时的祸患,君子也不用担心的。"

孟子就这样从爱和敬两方面达到自己最大限度的努力,思想上就会轻松愉快,放下包袱,做一个名副其实的君子。

四十四、君子志道

【释义】

包含两层意思:一方面指基础要扎实,要循序渐进。逐步通达;另一方面指立志要高远。胸襟要开阔。

【故事】

泰山别名岱宗,是五岳之首。有一年,孔子游历泰山,看到它突立在郁郁葱葱、莽莽苍苍、一望无际的齐鲁大地上。泰山神奇秀丽,山峰巍峨,把山北山南的傍晚和早晨的景色分割了开来。孔子在泰山脚下,先远看近望,之后又注目观景,只见山中云气迷漫,层出不穷,看了觉得胸襟也为之激荡开阔。孔子一直观赏到傍晚还舍不得离开。因此,他下了决心,一定要登上泰山顶峰,那时去看周围所有的山峰,便都在泰山脚下而显得又矮又小了。因此,孟子根据孔子登泰山的经过,展开丰富联想:把所谓"圣人之门"比作海,见过海的觉得寻常沟池的水太不够了,进入"圣人之门"的,觉得"一家之言"不够味了。于是,孟子说:"孔子登临东山便觉得鲁国小了,登临泰山便觉天下小了。所以观看过大海的人很难再为一般的水流动心,游学于圣人之门的人很难再为一般的言辞动心。观水有观水的方法,一定要观赏它壮阔的波澜。日月有光辉,能透光的缝隙就一定能照到。流水这东西,不把坑坑洼洼填满就不再向前,君子有志于大道,不到一定的程度就不能通达。"

孟子就这样,通过登山观水的平常事情,深入浅出地说明了伟大的成就就是寻常的业绩,是有步骤、有条理的点滴积累,是通过坚持不懈的劳动来完成的。

四十五、劳心者

【释义】

劳心者是相对于劳力者而言的。劳心者,泛指脑力劳动者。劳力者泛指体力劳动者。

【故事】

孟子在滕国时,有个叫许行的人,他听说滕国的国君滕文公能实行仁政,就从楚国到滕国来,宣传自己的学说。

许行带了几十个门徒,都穿着粗麻布的衣服,靠打草鞋、织席子来生活。他们主张"君民并耕",强调国君应该跟老百姓一起种田来获取口粮,还要一面自己烧饭吃,一面兼做治理百姓的事。他认为滕文公没有这样做,所以算不得一位好国君。

陈相、陈辛两兄弟,本来是学儒家学说的,兄弟俩背了农具从宋国来到滕国,见到许行。他俩听了许行的主张十分佩服,完全抛弃了自己原来学的东西,转向许行学习了。

有一次,陈相碰到孟子,就大大地吹捧起许行来,孟子对许行的学说大为不满,同陈相展开了一场针锋相对的辩论。

孟子问:"许行一定要自己种粮食才吃饭吗?"

陈相回答说:"是这样的。"

"许行一定要自己织了布才穿衣服吗?"

"他只穿粗麻布衣服。"

"许行戴帽子吗?"

"戴的。"

"戴什么帽子?"

"戴白绢帽子。"

"是他自己织的吗?"

"不,是用粮食换来的。"

"许行为什么不自己织绢做帽子呢?"

"因为那样就会影响他干庄稼活。"

"许行也用锅子做饭,用铁器耕田吗?"

"对。"

"这些饮具和农具是他自己制造的吗?"

"不,是用粮食换来的。"

于是,孟子就发表议论说:"农夫用粮食换炊具和农具,不能算是损害瓦匠和铁匠,那么,瓦匠和铁匠拿炊具和农具来换粮食,难道能说是损害了农夫吗?而且许行为什么不自己烧窑、炼铁、做各种器械,把一切东西都储备在家中随时取用,而要一件一件地跟各种工匠去交换?为什么许行不怕麻烦呢?"

陈相回答说:"各种工匠的活儿本来就不是在种地的同时可以兼着干的。"

孟子抓住陈相的话来反驳,说:"那么,难道治理国家的事独独可以在种地同时去兼着干吗?事实上应该是各种事情都有分工,有君子的事务,有小人的事务。以一个人的生活来说,各种工匠的制品都不可缺少,如果一定要自己制作的才能使用,这是率领天下人在道路上疲于奔命。所以说,有的人动脑筋,有的人出力气,动脑筋的统治别人,卖力气的受人统治,受人统治的养活别人,统治别人的接受供养,这是天下通行的道理。"

四十六、乐以天下,忧以天下

【释义】

与天下人同乐,与天下人同忧。

【故事】

周慎靓王三年(公元前 318 年),孟子第二次出游齐国。有一天,齐宣王在自己的别墅雪宫中会见孟子。他观看着翩翩起舞的乐队,环顾四周美丽的园林风光,洋洋得意地询问孟子说:"有道德的贤人也会这样快乐吗?"孟子回答说:"有啊!谁有了这种美好的园林风光,都会感到十分快乐,不过一般的百姓享受不到这种快乐,便会埋怨国君了。百姓因享受不到这种快乐,就责怪国君,这当然是不对的。但作为国君不能与百姓共同欢乐,也是不对的。"于是,他提出了"乐以天下,忧以天下"这句名言,要求国君与民同忧同乐。他认为,"国君把百姓的欢乐当作自己的欢乐,百姓也会把国君的欢乐当作自己的欢乐;国君把百姓的忧愁当作自己的忧愁,百姓也会把国君的忧愁当作自己的忧愁。与天下人共同欢乐与忧愁,这样的国王还不能统一天下,是从来没有过的事情。"

为了说明这个道理,孟子引述了春秋时期宰相晏婴劝谏齐景公要与民同忧乐的故事:古代天子出游叫巡狩,是他的职责。他春天出游,是检查春播如何,对贫苦农户加以补助;秋天出游去考察收获,看看谁缺粮需要救济。而现在君王出游,兴师动众,寻欢作乐,乐而忘归,哪里想到百姓的痛苦呢?君王准备怎样出游,就得认真考虑了。

四十七、君臣相悦之乐

【释义】

国君和大臣相悦的音乐。在孟子看来,国君与天下百姓同乐同忧,才能实行王道。

【故事】

雪宫,是齐宣王的郊外别墅,其中有台、池、鸟、兽供人游览。齐宣王款待孟子住在雪宫。他夸耀以这样的娱乐胜地优礼孟子,于是问孟子道:"贤能的人也有这种快乐吗?"

孟子回答说:"有。如果人们得不到这种快乐,就要抱怨他们的国君。得不到这种快乐而抱怨他们的国君,是不对的;然而做人民的国君而不同人民共享快乐,也是不对的。国君以人民的快乐为自己的快乐,人民也会以国君的快乐为自己的快乐;国君以人民的忧愁为自己的忧愁,人民也会以国君的忧愁为自己的忧愁。国君与天下的人民同乐,与天下的人民同忧,如果这样做了还不能实行王道,是绝对不可能的。"

孟子为了证明自己言论的正确,他想到了齐景公有关娱乐的往事。他接着说:"以前,齐景公向晏子问道:'我想要到转附、朝儛两山去游览,然后沿着海岸向南行走,一直到琅邪。我应该如何做才能比得上先王的巡游呢?'"

"晏子回答说:'您问得真是好啊!天子到诸侯国去叫作巡狩——巡狩就是巡察各个诸侯国所拥有的疆土。诸侯向天子朝拜称作述职——述职就是汇报自己所担负的职责。没有不跟政事相联系的。春天去视察耕作而补助不足,秋天去视察收成而救助缺粮户。现在却不是这样,国君一出巡,就要下面筹粮筹款,因而饥民吃不上饭,劳动得得不到休息。人们愤怒地侧目而视,都抱怨国君的出巡,老百姓只得作恶做坏事。这种巡游违抗天命而虐待百姓,大吃大喝,挥霍浪费有如流水。这种流连逸乐的行径,让诸侯们都感到担忧。古代圣王没有流连忘返的游乐,也没有狩猎酗酒的行为。现在就要看大王作何种选择了。'"

齐景公听后很高兴,决心以古代圣王为榜样,在国都做了充分准备,然后到郊外住下来,拿出钱粮救济衣食不足的百姓,并让乐官创作君臣同乐的歌曲。

四十八、尽信书,则不如无书

【释义】

读书时应该加以分析,不能盲目地迷信书本,应当辩证地去看问题。

【故事】

《尚书·武成篇》记载着周武王讨伐商纣王的一段历史。在这段历史记载中,说到双方战争非常激烈,尤其是在殷商的都城朝歌以南约三十里的牧野地方展开的一场恶战,直杀得天昏地暗,"血流漂杵"。

杵,是古代舂米用的木棒。战场上的血,把舂杵都漂浮起来了,试想这是多大的伤亡呀!可是孟子却不相信这段记载,他说,"血流漂杵"的描写是夸张过度,不符事实的。他认为,伐纣的武王军队,是仁义之师,当时殷人都痛恨纣王,拥护武王,武王怎么会滥杀人民呢?而且纣王的军队,当时纷纷起义,武王很快就进入了朝歌,又怎么会展开那样激烈的战斗呢?所以《孟子·尽心篇》记载着孟子的这一段话,说:"尽信《书》,则不如无《书》。我对于《武成》那一篇,所取的不过两三页而已。仁义是无敌于天下的,以仁义之师讨伐最不仁义的暴君,怎么会流那么多血,甚至于'血流漂杵'呢!"

可见孟子并不一味迷信古书。但是,"血流漂杵"这句话,后来仍然保留了下来,人们用它形容战争中杀人之多,同"血流成河""血流成渠"等意思相仿。

孟子诠解

四十九、拒人千里

【释义】

形容傲气极大,不愿与人接近或毫无商量的余地。

【故事】

战国时,孟子门下生徒众多。有一次,鲁国国君鲁平公准备任用孟子的学生乐正子主持国政。对此,孟子喜出望外,高兴得一连几夜都睡不着觉。

公孙丑看到老师如此高兴,就问他说:"鲁平公任用乐正子主持国政,难道他真的很有本领吗?"孟子知道公孙丑的意思,回答说:"不是,如果论本领,他的确不如你。"公孙丑说:"那么,他考虑问题很全面吗?"孟子说:"不,也不如你。"公孙丑说:"他的见闻和知识比我多吗?"孟子说:"也不是。"公孙丑说:"那么先生为什么如此快乐,甚至还睡不着呢?"

孟子微微地笑了笑,沉吟了一会儿,才接着说:"他最大的长处是对人很好。"他见公孙丑摇了摇头,似乎不同意他的说法,就继续说道:"对人很好比天下所有的事情都重要,何况一个鲁国的事情! 如果一个人对人好,那么,四海之内的人都会聚集在他的身边,给他提出各种好的建议。相反,如果一个人对人很差,自以为是,那傲慢的声音和脸色就会拒人于千里之外! 别人说什么,他把脸一沉,说:'我早就知道了。'这样还能听到什么好的意见、建议呢? 相反,那些阿谀奉承之徒就会说长道短,搬弄是非,政治就会搞得一塌糊涂。这样,能够治理好匡家吗?"

公孙丑终于明白了老师的意思。

五十、掘井之譬

【释义】

比喻做事情要有始有终,决不能半途而废。

孟子主张仁义治国,他的学生问:"如何得到仁义呢?"

孟子回答说:"对仁义礼智,探求便会得到,放弃便会失去,这种探求有益于获得,因为所探求的对象存在于自身之中。"为了说明这种探求的程度,孟子就用了一个形象、生动的比喻:"探求仁义礼智,乃至做一切事情,好比掘井一样,井掘到九仞深,还看不见泉水,仍是一口废井。"

这个学生听后,明白了探求仁义一定要有真心,要有始有终,决不可半途而废。

五十一、教以人伦

【释义】

用伦理道德教化百姓。

【故事】

周显王四十七年(公元前 322 年),孟子受滕文公的聘请而前往滕国。孟子在滕国期间,多次与滕文公交谈,积极劝告滕文公实行仁政。孟子的一些仁政主张得到滕文公的采纳,在诸侯国中造成了一定的影响。楚国的农家代表人物许行仰慕滕文公的仁政,率领几十名弟子来到滕国。楚国儒生陈良的学生陈相和弟弟陈辛,也携带农具从宋国来到滕国。这两派人都主张自食其力,身体力行。农家许行开始仰慕滕文公的仁政,后来逐渐产生了怀疑和不满。他否认社会分工,主张国君应该与百姓共同耕种来供给生活,自己烧火做饭,同时又治理国家。这一观点,实际上是批评孟子在滕国宣传的"没有官吏,就无法管理百姓;没有百姓,就无法养活官吏"的社会分工论。这样,孟子不得不接受农家的挑战而回击。

为了论证实行社会分工的论点和批驳许行否定社会分工的观点,孟子采用多层次反复证明的方法,铺叙描述了古圣先贤忧虑百姓、发展生产、安定社会、加强教化的功绩。他指出尧忧虑百姓苦难,选拔舜治理百姓,舜派大禹治理水患。后稷教导百姓种植庄稼,栽培谷物。谷物成熟了,便能养育百姓。在这基础上,孟子提出

国学经典文库

孟子诠解

《孟子》典故释义

图文珍藏版

了"人之有道,教以人伦"的名句。

五十二、济世救民

【释义】

挽救天下,拯济百姓。

【故事】

孟子怀抱着"安天下"的大愿,对齐王寄予很高的希望;他为济世救民采取耐心的等待,但齐王没有采纳他的建议,于是他在无可奈何的情况下离开了齐国。

孟子离开齐国后,齐国人尹士对人说:"不知道齐王成不了汤武那样的圣君,就是不明智;知道他不行却仍来齐,就是贪图富贵。不远千里来与齐王相见,得不到赏识因而离去,在昼邑住了三天才动身上路,为什么行动这样迟缓呢?我对这种做法不以为然。"孟子的弟子高子把这话告诉了孟子。

孟子听了后感叹地说:"这尹士怎么能了解我呢?不远千里来见齐王是我的愿望,因为话不投机而离去难道是我所希望的吗?我实在是不得已呀!我在昼邑住了三天才动身上路,在我心里还觉得太仓促,齐王说不定会改变主意。齐王如果改变主意必定要召我返回,离开了昼邑而齐王并未追召我返回,我才断然决定返回故乡。我这样做,难道是愿意舍弃齐王吗?齐王还是有办好政事的条件的,他若任用我,那么就不只能使齐人安居乐业,天下人也都安居乐业。齐王也许会改变主意,我天天都在盼望。我难道会像那些心胸狭窄的人一样吗?像他们这种人,如果向君主进谏而不被接受就怒形于色,辞官离职了就要尽力地走上一天才肯歇宿。"

尹士听了这些话后,惭愧得很,于是自言自语道:"我真是个小人呀!"

五十三、坚甲利兵

【释义】

坚固的盔甲,锋利的兵器。比喻精锐部队。

孟子来到魏国,拜见梁惠王。梁惠王很高兴,向他请教治国的方法。梁惠王说:"过去魏国很强大,当时天下没有别的国家能够比得上,这一点你是很清楚的。如今到了我这一代,在东边同齐国打了一仗。结果打了大败仗,连我的大儿子也牺牲了;在西边又被秦国打败,丧失了河西七百里土地;南边的楚国又抢去我的八座城镇。我感到这实在是奇耻大辱,一心想为我国所有的战死者报仇雪恨,你认为怎样做才行呢?"

孟子听了之后回答说:"只要有方圆一百里的地方就可以施行仁政,使得天下归顺,何况魏国是个大国呢? 如果你能够对人民实行仁政,减轻刑罚,降低赋税,让老百姓能够深耕细作,使年轻人能有空闲时间学习礼仪,孝顺父母,敬爱兄长,做事尽心尽力,待人忠厚诚实,办事信守诺言,在家能侍奉父兄,出去为国家做事服从上级,如果这样的话,即使手拿木棒也可以抗击秦国和楚国的坚甲利兵。"

梁惠王听了这一番道理,连连点头。孟子继续分析秦国和楚国的治国情况,说:"秦国和楚国无时无刻不在征兵募丁,剥夺了百姓的劳动时间,使得他们不能够耕种田地,无法养活父母。他们的父母受冻挨饿,兄弟和妻子儿女离乡背井,四处逃难。秦王和楚王使他们的百姓陷在水深火热的痛苦之中,您带领军队前去讨伐他们,那有谁能抵抗得住您呢? 有这样一句话:'仁德的人是天下无敌的。'请您不要再疑虑了!"

五十四、见一善行

【释义】

听到一句有益之言,或者看见一种善行,便毫不动摇地拿来实行。

【故事】

孟子认为,古代的舜十分伟大,他能取人之长,补己之短,虚心接受人家的意见。因此他就说:"子路是别人指出他的错误就高兴;大禹则听到有益的话就下拜;

而舜又比他们两个更伟大,能同他人一起行善,放弃自己的错误,听从他人的正确意见,乐于吸取别人的优点。舜从种庄稼、制陶器、打鱼到成为天子,优点都是从别人那儿学习来的。"

孟子特别崇拜舜的为人,他说:"舜居住于深山之中,与树木山石为邻,与麋鹿野猪同行,他的打扮与居于深山的草野之人几乎没有什么差别。但当他听到一句有益之言,或者看见一种善行,便毫不动摇地拿来实行,就如同决口的江河,蓬勃向前没有任何力量能阻挡的。"

孟子讲完这些话后,从内心深处发出感叹说:"舜真是伟大啊,不愧为历史上的圣贤!"

五十五、集大成者

【释义】

指有作为的人。

【故事】

孟子说,商朝末期住在中国东北方的一个部落酋长——孤竹君的长子叫伯夷,其弟叫叔齐。父死,他俩互相让国,不肯为君,远逃他方。据说,伯夷的眼睛不看不好的事物,耳朵不听不好的声音。不是理想的君主不去侍奉;不是理想的百姓不去使唤。天下太平就出来做官,天下混乱就退隐。凡施行暴政的国家,住有暴民的地方,他都不愿意去住。在商纣的时候,他住在北海边,等待天下的清平。所以听说伯夷的风范后,贪婪的人会廉洁,懦弱的人会立志。接着,孟子讲了第二个圣人——伊尹。伊尹的做法与伯夷相反。他说:"哪样的君主不能侍奉?哪样的百姓不可使唤?社会太平也出来做官,社会混乱也出来做官。"他还说:"老天爷生下这些百姓,就是要先知先觉的人来开导后知后觉的人。我就是这些人中的先觉者,我要以尧舜之道来开导他们。"

"柳下惠不把侍奉恶君当羞耻,也不因官小而辞职。"孟子又讲到了第三位圣人。"柳下惠立于朝廷,不隐藏自己的才能,但一定按原则办事。自己被遗弃,也不怨恨；身处困境，也不忧愁。同老百姓相处，高高兴兴不忍离开。所以听到柳下惠的风范后，胸襟狭窄的人也宽大起来，刻薄的人也厚道起来。"

孟子讲到最后一位圣人是孔子。他说："孔子离开齐国，不等把米淘完，沥干就走；离开鲁国时，孔子却说：'我们慢慢走吧。'这是离开父母之邦该有的态度。该走的就走，该留的就留，该隐退就隐退，该做官就做官，这便是孔子。"

最后，孟子总结道："伯夷是圣人中的清高者，伊尹是圣人中的负责任者，柳下惠是圣人中的随和者，孔子是圣人中的识时务者。孔子可以称他为集大成者。'集大成'的意思，就像奏乐，先敲钟，是乐章节奏的开始，然后用玉磬来给乐章收尾。条理的开始在于智，条理的终结在于圣。智好比技巧，圣好比气力。犹如在百步之外射箭，射到，是靠你的力气；射中，则要凭你的技巧了。"

五十六、何必曰利

【释义】

不要把"利益"总挂在嘴边上。在利与义之间，要先讲义。

【故事】

战国初年，魏国首先成为最强盛的国家。战国中期，魏国接连被齐、秦、楚三国战败，被迫割让了大片国土，逐渐失去了昔日强盛的局面。魏惠王为重整旗鼓，收复失地，便用谦卑的礼节和丰厚的财物招纳天下贤士，希望他们为魏国的强盛出谋划策。当时在齐国闻名的客卿邹衍、淳于髡等人，曾受邀请前往魏国。孟子率领弟子不远千里，风尘仆仆地前往魏国，首次拜见梁惠王时，梁惠王说："老先生，您不远千里而来，一定是有什么对我的国家有利的高见吧？"

孟子回答说："大王，何必开口闭口都是利字呢？只要讲仁义就对了。像大王您说，怎样使我的国家有利？大夫们说：怎样使我的家庭有利？士人和老百姓说：怎样使我自己有利？结果上上下下相互争权夺利，国家能不危险吗？在一个拥有一万辆兵车的国家里，杀害他国君的人，一定是拥有一千辆兵车的大夫；在一千辆兵车的国家中谋杀国君的就是拥有一百辆兵车的大夫。可是，如果把义放在后面而把利摆在前,他们不夺得国君的地位是永远不会满足的。反过来说:从来没有讲'仁'的人抛弃父母,从来也没有讲'义'的人不顾及国君。所以,大王只要谈仁义就行了,何必说利呢?"

梁惠王听后,觉得孟子的话言之有理,只有提倡仁义,才能维护大家的共同利益,社会才能安定。

五十七、何待来年

【释义】

为什么还要等到明年呢? 寓意指:知道错了的时候。要及时改正,决不能借故拖延,明知故犯。

【故事】

宋国有个大夫叫戴盈之,他说:"田租十分取一,取消关卡、集市的赋税,今年还做不到;让我先减轻一些,等到明年再彻底改正,怎么样?"

孟子针对此事,就讲了一个偷鸡人的故事:"现在有一个人每天偷邻居一只鸡,有人告诫他说:'这不是君子的行为。'那人说:'让我先少偷一些,每月偷一只吧,等到明年就完全不干。'如果知道这件事是不对的,就应该马上停止,为什么要等到明年呢?"

孟子就这样以这个故事来说明,明知错了,就应该马上彻底改正,找各种理由,文过饰非,只减轻错误的程度,拖延不改,无非是自欺欺人。孟子的这个故事无情地戳穿了戴盈之的伪善面目,他被说得面红耳赤,不好意思地走了。

五十八、祸福自求

【释义】

灾祸和幸福都是自己寻求而来的。

【故事】

公元前318年,孟子第二次来到齐国。孟子向齐宣王宣传仁政主张时,首先把是否实行仁政与荣辱联系起来,认为国君如能实行仁政,就会得到荣耀,相反,就会遭到屈辱。孟子指出:"人人都具有喜好荣耀,厌恶屈辱的心理,但仅仅具备这一心理还是不够的,必须采取各种有力措施,才能达到目的。当今的国君,虽然厌恶屈辱,却全不实行仁义,这就像厌恶潮湿而仍在低洼的地方一样。要改变这一状况,就应该在厌恶屈辱的心理基础上,尊崇仁义道德,尊重士人,让有德行的人具有官职,有才能的人具有相应的职务。这样,有德行的人担任官职,就能匡正国君而形成良好的社会风俗,有才能的人具有相应的职务,就能治理好国家政事。国家没有内忧外患,正是大有作为的好时机。趁此修明政治法典,努力使国家强盛,即使强大的邻国也会畏惧它。《诗经》上说:'趁着没有下雨云没起,桑树根上剥些皮将门窗全部都修理。下面的人们,谁敢把我欺!'孔子说:'做这首诗的人,很懂得道理呀!'能治理好国家的人,哪一个敢欺侮他呢?"

于是,孟子接着说:"现在国家虽然没有内忧外患,但国君却怠惰,追求逸乐,纵欲偷安,这等于自己寻求祸害。"在这基础上,孟子提出了"祸福无不自己求之者"的名句,说明灾祸与幸福都是自己寻求而来的。

五十九、贵在树人

【释义】

指培养自己善良的心性是最为可贵的。

【故事】

孟子的学生问老师:"仁义是什么意思?"孟子说:"仁,是人的本性;义是人的大道。放弃了义的正路不走,丧失了的良心不去找,可悲得很呀!人们家里的鸡狗丢失了,都知道去寻找,而善良的心丧失了,却不去寻找。"

接着,孟子又做了一个比喻,他语重心长地说:"现在有人,他的无名指弯曲,不能伸直,虽不痛苦,也不妨碍工作,但只要有人能够使它伸直,就是到楚国、秦国也不觉得远,一定要去医好。但他的心性不及别人,竟不知道要医治。"

最后,孟子对"养身"的重要性感叹地说:"桐树、梓树,人们如果要使它生长,都明白要去培植,至于人的本身,但有些人却不知道如何去培养。难道保护自身还不如桐树、梓树吗?"这个学生听了孟子的这番教导,心里顿感豁然开朗,明白了仁义和养身的道理,高兴地回去了。

六十、旱苗得雨

【释义】

将要枯死的禾苗得到一场好雨。比喻在危难中得到援助。

【故事】

孟子拜见梁襄王(梁惠王的儿子),走出宫廷后告诉别人:"从远处看梁襄王,不像一个国君的样子,接近他,看不到国君的威严。他突然问我:'天下要怎样才能安定?'我对他说:'天下统一了才能够安定。'

"梁襄王又问道:'谁能够统一天下?'我回答说:'不喜好杀人的国君能统一天下。'

"这时候,梁襄王又问道:'谁会归顺他呢?'

"我立即回答道:'天下没有一个人不归顺他。大王知道那禾苗吗?七八月之间干旱,那么禾苗就枯萎了。这时,天上如果乌云密布,落下了充足的雨水,那么禾苗就欣欣向荣地长了起来。如果像这样,谁能够遏制它呢?当今天下的国君,没有不喜欢杀人的。如果有不喜欢杀人的国君,那么天下的老百姓都伸长脖子来盼望他。如果像这样的话,老百姓归顺他,就好像水往低处奔流,汹涌澎湃,谁能够阻挡得了呢?'"

六十一、浩然之气

【释义】

一般用来形容一种刚正宏大的精神。

【故事】

孟子通过不断的学习，最终成为知识渊博、见识广博的人。他不但能够识别各种言论的好坏，而且更善于培养自己的浩然之气。

有一次，孟子的学生公孙丑问他："请问先生，什么叫浩然之气？"孟子听罢，回答说："这真是很难说得清楚啊。我自己认为，浩然之气作为一种气息，应该是一种最为盛大、最为刚强的气息，如果我们能够依靠正直的品德去培养它，而不是去伤害它，那么这股浩然正气就会充满在天地之间。浩然之气作为一种气，要与义和道配合在一起才能释放出最大的能量，而没有这些配合，浩然正气就会逐步萎缩。需要提醒的是：浩然正气本身是通过不断积累义而产生的，而不是偶然地有过正义的举动就可以获取的。"

孟子继续说："一个人如果行为有愧于心，那么他自己的气也会随着萎缩了。因此，对于浩然之气来说，就一定要不断地培养它，让它无法停止下来；心里既不能忘记它，也不要妄自助长它，因为妄自助长浩然正气的后果就会像拔苗助长一般。有一个宋国人老是忧虑自己田里的禾苗长不大。有一天，他就把那些禾苗全都拔上了一截，看起来比原来高多了。他既高兴又茫然地回到家中，对家里人说：'今日真累，我把田里的禾苗拔高了。'他儿子听到他帮助禾苗长大，就跑到田里去看。结果，他看到自己田里的禾苗全都枯萎了。天下人没有不希望自己的禾苗长大的，以为没有什么用处而舍弃的是那些不管理耕耘的人。可是为了帮助禾苗生长，而去把它拔高，不但没有益处，反而有害处。"

公孙丑听了孟子的话后，知道了浩然之气的形式、内容和培养方法，高兴地走了。

六十二、墦间乞食

【释义】

在坟间讨吃一些残余酒菜。孟子借用这个故事嘲讽了卑鄙无耻、却故作骄矜的丑恶行径。

【故事】

有个齐国人，娶了一个妻子，后来又娶了一个小妾。家里并不富裕，可是他常常在外面喝得醉醺醺地回来。问他上哪里去了，他总是说同富人、贵人们在交际应酬。

他的妻子有些怀疑，她对小妾说："咱们的丈夫，总说是同富贵的人们在交际应酬，可是，从来没有看见阔绰的客人上咱们家来呢？我倒要悄悄地侦察一下，看他究竟搞的是什么名堂？"

第二天早晨，这个人又摇摇摆摆地出门去了。他的妻子蹑手蹑脚地在他后面跟着。走了好一会儿，大街上的人谁也不跟他打招呼，他头也不抬地径自向坟地走去。那里有人家在埋葬死人，办理埋葬事务的人，正大吃祭奠用过的供饭。他就向他们乞讨一些剩余的酒食，在旁边狼吞虎咽地吃起来。一会儿，吃完了，还没有饱，抬头四面望了一下，又向另一个埋葬死人的地方走去了。——"原来他是这样同富人贵人交际应酬的啊！"他妻子完全明白是怎么回事了。

妻子懊丧地回家，把亲眼所看的情形，一五一十地告诉了小妾，并且说："丈夫是妻妾终身所依靠的亲人，而咱们的丈夫却可怜得这个样子。"小妾听了，也感到十分伤心。两个人在院子里一边议论，一边就相对哭泣起来。这时，她们的丈夫回来了。他不知道他已经露出了马脚，仍然一副大男子的傲慢气派，大模大样地踱进大门，呵斥他的妻妾："这是干什么？我这样的丈夫。你们难道还有什么不满意的吗？"

这个故事，讽刺那些追求富贵利禄的人，一面乞讨人家的残羹冷饭，一面还洋洋得意，虚伪骄傲，瞧不起比他地位低下的人；其卑劣行径，在这里被刻画得相当生动、有趣。

六十三、顾左右而言他

国学经典文库

孟子诠解

《孟子》典故释义

图文珍藏版

【释义】

看着两旁的人，说别的话。形容无话对答，有意避开本题，用别的话搪塞过去。

【故事】

齐宣王在位时，孟子是他的常客。孟子信奉王道，也就是君主要用仁义的办法去关心百姓，治理国家。可是当时的君主大多数相信霸道，不爱听孟子这套理论。于是孟子便经常拐弯抹角，旁敲侧击地灌输自己的思想。

有一次，他和齐宣王在一起聊天，孟子好像漫不经心地谈起一件事。他说："大王，有一件事我搞不明白。我听说一个人因为要到楚国去办事，临行前把老婆和孩子托付给一位好朋友，请这位朋友费心照顾。谁知道等到他从楚国回来后，才知道他的老婆和孩子一直在受冻挨饿，那位朋友根本未尽到照顾的责任。您要是碰上这种朋友，该怎么办呢？"

齐宣王毫不迟疑地回答："和他绝交！"

孟子点点头，又说："还有一件事，有一位负责掌管刑罚大权的司法官，可是连他自己的部下都管不了。您手下要是发现这种人，该怎么办呢？"

齐宣王毫不含糊地回答："撤他的职！"

白玉舞女

这时候，孟子又点点头，意味深长地说："那么，如果一个国家的事情搞得一团糟，老百姓都无法安居乐业，朝廷上下怨声载道……您看那又该怎么办呢？"

"那就——啊……"齐宣王终于听出了孟子的弦外之音。他翻了翻眼珠，装作

没听清孟子刚才的话,急忙把目光移向站在两旁的随从,支支吾吾地把话题扯到别的事情上。(王顾左右而言他)。

这样,孟子的一番苦心又白费了。

六十四、贵在仁爱

【释义】

可贵的在于施行仁爱。

【故事】

孟子主张仁政。他说:"行仁政就能身享荣乐,不施仁政就将身遭屈辱;现在有些人厌憎耻辱却又安于不仁的状态,这就像厌恶潮湿却偏甘居于洼地。倘若真的厌恨耻辱,不如就重视品行的修养并且尊重士人,让贤者有官位,能人有职守。国家安宁了,趁着此时修明政教法律,即使是大国,必定也对此感到害怕。"

孟子为了进一步说明仁的重要性,他作了一个生动的比喻,说:"造箭的难道比制铠甲的更残忍不仁吗? 造箭的唯恐箭不能伤人,制甲的唯恐人被箭所伤。巫和匠的情形也是这样,因此选择谋生之术不能不谨慎。孔子说:'居住在有仁德风气的地方比较好,选择没有仁德的地方居住,怎么算是聪明?'仁是上天最尊贵的爵位,是人们最安乐的居所。没有任何阻力却不讲仁德,就是不明智。不仁不智,无礼无义的人,只配被人使唤。"

最后,孟子又把造弓和造箭做比喻,说明胜败、荣辱的关键在自己的"仁"与"不仁"。他说:"为人役使又耻于受人役使,这就好比造弓的人以造弓为耻,造箭的人以造箭为耻。如果感到对此耻辱,不好做到仁。修仁好比射箭:射箭者端正自身的姿势然后放箭,箭射不中,不埋怨胜过自己的人,而是反省自身寻找原因。"

六十五、二者居一

【释义】

两者之间选择一个。

【故事】

有一次孟子去齐国,向齐王提出许多建议,但齐王都不接受。孟子离开齐国时,齐王赠送给孟子一百金,他也不接受。到了宋国,宋君赠送孟子七十金,他却接受了。又到了薛国,薛君赠送孟子五十金,他又接受了。

孟子的学生陈臻对此不理解,问他说:"如果说您不接受齐王的赠金是对的,那么,接受宋君、薛君的赠金就不对了;如果说接受宋君、薛君的赠金是对的,那么,不接受齐王的赠金就不对了。一个人前后的行为应当一致,您只能在这两者中选择一种,怎么前后矛盾呢?"

孟子向陈臻解释说:"你说得很有道理,但不了解其中真正的原因。在宋国,我将去很远的地方,路上要用钱,不接受行吗? 我到了薛国,看见到处都戒备森严,我住的地方有士兵站岗。薛君给我五十金,我自然接受。但不是我自己要,而是把它分给了士兵。至于齐国,齐王给我的赠金,我没有用处,没有用处而又要别人赠金,那不是向人借钱吗? 天下哪有君子向别人借钱的呢?"

陈臻听了,觉得老师说得很有道理。

六十六、独善其身

【释义】

原意指做不上官就修养好自身。现指只顾自己,不管别人。独:唯独;善:好,维护。

【故事】

有一天,孟子对一个名叫宋勾践的人说:"你喜欢游说各国的君主吗?我告诉你,游说的态度在别人理解时要安然自得,别人不理解时也要安然自得。"

宋勾践说:"怎样才能做到安然自得呢?"

孟子说:"尊崇德,喜欢义,就可以自得其乐。因此,士人失意时不失掉义;得意时不离开道。失意时不失掉义,所以自得其乐;得意时不离开道,因而百姓不致失望。古代的人,得意时,恩惠遍及百姓;不得意时,修养品德以显于世。失意时完善自己的身心,得意时则拯济天下。"

修身、齐家、治国、平天下,是儒家思想传统中知识分子谨守的信条。以自我完善为基础,通过治理家庭,最终达到平定天下,可以说是数千年来知识分子的最高理想。然而,成功的时候少,失败的时候多,于是孟子说:"穷则独善其身,达则兼济天下。"这积极而达观的态度,弥补无法完成的孤高理想,成为千年来儒家的信条。

六十七、独夫民贼

【释义】

指对国家人民有严重罪行的、残暴的统治者。独夫:暴虐无道,众叛亲离的统治者;民贼:残害人民的坏家伙。

【故事】

孟子虽然是儒家大师,但他不把"君"看作神圣不可侵犯的东西,他一贯主张"民为贵,君为轻",因此,有一次齐宣王问孟子说:"商汤王流放夏桀,周武王讨伐商纣王,有这回事吗?"

孟子回答道:"在史籍中有这样的记载。"

宣王道:"作为臣子而弑杀自己的君主,这合适吗?"

孟子答道:"残害仁的人叫作贼,残害义的人叫作残。这种人大家叫他独夫。我只听说武王歼灭了殷纣,没听过这叫以臣弑君。"

接着孟子又说道："当今侍奉君主的人都说'我能为国君开辟疆土，充实府库的财富'，当今所谓的好臣子，正是古代所谓的害民之贼。国君不追求以德治国，不存心仁义却一心想为他聚集财富，这就等于帮助夏桀得到财富。当今侍奉君主的人还说'我能为国君邀结盟国，每战必胜'，当今的所谓好臣子，正是古代所谓的害民之贼。国君不追求以德治国，不存心仁义却一味想为他的强大而战争，这等于辅佐残暴的桀纣。走当今这样的道路，也不改变现在这样的风气，即使把天下给他，他连一天也坐不安稳的。"

齐宣王听了这番话暗暗吃惊，恐怕孟子在指责自己，一定要吸取历史教训，振兴齐国。

六十八、绰绰有余

【释义】

宽裕的样子。形容非常宽裕，富裕。

【故事】

战国时，齐国大夫蚔蛙担任灵丘县令，干得有声有色。过了一段时间，他想去国都担任谏官，就辞去了灵丘县令。他在国都做了好几个月的谏官，却始终没有向齐王劝谏过。

一天，孟子去见蚔蛙，对他说："谏官是可以进言的官，你做了几个月，却始终没提过什么建议，看来你不适合做这样的官。"

蚔蛙听了孟子的指责，心里很不好受，他知道齐王的脾气很不好，怕说了也不起作用，就很少劝谏。现在经孟子这么一说，才感到自己没尽到职责。于是，他向齐王辞去了谏官。

这件事被齐国人知道了，纷纷议论说："孟子替蚔蛙考虑得不错，但为什么不替自己好好考虑一下呢？他屡次向齐王进言，齐王不用，他却厚着脸皮不走，这难道不是嫉妒吗？"

公都子把这些议论告诉了孟子，孟子满不在乎地说："我听人说，一个有官职的人,如果没尽到职责,就应该辞官;有进言责任的人,如果进言未被采纳,也应该离去。而我呢?既无官职,又无进言的责任,我的进退不是绰绰有余吗?"

公都子听了孟子的话,觉得名正言顺,很有道理。

六十九、大旱云霓

【释义】

好像大旱的时候盼望寸水一样。比喻渴望解除困境。霓:虹的一种,又称副虹。

【故事】

战国时候,有一次齐国出兵讨伐燕国,只用了五十天就大获全胜。齐宣王为此很高兴,逢人便夸耀说:"我只用了五十天就打败了燕国这个有一万辆兵车的大国,这是天意呀!"可是不久,几个诸侯国就商议联合援救燕国,抗击齐国。

齐宣王得知几个诸侯国将联合来犯,很担忧,便向孟子请教说:"许多诸侯国要一块来攻打我,我怎么对付他们呀?"

孟子回答说:"这怪你自己呀!《尚书》上说,商汤率军征伐东方,西方的百姓不高兴;他征伐南方,北方百姓不高兴。他们说:'我们盼望商汤的军队就像久旱盼望乌云和虹霓一样(大旱云霓),我们等不及了,快先到我们这里来吧!'为什么四面八方的人都欢迎商汤呢?因为他兴的是仁义之师,目的是惩罚那些暴君,解救受苦的百姓。他就像及时而降的甘霖一样,老百姓怎么能不欢欣鼓舞呢?而你出兵燕国,攻占了燕国的城池,霸占了人家的土地,杀死他们的父兄,毁坏他们的宗庙,抢掠他们的宝物。如此暴虐无道,燕国的百姓怎能忍受下去,必然要赶走你,其他国家也会帮助燕国来讨伐齐国。因为他们对你很不放心,担心你占领燕国后,还会进攻别的国家……"

"那我该如何对待呢?"齐宣王见孟子一味批评自己,赶快打断他的话,再一次问起这个自己最关心的问题。孟子毫不客气地说:"办法只有一个:遣散燕国的俘虏,放他们回家;送回燕国的宝物,让燕国再立一个国君;撤回齐国军队,安抚齐国百姓,这样一来诸侯国的军队便不会来讨伐你了。"

七十、大有作为

【释义】

能够充分发挥才能,做出很大成绩。作为:可做的事,做出的成绩。

【故事】

孟子仕齐,位为客卿,只备顾问,没有一定职务,也未曾接受俸禄,而且,他认为君臣是相对关系,臣无绝对服从君命的义务。

有一天,孟子正打算朝见齐王,齐王派人来说:"齐王本应来看望你,但患了感冒,不能吹风;如果你来朝见,齐王一定临朝视政,不知能否和你见面?"孟子说:"不巧,我也病了,不能到朝堂上去。"

第二天,孟子到东郭大夫吊丧。公孙丑说:"昨天以病为借口推辞,今天却出去吊丧,恐怕不妥当吧?"孟子说:"昨天生病了,今天病好了,为什么不可以吊丧?"

齐王派人来询问病情,医生也来了。孟子的亲戚(孟仲子)对答说:"昨天接到大王的召请,夫子由于身染微疾,所以不能到朝堂拜见;今天病情有些好转,已经往朝堂去了,我不知道现在到了没有?"于是派人在路上拦住孟子,说:"千万不要回家,到朝堂上去。"

孟子不得已到景丑家过夜。景丑说:"在家有父子,在外有君主,这是为人最重大的伦理关系;父子之间以慈爱为本,君臣之间以恭敬为准。我只看到大王对你的敬重,却没看到你对大王的尊敬。"

孟子说:"呀! 这是什么话! 齐人没有一个和大王谈论仁义之道的,难道是认为仁义不好吗? 他们心里是这样想的:'他哪里配得上谈论仁义呢?'那么不敬没有比这个更大的了。我则不是尧舜之道,不敢在大王面前陈说,所以齐国人没有谁比我更尊敬大王了。"

景子说:"不,我说的不是这个。《礼》曰:'父亲有召唤,不等答应忙起身;君王有召唤,不等马车驾好就前往。'本来你将要去朝见,听到大王的召唤倒不去了,似乎与礼的要求不相合。"

孟子说："难道你是这样认为的吗？曾子说：'晋、楚的富有是不可企及的。然而他仗着他的富，我凭我的仁，他靠他的爵，我有我的义，我又有什么缺憾呢？'要是没有道理的话，曾子怎么会这样说呢？其中一定是有道理的。天下有三件东西是人们普遍尊重的：一是爵位，一是年龄，一是品行。朝廷最尊重的是爵位，乡里中最尊重年龄，要说匡扶世道、统率民众最应尊重的就是德行，怎能拥有了爵位就轻视其他两件呢！"

最后，孟子说："准备大有作为的君主，必然有他不敢召唤的臣子，有什么大事要商量，就亲自去拜访，他尊重德行、乐施仁政，不是这样就不足以帮助他有所作为。因此商汤对于伊尹，是向他学习，然后以他为臣，所以能不费力称王天下。桓公对于管仲，是向他学习，然后以他为臣，所以不费力就称霸天下。当今天下各国大小相当，君主的德行相近，谁也不能压倒谁，没有别的原因，是因为喜欢以听话的人为臣子，而不喜欢以能教导他的人为臣子。商汤对于伊尹、桓公对于管仲，就不敢召唤。试想，管仲尚且不可召唤，何况并不想做管仲的人呢？"

齐国大夫景子听了孟子这席话后，觉得言之有理，从心底里佩服孟子。

七十一、地利人和

【释义】

现指地理条件优越，群众基础好。利：(地理上的)有利形势。人和：得人心。

【故事】

孟子十分关心天下大事，并且竭力主张仁政治国。有一次，一位弟子问治国的首要条件是什么时，孟子说："天时不如地利，地利不如人和。"

什么叫天时呢？天时就是大的自然气候，也指天意。地利就是地形，或险要、或平坦。人和就是人与人的团结和睦，人心所向。

孟子说："三里之城，七里之郭。把它包围起来进攻它，可是不能取得胜利。敌人要包围起来进攻它，一定是趁着有利的天时来的，但是还不能取胜，那是天时不如地利;城很高,护城河的池水也很深,城里的兵器也很坚利,粮食也多。可是城却守不住,自己弃城而去,那就是地利不如人和啊。所以说,限制人民不必靠国家的边界,保卫国家不必靠山川的险固,使天下威服不必靠武器的锐利。行仁政的人,帮助他的人就多,不行仁政的人,帮助他的人就少。帮助的人少到极点的时候,就连他自己的亲人也背叛他,离开他。帮助的人多到极点的时候,天下的人都归顺他。以天下人都归顺的力量攻打那些亲人都背叛他的人,所以仁德之君不战则已,一战必胜。"

历史上有名的武王伐纣,就是一个例子。那时候纣王残暴无道,武王起兵讨伐。武王的军队所到之处,受到人民的欢迎,纣王很快就灭亡了。还有齐宣王五年,燕国的国君让位于相国子文,激起人民的不满,齐宣王出兵伐燕,燕国的人民也欢迎齐国的军队,燕军竟大开城门,不战自退。

孟子总结了历史上许多经验教训,得出了"天时不如地利,地利不如人和"的著名论断。他的论述有理有据,闻者无不叹服。

七十二、动心忍性

【释义】

比喻历经困苦而磨炼身心,不顾外界阻力,坚持下去。动心:使内心受到震动;忍性:使意志坚强。

【故事】

孟子的学生曹交问:"人人都可以成为尧、舜那样的人吗?"

孟子回答道:"可以。"

曹交又问:"那么,人们怎样才能成为尧、舜那样的人呢?"

孟子先举了一些事例,他指出:"古代圣王舜帝是从普通农事活动中成长起来的;殷代武丁时的贤相傅说是从被人雇佣筑墙的低下地位上提拔上来的;殷纣时的贤人胶鬲是从贩卖鱼、盐的市场中被提拔起来的;齐国国相管仲是从狱官手中得到解放,被齐桓公提拔上来的;春秋时楚国隐士孙叔敖是从海边的隐居之所被提拔出来的；百里奚被楚人捉住后，为人放牛，秦穆公闻其贤，把他赎买到秦国，举以为相，所以等于从市场上买回来加以重用的。这些名人是艰苦奋斗得来的，是没有安闲平顺的道路可走。上天将要把重大的使命赋予一个人：一定先要使他的内心愁苦，劳累他的筋骨，饥饿他的身体，使他穷困贫乏，让他经历坎坷，总是不顺利如意。用种种窘况来触动他的灵魂，坚韧他的心性，增强他还不曾具有的应付事情的能力。"

曹交听了孟子这一席话后，他感到历史上有成就的人，在困难面前经得起考验，才能锻炼担当"大任"的力量和本领。

七十三、出类拔萃

【释义】

超出同类之上。多指人的品德才能。拔：超出；类：同类；萃：草丛生的样子，引申为聚集。

【故事】

有一次，公孙丑问他的老师孟子："能不能将伊尹、伯夷与孔子相提并论，同称为天下的圣人呢？"

孟子的回答十分干脆、简捷。他说："当然不能，孔子是有人类以来唯一的圣人，谁也没有资格与孔子相比。"

公孙丑又问："那么这三位贤人中有什么相同的地方吗？"

孟子回答道："有，而且不少。比如伊尹甘冒篡位反叛的恶名，放逐了太甲，使商汤王的社稷不致倾覆。这件事，孔子会做，伯夷也会这么做。伯夷不愿违背父亲的意志，放弃了诸侯的封爵，甘愿忍受贫寒，孔子与伊尹会采取与他相同的办法。这三位贤人如果当了国君，他们都有足够的威望统一天下，使天下诸侯按着规定的礼节来朝见；如果让去做一件违反道理的事，他们都会拒绝，如若让他们去杀一个无辜的人，哪怕会因此获得天下，他们也同样拒绝做的，这是他们的相同之处。"

公孙丑追问道："既然他们都绝不做坏事，那还有什么不同的地方吗？"

孟子继续回答道："不同的地方差别就大了。你应先了解一下孔子的学生是怎样评价孔子的。宰我说：'我的先生比尧舜高明得多。'子贡说：'先生能够从一国的礼制判断它的政治情况；听到一国的音乐，就可以了解它的品德教育水平。孔子的治国思想是千秋万代的君主所必须遵循的最高原则，谁违背了孔子的治国思想，谁就会亡国。'伊尹和伯夷都是属于同一时代的贤人，他们没有功垂百代的治国思想，有若说：'世上同类很多，但高下不同，比如麒麟与走兽，凤凰与飞鸟，圣贤与常人，江海与溪流。圣人与常人都是人，属于同类，但圣人远远超出了同类，比同类中优秀的还优秀得许多(出乎其类，拔乎其萃)'。孔子是圣人，没人可比。"

七十四、杯水车薪

【释义】

　　用一杯水去救一车着了火的柴草。比喻力量太小，解决不了问题。

【故事】

　　从前，一个樵夫一大早就上山去砍柴，他很卖力地劳作，到了快接近中午的时候，就已经砍了满满一大堆的柴，足够他用好长一段时间了。于是樵夫便将砍完的柴捆好，装上车，然后推着满满的一车柴收工回家了。正赶上这一天的天气特别热，这个樵夫推着柴下山回家的路上，碰巧经过一家茶馆，樵夫感觉口干舌燥，于是心想，天这么热，不如在这家茶馆先喝杯茶，凉快凉快再回家吧。于是樵夫就把装满柴的车停放在树林边，自己走进茶馆，要了一杯茶，歇息了下来，可是没想到，樵夫刚喝了几口茶，就听茶馆外面有人大声叫喊："不好了，着火了！来人哪！救火啊！"樵夫一听，心想，坏了，是不是我一车柴着火了！于是，急急忙忙地端着茶就从茶馆里跑了出来。樵夫出门一看，原来由于天气太热，气候干燥，引发了森林大火，而他的柴车因为停放在树林边上，此时也已经被山火给引燃了，眼看着自己辛辛苦苦忙活了一个早上才砍到的满满一车柴就要被大火吞噬。樵夫情急之下，慌忙将手中拿着的茶杯里的水向燃烧的柴车泼了过去，恨不得一下就能把火扑灭，但是一杯水对于一车燃烧的柴来说，实在是太微弱了，一点作用都起不到，最后樵夫只能眼睁睁地看着一车的柴都烧成了灰烬。

七十五、不违农时

【释义】

不违背适合农作物耕种、管理、收获的季节。违：违背，违反。

【故事】

孟子主张推行"仁义"，建立"王道"。梁惠王曾经向他请教，怎样发展生产，达到国富民安的目的。

孟子说：不耽误农活季节，粮食就吃不完了；细密的渔网不到大的池沼去捕鱼，鱼类就会吃不完了；斧斤进山也要遵守时令（不要滥加砍伐），木材也就用不完了。粮食、鱼鳖吃不完，木材用不完，就使老百姓生养死葬都没有什么担忧了。老百姓对生养死葬没有什么担忧，这就是"王道"的开始。

接着孟子指出，给每户五亩的宅地种上桑树，年过五十的人就可以穿丝绸做的衣服了；鸡、狗和猪的饲养，不错过它们的繁殖期，七十岁的人都可以吃肉了；给每户的百亩土地，不要耽误他们的农时，几口之家，可以没有饥饿的人；认真办好地方的学校，反复强调侍奉父母，尊敬兄长的规矩，须发斑白的老人就不会在路上背负重物了。七十岁的老人穿丝绸做成的衣服吃肉食，百姓不挨饿不受冻，如果这样做了，就能发展生产，达到国富民安的目的。

七十六、恻隐之心

【释义】

对别人的不幸表示同情。见到遭受灾祸或不幸的人产生同情之心。

【故事】

孟子学说中有一个最基本的观点，就是"性善说"。他认为人的本性都是善良的。有些人变恶，是因为受外界环境的影响，是没有保持和发扬本性中的善。儒家的另一个代表人物荀子则认为人的本性是恶的，所以能成为善人是教育的结果。

还有一个告子,他认为人的本性无所谓善或恶,环境和教育才使一个人成为善人或恶人。有一次,告子和孟子就这个问题进行辩论,告子先提出他的看法:"人性,好比急流的水,水路的决口在东面就往东流,决口在西面就往西流。人性不能分善或恶,正像水在流向决口之前不能分东西一样。"

孟子立刻驳斥告子说:"是的,水的确不能分东或西,但难道不能分清它的本性是向上流或者向下流吗?水总是向下流的。人性也是这样。人性没有不善良的,正如水没有不向下流一样。但是,水可以用拍击、遏阻的办法使它从平地流向高山,人性也可以用外力使它成为不善。"

告子又说:"人性的善或不善,都是由外界影响决定的。周朝的文王、武王是仁德的君主,百姓就向善了,到周朝的后代幽王、厉王,是暴虐无道的君主,百姓就跟着暴乱了。"

孟子回答道:"从你说的例子来看,也仍然证明人的本性是善的。百姓跟着君主而变得暴乱,这不能说是他们的本性不善。请想一想,'恻隐之心(同情人的心)'是人人都有的;'羞恶之心(羞耻与憎恶的心)',也都是人人都有的。还有,看到值得尊重的事而生的'恭敬之心',看到某件事情而做出判断的'是非之心',更是人所共有的。这些,正是人性本善的证明。"

告子还没有来得及回答,孟子又补充说:"但是,人的善良本性是存在于内心的,必须有意识地去探索它、发展它,才能成为一种美德。如果放弃它,那就会失掉或被埋没。"

孟子和告子的辩论各不相让,不可能得到统一的结论。即使到现在,我们还要从本性和环境、内因和外因的相互影响或统一的角度来深入研究。但是,"恻隐之心,人皆有之"这句话,却已经作为名言流传下来了。

七十七、出尔反尔

【释义】

原意指你怎样做,就会得到怎样的后果。现指人的言行反复无常。前后自相矛盾。

【故事】

战国时,有一年邹国和鲁国发生冲突,邹国的士卒作战不力,结果吃了败仗,死伤了不少将士。邹穆公为此非常气愤。这时孟子恰巧在邹国做客,邹穆公就去向孟子诉说心中的烦恼。他说:"先生,你是一位贤良而有学识的人,请您告诉我,在这次邹、鲁两国战斗中,我牺牲了三十三位将领,然而邹国的士卒、百姓却没有一人为他们去拼命。他们眼看自己的长官有难,竟袖手旁观,真是太可恶了!我要惩罚他们,但是他们人太多了,杀也杀不完呀!您说我该怎样处理这件事呢?"

孟子思考了片刻,直言不讳地对邹穆公说:"孔子的弟子曾子说过一句话:'要提高警惕啊!你怎样对待别人,别人也将怎样回报你(出尔反尔)!'我想曾子的这句话您一定忘了。还记得那年邹国闹灾荒吗?粮食歉收,百姓吃不上饭,饿死了许多人,尸首抛弃在荒山野坡,无人掩埋;年轻力壮的小伙子四处逃荒,流离失所……那时国君和大夫们又干什么了呢?你的官吏不关心百姓的死活,甚至隐匿灾情,不向国君报告,国君也不去察访民情,不关心百姓的疾苦。等到战争发生的时候,却要驱赶他们到前线去送死卖命。您认真想一想吧,士卒、百姓的心里怎么会服从你呀?这次发生的事件就是百姓对你们的报复。你即使惩罚他们也是没有用的。"

"如何才能预防今后不再发生这样的悲剧呢?"邹穆公忧心忡忡地问。

"只有一个办法呀,"孟子告诉他说,"那就是您要彻底改变过去的做法,在邹国实施仁政,爱护、关心老百姓,让他们过上安定的好日子。只有这样,老百姓才会拥戴他们的君王,爱护他们的长官,发生战争时,也才会心甘情愿地为君王去拼死作战……"

邹穆公接受了孟子的建议,在邹国实行仁政。

七十八、按功付酬

【释义】

国家或集体按照每个人所提供功绩的大小付给相应的报酬。

古代国王的生活十分讲究排场,每年都要各诸侯进贡朝拜,其车辆、人数多得惊人。因此,孟子的学生彭更就问:"后面跟着几十乘车辆,身边随从着几百个人,轮流接受各国诸侯的款待,不是太过分了吗?"

孟子说:"不合乎道理,即使是一筐饭也不可以接受别人的;合乎道理,舜接受尧的整个天下也不过分。你觉得过分吗?"

彭更说:"我不是这个意思,我是说士人不干事而接受人家的奉养是不可以的。"

孟子说:"你如果不让大家交流成果、交换产品,用多余的弥补不足的,那么农夫就会有多余的粟米,女子就会有多余的布匹。你如果能使它们流通,那么木匠们都能从你那儿得到吃的。现在有这样一个人,在家孝顺,出外友爱,遵循先王的准则,扶持后进的学者,却不能从你那儿得到吃的;你为什么只看重工匠却轻视实行仁义的人呢?"彭更听后还不甚理解,又进一步问道:"工匠们劳动的目的就是吃饱肚子,那么,君子们的学习,施行圣人之道,也是为了吃饱肚子吗?"孟子一针见血地指出:"你为什么要管他们的目的动机呢? 他们对你有功绩就要付酬劳。那么你究竟是根据目的来酬劳呢? 还是按功绩来酬劳?"彭更说:"根据他的目的。"孟子听后笑了笑说:"不对。例如现在有这么一个人,毁损屋瓦,乱画墙壁,他的目的是要以此谋食,你给予他吗?"彭更回答说:"当然不给。"最后孟子总结道:"既然这样,很明显,你给予酬劳不是根据目的,而是根据功绩呀!"

第六章　孟子的伦理学说

　　孟子和荀子是战国时期儒家的杰出代表人物,但他们的思想路线不同。孟子的思想是以"仁"为中心而展开的,以"仁政"学说为其核心,以性善论为其理论基础,他反对兼并战争。谴责一切残害百姓的暴虐专制行为,提出"民为贵""君为轻"的口号,力图把现实政治引到"保民而王"的轨道上来。他继承与发展了孔子的"仁学"思想。

　　孟子(约前372~前289),名轲,字子舆。战国中期邹(今山东邹城)人。他的祖先是鲁国的孟孙氏。据《史记·孟子荀卿列传》记载,孟子一生行事颇类似于孔子。思想成熟以后,为了学以致用,便周游列国,宣传他的"仁政"思想。但终不被各国统治者重用,未能实现其"平治天下"的远大抱负。晚年乃退居讲学。与弟子万章等著《孟子》七篇。

荀子

　　孟子是沿着邹鲁儒者所揭示的"心"的路向来继承和发展儒学的,并达到了那个时代所能达到的高度。他是先秦邹鲁儒学的主要代表人物之一。他高举起"仁"的旗帜,大谈心性问题,并最终得出了"万物皆备于我"的结论。他的儒学思想独具特色,与战国晚期的荀子形成鲜明的对照。

一、仁政学说

(一)仁政学说的思想基础

1. 王霸之辨

"王道"是指以仁义治天下的政治哲学；"霸道"则是指国君凭借威势，利用权力、刑罚而实行的统治政策。"王道"与"霸道"是中国古代政治史上相互对立、辩难的两大政治模式。"王道"是儒家学派所提倡的政治目标。为了实现"王道"的政治理想，儒家学派孜孜以求。孟子首先力析"王霸之辨"，鼓吹"王道"理想。《孟子》称：

　　不仁而得国者，有之矣；不仁而得天下者，未之有也。（《孟子·尽心下》）

　　以力假仁者霸，霸必有大国；以德行仁者王，王不待大，汤以七十里，文王以百里。以力服人者，非心服也，力不赡也；以德服人者，中心悦而诚服也，如七十子之服孔子也。（《孟子·公孙丑上》）

　　且王者之不作，未有疏于此时者也；民之憔悴于虐政，未有甚于此时者也。饥者易为食，渴者易为饮。孔子曰："德之流行，速于置邮而传命。"当今之时，万乘之国行仁政，民之悦之，犹解倒悬也。故事半古之人，功必倍之。（《孟子·公孙丑上》）

"王道"就是要以德服人，而"王道"理论的核心便是仁德。孟子说："道二，仁与不仁而已矣。"（《孟子·离娄上》）判断政治的有道与无道，就是看其是否符合仁义原则。在孟子看来，霸者崇尚"力"，可以成为大国；王者崇尚"德"，可以一统天下。霸者以力服人，但无法收服人心；王者以德服人，才会使人心服。孟子反对霸道，他说：

　　五霸者，三王之罪人也；今之诸侯，五霸之罪人也；今之大夫，今之诸侯之罪人也。（《孟子·告子下》）

孟子生活的时代，正是诸侯割据争雄、霸道横行的非常时期，连年的战乱纷争，使百姓陷于水深火热。孟子反对通过不正义的兼并战争来实现所谓的统一。在孟子看来，战争只能造成更大的伤害和痛苦，他指出："争地以战，杀人盈野；争城以战。杀人盈城。此所谓率土地而食人肉，罪不容于死。"（《孟子·离娄上》）他认为，只有通过"万乘大国"来推行"仁政"，才能解民于倒悬。孟子劝告君主要抓住这一历史性机遇，如能施仁爱于民，便会争得民心，从而取得天下。孟子通过"王霸之辨"得出了这样的结论：奉行王道才会凝聚人心，而奉行霸道则将丧失人心。

　　2. 民本思想

中国的民本思想源远流长，这是中国传统政治的一个优良特点。所谓"民本"，即行政施教都要以"民"为核心来进行。在孟子之前，"民本"思想就已产生，在《尚书》《国语》《左传》等书中均有记载，这对先秦儒家重民思想的产生有直接影响。

孔子接受和继承了西周以来"敬天保民"的思想，将"重民"视为政治生活中的头等大事。他要求以教化为先，主张"为政以德"（《论语·为政》），奉劝统治者要"节用而爱人，使民以时"（《论语·学而》），要"因民之所利而利"（《论语·尧曰》）。这些都体现了孔子的重民思想。

孟子继承和发展了古代的民本思想，其观点比孔子更进了一步。他不仅着重从政治的角度来看待爱民，而且论述得也更为深刻。《孟子》一书中，约有将近200处提到"民"。孟子在对以往统治经验进行总结的基础上，提出了"民贵君轻"的命题，把中国古代的"民本"思想发展到了一个新的高度。他说：

民为贵，社稷次之，君为轻。是故得乎丘民而为天子，得乎天子为诸侯，得乎诸侯为大夫。（《孟子·尽心下》）

在孟子看来，民心的向背决定了统治者的政治基础，从某种意义上说，人民比君主更为重要，只有得到人民的支持，才能拥有天下。

3. 义利之辨

义利之辨是中国哲学史上的又一重要问题。在儒家学说中，"义"被理解为一种适宜、适度的准则："义者，宜也。"（《礼记·中庸》）"行而宜之之谓义。"而"利"，显然是指私利、功利、利益等。孔子讲"君子喻于义，小人喻于利"（《论语·里仁》），把义和利作为区分君子与小人的标准。可见，孔子重义轻利的观点是很鲜明的。孟子继承了孔子的这一观点，并且对义利问题有进一步发挥。以往许多研究者认为孟子绝对排斥利而只讲求义，这种观点难免有失偏颇。

孟子主张对"利"进行具体分析，并不完全排斥"利"。在义、利的问题上，他认为不同的对象，应有不同的侧重点。

首先，统治者应着重于"义"：

孟子见梁惠王。王曰："叟！不远千里而来，亦将有以利吾国乎？"孟子对曰："王何必曰利？亦有仁义而已矣。王曰：'何以利吾国？'大夫曰：'何以利吾家？'士庶人曰：'何以利吾身？'上下交征利而国危矣。万乘之国弑其君者，必千乘之家；千乘之国弑其君者，必百乘之家。万取千焉，千取百焉，不为不多矣。苟为后义而先利，不夺不餍。未有仁而遗其亲者也，未有义而后其君者也。王亦曰仁义而已矣，何必曰利？"（《孟子·梁惠王上》）

国有国的利，家有家的利。如果一个社会仅以利己作为终极目的的话，必然会使各种矛盾激化，不可避免地发生争夺、残杀，甚至毁家亡国。孟子说：

为人臣者怀利以事其君，为人子者怀利以事其父，为人弟者怀利以事其兄，是君臣、父子、兄弟终去仁义，怀利以相接，然而不亡者，未之有也。（《孟子·告子下》）

反之，如果能"去利怀义"，君臣父子都能以仁义相处，就能创造出政通人和的王道局面来。君主如果是仁义之君，上下争行仁义之事，君主便可在不曰利之中实现大利——即"王天下"的最高利益。

其次，对于人民来讲，只有在获得实际的利益后，才能讲仁义。我们之所以认为孟子并没有把"义"绝对化，是因为在孟子的学说中，也有讲求"利"的一面，他要求统治者满足人民对于"利"的正当要求。施"利"于民，用看得见、摸得着的物质利益，来安抚、惠济人民。

（二）仁政学说的基本内容

孟子主张行"仁政"，其内容包括：

1. "制民之产"

孟子强调义利之辨，认为百姓逐利是正常的，统治者必须满足民众对于"利"的基本需求，即首先满足人们生存所必需的衣、食、住、行问题。孟子认为，对统治者而言，一个急需解决的问题，就是老百姓的温饱问题。这个问题解决得好，才有可能引导人民"从善"与"为仁"。如果民众的生计都难以维持，那么，仁义就更无从谈起了。孟子说：

制民之产，仰不足以事父母，俯不足以畜妻子；乐岁终身苦，凶年不免于死亡。此惟救死而恐不赡，奚暇治礼义哉？（《孟子·梁惠王上》）

可见，孟子并不是空谈"恒心"，他强调"恒产"是"恒心"的物质前提，把经济条件与道德教化有机结合起来，这是孟子对孔子"富而后教"思想的重要发展。怎样制民之产呢？孟子设计的方案是：其一，给民众以土地。孟子说：

> 五亩之宅，树之以桑，五十者可以衣帛矣。鸡豚狗彘之畜，无失其时，七十者可以食肉矣。百亩之田，勿夺其时，八口之家可以无饥矣。谨庠序之教，申之以孝悌之义，颁白者不负戴于道路矣。老者衣帛食肉，黎民不饥不寒，然而不王者，未之有也。（《孟子·梁惠王上》）

人民只有获得足以维持生计的土地，才能安居乐业。孟子在中国历史上最早提出了土地问题对于国家治乱的重要性，其意义十分重大。

其二，孟子提出了"井田制"的主张。孟子认为：

> 夫仁政，必自经界始。经界不正，井地不均，谷禄不平，是故暴君污吏必慢其经界。经界既正，分田制禄可坐而定也。（《孟子·滕文公上》）

孟子主张通过"正经界"来恢复古代周制，即"井田制"。其具体方法是：

> 方里而井，井九百亩，其中为公田，八家皆私百亩，同养公田；公事毕，然后敢治私事。（《孟子·滕文公上》）

孟子假托古史，提出了以"井"字形划分土地的方案，由于井田制的实施，可以使劳动者牢牢地附着于土地之上，"死徒无出乡"。孟子的这种设想，在当时的社会条件下，虽然难付诸实施，但他毕竟认识到了小农经济是治理国家的经济基础。

2. 取民有制

孟子针对当时各诸侯国穷兵黩武、扩军备战以至于赋税繁多、人民负担沉重的社会现实，揭露道："有布缕之征，粟米之征，力役之征。君子用其一，缓其二。用其二而民有殍，用其三而父子离。"（《孟子·尽心下》）征布、征粮，还要征劳役，三重负担加在一起，人民是不堪忍受的。他要求对这种重税加以宽减，主张轻税薄敛，对人民征收赋税要有一定的制度，并且提出了一系列措施，即不能滥征，不能搞苛捐杂税。他指出："易其田畴，薄其税敛，民可使富也。"（《孟子·尽心上》）把这看作是富民之道，他把"什一之税"描绘为最理想的税制，认为这种十分抽一的税率不能再提高，而且还须根据实际收成情况而减征或缓征。孟子主张，在一般的情况下，只征收农业税，而不对其他行业收税。至于农业税的征收办法，应当是劳役税的"助"法，而不是实物税的"贡"法。农业税的税率，他认为"什一而税"和耕者"九一而助"比较合理。如果赋敛过重，便会侵害百姓的利益。

3. 尊贤重教

孟子首先提出了"为天下得人难"(《孟子·滕文公上》)的人才观。在他看来，先有"仁人"而后才有"仁政"，而他所提倡的伦理政治，归根到底，就是一种贤人政治。所以，他大力提倡尊贤使能。他说："不信仁贤，则国空虚。"(《孟子·尽心下》)又说："为天下得仁者谓之仁。"(《孟子·滕文公上》)他希望统治者"贵德而尊士"，让"贤者在位，能者在职"，这样，就能广泛招揽人才，形成人才济济的局面：

尊贤使能，俊杰在位，则天下之士皆悦，而愿立于其朝矣。(《孟子·公孙丑上》)

如何举贤才呢？孟子主张体察民意，他说：

国君进贤，如不得已，将使卑逾尊，疏逾戚，可不慎与？左右皆曰贤，未可也；诸大夫皆曰贤，未可也；国人皆曰贤，然后察之；见贤焉，然后用之。左右皆曰不可，勿听；诸大夫皆曰不可，勿听；国人皆曰不可，然后察之；见不可焉，然后去之……如此，然后可以为民父母。(《孟子·梁惠王下》)

孟子的尊贤主张，是对孔子"举贤才"思想的继承和发展，这表现在孟子注重从下层社会选拔人才的主张上。如孟子对出身贫贱的舜、胶鬲、傅说等人，给予高度的评价。

注重道德教化，是孟子仁政学说的又一重要内容。他说：

善政不如善教之得民也。善政，民畏之；善教，民爱之。善政得民财，善教得民心。(《孟子·尽心上》)

孟子继承了孔子"富而后教"的主张，认为"德治"要比"政刑"高明得多。他说："上无礼，下无学，贼民兴，丧无日矣。"(《孟子·离娄上》)教化是统治者施仁政、争得民心的重要条件。对于如何施教，孟子主张"谨庠序之教，申之以孝悌之义"。(《孟子·梁惠王上》)在孟子看来，人因为有"心"而与动物有着本质的不同。他说："人之有道也，饱食暖衣，逸居而无教，则近于禽兽。"(《孟子·滕文公上》)如果没有教化，一个人只知吃、穿、安乐，那样和禽兽没有什么差别。教化可以使人"明人伦"，使之做到"父子有亲，君臣有义，夫妇有别。长幼有序，朋友有信"(《孟子·梁惠王上》)，"人人亲其亲，长其长而天下中"(《孟子-离娄上》)，教化是通过"明人伦"为政治服务的，明确了中国古代社会政治的基本方向和伦理维度。

孟子说:"乃所愿,则学孔子也。"(《孟子·公孙丑下》)孔子"贵仁",孟子高扬"仁学"的主体原则,在他的"仁政"学说中,将"仁"的精神阐发得淋漓尽致,并使之进一步得到发展。孟子所提出的"民贵君轻""保民而王"等一系列原则,都是孔子所不曾提出的。孟子也走上了与孔子相同的路,为实施其"仁政"学说,奔走于各诸侯国之间。然而,当时诸侯争战正酣,急功近利是当时各国统治者的普遍心态,因而,当孟子津津乐道于"仁政"理论的时候,"王顾左右而言他",也是极其自然的了。孟子的"仁政"理论,也只能是一种美好的愿望。而他对当时社会现实的无情剖析和鞭挞,特别是"民贵君轻"口号的提出,在中国历史上却产生了极为深远的影响。

当然,对孟子提出的"仁政"学说,与我们现在所讲的"民主""民权"还是有区别的。孟子提出的是"保民而王",其思想的出发点仍旧是"君"而不是"民"。他的"仁政"主张,只是对其并不理想的君主统治进行策略性的改良而已,他并没有也不可能提出废除君主专制的主张。这是由当时的历史条件决定的,我们不应该以此苛求于孟子。倘若我们指责孟子没有现代的民主思想或民权思想,犹如指责古人不会开飞机一样荒唐可笑。

二、性善论

性善论是孟子仁政学说以及伦理学说的理论基石。二程评价道:"孟子有大功于世,以其言性善也。"性善论的提出,是孟子在儒家思想发展史上的重大贡献。

人性问题是中国哲学史上一个备受关注的问题。但对于人性问题的探讨,并非发端于孟子。在孔子之前的一些典籍里,如《诗经》《左传》等,就曾经涉及过"性"的概念,但这还只是一些关于人性的朦胧意识。孔子提出了"性相近也,习相远也"(《论语·阳货》)的命题,在人性问题上,较前稍稍前进了一步,但对人性到底怎样,并未做任何发挥。孟子的性善论是通过人禽之辨、心性之辨以及性命之辨而形成理论体系的。

(一)人禽之辨

孟子首先通过人与禽兽的区别来界说"性"。他从"类"的角度来考察人,认为人作为一个统一的物类是有其共性的。孟子说：

麒麟之于走兽，凤凰之于飞鸟，太山之于丘垤，河海之于行潦，类也。圣人之于民，亦类也。（《孟子·公剥·丑上》）

圣人，与我同类者。（《孟子·告子上》）

既然神明的圣人与一般民众，都同属于人的一类，那么，自然会有属于这一类的共性。孟子说：

故凡同类者，举相似也，何独至于人而疑之？圣人与我同类者。故龙子曰："不知足而为屦，我知其不蒉也。"屦之相似，天下之足同也。口之于味，有同耆也。易牙先得我口之所耆者也。如使口之于味也，其性与人殊，若犬马之与我不同类也，则天下何耆皆从易牙之于味也？至于味，天下期于易牙，是天下之口相似也。惟耳亦然。至于声，天下期于师旷，是天下之耳相似也。惟目亦然。至于子都，天下莫不知其姣也。不知子都之姣者，无目者也。故曰："口之于味也，有同耆焉；耳之于声也，有同听焉；目之于色也，有同美焉。至于心。独无所同然乎？心之所同然者何也？谓理也，义也。圣人先得我心之所同然耳。故理义之悦我心，犹刍豢之悦我口。"（《孟子·告子上》）

在这里，孟子把人的普遍性划分为三个层次：第一，"天下之足同"，是说人的形容、体貌是相似的；第二，口之于味，耳之于声，目之于色有共同的感官认知；第三，理、义是人类共同的心理需求。在这三个层次中，第三个层次才是人类共性中最高的层次。这说明人不仅有共同的生理需求，更重要的是具有共同的心理需要，而心理需要才是人类区别于动物的根本标志。这种共同的心理需要就是人具有仁、义、礼、智四种趋善的本然，这就是孟子所提的著名的"四端"说。孟子说：

今人乍见孺子将入于井，皆有怵惕恻隐之心。非所以内交于孺子之父母也，非所以要誉于乡党朋友也，非恶其声而然也。由是观之，无恻隐之心，非人也；无羞恶之心，非人也；无辞让之心，非人也；无是非之心，非人也。恻隐之心，仁之端也；羞恶之心，义之端也；辞让之心，礼之端也；是非之心，智之端也。人之有是四端也，犹其有四体也。有是四端而自谓不能者，自贼者也；谓其君不能者，贼其君者也。凡有四端于我者，知皆扩而充之矣，若火之始然，泉之始达。苟能充之，足以保四海；苟不充之，不足以事父母。（《孟子·公孙丑上》）

《说文解字》将"端"解释为"物初生之起也,上象生形,下象其根也"。可见,"端"具有开端、萌芽之意。孟子以"孺子将入于井"为例,说明在这种情况下,任何一个正常的人都会感到小孩子处于垂死无助的境地,会不假思索地去救他。这里面没有任何功利计较,既不是因为和小孩的父母有什么交情,也不是为了得到邻里朋友的夸赞,更不是因为讨厌孩子的嘶喊,完全是出于一种良心的本然。孟子把恻隐之心、羞恶之心、辞让之心、是非之心,称之为仁、义、礼、智四端,而这四种善端是人心所固有的,是人与"非人"的根本区别之所在。孟子又说:

人之所不学而能者,其良能也;所不虑而知者,其良知也。孩提之童,无不知爱其亲者;及其长也,无不知敬其兄也。亲亲,仁也;敬长,义也;无他,达之天下也。(《孟子·尽心上》)

在孟子看来,人人都具有不虑而知、不学而能的良知良能,这是人的天赋本能,而不是后天强加于人的。他曾反复强调这一点:

人皆有所不忍,达之于其所忍,仁也;人皆有所不为,达之于其所为,义也。人能充无欲害人之心,而仁不可胜用也;人能充无穿逾之心,而义不可胜用也。(《孟子·尽心下》)

孟子的"人禽之辨"有一个显著的特点,即强调人的善端的"扩而充之"。这与孔子的"推己及人"以及"能近取取譬"的"为仁之方"是一脉相承的。只是孟子更为强调善端的本能性、固有性而已。孟子是从人与禽兽的区别上来把握人性,进而找出人"异于禽兽者"的根本原因所在。孟子说:

人之所以异于禽兽者几希,庶民去之,君子存之。(《孟子·离娄下》)

人之有道也,饱食、暖衣、逸居而无教,则近于禽兽。(《孟子·滕文公上》)

从某种意义上说,在孟子学说中的所谓善性,实质上应是人作为社会存在的合群体性,而孟子将这种合群体性看成了人的天赋自然本性。在孟子的人禽之辨中,"孟子所谓的人性既不是仁、义、礼、智四德本身,也不是'四端',而是使人能仁、能义、能礼、能智者","这少而隐微的'人之所以异于禽兽者',才是孟子所说的'性'。"

(二)心性之辨

孟子是中国哲学史上第一个注重于"心"的哲学家。在孔子、老子以及墨子那里,都没有论及"心"。据统计,在《孟子》一书中,"心"字共出现过 119 次。

孟子认为，人所具有的一切"善端"都是由"心官"思维的结果，人的一切活动都要受"心官"的支配。孟子说：

　　耳目之官不思，而蔽于物。物交物，则引之而已矣。心之官则思，思则得之，不思则不得也。此天之所与我者。先立乎其大者，则其小者不能夺也。(《孟子·告子上》)

　　人之于身也，兼所爱。兼所爱，则兼所养也。无尺寸之肤不爱焉，则无尺寸之肤不养也。所以考其善不善者，岂有他哉？于已取之而已矣。体有贵贱，有小大。无以小害大，无以贱害贵。养其小者为小人，养其大者为大人。今有场师，舍其梧槚，养其樲棘，则为贱场师焉。养其一指而失其肩背，而不知也，则为狼疾人也。饮食之人，则人贱之矣，为其养小以失大也。饮食之人无有失也，则口腹岂适为尺寸之肤哉？(《孟子·告子上》)

在这里，孟子提出了"耳目之官"与"心之官""小体"与"大体""贱体"与"贵体"几对概念，并进行了分析。孟子认为，"耳目之官"由于不能思考，所以具有盲目性，在接触外界事物时，常常会被外物引诱而受蒙蔽，很容易把人引向歧途。只有作为思维器官的"心"才是可靠的，"心"可以通过思维，而找到自己内心所固有的善性。孟子说：

　　仁义礼智，非由外铄我也，我固有之也，弗思耳矣。(《孟子·告子上》)

由于"心官"有清醒的自觉性，因而，是人体中的"大体""贵体"。"耳目之官"只能是"小体""贱体"。孟子强调人应该"先立乎其大者"，才不至于被"小体"所左右。孟子的心性之辨与人禽之辨，思路是完全一致的。孟子不否认人的自然属性，认为人不能没有"小体""贱体"·这是人与禽兽的相同之处，而人之所以异于禽兽，在于人有"大体"。所以，孟子所说的"性"，从根本上说来，指的是人的"心官"之性，而不是"耳目之官"之性，正如张岱年先生所指出："孟子所谓性者，实有其特殊意谓。孟子所谓性者，正指人之所以异于禽兽之特殊性征。人之所同于禽兽者，不可谓人之性；所谓人之性，乃专指人之所以为人者，实即人之'特性'。而任何一物之性，亦即该物所以为该物者。"

　　孟子将心性之辨最终归结为"尽其心者，知其性也"(《孟子·尽心上》)。意味着要认识人"性"，必须透过"心"。孟子所说的"心"，实则是指对善性做出价值判断的价值主体。倘若没有这个价值判断的主体,性善论势必落空。所以,强调"心"的主体性,乃是从性善论中得出的必然结论。

(三)性命之辨

性命之辨是孟子从天人合一论的角度来界说"性"。孟子试图从人心、人性出发,上溯到天命,以达到身、心、性、命四者的有机统一。《孟子·尽心上》说:

尽其心者,知其性也。知其性,则知天矣。存其心,养其性。所以事天也。天寿不贰,修身以俟之,所以立命也。

性是本性,命是命运。"性"是人本身所固有的,而"命"则是自然之理所规定的。之所以会产生性命之别,是因为:人作为一个动物的人,都要求满足其生理的要求,这是人的生性或者说天性。但是,这种满足,有时又会受到客观条件的限制,即"命"。这种"生性"不能称之为"人性",只能视为"天命"。但人的仁、义、礼、智等道德行为,固然也要受到客观必然性的限制,但他们却属于人之固有"善端"的扩充和发挥,因而是"性"而不是"命"。很明显,"性"与"命"是有区别的。只有将其区分开来,才能更好地理解"人性"。

总之,从孟子的人禽之辨、心性之辨、性命之辨中可以看出,孟子所言之"性",应该是天赋予人的,"人之所以异于禽兽者",是"心之官"通过价值判断可以得到证实的,人之内心所固有之善性的根据。

孟子在与告子的论辩中,阐发了他的人性善的观点。

告子曰:"性犹湍水也,决诸东方则东流,决诸西方则西流。人性之无分于善不善也,犹水之无分东西也。"孟子曰:"水信无分于东西。无分于上下乎?人性之善也,犹水之就下也。人无有不善。水无有不下。今夫水,搏而跃之,可使过颡;激而行之,可使在山。是岂水之性哉?其势则然也。人之可使为不善,其性亦犹是也。"(《孟子·告子上》)

告子首先以水为喻,认为水流并无固定的方向,向东流还是向西流,取决于外力。人性也是一样,善抑或不善,也是由于外部影响造成的。孟子善辩,他仍以水为喻,但却在不动声色之中,将水的方向由东西改为上下。水在自然的状态下应该是往下流的,水往上流不是水的本性。同理,人的本性应是善的,不善不是人的本性。孟子在与告子的论辩中,阐明了自己的观点。尽管孟子的论辩,从逻辑上看来也不是那么无懈可击,有些甚至根本不能成立,他之所以能够巧妙地战胜对手,说明告子所讲的"生之谓性"以及"食、色,性也""性无善无不善"(《孟子·告子上》)等论点缺乏说服力。告子没有将人性与动物之性区别开来,"性无善无不善"也并没有解决人性究竟是什么的问题,因而,从某种意义上来说,孟子的人性论要比告子的人性论高明得多。

孟子是中国历史上第一个比较系统地研究人性问题的人。他在那样一个战乱不已、人性颠倒的时代,能够热情地赞美和讴歌人性,这在先秦诸子中可算是独树一帜的,在儒学发展史上的意义也是十分重要的。

首先,孔子强调"为仁由己",认为"仁道"的实现,完全取决于个人自身的努力,但他并没有进一步论证为什么是"为仁由己"的问题。孟子则从性善论的角度加以解释,认为仁是人的天赋本性,是人固有之善端,所以是"求在我者"(《孟子·尽心上》)。孟子高扬这种"求在我者"的价值主体意识,解答了孔子关于"仁学"理论没有解答的问题,并使之获得了一个理论基础。这是儒学发展史上的一次飞跃。其次,孟子从人之所以为人的角度来探讨人性,并且将人之性与动物之性区别开来,这在中国人性学说史上,是首次从人的自然属性和社会属性的角度来论证人与动物的区别和联系,表明了孟子对"人"的认识已达到了自觉的程度。再次,孟子能够认识到客观环境对人的道德形成和发展的作用,是符合人的发展的客观规律的。

孟子的性善论,在中国思想发展史上的影响是极其深远的,促进了中华民族善良习俗的涵育与养成,但这并不能说明孟子的性善论是完美无缺的。孟子的性善论,毕竟是一种先验的人性论,他也在自觉或不自觉之中,将人的自然属性和社会属性割裂开来,有时又将二者混为一谈。尤其是孟子将属于社会性范畴的仁、义、礼、智等也归结为人的固有之性,将人的社会性限定为道德性,因而有时又具有片面性。这种理论的局限性在当时的历史条件下是不可避免的。人对自身的认识是一个不断发展的过程,我们不能要求孟子在古代就穷尽了对人自身的认识。

(四)大丈夫品格

在中国历史上较早的典籍,如《诗经》《尚书》《国语》中,都出现过"圣"字,但那时的"圣",仅是表示聪明、智慧之意。如《尚书·秦誓》中说:"人之彦圣,其心好之。"《尚书·洪范》中说:"睿作圣。"这时的"圣",显然还没有什么神秘之义。而把"圣"作为一种人格,引向理想化、崇高化,则始于春秋末期的孔子。

春秋战国时代,争霸与兼并战争频仍不断,周天子已经名存实亡,周代所创立的政治制度,也丧失了其对人们应有的约束力,时代呼唤着能够实现大一统的英雄人物的出现。因而,包括儒家在内的诸子百家的思想家们,都在试图创造一个理想中的英雄,都假托远古的"圣人"之名,将他们改铸成符合本学派理想的人物。如,墨家认为,"圣人"是能够实现"尚同"、推行"兼爱"的典范式人物。道家所设计的"圣人",则是"处无为之事,行不言之教","为无为,则无不为"的非凡人物。

孔子的"圣人"观又是怎样的呢?

就《论语》一书看,孔子曾经提出过圣人、君子、成人、仁者、志士、善人等等人格范畴,而圣人则是其最高理想人格。孔子所设计的圣人人格具备下列特征:第一,以"修己"为本位,具有高尚的内在德性;第二,能"推己及人","博施于民而能济众"。这样的理想人格仅仅见之于尧、舜。在孟子看来,圣人与凡人有着同样的善心善性,凡人只要善于修身养性,同样可以超凡入圣,所以他大胆宣布:"人皆可以为尧舜。"(《孟子·告子下》)这显然具有思想解放的意义,表明成为圣人并不受等级身份的限制。

孟子的圣人观与其性善论是密不可分的,建立于一种对人性的自觉的基础之上,强调人的主观能动作用,使圣人人格具有更大、更现实的感召力。较之于孔子的圣人观,既是一种外延的拓展,也是一种内涵的深化。

在孟子思想中,"圣人"与"君子""士""大丈夫"等,具有同样的理想人格的意义。而这其中影响最为深远的,则是"大丈夫"的人格范型。孟子所设计的"大丈夫"人格与孟子自身的性格与气质不无关系。孟子确乎是先秦儒家中一位极具个性的思想大师,有论者称孟子儒学是"辩论性儒学","与孔子的温和的保守主义形成对照"。孟子在当时百家争鸣的形势下,面临其他学派的非议与攻讦,以"舍我其谁"的豪迈情怀和大无畏精神地进行反击,气势恢弘,捍卫和发展了儒家学说。孟子本人就展现了一种"大丈夫"的气象。

何谓"大丈夫"呢?孟子说:

居天下之广居,立天下之正位,行天下之大道;得志,与民由之;不得志,独行其

道。富贵不能淫,贫贱不能移,威武不能屈,此之谓大丈夫。(《孟子·滕文公下》)

孟子认为,"大丈夫"当居仁由义,富贵、贫贱、威武这些外部条件,都不能使其改变气节。

在孟子看来,要培养一种"大丈夫"精神,必须"养气",即"养浩然之气"。孟子所说的"气",区别于物质之气,而专指人的一种精神状态和心理状态,这已为学术界所公认。孟子说:

我知言,我善养吾浩然之气。(《孟子·公孙丑上》)

这是孟子自我总结他在人格修养上的两大特点。首先看"知言"。孟子说:

诐辞知其所蔽,淫辞知其所陷,邪辞知其所离,遁辞知其所穷。生于其心,害于其政;发于其政,害于其事。(《孟子·公孙丑上》)

朱熹认为:"知言,便是穷理。"孟子所说的诐辞、淫辞、邪辞、遁辞,都是指邪说偏见。孟子认为邪说偏见,既"害于其政"亦"害人其事",对人的健康人格的形成都是有害的。孟子为什么又将"知言"与"养气"并列而谈呢?朱熹解释说:"知言、养气,虽是两事,其实相关",之所以将"知言"列于"养气"之前,是因为:"先言知言,先知得许多说话,是非邪正,都无疑后,方能养此气也。"说明"知言"与"养气"二者是相辅相成的。

再看何谓"浩然之气"?孟子本人也说其"难言也",即难以用准确通俗的语言表述清楚,不过,孟子还是做了这样的解释:

其为气也,至大至刚,以直养而无害,则塞于天地之间。其为气也,配义与道;无是,馁也。是集义所生者,非义袭而取之也。行有不慊于心,则馁也。(《孟子·公孙丑上》)

冯友兰先生曾指出:"孟轲讲的'养浩然之气'的方法有两方面:一方面是了解一种义理,对之有确信,此可称为'明道';一方面是常做他所认为是应该做的事,此可称为'集义'。"这样的解释是符合孟子原意的。孟子认为,"养浩然之气"靠的是对"道"与"义"的正确体认与把握。无道义,则无"浩然之气"可言。而"浩然之气"的形成,也并不是一蹴即就的,它需要长期不懈的修养与意志的磨炼,即孟子所说的"直养而无害"。孟子在解释"直养"时说:

必有事焉,而勿忘。心勿忘,勿助长也。(《孟子·公孙丑上》)

虽有天下易生之物也，一日暴之，十日寒之，未有能生者也。(《孟子·告子上》)

正如一曝十寒，任何生物都不能生长一样，人的"浩然之气"的养成，也需要平时点滴的努力汇集而成。不能忘记，不能中止，更不能像宋国人那样"揠苗助长"。这说明，孟子所讲的"养气"需要有坚强的意志。在论述"气"与"志"的关系时，孟子指出：

夫志，气之帅也；气，体之充也。夫志至焉，气次焉。故曰：持其志，无暴其气。(《孟子·公孙丑上》)

在孟子看来，"志"是内心所固守的信念；而"气"则是外在的精神显现。"志"是"气"的统帅；"气"要受"志"的支配。因此，孟子主张"尚志"。同时，"志"与"气"又是相互联系、互为因果的。孟子说：

志壹则动气，气壹则动志。(《孟子·公孙丑上》)

因此，孟子要求既要坚守志向，又不要损伤自身的勇气。孟子重"勇"，所以孟子讲"浩然之气"从"勇"讲起。孟子说：

北宫黝之养勇也，不肤桡，不目逃，思以一豪挫于人，若挞之于市朝。不受于褐宽博，亦不受于万乘之君。视刺万乘之君，若刺褐夫。无严诸侯，恶声至，必反之。孟施舍之所养勇也，曰："视不胜犹胜也；量敌而后进，虑胜而后会，是畏三军者也。舍岂能为必胜哉？能无惧而已矣。"……昔者曾子谓子襄曰："……吾尝闻大勇于夫子矣：自反而不缩，虽褐宽博，吾不惴焉；自反而缩，虽千万人，吾往矣。"(《孟子·公孙丑上》)

由此可见，孟子所讲的"勇"，既不是像北宫黝那样的力气之勇，也不是孟施舍的那种不惧之勇，认为他们只是徒具"勇"的形式而已。孟子所提倡的"勇"，是建立在"自反而缩"的基础上的，是一种合于道义的"大勇"。如果符合正义，即使是面对千军万马，也敢于勇往直前。这种符合道义的勇，便是"浩然之气"由内心而外化的实际行动，一个人一旦具备了这种勇气，当个体生存与道义发生矛盾之时，便能够以身殉道，不为苟得，舍生而取义。孟子说：

天下有道，以道殉身；天下无道，以身殉道。未闻以道殉乎人者也。(《孟子·尽心上》)

一箪食，一豆羹，得之则生，弗得则死，呼尔而与之，行道之人弗受；蹴尔而与之，乞人不屑也。(《孟子·告子上》)

孟子主张人决不可为了生命而放弃原则与尊严。而当"生"与"义"二者的矛盾不可调和的时候，孟子则坚持认为只有"舍生取义"才能真正实现个人的价值。孟子说：

鱼，我所欲也；熊掌，亦我所欲也，二者不可得兼，舍鱼而取熊掌者也。生，亦我所欲也；义，亦我所欲也，二者不可得兼，舍生而取义者也。生亦我所欲，所欲有甚于生者，故不为苟得也；死亦我所恶，所恶有甚于死者，故患有所不辟也。如使人之所欲莫甚于生，则凡可以得生者，何不用也？使人之所恶莫甚于死者，则凡可以辟患者，何不为也？由是则生而有不用也，由是则可以辟患而有不为也，是故所欲有甚于生者，所恶有甚于死者，非独贤者有是心也，人皆有之，贤者能勿丧耳。(《孟子·告子上》)

孔子曾经说过：

志士仁人，无求生以害仁。有杀身以成仁。(《论语·卫灵公》)

孟子"舍生取义"的思想与孔子的"杀身成仁"是一脉相承而又有所补充和发展的。孟子把人的生与死上升到人生价值的高度来考虑，把"义""气节"看得比生命还重要。这种"大丈夫"精神，表达了孟子提倡保持独立人格的高尚价值取向，是中国古代先民追求高风亮节的集中体现。后来的《礼记·儒行》中的"儒有可亲而不可劫也，可近而不可迫也，可杀而不可辱也"的刚毅之词，北宋梅尧臣的"男儿自有守，可杀不可苟"的忠贞之语，明代于谦的"粉身碎骨浑不怕，要留清白在人间"的肺腑之言等，都是这种大无畏的民族精神和民族气节的豪迈书写。

三、浩然之气

孟子到了齐国后，经常有机会和齐宣王对谈，倒也可以充分地表达他的思想立场，虽然看不出齐宣王有多少纳言的诚意，但起码可以看出对孟子的尊敬。终于有一天传出了任用孟子为客卿的消息，弟子们都很高兴。当然，这对孟子而言也是重要的转机。

公孙丑知道了这消息，便和孟子谈道：

"假如老师在齐国当权执政，能够重新振兴管仲、晏子的功业吗？"

孟子说：

"你真是一个齐国人，只知道有管仲、晏子而已！曾经有人问过曾子之孙曾西道：'您和子路相比，谁贤？'曾西不安地说道：'子路是我先祖敬畏的人，我哪敢和他相比？'那人又问道：'那么您和管仲相比，谁贤？'曾西马上很不高兴地说：'你怎么竟拿我和管仲相比！管仲完全获得齐桓公的信任，执政的时间又长，可是他只造成那么卑下的霸业，你怎么拿我跟这个人比！'"

孟子接着又说：

"管仲这个人，连曾西都不屑一比的，你以为我愿意吗？"

公孙丑又问：

"管仲辅佐桓公称霸天下，晏子也使景公威名显赫；像管、晏二人还不值得效法吗？"

孟子说：

"以齐国的条件而言，要称王天下，可说易如反掌。"

公孙丑问：

"这样说弟子就更不明白了。像文王的道德修养，又很长寿，他的教化还不能普及全天下；武王、周公继续努力，然后才大行于天下。现在您把王天下说得那么容易，那么文王也不值得效法吗？"

孟子说：

"怎么能同文王相比呢？从商汤传到武丁，中间出现了六七位贤君，天下的人归服商朝已经很久了，因此基础稳固，不易动摇。武丁召见诸侯，拥有天下，也就很容易了。到了纣的时候，由于上距武丁还不久，前代有功的世家和善良的习俗，流风善政，还保存着；又有微子、微仲、王子比干、箕子、胶鬲，他们都是贤人，共同辅佐纣王，所以纣王虽然暴虐，也经历了相当长久的时间才亡国。当时没有一尺土地不是属于纣王的，没有一个百姓不是纣王的臣属，可是文王还能借着方圆百里的小国兴起，所以是很艰难的。

"齐国人有句俗话说：'纵有聪明，还得趁形势；纵有锄头，还得待农时。'现在的时势要推行王政就容易了。纵使在夏、商、周初起的年代里，任何国家的国土也没有超过千里的，现在齐国却有这广阔的土地了；鸡鸣狗叫的声音，从国都一直到西方的国界线，处处相闻，人烟如此稠密，齐国有这么多的百姓。国土不必再开拓，百姓也不必再增加，只要实行仁政来统一天下，就没有人能够阻止得了。而且统一天下的贤君不出现的时间，历史上从来没有这样长久过；老百姓被暴虐的政治所折磨，历史上也从来没有这样厉害过。肚子饥饿的人不苛择食物，口舌干枯的人不苛择饮料。孔子说过：'德政的流行，比驿站的传达政令还要迅速。'现在这个时候，拥有兵车万辆的大国实行仁政，老百姓的高兴，正好像倒挂着而给解救了一般。所以，'事半功倍'只有在这个时代才行。"

孟子在这个时候神情特别昂扬。对于在齐国实行仁政，表现得相当乐观。这种愉悦的心境，是踏上旅途以来所未有的。这种情形，公孙丑看在眼里，于是借着另一次机会，又问道：

"老师若做了齐国的卿相，能够实现自己的主张，从此，小则可以成霸业，大则可以成王业，那是不足怪的。如果遇到这种机会，您是否会动心呢？"

孟子说：

"不，我从四十岁以后就不再动心了。"

公孙丑说：

"这么看来，老师比孟贲强多了。"

孟子说：

"这个不难，告子比我还早就不动心了呢。"

公孙丑说：

"不动心有方法吗？"

孟子说：

"有。北宫黝训练勇气时，有人刺他肌肤，他都不吭声退却；有人戳他眼睛，他都不眨眼逃避。他以为若受了一点点羞辱，就好像在众人面前挨了鞭打一样。既不能忍受卑贱人物的侮辱，也不买万乘之君的账，把刺杀万乘之君看成刺杀卑贱人物一样，对于各国诸侯是毫不畏惧的，而且若是挨了斥骂，一定毫不客气地反击。

孟施舍的培养勇气又有所不同,他说:'我打起仗来,只知勇往直前,绝不计较胜败。在我的心中,从不知道什么叫失败。如果先估量敌人的力量才前进,先考虑胜败才交锋,这种人若碰到数量众多的敌人一定会害怕。我哪能一定打胜仗呢?不过是能无所畏惧罢了。'总之,孟施舍的养勇像曾子,北宫黝的养勇像子夏。这两个人的勇气,我也不知道谁强谁弱,但从培养方法而论,孟施舍比较简易可行。从前曾子对子襄说:'你喜欢勇敢吗?我曾经从孔子那里听到关于大勇的理论:反躬自问,若是自己理屈,对方就算是穿宽大粗布衣服的卑贱人物,我能不心虚吗?若是理直,对方纵使是千军万马,我也勇往直前。这么看来,孟施舍的养勇只是保持一股无所畏惧的盛气,曾子却以理的曲直为断;孟施舍自然又不如曾子这一方法的简易可行。"

曾子

公孙丑说:

"请问老师的不动心和告子的不动心有何不同?"

孟子说:

"告子曾经讲过:'假如在言论上无法了解,便不必反求于自己的本心;若反求本心而觉得不安,那就不必求助于意气。'我认为,不能得到心安,便不去求助于意气,是对的;但是若在言论文字上不能了解,便不切实体证一下,是不对的。为什么呢?因为心志理想是意气情感的主宰,而意气情感则是充满体内的力量。有了心志理想,随着就会产生意气情感。所以说:'要坚定心志理想,不要滥用自己的意气情感。'"

公孙丑说:

"既然说,有了心志理想,随着就会产生意气情感。又说,要坚定心志理想,不要滥用自己的意气情感。这是什么道理?"

孟子说:

"心志理想和意气情感是会互相影响的。心志理想若专注于一事,必会影响到

国学经典文库

孟子诠解

孟子的伦理学说

图文珍藏版

意气;反之,若意气情感也专注于一事,也一定会影响心志理想。举例来说,跌倒时,或奔跑时,只是行为而已,但也会造成心志的浮动。"

公孙丑问道:

"请问,老师长于哪一方面?"

孟子说:

"我善于分析别人的言论,也善于培养我的浩然之气。"

公孙丑又问道:

"请问什么叫'浩然之气'呢?"

孟子说:

"这就很难说了。浩然之气是一种至大至刚之气。若以正义去培养它,不加残害,就会充塞于天地之间。这种气,需要正义和天理的配合;若失去了正义和天理的配合,就没有力量了。浩然之气是要靠不断地行其所当为之事,从内在所发出来的,而非偶尔做一件善事就可以产生的。只要做一件于心有愧的事,那种气就会疲软了。所以我说,告子不曾懂得义,因为他把义看成是外在的东西。我们必须把义看成是心性本有,不断地涵养它,时时留心警惕,但也不能刻意去帮助它快速成长。不要学宋国人那样子。宋国有一个农夫,担心禾苗老是长不大,就去把禾苗都拔高了些,然后累兮兮地回家,对家里的人说:'今天累坏了,我帮助禾苗生长了!'他儿子赶快跑去一看,禾苗已经都枯槁了。其实,天下很少不像宋人那样去揠苗助长的。认为养气没有好处便不肯去实践,便好比是不肯插秧除草的懒汉。知道养气的好处,却急着帮它长大的,就好比是拔高禾苗的傻瓜,非但无益,反而有害。"

公孙丑又问:

"怎么样才算善于分析别人的言辞呢?"

孟子说:

"听了别人偏执一端的言辞,就知道他的心被什么所遮蔽;听了别人汪洋自恣的言辞,就知道他的心被什么所陷溺;听了别人淆乱是非的言辞,就知道他的心已经叛离正道;听了别人支吾闪烁的言辞,就知道他理屈的地方。这四种言辞,从心中产生出来,就会在政治上产生危害,进而危害具体的行事措施。如果圣人再出现,也一定会承认我的见解是对的。"

孟子这一番长篇大论，正具体而深入地说明了他的性格——充满了坚守正义的道德勇气。在被任为客卿的时候，孟子当然是高兴的，但并不因此而动心，因为他平素即善于自我训练，培养"浩然之气"。这"浩然之气"是以每个人都具有的道德良知为基础，和一般所谓的"勇气"是不一样的。"浩然之气"是道德的勇气，而不是匹夫的血气之勇。

【思考】

在《韩非子》一书里，有"儒侠"的记载，说明战国时代的儒家是重视勇敢的。儒家强调"智仁勇"，即可证明。试问，儒家提倡的是什么"勇敢"？孟子说："文王一发怒，就使天下太平下来。"这是否也是"勇"的表现？我们常说，世界上有些大国已经丧失了"道德勇气"，这是什么意思呢？

四、炽热的心灵

孟子有一次曾经对历史上的圣人的人格做过分类，他将圣人分成四种类型，并各举一位圣人作为代表：

（1）圣之清者——伯夷

（2）圣之任者——伊尹

（3）圣之和者——柳下惠

（4）圣之时者——孔子

孟子又进一步解释这四种不同类型的圣人，面对政治所采取的不同态度：伯夷这种"圣之清者"，以清高自我期许，"非其君不事，非其民不使"，高亢其志，不同流合污；伊尹这类"圣之任者"的圣人，以天下为己任，"治亦进，乱亦进"；柳下惠这种"圣之和者"，则"不羞污君，不辞小官；进不隐贤，必以其道"，虽洁身自好，但待人敦厚宽和；孔子的行止进退，则完全从心所欲而不逾矩，"可以速而速，可以久而久，可以处而处，可以仕而仕"。从孟子的立场看来，他认为孔子的境界最高，是他瞻仰景从的典范："乃所愿，则学孔子。"

孟子想学孔子的什么呢？孟子想学的是孔子毕生为人处世那种建构在深刻的

时间意识之上的与时俱进的精神。远在春秋时代（公元前 722—前 464 年），孔子就有川上之叹，他深深感到人生乃是一个迁变之流，"逝者如是乎，不舍昼夜"，韶光易逝，年华似水。孔子以水作为隐喻，来思考人生问题，他想激发人们思考的是：生命如流水，人们一方面要把握时间，与时俱进；另一方面也要学习流水的健动精神，永不止息！

正如我们在第一章所说的，孟子感受到来自他的时代的一种"时间的压力感"。孟子说："王者之不作，未有疏于此时也"，他为他的时代政治之龌龊感到悲愤。但是他从历史的回顾中，又深信"五百年必有王者兴，其间必有名世者"（《孟子·公孙丑下》），他认为从周朝初年到他的时代，时间已经完全成熟了，如果上天有意平治天下，那么，"当今之世，舍我其谁也"。"时间"催迫着孟子，使他迎上前去，勇敢地去以他个人的努力改变堕落中的世界。

和春秋战国时代的许多隐者相较之下，孔子与孟子所怀抱的那种炽热的救世之心，很能彰显儒家的风范，也确定了此后几千年来中国传统知识分子的基本性格。在《论语·微子》篇中所记载的，那个将孔子比喻为凤，但避而不与孔子讲话的楚人接舆；那两个在田里一起耕作的长沮和桀溺；那个荷蓧的老人，都是在乱世的旋涡中，退隐于自己内心的碉堡之中的隐者。他们和在他们时代更早的伯夷、叔齐一样，都是以拒绝时代的龌龊的方式，追求他们内心的宁静。

但是，孟子则不采取隐者这种避世自适的行径，他心仪孔子，他哀生民之多艰，他长太息以掩涕，他在"时间的压力感"的煎熬之下，以一种他所说的"不得已"的心情，勇敢地投入浊世。他教育弟子，游说诸侯，寄望有朝一日某一位有为之君接受他安邦定国的宏谋，登斯民于衽席之上。孟子不想只做一个解释世界的哲学家，他更希望能成为一个改变世界的经世思想家与政治家。

五、理想的追寻

孟子生于一个以封建制度为中心的旧社会政治结构逐渐崩解的时代里，在历史的旋涡中，许多无法适应新变局的贵族常沦落到社会底层，甚至在历史急流中惨遭灭顶。许多出身寒微，但却掌握知识或具备行政能力或军事长才的知识分子，在变局中跃登政治舞台,扮演重要角色。孟子正是战国时代新兴知识阶层的一个代表人物。

到底在什么意义之下,我们可以说孟子是战国时代知识分子的代表呢?从孟子一生的为人处世及其思想内涵来看,孟子所树立并实践的理想主义,是在战国乱世中最具有代表意义的风范。有一次,齐国国君之子垫问孟子到底所谓"士"应做何事?孟子直截了当回答说:"尚志"(《孟子·尽心上》)。孟子进一步解释所谓"尚志"的意涵是:"仁义而已矣。……居仁由义,大人之事备矣。"孟子认为所谓知识分子,最重要的事业就是以具体的行动实践"仁义"这种价值规范。"王何必曰利?亦有仁义而已矣",这是公元前320年孟子初见梁惠王时,回答梁惠王问"何以利吾国"时的一句话,简单明白,气势磅礴。孟子之所以在混乱的战国时代里,可以斥梁襄王以"望之不似人君",可以驳斥杨墨的"邪说",所凭借的就是他所高标的那种理想主义的人格与思想。

在这种理想主义的气势之下,孟子"后车数十乘,从者数百人,以传食于诸侯"(《孟子·滕文公下》),周游列国,希望将他心中的理想转化成为历史的事实。现在我们就依据存世的资料考察孟子的游历生活,及其在与人相与之际所展现的人格与思想。

关于孟子青少年时代的生活情况,我们所知极少。汉代人的著作如《列女传》及《韩诗外传》等,记载孟母三迁,孟母裂织买豚,不许孟子去妇等种种传说,在还没有更坚实的证据出现之前,恐怕只能当作是汉代人想象中的孟子形象而已。我们从孟子周游列国时,率领大批学生同行的事实推断,孟子在开始正式游说各国君之前,大约是以教育作为他主要的事业。

关于孟子一生游历各国的经历及其时间,由于资料非常有限,除了少数年代之外,我们很难斩钉截铁地断定孟子游历各国的确切时间,长期以来历史学家对孟子游历的年代问题亦多所争辩。我们根据有限的古代史料,参考钱穆(公元1895—1990年)先生的考证,大致可以确定:孟子在齐威王(在位于公元前357—前320年)的时候曾游于齐,后来遍历宋、滕、薛诸国,回到邹国,再游梁国,最后在齐宣王(在位于公元前319—前301年)的时候再度来齐国,最后在公元前312年离开齐国返回邹国,结束周游各国的生活,这是一段追寻理想的历程。

孟子第一次来到齐国时，大约是公元前335年左右，大约在公元前328年以后离开齐国。这一段期间，正是战国各国互争雄长，东方霸业自梁转到齐国的时刻。公元前343年，齐威王在马陵地区击败梁（魏）国的军队，魏国名将庞涓自杀，太子被俘，这是魏国国势中衰的一个重要事件，直到后来梁惠王见到孟子时，对这件事还耿耿于怀，引为奇耻大辱。

孟子这一次在齐国的停留，所留给我们的相关的直接史料并不多。从《孟子·离娄下》的记载，我们知道孟子在他这一次来齐国时，认识了齐国的将军匡章（约公元前360—前290年）。根据《战国策·齐策》的相关记载，我们知道匡章在齐秦的战役中，奉齐威王之命率军抗秦，他的母亲被他的父亲所杀而埋尸于马栈之下。齐威王想要隆重地葬匡章之母，但被匡章所婉拒，因为匡章认为他的母亲得罪于他的父亲而被父亲所杀，他如果厚葬他的母亲，将难逃欺死父的罪名。孟子来到齐国的时候，认识了匡章，由于匡章与父亲的关系被人指责为不孝，但孟子对匡章颇为友善，与他做朋友，并且对他礼貌有加。孟子的行为，引起他的学生公都子的责难。孟子则认为匡章是因为不见谅于父亲，所以"出妻屏子，终身不养"，这并不是匡章的罪过。从这件事，我们可以看到孟子这个人的交友之道，凡事从朋友的立场考虑，为朋友设身处地，孟子从不随俗浮沉，人云亦云。

大约在公元前326年与公元前324年的几年之间，孟子从齐国辗转来到了宋国。这时正好滕国的太子也就是后来的滕文公也要去楚国而途经宋国，与孟子相遇于宋。孟子对太子大谈人性本善的道理，言必称尧舜。大概是太子对孟子所说的道理面露怀疑的脸色，所以，当太子从楚国回来再见到孟子时，孟子再重申"道一而已矣"，并且鼓励太子说："今滕，绝长补短，将五十里也，犹可以为善国。"（《孟子·滕文公上》）这一次的对话，使滕国太子留下深刻的印象，他后来对他的老师说："昔者孟子尝与我言于宋，于心终不忘"（《孟子·滕文公上》），所以，当他的父亲滕定公去世的时候，他就想起孟子，马上派他的老师然友专程赶到邹国，来向孟子请教如何安排丧礼。孟子建议行三年之丧的古礼，然友回来报告之后，滕国的父老百官都不太同意，刚在哀恸中即位的滕文公颇为踟蹰，犹豫不决，再派然友来邹国问孟子。孟子发挥了一段"君子之德，风也；小人之德，草也。草尚之风，必偃"的道理，劝滕文公以自身行为作为滕国人民的表率，移风易俗。滕文公接纳孟子的建议,使会葬之日,吊者大悦(《孟子·滕文公上》)。

由于滕文公早就认识孟子,并且对孟子礼敬有加,所以常向孟子请教治国的方策。孟子向滕文公强调"民事不可缓也",因为"民之为道也,有恒产者有恒心,无恒产者无恒心。苟无恒心,放辟邪侈,无不为己。及陷乎罪,然后从而刑之,是罔民也"(《孟子·滕文公上》),孟子接着从夏商周三代的税制,说到井田制度的基本精神在于仁道精神:"夫仁政,必自经界始",只有田地的经界归于正,人民的生活才能安定,才能建设"死徙无出乡,乡田同井。出入相友,守望相助,疾病相扶持"的理想社会(《孟子·滕文公上》)。从孟子答滕文公问治国之方,可见包括孟子在内的古代儒家,在"修己"与"治人"之间是十分注意其分际的。古代儒家高标理想,律己甚严,但是当他们谈到人民群众的生活时,他们都非常注意给予人民应有的生活资源。他们向国君屡次申诫,要做到轻徭薄赋,田地的经界必须清楚,使贪官污吏不得贪污欺凌人民。在古代儒家中,孟子对"人民主体性"的把握最为深切著明,最为清晰无疑。

但是,滕国毕竟是一个小国,滕文公就曾向孟子请教:"滕,小国也。竭力以事大国,则不得免焉。如之何则可?"(《孟子·梁惠王下》)孟子告诉滕文公必须与人民一条心,形成现代人所谓的"命运共同体",就可以不畏强敌的侵略。大概当时滕文公也很想努力推行仁政,所以也吸引了一些知识分子的向心力,例如农家学者许行就从楚国来到滕国,向滕文公说:"远方之人闻君行仁政,愿受一廛而为氓。"(《孟子·滕文公上》)许行在滕国时也与孟子就社会分工等问题,有所辩论。

滕文公虽然努力于实行仁政,但是滕国这个小国的民风大概不甚敦厚。孟子曾在滕国的别宫小住,别宫的人遗失了鞋子,竟怀疑是孟子的学生所偷。虽然不敢直接怀疑孟子偷鞋,但说孟子收学生来者不拒,恐怕龙蛇杂居,流品不一,不无偷鞋的可能(《孟子·尽心下》)。从这件小事,大概可以反映出滕国人的气量并不是太恢弘,难以有为。

孟子大约在公元前322年离开滕国返回邹国,而在公元前320年来到魏(梁)国。孟子之所以离开滕国,当然不是因为被无辜怀疑偷鞋子这件事,而是由于滕国太小,不足以有为,而且在战国风云一夕数惊的变局里,孟子所说的这一套仁政的理想,对滕文公来说实在有点迂阔,而逐渐对孟子失去信心。在这种情况下,孟子离开滕国,继续他的理想的追寻。

　　孟子离开滕国经过邹国而在公元前320年来到齐国。关于孟子见梁惠王的时间,自从太史公司马迁(公元前145—前86年)之后,各种说法不一而足,清代的考证学者崔述(公元1740—1816年)及江永(公元1681—1762年)已指出太史公的错误,近代学者陆续有所考订。根据相关的证据判断,孟子见梁惠王应是在公元前320年,也就是周慎靓王元年辛丑,梁惠王后元十六年,这一年孟子的年龄是五十三岁。

　　中国文化史上的经典如《论语》《孟子》等,都是伟大的心灵对话的记录。孟子初见梁惠王,王问何以利吾国?孟子回答:"王何必曰利,亦有仁义而已矣。"这一场对话具有深刻的时代意义,孟子的回答对梁惠王这种一心以富国强兵之类的现实利益为念的统治者而言,不啻当头棒喝,振聋启聩。为了掌握孟子与梁惠王的这一场对话的意义,我们必须进入当时的历史情境之中。

　　梁国原称魏国,是公元前453年经过所谓"三家分晋"以后,与韩、赵等国逐渐兴起,成为战国时代的强国之一。魏国经过魏文侯(在位于公元前424—前387年)、武侯(在位于公元前386—前371年)长达数十年的经营,已经成为新兴大国。惠王在公元前370年即位,为了进一步争取有利的形势,所以就在公元前361年,迁都大梁,改称为梁国。梁惠王在位期间,推动一系列的改革措施:兴修水利,开凿鸿沟,引水灌溉;建立"武卒"制度,免除"武卒"的赋役与田宅税,以提升战斗力;并加强控制交通,在大梁以西筑长城,以防备秦国。在梁惠王在位初期,梁国国势如日中天,公元前352年梁攻赵,取邯郸城;公元前334年,梁惠王与齐威王(在位于公元前356—前320年)在徐州相会,这是齐梁二国互争雄长的时期。但是,到了公元前330年也就是孟子见梁惠王之前十年,梁献河西之地给秦国,两年后再献上郡十五个县给秦国。公元前322年,秦伐梁,取得了曲沃、平周二地。梁惠王继承祖

魏文侯

国学经典文库

孟子诠解

孟子的伦理学说

图文珍藏版

先的基业,面对这种战国局势的逆转与梁国的没落,忧心如焚,悲愤填膺,所以他请教孟子如何才能发愤图强,雪耻复国:

> 晋国,天下莫强焉,叟之所知也。及寡人之身,东败于齐,长子死焉,西丧地于秦七百里,南辱于楚。寡人耻之,愿比死者一洒之!如之何则可?(《孟子·梁惠王上》)

当梁惠王提这个问题的时候,他是处于一种急迫的心情之下的。战国时代各国之间争战频繁,在孟子见梁惠王的前后十年之间(公元前 323—前 314 年),见于记载的战争就多达二十八次。梁惠王处于历史的旋涡中,急切地挣扎想要抓住一根芦苇,以免惨遭灭顶。但是,孟子的回答却是:

> 地方百里而可以王。王如施仁政于民,省刑罚,薄税敛,深耕易耨,壮者以暇日修其孝悌忠信,入以事其父兄,出以事其长上,可使制梃以挞秦、楚之坚甲利兵矣!(《孟子·梁惠王上》)

这样的回答自然是不能让梁惠王满意的,诚如司马迁所说:"梁惠王以孟轲迂远而阔于事情",因为在那个战国风云一夕数变的时代里,"秦用商鞅富国强兵,楚魏用吴起战胜弱敌,齐威王、宣王用孙子、田忌之徒,而诸侯东面朝齐。天下方务于合纵连横,以攻伐为贤"(《史记·孟子荀卿列传》)。孟子虽然明知他所揭橥的理想过于高远,不能为流俗所接受,但他不屈道以从人,他仍坚持他的理想。孟子一生这种不妥协、不向流俗低头的个性,在他初见梁惠王时就已经充分展现,而且这种理想主义的精神也通贯他周游列国的历程之中。

在梁惠王、襄王(公元前 318 —前 296 年)在位期间,许多策士如周霄、公孙衍、张仪、惠施之流,都是当朝红人,尤其是公孙衍、张仪善于因缘际会,影响国际政治,"一怒而诸侯惧,安居而天下息"(《孟子·滕文公下》),但是孟子在梁国的期间,却很少与这些人交往。孟子认为像公孙衍、张仪这种人是"以顺为正者",是"妾妇之道",绝对不是他理想中的"大丈夫"(《孟子·滕文公下》)。孟子虽然同意"古之人未尝不仕",但是他更坚持出仕必须循由正道,"不由其道而往者,与钻穴隙之类也"(《孟子·滕文公下》)。孟子虽然有心"援天下"(《孟子·离娄上》),但他坚持必以正道,他坚决不肯随俗与当时的游士一样地迎合时君的急功近利,他深信"枉己者,未有能直人者也"(《孟子·滕文公下》)。

孟子不仅高尚其志,不随俗浮沉,而且他对某些他看不起的君主如梁襄王,更是毫不留情,见面之后批评说:"望之不似人君"(《孟子·梁惠王上》)。孟子之所以批判当时的国君与游士,就是因为这些低级政客从事政治活动完全不以人民为主体。孟子在梁国居留期间,就一再告诫梁惠王施政要"与民偕乐"(《孟子·梁惠王上》),他为梁惠王描绘理想中的政治:

　　不违农时,谷不可胜食也;数罟不入洿池,鱼鳖不可胜食也;斧斤以时入山林,材木不可胜用也。谷与鱼鳖不可胜食,材木不可胜用,是使民养生丧死无憾也。养生丧死无憾,王道之始也。(《孟子·梁惠王上》)

孟子这一套"王道政治"论,是他游说各国国君时所一贯秉持的理想,我们在本书的第四章将会进一步加以申论。

　　孟子大约在公元前 319 年离开梁国,来到齐国。这一年是周慎靓王二年,被孟子斥为"不似人君"的梁襄王刚刚即位,也是齐宣王在位的第二年。这一年齐宣王设置稷下馆,礼贤下士,著名的游士如驺衍、淳于髡(约公元前 385—前 305 年)、田骈、接舆(约公元前 350—前 275 年)、慎到(公元前 350—前 275 年)、环渊(约公元前 360—前 280 年)等人,都来到齐国首都临淄城,赐列为上大夫。齐国在春秋时代已经是一流强国,当代历史学家曾经考证指出,在鲁僖公(在位于公元前 659—前 627 年)之前约八十年之间,春秋时代的霸权实以齐国为中心,此后才转移到晋国。春秋时代的五大霸主之一的齐桓公(在位于公元前 685—前 643 年)曾大会诸侯十五次,有效地统合了黄河下游东部及黄河中游南岸的势力。到了战国时代的孟子,回顾春秋霸主势力的推移史时,也不得不承认:"五霸,桓公最盛"(《孟子·告子下》),所以,心援天下直道而行的孟子,来到了齐国,当然对齐宣王有相当高的期望。我们且看孟子与齐宣王之间的这一段对话:

　　齐宣王问曰:"齐桓、晋文之事可得闻乎?"

　　孟子对曰:"仲尼之徒无道桓、文之事者,是以后世无传焉;臣未之闻也。无以,则王乎!"

　　曰:"德何如,则可以王矣?"

　　曰:"保民而王,莫之能御也。"……"无恒产而有恒心者,惟士为能。若民,则无恒产,因无恒心。苟无恒心,放辟邪侈无不为已。及陷于罪,然后从而刑之,是罔民也。焉有仁人在位，罔民而可为也！……五亩之宅树之以桑，五十者可以衣帛矣。鸡豚狗彘之畜无失其时，七十者可以食肉矣。百亩之田勿夺其时，八口之家可以无饥矣。谨庠序之教，申之以孝弟之义，颁白者不负戴于道路矣。老者衣帛食肉，黎民不饥不寒，然而不王者，未之有也！"（《孟子·梁惠王上》）

敏锐的读者细绎以上这一段对话，不免滋生疑问：战国时代列强争雄，但周天子尚在，而孟子劝齐宣王行仁政，"保民而王"，岂非鼓励齐宣王取周天子而代之？孟子是否已经背离了孔子尊君的遗教？

这个问题的提出并不是无的放矢。事实上，北宋时代的司马光（公元1019—1086年）就写了一篇《疑孟》，对孟子大加挞伐。司马光认为，君臣之义是人之大伦。孟子的德行与年龄，怎么比得上周公？周公执人臣之礼，服侍年幼的成王，与他之服侍文王、武王一样。但孟子却自以为可以以他的德行与年龄来与国君相抗衡。司马光在结论中说："余惧后之人，据其有以骄其君，无所事而贪禄位者，皆援孟子以自况，故不得不疑。"关于北宋以降，知识分子与学者对于孟子思想的争议，我们在本书第八章还会详细说明。我在这里只想先指出，司马光对孟子鼓励战国国君实行王道政治以统一中国的行为大加批判，这与司马光尊君的政治思想是有很深刻的关系的。在司马光以将近十九年时间（公元1066—1084年）所编撰的《资治通鉴》中，他就常常表现这种尊君的思想。司马光在写完公元前403年（周威烈王二十三年）所谓"三家分晋"这件历史事实之后，就在"臣光曰"中申论这件史实的意义说："臣光曰：'臣闻天子之职莫大于礼，礼莫大于分，分莫大于名。何谓礼？纪纲是也。何谓分？君臣是也。何谓名？公侯卿大夫是也。'"司马光所持的这种所谓"名分论"的政治思想，强调臣下对统治者的绝对服从，他自然不能同意孟子对齐宣王所说的这一段话，他更不能同意孟子游说诸侯取周天子而代之的行为。年龄比司马光大十岁的李觏（泰伯，公元1009—1059年）对孟子的不尊周室也大加批判。

但是，所谓"知人论世"，如果我们将孟子放回他所处的历史情境中，我们对于孟子来到齐国时，对齐宣王所说的这一段话就比较能获得"同情的了解"。孟子生于战国乱世，他目睹当时国君争城以战，杀人盈城，争地以战，杀人盈野，他痛心于"民之憔悴于虐政，未有甚于此时者也"（《孟子·公孙丑上》），他寄望这些野心勃勃想一统中国的诸侯，能切实实施王道政治，使天下"定于一"，早日使人民解除倒悬之苦。在这样的动机之下，虽然孟子明知齐宣王喜好"世俗之乐"，孟子也只劝他"与民同乐"（《孟子·梁惠王下》）。虽然孟子明知齐宣王好斗好勇，但孟子顺着齐宣王的性向，引导齐宣王"一怒而安天下之民"，这样就可以使"民惟恐王之不好勇也"（《孟子·梁惠王下》）。孟子明知齐宣王好色好货，他也顺着这个脉络，要求齐宣王"王如好货，与百姓同之；……王如好色，与百姓同之……"（《孟子·梁惠王下》）。从孟子与齐宣王的多次对话中，我们可以明显地看出：孟子心中念兹在兹的是人民的福祉，他站在"人民主体性"的立场，反复申论劝诫齐宣王解消统治者的主体性，将自己融入人民群众之中，以人民的好恶为好恶，以人民的意志为意志，以民意的依归作为政权转移的标准。孟子反驳齐宣王所说的"汤放桀，武王伐纣"的说法，他说："闻诛一夫纣矣，未闻弑君者也"（《孟子·梁惠王下》），就是完全从人民主体性的立场出发的。

　　孟子虽然对齐国和齐宣王抱有相当的期望，希望齐宣王接受他的主张，登斯民于衽席之上。但是，齐国的政治状况与孟子的理想相去极远。当时齐国的朝廷里，多是引导齐王纵情声色及口腹之欲，颐指气使、恃宠而骄的小人（《孟子·梁惠王上》），而没有孟子所谓的"世臣"。充斥于齐国朝廷的尽是急功近利的宠臣（《孟子·梁惠王下》）。孟子对齐王宠近的佞幸小人，不胜其发自内心的呕吐不屑之感，所以，孟子在齐国有一次以客卿的身份奉派出使滕国，齐王派宠臣王驩做孟子的副使同行，孟子极端看不起王驩，在往返的路上，孟子都拒绝与王驩讲话（《孟子·公孙丑下》）。

　　孟子在齐国时，不仅对受宠的小人不假辞色，他对齐宣王也是直道而行，从不屈道枉己逢迎宣王。有一次，孟子本来已经准备去拜见齐宣王了，但忽然齐王也正巧派了人来看孟子，向孟子说，王本来想亲自来看孟子，但因身体不舒服，所以不能来，不知是否方便请孟子来朝廷。孟子立刻回答，他刚好也生病，不能来朝。隔天，孟子就去朋友家拜访（《孟子·公孙丑下》）。这一段事实，可以很生动地告诉我们：孟子举止动静，皆直道而行，他不愿意像当时的无耻佞幸小人一样地，做一个随着太阳光源旋转的向日葵，统治者随时召见，就立刻前往拜见。因为在战国时代，游士乃自由之身，不必定时前往朝廷拜见国君，任何时候皆可前往，孟子已决定往朝而齐王仍不知道,仍派人前来召孟子。孟子就是不愿随俗浮沉,仰望统治者的施合,而成为随时应召以谋衣食的小人。孟子进一步解释他之所以必须坚持不应召而往的理由是:"天下有达尊三:爵一,齿一,德一。朝廷莫如爵,乡党莫如齿,辅世长民莫如德。恶得有其一以慢其二哉!故将大有为之君必有不召之臣,欲有谋焉则就之;其尊德乐道不如是,不足与有为也。"(《孟子·公孙丑下》)孟子游说各国国君都是一以贯之,高标知识分子的风格,他看不起他的时代里,许多为谋求一官半职,而不惜"钻穴逾墙"(《孟子·滕文公下》)的那种无耻游士。

孟子在齐国滞留到公元前 314 年,发生了一件大事,对于孟子是否继续留在齐国的态度产生重大的影响。公元前 314 年,齐宣王派军队讨伐燕国,五旬而攻下燕国。齐国之所以攻燕,与燕国的内乱有关。原来在公元前 318 年,也就是齐宣王三年,燕王哙三年的时候,燕王哙把国君之位禅让给相国子之。到了公元前 315 年,燕国发生内乱,将军市被及太子平,联合攻子之。次年(公元前 314 年),子之反攻,击溃市被及太子平。齐国趁燕国内乱之际,一举而攻下燕国。齐国攻下燕国之后,齐宣王却为是否吞并燕国而举棋不定,向孟子请教。孟子还是站稳人民主体性的立场,为齐宣王解答疑惑,孟子说:"取之而燕民悦,则取之。……取之而燕民不悦,则勿取……"(《孟子·梁惠王下》)事实上,在齐国对燕国采取军事行动之前,齐国的一位臣子沈同就先以私人立场请教过孟子:"燕可伐与?"孟子回答说:"可。"这段回答很容易引人误会,以为孟子劝齐伐燕,孟子也曾进一步解释他的话的涵义是说:"为天吏,则可以伐之。"(《孟子·公孙丑下》)孟子认为,只要齐国能以燕国人民的福祉为最优先的考虑,吊民伐罪,就可以伐燕。孟子赞成这次军事行动,他以人民为主体的这个前提是非常明确的。结果,齐宣王不听孟子的劝告,拿下燕国后并没有推行仁政,引来诸侯出兵救燕,孟子紧急劝齐宣王:"王速出令,反其旄倪,止其重器,谋于燕众,置君而后去之,则犹可及止也!"(《孟子·梁惠王下》)无奈齐王不听,不久燕人终于反叛齐国,共立太子平为王。齐王面对这件事的发展,感到愧对孟子(《孟子·公孙丑下》)。

这件事大约是造成孟子决定离开齐国的一个重要原因,因为孟子毕生所怀抱的目标,就是拯救人民于水火之中。在战国各国之中,孟子对齐国期望较高。齐宣王伐燕这件事及其后续发展,使孟子的理想主义惨遭挫折,使他知道齐宣王也不足以有为。当他在公元前 312 年决定离开齐国的时候,齐王敬礼有加,并透过齐国一位官员时子转告孟子,希望"中国而授孟子室,养弟子以万钟,使诸大夫国人皆有所矜式"(《孟子·公孙丑下》),但孟子断然拒绝,他不是为了眼前变幻如浮云的富贵而游说诸侯,他是为了王道政治理想的实践而奔走呼号。

孟子虽然决定离开,但是仍依依不舍,他在昼这个地方留了三夜才离开。孟子所依依的不是他个人的权位,或如尹士所批评他想有所求,孟子所不能忘怀的是人民的福祉,正如孟子自己所说:"王如用予,则岂徒齐民安,天下之民举安。王庶几改之,予日望之。"(《孟子·公孙丑下》)孟子去齐是他生命史上的大事,因为这件事标志着他的理想的挫折。孟子的挫折感被充虞看出来,他问孟子好像很不愉快?孟子回答说,以"五百年必有王者兴"的说法来看,时间应该已经成熟了,如果上天真想平治天下的话,那么"当今之世,舍我其谁也?吾何为不豫哉?"(《孟子·公孙丑下》)孟子就在这样乐观奋斗的精神下,离开了齐国,而在公元前 311 年回到了他的故乡邹国,正式结束了他的游历生活。

六、孟子的霸气

孟子在齐国推广仁政思想失败,被下逐客令。学生以为孟子很失落,哪知孟子回答:每五百年必定有圣王出现,有闻名于世的贤才。现在按时势考察,该出现贤君贤臣了。如果想让天下太平,"当今之世,舍我其谁"!

最能显示孟子霸气的就是"舍我其谁"!中国自古读书人中,第一血性男儿便是孟轲。

一部四万多字的《孟子》,从头至尾,字里行间,无处不充满着一股霸气。《孟子》开篇讲他去见梁惠王的事。当他见到梁惠王时,梁惠王第一句话就问:"叟!不远千里而来,亦将有以利吾国乎?"战国末期,兼并战争频仍,每个诸侯国都想在很短的时间内富国强兵,生怕被别国吞掉。所以,梁惠王想从孟子那里求得利国的办法也是情理之中。然而孟子却说:"王!何必曰利?亦有仁义而已矣。"

这就是孟子说话的口气,而且是对着一个诸侯大国的国君。司马迁说,他每每读到这里的时候,都不禁掩卷惊叹!

不知道司马迁掩卷惊叹的是什么，我却从这第一句话里读出了孟子的霸气。

有人怀疑《孟子》里文章的真伪。我不是专家，只是一个普通的读者，我的判断不一定准确，可能仅是一种直觉。我觉得《孟子》一书肯定都是孟子一人所做。其内容就像是钢水浇铸而成，一点缝隙和杂色都没有。按照从头到尾的顺序随便抓取一些句子就不难看出，文章风格一致，句式结构相同，说话语气一样，四万多字读下来，浑然一体，像是一篇文章。

随机选取几句话看看是不是这个感觉：

"贤者而后乐此，不贤者，虽有此不乐也。"

"仁者无敌。王请勿疑！"

"诚如是也，民归之，由水之就下，沛然谁能御之？"

"此无他，与民同乐也。今王与百姓同乐，则王矣。"

"得道者多助，失道者寡助。"

这种语调，这种气势，让作者引领着读者一路提升。

"美人自刎乌江岸，战火曾烧赤壁山，将军空老玉门关。伤心秦汉，生民涂炭，读书人一声长叹"。面对"朝也干戈，暮也干戈"的连年战乱，读书人大多也只能"一声叹息"。孟子不然。孟子虽一介书生，但不乏血性男儿的刚烈。

孟子离开齐国时，他的学生充虞问他，老师有点不高兴的样子，您不是教导我们，君子不怨天、不尤人吗？孟子的仁政思想没有在齐国推广开来，齐王并不听从孟子的劝说，以至于下逐客令，孟子师徒不得不离开齐国。学生以为孟子很失落，并表现在脸上了。哪知道孟子却回答："彼一时，此一时也。五百年必有王者兴，其间必有名世者。由周而来，七百有余岁矣。以其数，则过矣；以其时考之，则可矣。夫天未欲平治天下也；如欲平治天下，当今之世，舍我其谁也？吾何为不豫哉？"（那是一个时候，现在是一个时候。每五百年必定会有圣王出现，这期间也必定会有闻名于世的贤才。从周以来，已经七百多年了。按年数说，已经超过了；按时势来考察，该出现圣君贤臣了。上天还不想让天下太平罢了，如果想让天下太平，在当今这个时代，除了我，还有谁能担当这个重任！我为什么不高兴呢？）

我读到的《孟子》所有的版本，在"舍我其谁"后面都是问号，我倒觉得应该是感叹号，而且还不应该是一个感叹号。

最能显示孟子霸气的就是"舍我其谁"！

"舍我其谁"如果是问句便不是孟子说的了。孟子要说，一定是肯定语气：舍我其谁，非我莫属！

中国自古读书人中，第一血性男儿便是孟轲。

七、孟子的傲气

孟子的傲气只对名门权贵，而且是遇强他更强。孟子在诸侯面前都是傲岸的，在卿相权臣面前，脾气就更大了。他到各国游说，从来不把陪宴士子和各等官员放在眼里。他只与君王问对应答，俨然就是一个布衣王侯。

唯有"道"和"义"的支撑，傲气才可称为傲骨。

孟子傲气十足。

这种傲气如果是对着平民百姓和他的学生，那就一钱不值了。孟子的傲气只对名门权贵，而且是遇强他更强。

先看看他是怎么对待诸侯王的吧。齐宣王应该是对他最好的一个国君，一直很尊重他。然而，孟子是如何对待齐宣王的呢？

一天早晨，孟子很高兴地对他的学生们说，我今天准备上朝，去见见齐宣王。（齐宣王活着的时候是不可能称齐宣王的，这里为了叙述方便。）于是，他穿戴整齐，准备出门。就要出门时，齐宣王派来使者请孟子。来人说，国君原本想来看你，但是他感冒了，不敢吹风。国君特别想见你，不知道孟先生今天上不上朝，肯不肯让我们国君一见？

孟子本来是准备去的，但那是我自愿，你来指使我不行。于是对来人说，我也感冒了，不去。

第二天，孟子准备到东郭氏家吊丧。他的学生公孙丑说，昨天推说有病，今日却去吊丧，不合适吧。孟子说，昨天有病，今天好了，怎么不行？

孟子走后，齐宣王派遣的医生来了。他对孟子的"病情"放心不下，派太医来看看。

孟子的家人赶快应付：昨天有王的召令，他不巧有点小病，不能到朝堂上去。

今天病好了点,急匆匆赶赴朝堂去了,不知道现在到了没有。撒完谎,赶快派人到各路口堵截孟子,生怕穿帮。堵着孟子后告诉他,千万别回家,赶快到朝堂上去吧!

孟子才不去呢!不得已,就到景丑氏家去歇宿。

景子也看不过去了,就跟孟子说,齐宣王很尊重你,你却一点都不尊敬齐宣王,这不应该是君子所做的。孟子说,所有的齐国人都没我尊重齐王。因为,所有的人都不跟他谈仁义道德。是大家不知道仁义道德好吗?不是,是你们觉得不配跟齐王谈。而我从不跟齐王谈别的,只谈仁义。所以齐国人没有一个像我这样敬重齐王的。

不只是对齐宣王,孟子在所有的诸侯王面前都是傲岸的。一次,他去见梁襄王(梁惠王的儿子),进去没多久就出来了。然后跟别人说,这个人一点不像国君的样子。近前再一看,也看不出什么威严来。

在卿相权臣面前,孟子的脾气更大了。

孟子在齐国担任卿,奉命到滕国去吊丧,齐王派大夫王骧作为副使与孟子同行。王骧是齐王的宠臣,与孟子朝夕相见。但在从齐国到滕国来回的路上,孟子不同他说一句话,以沉默表示自己的不屑。

齐国大夫公行子为儿子办丧事,王骧前去吊丧。进了门,就有人走上来同他说话,坐下后,又有人走近他的座位同他说话。孟子却不去攀谈。王骧不高兴地说:"大夫都来同我说话,只有孟子不同我说话,这是怠慢小看我。"孟子答道:"按礼的规定,在朝廷上不能越过位次相互交谈,不能越过台阶相互作揖。我是按礼办事。"

据说,孟子到各国游说时,从来不把陪宴士子和各等官员放在眼里。他只与君王问对应答,俨然就是一个布衣王侯。

孟子的强势人格,对后来的中国读书人影响很大。仔细审视一下自己,不难发现,我们多少带有点孟子的脾气。只是要特别注意,唯有"道"和"义"的支撑,傲气才可成为傲骨。不然,就是傲慢了。

八、孟子的骨气

孟子简直就是一个抗上的"刺儿头",只要比孟子官大的,一概藐视。你可以

"卑礼厚币"来请我,你也可以礼贤下士来讨教,但是,指手画脚坚决不行。

作为一名士,孟子保持其独立的人格和思想,守住士大夫精神的道德底线,在一个旧理想消亡新理想有待建立的时期,也不会丧失良心和光明。

孟子给中国的知识分子树起了一把标尺。

骨气,是知识分子身上最宝贵的秉性之一。铮铮傲骨从来就是与文人相伴相随的词。然而,在当下的知识分子群体中,傲骨不足而媚骨有余者不乏其人。真正的知识分子,敢于直面强权专制,敢于坚持自己的信仰,金钱和权力从来就不是他们的理想。

面对权贵,孟子用自己凛然的气节,保住了知识分子的尊严和良知。

齐宣王召见孟子,孟子坚决不去,这在当时被认为是十分傲慢的行为。但是,孟子不这么想。在他看来,有德行、有智慧的人,国君是要亲自去请教的。况且孟子不但具备伊尹、管仲的本事,而且在仁德方面甚至超过他们,岂能国君一召唤他就前去呢? 一个好的国君就应该有这么几个"不召之臣"。只有这些不能随便"召之即来,挥之即去"的诤臣,才能及时并彻底地指出君王的问题,纠正他的毛病。不然,满朝文武,噤声一片,这个王朝可就快到头了。孟子认为自己就是那个"不召之臣"。

其实,孟子在齐国连"臣"都不是,最多只能算是个"外脑"顾问而已。尽管孟子只是处在一个普通百姓的位子,对上,他也毫无媚态。"说大人,则藐之,勿视其巍巍然。堂高数仞,榱题数尺,我得志,弗为也。食前方丈,侍妾数百人,我得志,弗为也。般乐饮酒,驱骋田猎,后车千乘,我得志,弗为也。在彼者,皆我所不为也;在我者,皆古之制也,吾何畏彼哉"? (与权贵对话,就是要藐视他,就要不屑那副高高在上的样子。因为诸侯可以炫耀的,无非是殿堂高几丈,屋檐宽几尺,美味佳肴多一点,伺候他的人多一些,没有什么了不起的。)孟子连用了三个"我得志,弗为也",那是真正的不屑!

孟子的思想显然来自他的祖师爷子思。当年,鲁缪公想与子思"交友",子思断然回绝。他对鲁缪公说,论地位,你是国君,我是臣,我怎么敢同国君交朋友呢? 论道德,我是老师,你是学生,你怎么可以和老师交朋友呢? 所以,对待道德深厚的贤臣,即使天子也不能随意召见,诸侯就更不能随意呼来喝去了。"彼以其富,我以

孟子的伦理学说

图文珍藏版

吾仁;彼以其爵,我以吾义,吾何慊乎哉"？（他凭他的财富,我凭我的仁德;他凭他的爵位,我凭我的道义。我一点都不比他缺什么。）

下对上,可以持这种态度？必须持这种态度！孟子简直就是一个抗上的"刺儿头",只要比孟子官大的,一概藐视。你可以"卑礼厚币"来请我,你也可以礼贤下士来讨教,但是,指手画脚坚决不行。

孟子先后两次到过齐国,接触过齐国的两代君王,一个齐威王,一个齐宣王。孟子两次离开齐国时,这两个君王都曾经试图花重金挽留孟子师徒。齐威王当年给孟子上等黄金 2000 多两(一百镒),齐宣王要在首都黄金地段给他买一栋房子,再加万钟俸禄,都被孟子坚决回绝。弟子们不解,孟子解释说,在齐国,我们应得的他们都给了,再给,就是要收买我们。君子岂能被收买？

像孟子这样的官场知识分子,虽然身处权力、金钱和欲望的包围中,却始终不会沦落到趋炎附势、随波逐流,放弃对真理的追求。作为一名士,保持其独立的人格和独立的思想,守住士大夫精神的道德底线,在一个旧理想消亡新理想有待建立的时期,也不会丧失良心和光明。

孟子给中国的知识分子树起了一把标尺。

九、孟子的孝顺之道

(一)大孝终身慕父母

孝顺父母,这是最悠久的人类伦理。人都是父母生父母养的,从感情上讲,没有理由不报答父母的养育之恩,而这种感情就是孝,所以儒家特别强调孝顺。在《论语·为政》中,孔子教育贵族子弟孟氏时这样说,孟氏呀,你对待父母亲应该"生,事之以礼;死,葬之以礼,祭之以礼"。这里面,孔子说的就是孝顺之道有两点:第一,在父母活着的时候,做子女的应该以礼相待,每天早上和过节时给父母磕头,给父母端茶倒水,用心侍奉父母,尤其是要从内心敬父母,不能一边侍奉父母,一边在抱怨我怎么生在如此没出息的人家呀,这样就不是敬了;第二,父母百年之后,要用心感念父母的情和爱,要有感恩之心,葬也好,祭也好,都是为了从内心尊敬父母。我们今天还保留着一个成语叫"愿效犬马之劳",意思是要像犬马服侍人一样地孝敬父母和长辈。

"愿效犬马之劳",这个成语来自《论语·为政》。子游问孝,这个在历史上非常有名,学界对此争议颇多。孔子的原话是这样的:"今之孝者,是谓能养;至于犬马,皆能有养;不敬,何以别乎?"这话杨伯峻是这样译的:子游问孝道。孔子说:"现在的所谓孝,就是说能够养活爹娘便行了。对于狗、马都能够得到饲养;若不存心严肃地孝顺父母,那养活爹娘和饲养狗、马又有什么分别呢?"(见《论语译注》,杨伯峻译注,中华书局,1980年)

李零是这样解读的:古人有孝养和孝敬两个词。孝不光是养,更重要的是,它还要敬。只养不敬,不算孝。"养",养活、伺候。养是教化的生物学基础,当妈的最明白。动物都是因为养,才忠心耿耿,听人使唤。但光养还不够,还要敬,除了养老,还要敬老。孔子认为,光把老人养起来,不敬老人,和养狗养马有什么两样?养爹养妈,不同于养狗养马。(见《丧家狗——我读〈论语〉》,山西人民出版社,2007年)

这句话朱熹注的是错误的。为什么这么说呢?朱熹是这样注的,他说,孝顺父母主要是敬意,如若没有敬意,那么养父母和养犬马有啥差别?孔子恐怕不可能将父母比喻为犬马的。孔子的真正意思是:现在谈孝,通常认为能够养父母就算孝了,其实不然。就连犬马都知道服侍人,何况人呢?养,只是孝的一部分,不是全部。真正的孝,要求子女对父母有足够的敬意,然后才是奉养,就像犬马服侍人一样。如果没有敬意,那么人和犬马有什么区别呢?

同样问孝,孔子对孟氏、子游和子夏做出了不同的要求。子夏问孝,孔子这么回答他:"色难。有事,弟子服其劳;有酒食,先生馔;曾是以为孝乎?"孔子反问子夏,子女在父母亲面前始终保持和颜悦色是最难的。有事要做的时候,弟子代劳;有酒有菜的时候,年纪大的人先吃先喝;这样就算是孝了吗?朱熹引述《礼记·祭义》的话注解说:"盖孝子之有深爱者必有和气,有和气者必有愉色,有愉色者必有婉容,故事亲之际,惟色为难耳。"这也就是说,对父母的孝,除了敬意,还要有发自内心的爱。用心爱父母,就得把父母当成好朋友一样,有个老作家写父亲的回忆录时有这样一句——"多年父子成兄弟",就是这个意思。这样的孝,才不会假,才是

孟子诠解

孟子的伦理学说

图文珍藏版

用心在行孝，而不是做个样子给别人看。历史上有个叫老莱子的人，在他本人七十多岁的时候，为了让父母亲高兴，他把自己装扮成穿花衣服的儿童，蹦蹦跳跳地唱儿歌，摔倒了还学着儿童那样哭，逗得父母哈哈大笑。他就没有顾及社会舆论及世俗，他只知道父母高兴就好，这是真的孝。

这个世界上，要想做给其他人看，那很容易，行孝的时候，叫上几个媒体的记者，再给记者发个"利是"，稿子一见报，大家都知道他在行孝了。这样的孝，有没有考虑父母的感受？父母真的希望孩子这样行孝吗？行孝应该问问自己的内心：是否真的爱父母？是否用心在爱？凡事都对父母恭恭敬敬，弄得自己不自在，连父母也不自在，这样的孝恐怕要打个问号。别说是对父母了，即使对你的领导、同事，也不会"敬而远之"吧，那其实是在防守，是在人为地制造距离感。庄子尤其反对这种假仁假义的孝。《庄子·天运》里说："以敬孝易，以爱孝难；以爱孝易，以忘亲难；忘亲易，使亲忘我难；使亲忘我易，兼忘天下难；兼忘天下易，使天下兼忘我难。"庄子对"孝"的阐释，大意是说，对父母恭恭敬敬，那是底层次的孝；高一层的孝是用爱行孝；再高一层的孝是忘记双亲，和父母无话不谈，像最好的哥们儿一样；再高一层的孝是让双亲忘记我，让父母忘记你是他们的孩子，而是知心朋友；再高一个层次的孝是行孝时忘记天下人，不管那些世俗的标准，世俗说我孝也好，不孝也好，我心里知道对父母的爱是无愧的，时时想着父母呢，孝讲的是心，而不是作秀；最高层次的孝是让天下人同时忘记我。庄子的意思是，与父母相处时候，就像和情人相处一样，忘记"孝顺"这个词，让天下人无法察觉到孝顺的痕迹。和父母亲也好，和朋友也好，和情人也好，最高境界就是在"江湖"中彼此相忘。总之，庄子作为道家的代表人物，他对孝的理解，就是逐渐消解一切人为的道德方面的压力，从而归于大"道"，让人际关系回到最本真的状态。

对于"孝"的理解，儒家和道家不同。

儒家到了孟子，对孝进一步给予明确的解释。孟子曰："大孝终身慕父母。"（《孟子·万章上》）这里的"慕"是思念、敬仰的意思。孟子说，只有大孝的人才能够做到终身怀念父母、敬仰父母。终身念父母的情，这才是大孝。思念、敬仰的前提是，真心爱父母，和父母的关系非常融洽。

这个孝一定是发自内心的，是自然而然的，是真实的，而不是为了某种目的、为了某种社会规范而被迫或者做出来给人看的。我有一个朋友，她九十岁的妈妈在一个冬天突然去世，得知消息，她马上坐飞机往家赶。安葬了母亲，坐上飞往海南的飞机，她说，那一刻，她体会了什么叫"孤雁南飞"。虽然早有准备，但是面对母亲的突然离去，她还是无法接受。回到海口，她病了一个星期，谁也不见。自己关在房间想念母亲。从她后来的表情、语气，我能够感觉到她对母亲是真的很爱很爱，她总说，慈恩未报枉为人。

我的这个朋友算得上是个孝顺的女儿，她对母亲的爱是发自内心的。现代社会变化快，生活节奏快，工作忙上班辛苦，尤其是远离父母在外地为生活打拼的孩子，逢年过节让他们"常回家看看"实在难以做到，有专家主张把"常回家看看"写入法律，春节等法定节假日不回家看父母的算犯法，这么做的主观愿望很好，但是很难执行。毕竟，各有各的苦衷，如果做儿女的连回家的路费都没有，怎么让他们回家探父母？再说，孝顺是一种朴素的感情，以法律的形式强迫执行，难免流于形式，客观上让孝顺走向反面。还有的地方，干部提拔的时候，必须让父母亲签字，以证明孩子是孝顺的，否则，不予提拔。这种做法同样欠妥，因为这样一来，不少人很可能把孝顺标榜成某种形式。

庄子就专门批判过只看外在表现的孝顺。《庄子·外物》里说："演门有亲死者，以善毁爵为官师，其党人毁而死者半。"什么意思呢？就是说，演门有个双亲都死了的人，因为悲伤过度，身体都快哭垮了，被官方看中了，封为官师。他的同乡中人纷纷学他，在守孝的时候，又是哀伤又是哭泣，一个比一个伤心，结果呢，死了一半人。庄子讲这个故事，意在说，这些乡人在守孝的时候，不是出于对自己父母亲的报答、感恩之情，而是把孝顺当成一种手段，以此来作秀，从而达到做官的目的。

庄子特别强调真，只要是真的，就未必在乎形式，因为形式很大程度上是做出来给他人看的。魏晋之际有个著名的隐士集团，即"竹林七贤"，代表性的人物就是阮籍、嵇康、山涛等人，他们看到朝廷党争愈演愈烈，索性投印挂冠而去，离开京城，避开政治漩涡，邀上几位好友乐得竹林之游，大家在那里诗酒唱和、谈玄论道、仰鸿挥琴。竹林，据说就在当时的河内郡山阳县（今河南焦作市）东北二十里处，那里有一片茂密的竹林，清川流泉，清幽静僻，百花吐香，鱼游清池，高台如飞，在这里临风把盏或垂钓潜鱼，或对月弹琴，清谈论道，实为快意。"竹林七贤"之首的阮籍曾经是尚书郎、曹爽参军,因目睹时事将乱,便称病归里,隐居到竹林里,对外公开宣称,礼算个什么东西?"礼岂为我设邪?"阮籍的母亲去世,他丝毫不顾什么葬礼的烦琐规定,照样与人下棋,还在那里打赌喝酒,有人劝他回去给母亲守孝吧,他不听,照样大杯喝酒。也许有人会骂阮籍太不是东西了,母亲死了还在那里喝酒、下棋,这可是冤枉了他。事实上,他哪里是不孝呢?只不过他不愿意孝顺给世人看罢了,心中对母亲的感情是真挚的,否则他也不会一放声就吐几升的血了。据《晋书·阮籍传》记载,阮籍这个人"性至孝","母终,正与人围棋,对者求止,籍留与决赌。即而饮酒二斗,举声一号,吐血数升。及将葬,食一蒸豚,饮二斗酒,然后临诀,直言穷矣,举声一号,因又吐血数升,毁瘠骨立,殆至灭性。"

由此可见,阮籍这个人很真,只是心中痛苦;不足不孝,而是大孝。《庄子·渔父》里说:"真者,精诚之至也。不精不诚,不能动人,故强哭者虽悲不哀,强怒者虽严不威,强亲者虽笑不和。真悲无声而哀,真怒未发而威,真亲未笑而和。真在内者,神动于外,是所以贵真也。……礼者,世俗之所为也;真者,所以受于天也,自然不可易也。故圣人法天贵真,不拘于俗。愚者反此,不能法天而恤于人,不知贵真,禄禄而受变于俗,故不足。惜哉,子之蚤湛于人伪而晚闻大道也。"庄子的意思是说,谈感情,谈孝顺,真是最精诚的状态,也最感动人。所以,勉强哭的人虽然悲痛但不真正哀伤,勉强发怒的人虽然严肃但不威猛,勉强装出亲切的人虽然笑着但不亲和。真正的悲伤没有声音但是很伤心,真正的发怒没有发作就很威猛,真正的亲切没有笑就亲和了。真是内在的,冲是外在的,所以真实最重要。所谓礼节,那是世俗的东西,真实,那是天授的,非自然能够改变的。因此,圣人效法天,重在真实,不受世俗的标准拘束。愚蠢的人刚好相反。

(二)孟子为什么说"不孝有三,无后为大"

记得若干年前,我结婚的时候,没有办什么酒席,两个人简简单单地住在一起,领了证,就算结婚了。谁知道回老家探望父母的时候,母亲一直不高兴,说结婚是人生大事,终身大事,怪我没有征得父母的同意就擅自结婚登记了。我这才想起了儒家的教诲:结婚一定得先向父母亲禀告,否则为不孝。我只记得孟子说的"不孝有三,无后为大",却忘记了这一茬。

其实,也怪我读书不精,误解了孟子的话。"不孝有三,无后为大",下面还有关键的一句:"舜不告而娶,为无后也,君子以为犹告也。"(《孟子·离娄上》)这个"不孝有三",孟子并没有说明是哪三种啊,后来东汉的赵岐注解《孟子》时说,第一种不孝,是"阿意曲从,陷亲不义"。意思是说,父母有可能做错事甚至做坏事,子女不阻拦,却一味顺从,没有了是非善恶,结果让父母在错误的道路上越走越远,"陷亲不义",这是第一个不孝。第二种不孝,是"家贫亲老,不为禄仕"。家里贫穷得没饭吃,父母亲年纪又大了,做儿女的不出去当官赚钱,父母生活费怎么来? 第三种不孝,就是"无后"——"不娶无子,绝先祖祀"。父母一把屎一把尿地把你养育成人了,你却迟迟不结婚,做什么单身贵族、剩男、剩女,没有子嗣,弄得祖先的祭祀也没有人操办了,家族的香火也断了。

孟子把这第三种不孝,说成是最不孝的行为,所谓"无后为大"。

孟子为什么说"无后为大"呢? 这是因为在古代的中国,人们对子嗣问题特别看重。大家还记得,鲁迅小说《阿Q正传》对阿Q最恶毒的骂就是"断子绝孙"了。孔子发毒誓,最严厉的诅咒就是八个字:"始作俑者,其无后乎!"(《孟子·梁惠王上》)孔子的意思是,"无后"就是让孩子和父母亲之间的生命链条断了,再也无法延续了,这个问题非常严重! 要知道,孩子就是父母生活机体的一个组成部分,父母百年之后,他们的基因、他们生活机体的一部分——孩子还继续存在,这样的话,等于是在延续父母亲的生命了,如果没有了后代,就等于说父母的生命也终止了。

在上古时期,"传宗接代"是大事。在"君本"社会体制下,"家"是大屋顶下面的封闭建筑和男性祖神的崇拜。其实就是中国文化的隐喻和象征。孔子说:"致中和,天地位焉,万物育焉。"儒家所强调的"中和"就是以家为中心的宇宙间的和谐相处,这个和谐,有个核心,就是父权体制。

"家"字的本意就是部落祭祀,是男性祖神的宗庙所在地,是供奉男性祖神的,没有女性什么事,代表的是父权政治。那么,女性就不能被供奉吗? 可以,但级别不一样,不能叫庙,得叫"坛"。坛就是供奉女性神的场所,坛没有内在空间,没有屋顶,也没有四壁,是向自然开放的,坛是道家文化的渊源所在。

宗庙对一个家族来说,是祭祀列祖列宗、保佑子孙后代顺利生息的;对一个国家来说,宗庙是祭祀国君的列祖列宗的,那是一个国家政权和治权的象征,别的国家打进来,只要把国君家的宗庙毁了,那么,这个国家也就等于灭亡了,国君也就成了"亡国之君"了,这就是为什么南唐后主李煜在亡国之后写下"最是仓皇辞庙日"的原因。

"君本"社会里,以儒家文化为主导的"家"的结构有两个重要的文化特质。第一,父亲是天,地位不可取代。父权秩序神圣不可侵犯,所谓"君要臣死,臣不得不死";在家里,则是"父要子亡,子不得不亡"。所以无论是子女的婚姻也好,爱情也好,职业也好,甚至生死也好,一切统统由父亲决定,父亲有权决定一切。在家里,只有男性才可以延续香火,才可以传宗接代,才有可能光耀门楣、光宗耀祖。这种父权秩序在时间方面呢,是一代代地繁衍生息;在空间方面呢,则是几代同堂,一个大家族所有成员在一个大院里生活,在一起吃饭。在这种文化下,如果一个男子竟然无后,那传宗接代的任务就无法完成了,所有家族成员都会认为这个男子的道德出了问题,是对祖宗的大不孝,是"家"文化所不能容忍的。第二,孝顺父母,奉养天年。为什么《红楼梦》的结局宝玉出家被视为大不孝呢?因为佛家的所谓"出家",实际就是走出了以父母血缘关系为基础的伦理纲常之"家",挑战了父权神圣不可侵犯的秩序,自己求了"解脱",试图摆脱人生的种种束缚,摆脱那个以天地为栏的宇宙之家的种种束缚,获得生活的"解放和自由自在",可是父母亲老了谁来管?老人病了怎么办?孤独了谁"常回家看看"?这在儒家文化看来,是大不孝。

无论是尊崇母权的道教还是尊崇父权的儒教,都没有逃脱"家"的范围,都不出"天地为庐"这上下四方的宇宙范围,特别是在儒家文化里,家基本是由"父—子"为轴的血缘关系来组成,就连整个整体,也就是"国家",是国君以国为家,他高高在上,就像一个大家长,是全体臣民的精神父亲。

宗法社会呢,怎么能没有"宗"呢?阿Q最忌讳他人骂他"断子绝孙"。至今老人们还不无调侃地把刚出生的小孙子叫"我的小祖宗"。父亲,是家庭的核心,是孩子的天。"父亲"这个词之所以命名,就是因为他能够传宗接代,传统宗法社会就是靠这个根基来维护、繁衍和稳定的。这就是为什么大导演李安的电影《喜宴》能够在学界乃至整个华人生活圈引起争议的原因。李安的电影《喜宴》把"传宗接代"这个观念给彻底解构了,成了彻头彻尾的"断子绝孙"。片中的男主角高伟同是家族的独子,来到美国生活,若干年后,他的父亲发现他竟然是一个同性恋者——这等于宣布他主动放弃了作为父亲的权利,不可能同父母子女生活在一起、享受天伦之乐。高父曾经是一位将军,做过国民党的师长,在士兵中威信很高,家庭幸福、和谐,这样的一位在中国传统儒家文化熏陶下成长起来的父亲最终却不得不面对现实,宽容和认同儿子的性取向并接受儿子的同性恋人,"养儿防老"的观念被打破了,"传宗接代"的观念也被解构了,"父权"秩序被瓦解了,就连由朴素真挚的事亲养老观念发展出来的"孝道"也遭遇了空前的尴尬。

当然,李安的电影表现的是在美国生活的华人,是他们在文化上的尴尬,我们的现实生活没有那么多文化上的冲突,但是,朴素真挚的事亲养老文化确实遭受到各种冲击,这就是我们今天有必要重提孝道的原因,我们文化不能也不应该断了根。

李零先生在《花间一壶酒》(山西人民出版社,2010 年)一书中说,中国老农常说,女人是啥东西?就是为了给咱生娃,娃才是咱的命根子。如果母子不能两全,两者择一,他是宁要孩子不要老婆的。知识分子也一样。《儒林外史》第三十回,杜慎卿是同性恋,不喜欢女人,但他不但娶老婆,还请媒婆沈大脚给他物色漂亮姑娘。媒婆走后,季苇萧说:"恭喜纳妾。"杜慎卿愁着眉头说:"先生,这也为嗣续大计,无可奈何,不然,我做这样事怎的?"季苇萧道:"才子佳人,正宜及时行乐,先生怎反如此说?"杜慎卿道:"苇兄,这话可谓不知我了。我太祖高皇帝云:'我若不是妇人生,天下妇人都杀尽!'妇人那有一个好的?小弟性情,是和妇人隔着三间屋就闻见他的臭气。"他恨女人,但不恨生孩子。读圣贤书,无后为大,哪怕什么都丢了,孩子也不能丢。

(三)世间有五种不孝的行为

孟子曰:"事,孰为大?事亲为大;守,孰为大?守身为大。"(《孟子·离娄上》)孟子的意思是说,侍奉谁是第一重要的?父母双亲最重要。坚守什么最重要?坚守节操最重要。现代有个成语叫"守身如玉",说的就是要像爱护玉一样爱护自己的品质和节操,决不为了一点蝇头小利而去卖身求荣,出卖自己的良心,所谓"饿死事小,失节事大"。

孟子在这里说了两层意思:一是说"事亲为大",二是说"守身为大"。这两件事同样重要。父母爱子女,那是天性,不容置疑。孟子曰:"父母之心,人皆有之。"(《孟子·滕文公下》)意思是说,做父母的,无条件地爱子女、为子女着想、让子女过上好日子,这是天下所有父母共有的心情。世上哪有不爱孩子的父母呢?哪有父母不为子女着想、打算的?

儒家文化极重"孝悌"之道。《三字经》里说:"香九龄,能温席,孝于亲,所当执。融四岁,能让梨,弟于长,宜先知。首孝悌,次见闻。"意思是说,黄香把席子暖热了让父母睡觉,这种孝顺父母之道当提倡、奉行并坚持;孔融这个孩子,四岁的时候就知道让梨给哥哥吃,这种逊让兄长的行为,应该让孩子早早知道。学生应该首先学习"孝悌"之道,其次才知数识文及学习一些天下大事。

儒家提出的"修身、齐家、治国、平天下",其根本在于"孝悌"。《三字经》里说"为人子,方少时""此十义,人所同"。"十义"是什么意思呢?《三字经》里把"三纲五常"归纳为"十义",即"父子恩,夫妇从;兄则友,弟则恭;长幼序,友与朋;君则敬,臣则忠"。儒家说,如果按照这"十义"来处理父子、夫妇、兄弟、朋友、君臣的关系,那就应当是"父慈子孝,夫和妇顺,兄爱弟恭,朋谊友信,君敬臣忠"。《三字经》里特别强调,"三纲五常""不容紊"。

什么是"三纲五常"呢?"三纲五常"是西汉董仲舒根据孔孟的学说提出来的。所谓"三纲",第一纲是"君为臣纲",说的是君权。第二纲是"父为子纲",说的是族权。第三纲是"夫为妻纲",说的是夫权。"三纲"教人们"孝亲敬父""忠君报国"。

所谓"五常",即"仁、义、礼、智、信"。"仁",就是爱人。"义",就是"安分守己"。孟子说:"义,路也,礼,门也。"(《孟子·万章下》)孟子的意思是说,义,就像畅通的大道;礼,就像敞开的大门。言外之意,一个人,有道义、讲礼仪,才能来去自由、出入自由。

"礼",就是上下尊卑的秩序。"智",就是知识。"信",就是诚信。

几千年的封建社会,"三纲五常"等封建死板观念,使得妇女的地位异常低下。男人可以三妻四妾,妇女却只能从一而终,所以,祥林嫂的悲剧至今发人深省。

但封建社会人伦纲常也并非全是糟粕。"君君臣臣父父子子"中所体现出的长幼尊卑的秩序也不该一概否定。这一点在处理好人际关系方面尤其重要,像孟子说的那样,"仁者爱人,有礼者敬人。爱人者,人恒爱之;敬人者,人恒敬之"(《孟子·离娄下》)。孟子这话说得多好,有仁爱之心的人总会关爱他人,讲礼貌、懂礼节的人,会尊敬他人。懂得爱别人的人,别人也爱他。尊敬他人的人,也会赢得他人的尊敬。

这些话对处理今天人与人之间的摩擦仍然很有帮助。你说两个人之间有什么好吵的呢？既然吵起来，那一个巴掌拍不响，各让一步，各自反思自己，就吵不起来，对不对？尤其是年轻人和老年人争执，那年轻人就更不应该了，会被人批评为没有教养。

教养，是一种潜移默化养成的品性。《三字经》里说："养不教，父之过。"这里儒家把父亲的责任看得更重要，孩子缺乏教养，那是做父亲的失职，没有管教好孩子。

儒家除了强调孩子应当孝顺父母外，也对父母亲提出了很高的要求。

那么，什么样的孩子才算得上"不孝"呢？孟子曾经做过总结，说世间有五种不孝的行为："世俗所谓不孝者五：惰其四支，不顾父母之养，一不孝也；博弈好饮酒，不顾父母之养，二不孝也；好货财，私妻子，不顾父母之养，三不孝也；从耳目之欲，以为父母戮，四不孝也；好勇斗狠，以危父母，五不孝也。"（《孟子·离娄下》）

孟子的意思是说，世上有五种不孝的行为：

第一种不孝，是四肢懒惰，不去努力工作赚钱养家，不管父母的生活。现在的"啃老族"，不想去上班、怕辛苦，就算这类了吧。

儒家为什么如此强调孝？历史地看，在两千五百年前，那个时代，肯定没有今天的这种社会保险制度、养老金制度，恐怕连这种设想也没有。孔子、孟子把孝提出来，其实也就是为社会化解风险，让老人无后顾之忧，民间至今还有所谓"养儿防老"的观念，说白了，就是为老人设想一种养老制度，和今天的养老金制度本质上是一样的。这也就是为什么孟子把不管父母的生活看成是第一种不孝的原因。不给父母养老的钱，他们怎么生活呢？是吧。

第二种不孝，是好赌博，爱喝酒，挣的钱都花光了，对父母不尽赡养义务，不照顾父母的生活。

第三种不孝，是贪图钱财，为人小气、计较，只爱钱财和老婆孩子，对父母不尽赡养义务。

第四种不孝，是放纵自己的眼睛和耳朵的欲望，作奸犯科，看了不该看的，听了不该听的，让父母亲感觉到羞辱。

第五种不孝,是脾气火爆,逞能好斗,惹是生非,让父母感到害怕、陷入危险。

(四)父母有过错怎么办

中国人有句古话,叫"百善孝为先"。

孔子在《论语·里仁》里说:"事父母几谏,见志不从,又敬不违,劳而不怨。"意思是说,在服侍父母时,如果发现父母有过错,怎么办? 要委婉地劝阻。如果劝阻无效怎么办呢? 那也不要吵闹,仍然要恭恭敬敬不去触犯他们,这样一来,内心自然不会高兴——即使如此,也不要去抱怨父母。

孟子讲到一个齐国人名叫匡章的故事。

公都子曰:"匡章,通国皆称不孝焉。夫子与之游,又从而礼貌之,敢问何也?"

意思是说,在齐国,有个叫匡章的人,全国人民都骂他不孝。学生就不理解地问老师:您怎么能跟匡章这样的人交朋友呢?

匡章是个啥样的人呢? 怎么落下这么坏的名声呢? 事情的经过是这样的:匡章是齐国的大将军,他的父亲也不是平民百姓,而是贵族,照今天的话来说,这匡章也算个"官二代"吧。可他的家庭并不幸福,父亲脾气暴躁,在一次冲突中,竟然把母亲杀死然后埋在了马厩底下。匡章知道了真相后,就怪父亲做得太过分,两个人就起了争执,结果父子两个人就不说话了,差点就断绝了父子关系。匡章很伤心,怎么办? 一不能孝顺父亲,二不能为已经死了的母亲做点什么。回到家之后,大概心里伤心难过到无法形容了吧,就对自己的老婆、孩子说,家里弄成这个样子,我很难过,我也不想连累你们。你们也走吧,离开这个家,越远越好,我一辈子也不让你们照顾。他在心里想:我这样狠心,实属无奈,否则,我的罪过更大。当学生也来指责匡章的时候,孟子就替匡章说好话,说世界上有五种不孝,你们说说看,匡章犯了哪一条呢? 没有嘛。他只在一点上和儒家讲的相违背——就是"父子不相责善"。儒家讲究积善、行善,如果父子之间以善为由互相指责,那么,感情的伤害就不可避免。

孟子的意思是说,匡章是希望父亲向善,认为父亲不该对母亲行恶。他无法劝说父亲,就自己难过,自己忍受孤独的痛苦,以此来惩罚自己。

同样面对有过错的父亲,舜却采取另一种难以置信的方式来行孝。

《孟子·万章上》里记载了舜的故事,说这个舜非常孝顺。舜的孝顺一般人可做不到,因为舜出生在一个匪夷所思的家庭里面,这个家庭简直可以用恐怖来形容。舜的孝顺是真心诚意地爱父母,希望父母平安无事,幸福快乐。

孔子哀叹没见过"好德如好色"的人,言外之意,世人多是些"好利如好色"之人,但舜是个例外。舜正是个"好德如好色"之人。

舜这个人德行非常好,好到一般人别说做不到,连想都不敢想——下面我们会讲,总而言之,他的德让当时的天子尧很赏识,准备让舜来接替他。而且还把两个女儿都嫁给舜当老婆,让九个儿子都来当舜的部下,全国的官员都听舜的指挥。

但舜的家庭背景有点复杂,很小的时候,母亲去世,父亲后娶的老婆,也就是舜的后母,不疼他也就罢了,还欺负他,想让他死。后母和父亲生了一个儿子,叫象,很坏,比《红楼梦》里赵姨娘生的那个儿子贾环还坏。象坏到天天琢磨着怎么样整死舜,"日以杀舜为事"(《孟子·万章上》)。舜的父亲也讨厌舜,也想弄死他。

舜的父亲和异母弟弟,天天想害死他,就数次设置陷阱。一次,是让舜爬到仓库顶上修房顶,然后就在下面放火烧他,可是,这个舜有两个能掐会算的好太太,在爬屋顶之前已经得到两位太太的指教,说一旦发生火灾,就把预先穿上去的大衣服张开,这样就可以像飞鸟一般,安全地跳下来。危难之际,他照办了,安全逃出火海。舜的父亲和异母弟弟一计不成又生一计,又派他去凿井,等他下到井底的时候,马上往井里面投石头,用这个办法砸不死他也压死他。还是舜的太太英明,提前防备,在井的内壁旁边,打通了一个隧道,舜再次安全地逃出来。这个舜啊,他最了不起的地方,是从不抱怨,更不会去报复、以牙还牙,而是一如既往地孝敬自己的父亲,对自己的异母弟弟也是一如既往的好。舜对孝的理解,就是看护好自己,保护好自己的生命,好好活着,只要自己活着就是孝顺了,因为,只有这样,才可以不让父母坐监狱。一旦他死了,父母就得为自己的恶行受到惩罚和制裁。

尽管父母有种种恶行,但他能够忍受,而且一忍再忍,所以,舜在后来当上天子之后,能够尽心竭力地为天下百姓谋取福利,这与他仁慈、孝顺的性格不无关系。

但是,孟子反复地讲了这个故事之后,他的学生大概听得不耐烦了,就向孟子提出了一个假设性的问题:老师,如果舜的父亲杀了人,那么,身为天子的舜该怎么办?是法办他还是祖护他呢?这个问题就记载在《孟子·尽心上》里。

提问这个刁难问题的学生名字叫桃应。桃应是这么问的:舜是天子,皋陶是法官,如果舜的父亲瞽瞍杀了人,该怎么办呢?

孟子很干脆地说:很简单,逮捕他就是了。

桃应说:如果法官皋陶逮捕舜的父亲,舜难道不会阻止他吗?

孟子说:这种事情舜怎么能阻止呢? 除非皋陶没有证据。

桃应说:那么,舜眼看着他的父亲瞽瞍被抓,该怎么办呢?

孟子说:舜会丢弃天下,就像丢一双破草鞋一样,然后偷偷地背着老父亲逃跑,能跑多远就跑多远,总之,沿着海边跑,直到找到一个安全的地方,住下来,开心地陪伴着父亲,快乐地忘记了天下。

孟子的意思是,天子的职位他扔了,自然还会有别人来做,可是,当儿子,却无人可以取代。傅佩荣先生在讲到这个问题时说:"瞽瞍是舜的父亲,他杀的是谁,为什么杀人,应该负什么法律责任,这些问题不是做儿子的舜可以考虑的。舜只能考虑做天子还是做儿子。他若继续担任天子,就必须维护国家法律。他若只是个单纯平凡的儿子,就有责任保护父亲周全。判断瞽瞍犯了什么罪,并且缉捕他归案,是法官的职责;舜身为儿子,可以为父亲放弃天子之位。天子别人可以做,但儿子却是独一无二的。"(见《向庄子借智慧》,傅佩荣著,中华书局,2009 年)

这个就是孟子对孝顺的理解,简单地说就是:亲情比做官更重要。

做官是可以选择的,可是为人子不能选择,人无法选择自己的父母,也无法选择自己的兄弟姐妹,是不是? 既然生在不幸的家庭,那也不要抱怨。有人说,无论怎么做都无济于事可怎么办呢? 那也不要抱怨,一如既往地努力行善,努力做力所能及的事,最重要的,是尽好自己的责任,否则就不配做人子,所谓"不得乎亲,不可以为人;不顺乎亲,不可以为子"。(《孟子·离娄上》)

关于孝的看法,傅佩荣先生对于庄子和孟子的对比分析很有意思:孟子和庄子是同时代的学者,二人分属儒家和道家;但是让人惊讶的是,孟子在此居然认为舜背着父亲逃跑之后,会"快乐得忘记了天下",庄子谈到孝顺的第五个层次是"行孝时,我同时忘记了天下人",这两者竟是完全相同的。

(五)曾参的孝才是真的孝

曾子曰:"吾日三省吾身。"意思是说,曾子这个人每日都要多次自我反省:"为人谋而不忠乎? 与朋友交而不信乎? 传不习乎?"

这个曾子不简单。

孟子说孝,给我们树了一个典范,一个典型人物,这个人就是曾子,也就是曾参,他的孝是值得推广的,也是值得我们每个人学习的。

那么,曾子是怎么做的呢?这得从头说起。

曾参和他的父亲曾皙是同学,不要惊讶,这是真的。他们父子二人都是孔子的学生。曾参十六岁那年,跟着孔子学习,感觉孔老师很了不起,跟他学到很多以前闻所未闻的人生道理,内心充满欢喜。有次回家探望父亲,父亲见他知书达理,做事很有分寸,夸奖了一番。曾参说,这部是我们孔老师教化的结果,转过头来,对父亲曾皙说,爸爸,你也跟着我们老师学习吧。

曾皙答应了,也当了孔子的学生。

曾参这个人不是个特别聪明的孩子,但为人很忠厚老实。听到孔子讲孝顺,强调孝顺,他就找到父亲,想照着老师教的去做。碰到同学就自夸说,我可是个孝顺的儿子,父亲揍我的时候,我从来就不躲,让他打个痛快,打到满意为止。孔子听说了,觉得曾参这样理解孝顺,未免太过了,出了偏差。孔子就问曾参,你父亲打你也不躲藏,让他打个过瘾,有这事吗?曾参自豪地说,有啊。我这是孝顺啊,老师,这样不对吗?孔子说,你这样理解不对,想想看,父亲打你的时候,如果拿的是粗棍子,打伤了你,你也不躲藏,其他人怎么看你父亲,会嘲笑他,甚至指责他出手太重。你让你的父亲被人指责和嘲笑,这就是不孝顺!正确的方法是,父亲打你,如果用的是粗棍子,你就跑,别让他伤到你,跑就是孝顺;如果你父亲拿的是细棍子,你就不必躲藏了,站在那里让他打,最不济也就伤到一点皮肉。

曾参后来的孝顺,孟子有记载:

曾子养曾皙,必有酒肉。将彻,必请所与;问有余,必曰:"有。"曾皙死,曾元养曾子,必有酒肉。将彻,不请所与;问有余,曰:"亡矣,将以复进也。"此所谓养口体者也。若曾子,则可谓养志也。事亲若曾子者,可也。(《孟子·离娄上》)

曾参在赡养父亲的时候,每顿饭必定有酒有肉,父亲吃饱喝足,清理桌上的食物时,曾参一定请示父亲:爸爸,剩下的饭菜送给谁吃呢?父亲说,你把剩下的饭菜送给附近谁谁谁家好了,他家太穷了,帮助人、积德行善,是很快乐的事。如果父亲再问:还有多余的饭菜吗?曾参对父亲说,放心,还有。这样的话,让父亲永远不用操心。曾参这样做,是把行善的机会让给父亲,让父亲吃饱喝足之余,还能做点善事,还能帮助他人,这样一来,他就感觉活得很有意义。

许多年之后,曾参老了,他的儿子曾元在赡养他的时候,也是每顿饭都有酒有肉,但是,在清理桌上的饭菜时,儿子不再请示曾参剩下的饭菜送给谁了。曾参问儿子曾元,还有多余的饭菜吗?儿子说,没有了,别送人了,剩下的饭菜还准备留着到下顿热了再给您吃呢。这可真是一代不如一代,"人心不古"。

孟子讲曾家这祖孙三代的故事,是想告诉我们:曾参的孝才是真的孝。曾参的儿子曾元,只是赡养父亲的身体,尽个义务罢了;而曾参不一样,他除了赡养父亲曾皙的身体之外,还能养父亲的志,让父亲在吃饱喝足之余还能行善,还能助人为乐。

十、孟子的齐家之道

(一)家和方可万事兴

孟子曰:"人有恒言,皆曰'天下国家'。天下之本在国,国之本在家,家之本在身。"(《孟子·离娄上》)

这话翻译过来就是,人们总是说,"天下国家"。天下的根本在于国家,国家的根本在于家,家的根本在于个人的修身。孟子这话的意思很清楚,家是基础,个体的人是核心。人好才能家和,家和才能万事兴。怎么才叫"人好"呢?有两个意思:一是品质好,心地善良;二是外表干净、整洁。总之,从外到内都美好,都干净。

一个人再美,如果被外面的脏东西污染了,也不好了。西施美丽吧,可如果她身上沾了肮脏的大粪,别人走过她身边时照样会掩着鼻子离开。一个面貌丑陋的人,如果他斋戒沐浴,一样可以祭祀上苍。("西子蒙不洁,则人皆掩鼻而过之;虽有恶人,斋戒沐浴,则可以祀上帝。")

因此,一个人要想保持家庭和谐、恩爱、美好,首先从个人开始,每个人都要美好,从外到内都美好,行事做人要符合中庸之道,不走极端,不会做过火的事。用孟子的话说就是——"仲尼不为已甚者"。

孟子的七篇文章里,提到孟夫人了吗?我没有发现。我倒是看到过自称"好色"的齐宣王娶了一位丑女无盐做他的王后,封她为无盐君。无盐不是她的真实名字,而是她出生和成长的地方,她真名叫钟离春,复姓钟离,名字叫春。

钟离春很不喜欢邹衍这帮人,却非常尊敬孟子。孟子当年可是明星学者,在齐国虽然其学说没有获得齐宣王的采纳,但还是被聘为稷下学宫的上卿,享受上大夫的待遇,走到哪里,都是前呼后拥、众星捧月,大学者的派头很足。"后车数十乘,从者数百人"(《孟子·滕文公下》)。没有证据表明,孟子去齐国做官时,是带着孟夫人一同去的,也没有证据表明孟子有孩子。只记得在《孟子·滕文公下》里面,孟子说到他本人对妇人的态度:"以顺为正者,妾妇之道。"在《孟子·滕文公下》中孟子还引用《诗经》中赞美文王的话说,《诗》云"刑(型)于寡妻,至于兄弟,以御于家邦",意思是说,一个男人应该给自己的妻子做出榜样,对自己的兄弟也一样,进而处理好家庭矛盾、治理好国家。

西汉刘向写了一本《列女传》,其中提到孟夫人在自家的卧室内穿得很暴露,孟子看到后一脸严肃地做圣人状,并且不肯进家门。孟子的潜台词是批评孟夫人不守夫人之礼,有诱惑老公"犯罪"的嫌疑。汉文帝时代有个叫韩婴的写了一本《韩诗外传》,对《诗经》进行了训解,其中提到孟夫人,说她有次见到老公表现得不够谦卑,接近傲慢,孟子很生气,如果不是孟母反对并批评了他,孟夫人就被休了。

俗话说,家和万事兴。这话反着说就是:万事之所以不够兴,皆因家不和。可见,"家和"对一个人的成功有多重要。无论你在外面多么风光,回到家冷冷清清,冷眼相对甚至拳脚相加,凭你有多大的学问、多高的修养,也无法快乐起来吧。孔子在《论语·阳货》中有句著名的感喟:"唯女子与小人为难养也,近之则不逊,远之则怨。"意思是说,这世上唯有女子与小人最难相处,走得近吧,显得你不谦逊,疏远吧又被人家抱怨。近也不是,远也不是,真是进退两难。我想孔子突然发出发自肺腑的醒悟之语,一定遭遇了家庭矛盾,而且不止一两次,想必是在他老婆那里吃了不小的亏。可见,圣人的家庭也有一本难念的经。孔子推崇的模范夫妻相亲相爱的境界是《诗经》中的话——"夫妻好合,如鼓琴瑟",至今还有个成语叫琴瑟和谐,形容的就是夫妻美满幸福的生活,大约源自《诗经》中的"窈窕淑女,琴瑟友之"。琴和瑟都是古代乐器,男人看到"窈窕淑女",便弹着琴和瑟,听到这美妙如梦幻的音乐,就吐露真情说,我想和你亲近、交朋友,做我的女朋友吧。

孔子羡慕那种"夫妻好合,如鼓琴瑟"的家庭,可见圣人的家也没有"齐"好。杨志强在《呓语道破》(生活·读书·新知三联书店,2010年)一书中有这么一段话:

按林语堂在《孔子的智慧》一书中的说法,孔夫子是把夫人气跑的。孔子本人及其后的两代,他的儿子及孙子不是休妻,便是与妻子分居。他本人及大弟子曾子及曾子的门人子思,这师承的三代都不断有休妻的记录。孟子受业于子思之门人,按系谱算是第四代儒学大师(曾子是第二代,子思是第三代,孟子当算第五代——作者注),也差点把妻子休掉。这四代儒家的头面人物,其婚姻生活都不见得琴瑟和谐,世俗中的人之大伦,在祖师爷身上亦不外如是,那么,国人自古便津津乐道的琴瑟之乐,是否仅是小书生遗留在牧歌里的憧憬?

看了这段文字,也许你就明白为什么后世的儒家讲"修齐治平"把"修身"放到第一位,把"齐家"放到"治国"的前面。当然,这里的"齐家"是家族内的尊卑有序、父慈子孝、夫良妻贤、兄友弟恭、叔嫂和睦,等等,基本不涉及闺房内的琴瑟和谐。按照儒家的说法,先有夫妇然后才有父子(孝),先有父子而后才有君臣(忠),由此可见,夫妻是构成家族的单元,是家和国的基础,如果夫妻经常吵架,闹到日子过不下去的程度,那么,"齐家"就很难说做好了。

在《孟子·离娄下》这篇散文中,孟子讲到一个和夫妻有关的寓言说:齐国有一个人,家里有一妻一妾。这个做老公的男人很能装,很少在家吃饭,每次外出回来都喝得醉醺醺、吃得满嘴流油。大老婆就问他:老公,你天天有应酬啊,和什么人在一起呢? 老公说,和我喝酒的,都是成功人士,要钱有钱、要权有权、要势有势,总之,都不是一般人。这个大老婆半信半疑,就把老公的话告诉了他的小老婆,小老婆也不太相信,就出主意说,你可以跟踪他,不就知道答案了?

次日,大老婆就悄悄地跟踪老公,走遍全城,也没有一个人同老公说话,更不用说请他喝酒了。走到最后,才发现老公来到东郊外的墓地,到扫墓的人那里乞讨残菜剩饭吃。一家不够吃,又东张西望地到别的地方乞讨。

答案揭晓了:这就是他吹牛说的同什么成功人士吃饭、喝酒呀!

这个大老婆回到家里,把真相告诉了小老婆听,两个人边说边抱头痛哭:天哪! 我们瞎了眼,嫁了这样一个无耻的男人! 这让我们将来依靠谁呀! 两个人哭够了,就开始咒骂这个男人。这个男人还不知道怎么回事，打着饱嗝大摇大摆地从外面回来，对家里的两个女人吹胡子瞪眼：怎么回事，没看到我回来了吗？还不端茶来？

孟子讲的这个寓言，意思是说，有些人乞求升官发财的方法和这个齐国男人差不多，达到目的的手段让他的老婆感到羞耻和伤心。这样的男人，距离君子简直十万八千里呀。

这就是天天同"全是有钱有势的大人物"吃饭的"大丈夫"吗？丢人哪！

孟子对此比喻的结论是这样的：用"君子"的眼光来看这件荒唐事，一般世人乞求富贵的丑态，如果全程制作成录像，放给他们的妻妾看，感觉他们就像齐国男人一样啊。如果这些一心一意上爬的男人还不知道羞耻，还继续吹牛、赔笑、说假话、喝酒、拍马屁，那可真是羞耻呀。老婆受得了吗？

由此可以明白，一个吹牛的男人，做丈夫不易；做"大丈夫"，尤其不易。不易之易，这就是人生吧。

孟子讲这则吹牛丈夫的故事，比赵本山早期的小品更有讽刺意义，堪称一部精彩的人生大戏。

（二）积善之家必有余庆

古代特别强调"善"，所谓"积善之家必有余庆"。北宋有个著名的仁厚将军叫曹彬——这个名字好熟，没错，他就是奉命攻打南唐的总司令，他得知南唐后主李煜虔诚信佛，心地仁慈，他让部下发誓：攻打南京城的时候，不许杀一个人，更不许任何人奸淫抢劫。南京城被打下来了，老百姓还不知道发生了什么事。后主李煜穿着白纱衫帽，亲自带着夫人小周后向曹彬递上投降书，还不忘记礼节，叩拜如仪，曹彬也很礼貌地说，恕我"介胄在身，拜不及答"。我穿这身军装，没法跪拜还礼，请原谅我用军礼还你吧，然后很礼貌地请李煜上船品茶，还问李煜，你家有多少口人？李煜说，三百多口。曹彬对李煜说，这样吧，我专门给你派一艘官船吧，然后给你三天时间，你把家里的东西收拾好，都带上跟我进京面见皇上吧。他怕士兵不老实，抢劫李煜家的财物，就亲自带兵把守，让李煜慢慢收拾东西，三天后他把李煜家里的全部东西装上带到京城，进宫后查封财物，登记造册呈报给朝廷。曹彬这位仁将连一件宝贝也没有贪污。

善有善报，他的德惠及后代，孙女做了宋仁宗的皇后，是历史上有名的"圣后"。

善,不是好好先生,不是和稀泥,而是心存善念,慈悲为怀,有原则,有立场。好好先生没有原则,没有是非曲直,甚至黑白颠倒,这样的人孔子曾经深恶痛绝地说:"乡原,德之贼也。"(《论语·阳货》)翻译成今天的话来说,意思是好好先生会对道德造成严重的伤害,要不得的。乡原,也写作"乡愿",意思就是好好先生。孔子为什么如此痛恨好好先生?因为孔子说自己平生"恶似而非者",厌恶似是而非,好好先生就是没有是非曲直的人。

孟子对好好先生(乡原)进一步解释,还专门下了定义:"非之无举也,刺之无刺也;同乎流俗,合乎污世;居之似忠信,行之似廉洁;众皆悦之,自以为是,而不可与入尧舜之道。"翻译成今天的话,意思是说,好好先生,你如果非议他吧,还真没什么好非议的;你要讽刺他、批评他,还真没有什么好批评的;好好先生和现实同流合污,看上去好像很忠信、很廉洁;周围的人都喜欢他,他自己呢自我感觉又良好,这样的人永远不可入尧舜之道。

在我们的现实生活中,偶尔和朋友私下喝茶聊天,总会听到朋友说"某某某为人很好,年终单位的民意测验从来都是百分之百,只有那么一两次百分之九十九,但也知道是谁没投他的票,后来那个也知道错了"等之类的话。事实上,民意测验要达到百分之百很难,起码自己得投自己的票吧,一个人哪能让所有的人都满意呢?大体上能够做到孔子所说的"君子周而不比,小人比而不周"就可以了。

(三)有恒产者有恒心

"有恒产者有恒心",这句话常被地产商拿来做广告,号召大家买房子,还抬出孟子来,说一个人连恒产都没有,怎么能有恒心呢?仿佛是没有固定产业就没有任何信心。

那么,孟子是在什么情况下说这句话的?孟子本意是不是就是地产商所说的那样鼓励买房呢?

让我们来分析一下。

首先看一下这句话的出处。这句话出自《孟子·梁惠王上》,原文是这样的:"无恒产而有恒心者,惟士为能;若民,则无恒产,因无恒心。苟无恒心,放辟邪侈,无不为己。及陷于罪,然后从而刑之,是罔民也。焉有仁人在位罔民而可为也?是故明君制民之产,必使仰足以事父母,俯足以畜妻子,乐岁终身饱,凶年免于死亡,然后驱而之善，故民之从之也轻。"

这是孟子与齐宣王的一段对话，讨论的是关于固定产业与永久信念的关系，也就是经济与道德的关系。

这段翻译成今天的语言，意思是说，没有固定的产业还能心存坚定的信念，只有士大夫能够做到。至于普通老百姓，没有恒产，就没有恒心。如果没有坚定的信念，那么就会放纵、暴力、邪恶、奢侈等等，啥坏事都敢干，无所不为。等他们犯了罪，再制定法律来惩罚他们，这叫什么？这叫张开大网来捕鱼，分明是网罗、陷害百姓嘛。哪有仁德的君主在位的时候却诱惑老百姓犯罪的？因此一个英明的君主划定给老百姓的产业，一定能够确保他们对上可以养活父母，对下可以养活妻子儿女，好年成能够天天填饱肚子，坏年成不至于饿死。然后引导他们向善，这样一来，老百姓就会轻而易举地跟从你。

这段话是孟子在和齐宣王谈治国之道时说的。孟子劝齐宣王推行仁政王道，认为只有这样，才能一统天下。孟子讲的是一个重要的治国思想，就是劝国君行仁政，让百姓拥有稳定的产业和收入，这样百姓才会有信心，有稳定感和安全感，才有一定的道德观念和行为准则，从而安居乐业，国家才能稳定、长治久安。

这是一个强国之策。别忘了，孟子说这话的时代背景——战国乱世，百姓渴望稳定。让百姓有信心、有稳定感，这是国家强大的基础，否则，如果百姓穷困不堪，就难免为了吃饭铤而走险。对君主而言，让民恒心，自己才能保民而王。可以肯定的是，孟子讲这话的时候，齐国根本没有搞什么房地产开发，也不可能有大规模的"经营城市"思想，像今天的房地产市场那样，那时候根本不可能。香港作家林夕在《人情·世故》一书(广西师范大学出版社，2010年)中有这么一段话：(香港)九龙界限街有一家别墅名为"可以居"，屋主又谦卑得极限到惹人妒忌了。跟西九的"君临天下"对比，恰如天上人间，要我报地址，说我在"君临天下"，是会脸红的。

香港楼盘倾向于卖感觉，特别是电视广告及街头广告牌，主打外国风情，仿佛普天下皆为浪漫福地，遇上地点不够高贵的，就索性不提，能蒙过去就算了。广告耍花招忽悠的现象，自然无分地段。在网上看到一段"地产忽悠大全"，讽刺售楼广告天花乱坠：偏远地点是"远离闹市喧嚣"；郊区乡镇则"回归自然，享受田园风光"；紧接闹市当然"坐拥城市繁华"；房型很烂是"个性化设计"；楼间距离小可以

"邻里亲近,和谐温馨";边上有诊所则"拥抱健康";边上是荒草地也能"超大绿化";附近什么也没有就号称"简约生活"……达到乾坤大挪移化境,让我们学习到怎样凡事往好处想。

孟子所处的时代,还是自给自足的小农自然经济模式,老百姓日出而作、日落而息,生存资料与生产资料还是连在一起的,老百姓赖以生存的生产资料就是土地,土地是他们的生存之本,只有公平地占有了土地,才能衣食无忧。孟子给君王推销的是自己的仁义思想,他的基本想法是,讲仁义很人性化,符合老百姓的心理欲求,符合大多数老百姓的利益,容易赢得民心,所以他说"仁者无敌",大多数人支持,那就是统一天下,谁能挡得住正义和民心所向呢?五十二岁那年,孟子去见梁惠王,梁惠王上来就问:老头,你大老远过来,给我们带来什么好处呢?孟子对他的不礼貌也没计较,而是心平气和地说,大王何必谈利益呢?谈仁义足够了,这样的话,普天之下的老百姓都会支持你。你就能成为天下的王,像尧舜禹与夏商周的开明帝王那样,有仁人之心,成为圣王,多好啊。

在那个弱肉强食、不抢就被抢、天下逐利的时代,梁惠王也就是听听而已,没有照做。孟子又见了别的国君,还是没人听。他周游列国,五十四岁那年,到了齐国。因为他听说齐宣王刚刚上台,新官上任三把火,向新王推销应该比较容易接受吧。齐宣王对孟子这位著名的大学者很尊重,邀请他当齐国的客卿,类似一品官吧,实际上就是齐国智囊团的核心班子成员,所以孟子和齐宣王聊了很多关于治国的话题,方方面面都聊到了,包括"恒产与恒心"的话题。

孟子说"民有恒产",这句话真实涵义是让老百姓有地种,"耕者有其田",而不是买得起房。只要有固定的土地,让老百姓有凭劳动吃饭的基本生产资料,成为有些身家、担保和质押的人,他就有了依附感,就会追求稳定,就不会乱来,就会"有恒心"。孟子在《孟子·滕文公上》里说:"夫仁政必自经界始。"意思是说,仁政要从划分田界开始。划分田界,就是让老百姓有恒产,"耕者有其田",这样可以达到基本的温饱程度。孟子还特意说:"无恒产而有恒心者,惟士为能。"什么人没有恒产也能够有恒心呢?士人,就是像颜回那样"君子固穷"的读书人,一般的士,恐怕还不行。当然,像孟子本人这样的士,即使耕无其田、居无其屋、老无所养,也一样可以"穷且益坚,不坠青云之志",像自己这样的士人,自然不在话下,可以作为特例而存在。孟子自信到把他自己抬出来表扬一番，给后人树一典型。

至于其他人，那么，没有恒产，难有恒心。假如没有恒心，什么违法乱纪的坏事都干，不畏惧干坏事，比如说会"放辟邪侈"，即放纵、欺诈、奸恶、骄奢。

十一、孟子的养生之道

（一）养心莫善于寡欲

孟子曰："养心莫善于寡欲。"（《孟子·尽心下》）意思是说，修身养性或者说修养心性最好的方法就是清心寡欲。一个正常人不可能没有欲望，除非成了佛，但欲望得有个度，不能过，一个人的欲望太多，终日奔波。被欲望牵着鼻子走，为了金钱、为了美食、为了升迁等劳心劳神，身心疲惫，到头来，身体健康出了严重问题，纵然得到了想要的，也没有福气消受，岂不可惜？

《大学》里说："知其所止，可以人而不如鸟乎！"就是说，连鸟儿飞累了，都知道找个地方歇会儿、栖息一下，都知道停下来，为什么人竟然不如鸟呢？人的欲望弄得自己停不下来，不懂得停手。孟子曰："可以仕则仕，可以止则止；可以久则久，可以速则速，孔子也。……乃所愿，则学孔子也。"（《孟子·公孙丑上》）意思是说，该当官时就当官，该停下来时就停；能够干久就干久，不能干久，那就快点下来，别妨碍他人。这就是孔子。我的愿望就是学习孔子。

"养心莫善于寡欲"，这和道家的"少私寡欲"是一致的。放纵必致衰弱。人不能放纵自己的胃口、欲望，应该有所为有所不为。《孟子·尽心下》里有这样的话："人皆有所不忍，达之于其所忍，仁也；人皆有所不为，达之于其所为，义也。"意思是说，每个人都有他不忍心去干的事，那他推而广之到忍心做的善事上，这就是仁；每个人都有他不愿意干的事，扩大到他愿意做的善事上，就是义。

想不到李鸿章李中堂在一百多年前写的《李鸿章家书》中讲的并非了不起的大道理，而是婆婆妈妈地大讲养生保健之道，一遍遍提醒弟弟的不是要勤于读书，而是要勤于洗澡，说洗澡能去掉皮肤的污垢，让毛孔得到呼吸，血液会循环得好，等等。

一东北老人开玩笑说："自从得了精神病，感觉精神好多了。"这当然是戏说，但幽默背后透露出老人的豁达和爽朗。这种乐观的心态对健康很重要。

读书有三种：一种是为了学知识；第二种是为了炫耀学问，为了能够在讲坛上夸夸其谈、标新立异、哗众取宠，时不时背上几句"之乎者也"，可以在与人聊天的时候作为炫耀，就好像露出牙缝里的肉丝是为了炫耀吃过肉一样；第三种是学以致用。像孟子说的"养心莫善于寡欲"，仅仅作为知识，想背诵那可真是太容易了，不就是一句话么，但要真正领会并应用到自己的生活当中，就比较难了。曾国藩就是属于第三种人，他一生读书不辍，但用力最勤的书还是《孟子》。

李鸿章

曾国藩读《孟子》，那是真的喜欢，认真领会之后，他将孟子的思想和大丈夫的浩然之气等用到自己的生活中，"字字皆得之于阅历而切于实际"，"故其亲切有味"（梁启超语），这是因为曾国藩读《孟子》，不是为了作夸夸其谈的礼仪文章，而是为了质朴的持守，为了学以致用，为了在浊世中磨炼自己。所以，他对内修炼自己，修身养性，让自己沉得住气，立志成圣；对外呢，则经世济民，以成王道。

"倚天照海花无数，流水高山心自知"，这副对联正是曾国藩内心世界的写照。

这对联是在什么背景下写的呢？那是曾国藩率领的湘军打下南京之后，当时有不少部下都劝曾国藩把南京变成陈桥，要给他黄袍加身。有一天晚上，三十多位将领到曾国藩的客厅等候，说有话要说。曾国藩在卧室，听到外面吵着要见他，他心里就猜到八九分。就问身边人：九帅（曾国藩的弟弟曾国荃）来了吗？回答说，没有。曾国藩说，命他速来见我。见弟弟曾国荃来到，他这才从卧室出来，当众写下一副对联"倚天照海花无数，流水高山心自知"后，掷笔而去，什么话也没说。

众将领看了，有点头的，有摇头的，有叹息的，也有沉默不语的。曾国荃开始的时候，大发脾气，后来一脸正气凛然地对三十多位将领说，谁还多嘴？这事到此为止，我一人做事一人担。

王闿运这个人特别爱说话，心里有话藏不住，有一次，他又来劝曾国藩称帝，说了一大堆理由什么的，曾国藩一言不发，只是埋头在桌子上写一个字，哪个字呢？就是"妄"字。

后来，左宗棠还专门试探过曾国藩，他拿着自己题神鼎山一联"神所凭依，将在德矣，鼎之轻重，似可问焉"，通过胡林翼转送曾国藩，看看有什么地方需要删改的。胡林翼看了，一字未改，直接送给曾国藩。曾国藩看了，提笔将"似"改为"未"，然后退回。他想通过改动这一个字，来表明自己未有问鼎之意。所以，打下南京之后，曾国藩自削羽翼，自请将湘军裁撤，代奏其弟曾国荃回籍养病。

历史上，那些因为功高震主、才大难封的人不知道有多少，像韩信这样的自信之人又不知道有多少，曾国藩避免了自己陷入这类人物的悲剧性命运中。虽然，朝廷当时赢弱不堪，孤儿寡母在苦苦支撑行将破碎的江山，但曾国藩始终心存敬畏，唯命是从。

要知道，在晚清，用人有一种奇怪的逻辑，反其道而行之，用其短而避其长。让书生去办军事，然后再治其罪。从咸丰到慈禧都好这一口，这样陷人以罪是最好的排除臣子的方式。比如，在中法战争中，慈禧就故意派不懂军事的纯粹的文人张佩纶、陈宝琛帮办军务，张佩纶自然兵败然后顺理成章地被治罪，陈宝琛干脆自动离开朝廷，借口给母亲丁忧回老家了。这一丁忧就是二十多年。

即使在这种奇怪的用人政策下，也有曾国藩这样极端的少数能文能武的幸运者，艰难闯关，成功转型。为什么呢？我想这多半是因为曾国藩熟读《孟子》，并将孟子的理想、信念用之于实际生活，从而能够挥洒自如地应付各种欲望膨胀的考验。

古往今来，多少人为了能当皇帝，杀得红了眼，连父母都不认了，但曾国藩在功劳最盛的时候仍然保持清醒的头脑，心不为所动，他牢记了孟子所说的"养心莫善于寡欲"。孟子还说："我四十不动心。"（《孟子·公孙丑上》）意思是，我四十岁以后，面对物欲横流的世界，心就能够做到不为所动了，无论是金钱、权位、虚名、淫威还是女色，都无法诱惑我了。"学问之道无他，求其放心而已矣。"（《孟子·告子上》）

（二）环境对人健康的影响

除了上述所说之外，居住环境对人健康的影响也很重要。我们知道，孟子父亲死得早，他从小就跟着母亲生活，这个孟母就极其重视外部环境对一个孩子健康的影响，甚至不惜多次搬家，为了就是让孩子有一个好的环境学习和成长。母亲的"居处环境影响论"一直在影响着孟子的哲学思想，成了大学者之后的孟子，仍然十分重视居处环境对人的影响。在《孟子·尽心上》里有这么一段话：

孟子自范之齐，望见齐王之子，喟然叹曰："居移气，养移体，大哉居乎！夫非尽人之子与？"

孟子曰："王子宫室、车马、衣服多与人同，而王子若彼者，其居使之然也；况居天下之广居者乎？鲁君之宋，呼于垤泽之门。守者曰：'此非吾君也，何其声之似我君也？'此无他，居相似也。"

这段话，用今天的话来说，就是孟子从范邑回到齐国的都城，大老远就看到齐王的儿子，于是长叹一声说："居住环境改变人的气质，工资待遇（奉养）改变体质，环境对人影响太大了！同样是人的儿子，齐王的儿子怎么那么特别呢？"

孟子说："王子的住所、车马和衣服，和其他人一样，但王子却看上去与众不同，为什么？居住环境让他成为这样的。何况居住在'仁'这个最广阔地方的人呢？鲁国的国君到宋国去出访，在宋国的东南城门下面喊话，守城的人奇怪地说：'这个人不是我们的国君，为什么说话的声音和语调和我们宋国的国君如此相似呢？'没别的原因，居住的环境差不多嘛。"

孟子讲两个事例，目的无非是用来说明环境对人的影响。他把齐王子异于人的气度的原因，归结为"居使之然也"。聪明的地产商看了孟子这句话，如果拿来做广告语，肯定比什么"王者花苑"、什么"君临天下"好得多。

"居移气，养移体"，居住的地方能够改变一个的气质和气度，而善于养生则能改变一个人的身体健康情况。所谓屁股决定脑袋，一个人居住的地方变了，位置变了，官位升了，看人的眼神也会变，气度也会随之改变的。养生的方式方法变了，身体也会起微妙的变化。

（三）孟子的知言养气

（公孙丑曰：）"敢问夫子恶乎长？"

曰："我知言,我善养吾浩然之气。"

"敢问何谓浩然之气?"

曰："难言也。其为气也,至大至刚,以直养而无害,则塞于天地之间。其为气也,配义与道;无是,馁也。是集义所生者,非义袭而取之也;行有不慊于心,则馁矣。我故曰:告子未尝知义,以其外之也。必有事焉,而勿正,心勿忘,勿助长也。无若宋人然。宋人有悯其苗之不长而揠之者,芒芒然归,谓其人曰:'今日病矣,予助苗长矣!'其子趋而往视之,苗则槁矣。天下之不助苗长者寡矣。以为无益而舍之者,不耘苗者也;助之长者,揠苗者也——非徒无益,而又害之。"

"何谓知言?"曰:"诐辞知其所蔽,淫辞知其所陷,邪辞知其所离,遁辞知其所穷。——生于其心,害于其政;发于其政,害于其事。圣人复起,必从吾言矣。"

(《孟子·公孙丑上》)

这一段文字是孟子"知言养气"说的集中表达。翻译成今天的话,意思是,公孙丑问:"斗胆问一声,先生您的长处是什么?"

孟子说:"我擅长辨析言辞,我善于培养我的浩然之气。"

公孙丑说:"请问什么叫浩然之气?"

孟子说:"这个,还真说不清楚,只可意会,不可言传。它吧,作为一种气,是极强大、极刚健的,用正义来培养它而不要伤害它,就能充塞于天地之间。同时,它作为一种气,是和义、道相配的;否则的话,没有义与道,它就疲软了、泄气了。它是义积累到一定程度就出现的,而不是义从外面偷袭而进入内心世界。一个人的行为有不能让心满意的,它就疲软了。因此,我说,告子不知道义,就因为他把义当成外在的东西了。浩然之气的养成,一定有事要做而不是停止,心里不要忘记它,但也不能着急,不要人为地去助长。不要像那个可笑的宋国人那样,去做愚蠢的拔苗助长的事。嫌苗长得慢,就去人为地拔高,还对家人炫耀说,'我今天累坏了,我帮助禾苗长高了!'他的儿子跑到地里一看,禾苗已全部死了。天下人不犯这种拔苗助长错误的是很少的。认为养护庄稼没有用处而不去管它们的,是只种庄稼不除草的懒汉;一厢情愿地去帮助庄稼生长的,就是这种拔苗助长的人——不仅没有益处,反而害死了庄稼。

公孙丑又问:"怎么样才叫知言?"

孟子说："我听到偏颇的言辞，就能知道它在哪个方面被遮蔽了：过分的言辞，知道它陷入什么泥淖不能自拔了；邪僻的言辞，知道它在哪儿偏离了轨道、违背了什么道理；搪塞的言辞，知道它在哪儿理屈而辞穷。言辞的得失、对错，都是从心而生，却危害政治；体现于政令上，就会危害到所做的事情。如果圣人能够死而复生，一定会赞同我所说的话。"

我之所以把这段话挑出来讲，是因为孟子的"知言养气"说，对中国知识分子的影响太大，尤其是对文气、骨气、勇气、自然灵气以及千百年来中国知识分子的豪迈之气，产生了非常大的影响，甚至影响了从孟子以来的一代又一代学人、作家气势磅礴的文风。这种风格，源于孟子人格修养的力量，源于"我善养吾浩然之气"的不懈的气脉。我们常说把知识分子身上的那股"气"传下去，一代又一代地传下去。这是一股什么气呢？是一种至大至刚、充塞于天地之间的"浩然之气"。孟子的浩然之气，其特点就是重道德、讲仁义。具有这种"浩然之气"的人，不是软骨头，不是老好人，而是"富贵不能淫，贫贱不能移，威武不能屈"的大丈夫，是一种气概非凡、刚正不阿的正人君子，即使面对强者，也有一种凛然不可侵犯的正气，所谓"君之视臣如手足，则臣视君如腹心；君之视臣如犬马，则臣视君如国人；君之视臣如土芥，则臣视君如寇仇"。这样的人，鄙夷物质贪欲，无私无畏，气盛言宜，"说大人，则藐之"（《孟子·尽心下》），这样的人写出的文章激越犀利，气势充沛，气势磅礴，若决江河，沛然莫之能御，正如苏辙所说："今观其文章，宽厚宏博，充乎天地之间，称其气之小大。"（《上枢密韩太尉书》）

孟子所讲的儒家养气法，就是让人胸怀坦荡、心底无私，而不是佛道两家的"万虑皆空"。孟子所说的"养气"，是让人按照天赋本心（性善之心），对仁义道德经久不懈地自我修养，慢慢培养，不要拔苗助长，"权，然后知轻重；度，然后知长短"，久而久之，这种气就会由外向内自然养成，从而升华出一种至大至刚、充塞于天地之间的"浩然之气"。具备这种气的人，就会有一种"君子不怨天，不尤人"的胸怀，就会自觉地养成"非礼之礼，非义之义，大人弗为"的君子情怀，就会有"人皆可以为尧舜"的自信，说话、行路、表情都有异于常人的气质，就连眼神都和常人不一样。孟子曰："存乎人者，莫良于眸子。眸子不能掩其恶。胸中正，则眸子瞭焉；胸中不正，则眸子眊焉。听其言也，观其眸子，人焉廋哉？"（《孟子·离娄上》）

那么，孟子所养之"气"究竟是什么东西？充满神秘色彩，他说语言表达不清楚，"难言也"。尽管说不清楚，孟子还是说了，至少描述了。"其为气也，至大至刚，以直养而无害，则塞于天地之间。其为气也，配义与道；无是，馁也。"焦循认为，"以直养"就是"以义养"，"直即义也。缘以直养之，故为正直之气，为正直之气，故至大至刚"（《孟子正义》，中华书局，1987 年）。

"以直养而无害"，到底是什么意思呢？直就是义，孟子讲的"无害"是什么呢？就是不要加以伤害，不要人为地用外力去"帮助"它，让这"气"自然而然、水到渠成，读书多了、修养高了，自然就有这"气"，千万不能拔苗助长，那样的话，只能危害"养气"。毛奇龄对"无害"是这样解释的："无害者，不助长也。以助长则非徒无益而又害之也。"（《逸讲笺》山东齐鲁书社，1997 影印本）

"配义与道"是什么意思呢？毛奇龄解释说："配义与道，正分疏直养。无论气配道义，道义配气，总是气之浩然者，藉道义以充塞耳。无是者，是无道义也。馁者，是气馁，道义不能馁也。"（《逸讲笺》）董洪利在《孟子研究》（江苏古籍出版社，2000 年）一书中说，从孟子的描述和诸家的解释中，我们可以感受到孟子的气并非神秘得难以捉摸，它其实就是以儒家道德观念为核心的人的主观精神气质。这种精神气质只有在不断加强主观道德修养的基础上才能产生，而且修养愈深，其气愈盛，一旦失去了道德的内涵，其气就会"馁也"。由此可见，"养气"最根本的内容就是修养心性道德。

"文以气为主，气之清浊有体，不可力强而致。"（《典论·论文》）这话是曹操的儿子曹丕说的，我们现在说的"文气"这个词很可能就来自曹丕——他把孟子的"养气"说引用到文学写作领域，以气来品评作家及其文章。"文气"是什么呢？精神气质嘛。曹丕说的"不可力强而致"和孟子的"以直养而无害"，是一个意思。

曹丕之后，《文心雕龙》的作者刘勰专门撰写《养气》篇，论述作家的精神修养及个性气质，并提出了"风骨论"。钟嵘在《诗品》中把"气"作为评说一个诗人的重要标准，说张华的诗"恨其儿女情多，风云气少"，刘琨的诗"自有清拔之气"，曹植的诗"骨气奇高，词采华茂"，刘桢的诗"仗气爱奇，动多振绝。真骨凌霜，高风跨俗，但气过其文，雕润恨少"，郭泰机的诗"气调警拔"，等等。

董洪利在《孟子研究》一书中还说，曹丕、刘勰、钟嵘的气论，虽然都是由孟子

孟子的伦理学说

图文珍藏版

的"养气说"发展起来,但其内容却与"养气说"的本来意义并不完全一致。孟子的"气"是指以儒家道德观念为核心的人的精神气质,而曹丕等人只强调了作家的精神气质,至于这个气是以儒的道德观念为核心,还是以其他什么观念为核心,他们并未论及。因此曹丕等的"文气论"主要是在形式上继承了孟子的"养气说",而本质上却没有多少联系。直到唐代的韩愈,才开始从本来意义上继承和发展了孟子的"养气说",把儒家的道德观念视为文学之道的根本。

韩愈认为,气与言的关系如同水与浮物的关系一样,水大而物浮,气盛则言宜。而要做到"气盛",必须从加强儒家道德修养这个根本做起。韩愈说,只有"行之乎仁义之途,游之乎诗书之源,无迷其途,无绝其源"(《答李翊书》),只有从根上修养仁义道德,才能使气盛而言宜。

苏辙认为,文气的修养应该从两个方面来进行:一是孟子式的以思想道德为核心的养气,可以使文章宽厚宏博、气势雄伟;一是司马迁式的浸染世界万物的自然灵气,学习燕赵名士的豪迈之风,可以使文章疏荡瑰丽、气势奇峻。

说到这里,不得不说一下台湾张庆祥先生对孟子"心气说"的新解。在《黄庭禅:心即是气》(百花洲文艺出版社,2010年)一书中,张庆祥这样说:"孟子的'心气说'这短短三百多字的文章,最有价值的地方,是他直接道破了千古以来,修心史上最大的盲点所在,那就是'烦恼挂碍与心头微微的气机起伏有密切的关系'。""以直养而无害,则塞于天地之间。"张庆祥先生说,把"直"解释成不弯曲、不造作。这"气"它本自具备长养与净化的功能。只要任由这气的自在天性去发挥着,去造化着,便可得到无尽的本性之益,这就叫"直养"。

这恐怕值得商榷。

孟子所处的时代,太糟糕:"争地以战,杀人盈野;争城以战,杀人盈城。"(《孟子·离娄上》)这是战争的威胁,还有恶官呢,"民之憔悴于虐政,未有甚于此时者也"(《孟子·公孙丑上》)。

孟子描述的理想社会生活不过是"五十者可以衣帛""七十者可以食肉""八口之家可以无饥",处在那样一个时代的孟子是不太可能琢磨如何"养气"没有烦恼、如何"扫三心飞四相"、如何安心的,毕竟他不是道家,更不是佛家。他琢磨的是如何"施仁政,行王道"。他主张"以德服人",反对暴力治国,认为只有用"德"才能使人"心悦诚服"。"民重君轻"是他"仁政"学说的重要组成部分，"民为贵，社稷次之，君为轻"，把人民放在第一位。

接下来，我们说说孟子的"知言"。"知言"就是辨别是非、真假、善恶的能力。孟子的意思是，首先自己得是个有是非的人，才能分辨出什么话是对的，什么话是错的。如果自己是个稀里糊涂的人、是非不分的老好人，那好话、歹话对他其实都一样，分辨不出来的。元代许谦说"知言即知道"，心通乎道，要做到"知言"，首先应该"知道"——这个"知道"，当然不是今天所说的懂了、明白之类的"知道"，而是知晓正道。做到这一点，必须多读儒家的经典书、提升修养，学会反省内求的方法"尽其心，知其性"，有羞耻之心。

孟子在《梁惠王下》篇中专门谈到一个领导人怎么"知言"，哪些话可以听，哪些话不能听、不能信。

王曰："吾何以识其不才而舍之？"

曰："国君进贤，如不得已，将使卑逾尊，疏逾戚，可不慎与？左右皆曰贤，未可也；诸大夫皆曰贤，未可也；国人皆曰贤，然后察之；见贤焉，然后用之。左右皆曰不可，勿听；诸大夫皆曰不可，勿听；国人皆曰不可，然后察之；见不可焉，然后去之。左右皆曰可杀，勿听；诸大夫皆曰可杀，勿听；国人皆曰可杀，然后察之；见可杀焉，然后杀之。故曰，国人杀之也。如此，然后可以为民父母。"

这段话翻译过来，意思是说，齐宣王问："我根据什么识别他无用而舍弃他呢？"孟子说："国君选拔有本事的人，如果遇上不得已的情况，就可能使得卑贱者位居尊贵者之上，疏远者位居亲近者之上，这种事，可以不慎重吗？大王左右亲近的人都说他好，不可以立刻举用；朝中各位大夫都说他好，不可以立刻举用；全国的人都说他好，这样的人可以考察；发现他确实好，就可以用他。左右亲近的人都说他不好、不可用，不要听；朝中各位大夫都说他不可用，不要听；全国的人都说他不好、不可用，这样应该考察他。发现确实是不可用，就及时撤换他。左右亲近的人都说他该杀，不要听；朝中各位大夫都说他该杀，不要听；全国的人都说他该杀，这样的人就应该考察。如果发现他确实该杀，就应该杀掉他，所以说，这是全中国的人杀死他的。这样的人，才可以做百姓的父母官。

(四)孟子的养生术:仁义者寿

孟子活了八十四岁,比孔子多活了十一年,别说在那个缺医少药的时代,即使在今天,也算是长寿了。那么,孟子是如何养生的呢?

我总结了一下,大概有以下几点:

第一,寡欲。孟子说:"养心,莫善于寡欲。"(《孟子·尽心下》)意思是说,调养身心没有比寡欲更好的了。请注意,孟子说的是"寡欲",而不是无欲,是节制自己的欲望。正常的人不可能没有欲望——起码人人具有求生的欲望。有欲望,但不能过度,得学会节制。只有节制自己过度的欲望,才能更好地守精固本,蓄养好元气,从而达到延年益寿的目的。

没有欲望的人就是佛了。没有欲望,就等于完全地放弃做人的乐趣,放弃人伦之乐,彻底摒除生理需求。

养心,修养内心,让内心宁静的最好办法,就是不要太贪心,要减少欲望。该放的想法放一下,量力而行。无论是生活还是工作,或者是饮食,都不要纵欲,放纵自己的欲望就不是"寡欲"了,而是多欲了。比如说,甜食好吃,就一直吃,天天吃,久而久之,就可能吃出糖尿病来。

寡欲之外,还要修德。修成什么境界呢?"品德高尚""善养成德"——《广嗣纪要》一书中两大要旨,就是这两样。

《周易》中说:江河湖泊中的水满了怎么办?需要高筑堤坝,防止水蔓延。水满了但是没有溢出,内心感觉比较满意。但是,如果眼前总有危险,心中经常随着危险在提心吊胆,那么,这个时候,就必须意识到节制的意义,节制非常重要。

如果与此相反,水因渐渐渗透而导致干涸。困在低谷中还感觉挺高兴,就会导致困境的加剧,纵然有扁鹊这样的名医,恐怕也救不了。生存,是人人在求的,求生的欲望比什么都强烈。死,令人厌恶,有什么比死更令人厌恶的呢?但如果沉迷于声色犬马、纸醉金迷之中,人心受到了蛊惑,行为变得荒唐、怪异,那样的话,即使有生的希望也会放弃,有死的威胁也不会躲避。

第二,与人为善。善是一种由内向外自然而然生发的力量。"修其身而天下平"的"修"就是以修养身心的道理和方法来治理国家。即孟子所提倡的:要保养良心,减少私欲;先正己而后正人,要与人为善;要交品德端正之友;要守分安常,不忧穷困;要"苦其心志,劳其筋骨";少说话,不自满;要与民同乐,与人共享音乐的快乐;要有恻隐之心、羞恶之心、恭敬之心、是非之心。

"富润屋,德润身,心广体胖。"(《大学》)与人为善,心存善念,就会乐观豁达,神态安定,意志坚强,行事光明正大。

第三,乐观豁达,永远有赤子之心,永远有乐天知命的达观。年龄不同、体力也不同。在网上看到一位网友的总结:"年龄在四十至五十岁的人,身体各个器官,不适合过重的体力劳动;年龄超过五十岁的人,气血两虚,注意保暖是必须的;年龄七十岁左右的人,应该吃些易消化的食物,以免增加胃肠负担。君仁德则少战争徭役,民仁和则社会安定;就可使百姓得养而寿延,国君无所忧虑,形神得养,尽度天年。"

他的仁义者寿,正是举国同寿的美好理想。

孟子在《梁惠王上》中劝齐宣王推行仁政:"王如果推行仁政,不妨从根本上做起。具体地说可以这样:五亩大的院子,让老百姓种桑树,五十岁的人在冬天就可以穿上棉袄了,还是丝做的。像鸡啊狗啊猪啊之类,让它们自然生长,七十岁的老人就可以吃上肉了。一百亩大的田,只要别去扰民,让农民适时耕种,保证八口之家的人都饿不着。你想想看,老人有棉衣穿,有肉吃,百姓不饿肚子,天下不来归服,是从来没有过的事。"孟子的意思,再直白一点说,王如果仁的话,就没有那么多战争徭役了;民仁的话,那么社会不用"维"自然"稳"。老百姓活七十岁还能吃上肉,天下太平,王无所忧虑,尽可以享清福,尽度天年。举国同寿,多美好的事啊。

孔子说"知(智)者乐,仁者寿",据此,后人把孟子上面这段话延伸到养生方面,总结出四个字,即"仁义者寿"。

有人问了,孟子这里并没有说"义"啊。下面我们简单地谈一下孟子的"义"。

仁者的最高境界是什么? 是不忧,没有忧患意识,怕什么呢,天塌下来有地撑着呢,非常豁达。孔子说,"知(智)者不惑,仁者不忧,勇者不惧"(《论语·子罕》)。

到了孟子,他干脆把仁和义并列,放到同等重要的位置。前面我们提到过,孟子在解释什么叫"浩然之气"时这样说:"其为气也,配义与道。无是,馁也。是集义所生者,非义袭而取之也。行有不慊于心,则馁矣。"(《孟子·公孙丑上》)孟子强调,气不能离开义与道,离开义与道,气就萎缩了,蔫了。

怎么理解这个"义"字呢？义者,宜也。就是做你应该做的事,做适宜的事,不适宜的不叫"义"。唯有适宜了,才具有正当性。适宜,就是掌握分寸,把握尺度,过犹不及。啥是适宜的事？这需要你慢慢地沉淀、体会,今天适宜的明天不一定适宜;人家做了适宜,你做了不一定适宜。慢慢累积"义",很自然地就养出来一种浩然之气,遇事不乱的气。所以说,体会好"义"字就是一种智慧。孟子说,自己养成了天地之间的浩然之气,既有心上的仁,又有行动上与时俱进的义,知道如何变通,如何走好下一步,所以内心世界快乐而自信。

孟子享年八十四岁(比孔子多活十一岁),在"人生七十古来稀"的古代,算长寿了。孟子为什么能够长寿？乐天知命的人生态度,"古之人得志,泽加于民,不得志,修身见于世。穷则独善其身,达则兼善天下"(《孟子·尽心上》),乐观豁达、快乐自信的性格,永远有赤子之心,这无疑是重要因素。

第四,养气。孟子承认"气"是人生命的根本,"气,体之充也",气足则身体硬朗,"如欲平治天下,当今之世,舍我其谁也"。孟子的中气很足,否则他也不会说出"如欲平治天下,当今之世,舍我其谁也"(《孟子·公孙丑下》)"望之不似人君"(《孟子·梁惠王上》)之类的话来。

气和志是密不可分的,气足则志强,孟子说得好:"夫志,气之帅也。"(《孟子·公孙丑上》)一个胸怀坦荡的人,才能使气保养充盛;反之,就会亏损,虚耗其气。

孟子主张要养气,"富贵不能淫,贫贱不能移,威武不能屈",是养浩然之气的最好方法。即使自己的观点和主张暂时得不到大王的重视,也没有关系,保持乐观的态度,选择继续等待。

十二、孟子的教育之道

(一)孟子论教育:有仁有义

顾明远教授主编的《教育大辞典》(上海教育出版社,1990—1992 年)中讲到了:"在中国,教育一词最早见于《孟子·尽心上》'得天下英才而教育之,三乐也'。"董纯才、刘佛年、张焕庭三位同志为《中国大百科全书·教育》撰写的序文，也提到了"教育一词，在中国最早见于《孟子·尽心上》'得天下英才而教育之，三乐也'"。

虽然孟子在仕途上不得志，游说一生，也没有见哪个诸侯肯听他的话，实施仁政。但他后来从事教育实践，并通过自己亲身的实践，总结了许多独到的教育理论。

孟子是个文学家、思想家，也是一个了不起的教育家。他把"得天下英才而教育之"视为君子"三乐"之一。请注意，孟子把教育看成一件"乐"事，这个"乐"有两个方面：一是教育者感觉到快乐，第二是学生也感到快乐，而不是相反。如果学生对老师、对学校本能地产生了反感，不想上学，不想听老师的课，那么这样的教育就是失败的。无论你怎么强迫学生去学校，无论你怎么强迫学生学习知识、死记硬背，效果都不可能好。美国哲学家怀特海（1861—1947）说过这样一段话："非到课本遗失，笔记焚毁，你为了准备考试而记在心中的细节全都忘记，你之所学才是你真正的收获。"在怀特海看来，教育应该配合学生的成长阶段，比如说，小学生应该注重体育和美育，让他们身体健康心灵和谐。到了中学阶段，应该埋头趴在课桌上读书了，因为智育如果没有打下良好的基础，那么，这将导致他的一生都无法对语文和数学感兴趣。到了大学，就应该尝试着把生命扩大，让他们多接触人群、社会、历史和文化等等，培养他们的责任感。

教育教育，既要有"教"也要有"育"。"教"就是教书，传授知识，"育"就是育人，在道德方面引导和感染学生。儒家主张教化来改造人，儒家学派的主要教化方法是宣传、研究政治和道德学说，目的是介入政治，培养有道德、有能力协助统治者治理国家的"君子"或者说"贤士"。他们说这个那个理论，无非是围绕着两个方面来说的，一是政治，二是道德，这两者是相辅相成的关系。孔子主张用道德教化来治理国家，即所谓"为政以德"（《论语·为政》），而不是法家的以严酷的律法来治国。教育方面重视道德观念，主要就是两个方面，即"仁"和"礼"，除此以外，又增加了忠、孝、信、义，这大约就是后世儒家总结的"仁、义、礼、智、信"。

孟子的教育思想全盘继承了孔子，但孟子所处的战国初期和孔子的春秋末期在形势、情形等方面都变化了，所以孟子的教育思想和孔子的侧重点也不一样了。

孔子哀叹"礼崩乐坏",就很重视"礼",主张恢复周礼,目的是想通过道德力量来恢复周朝奴隶制时代的等级制度,只有维护了等级制度,让大家学礼、懂礼、守礼,社会才能恢复良好的秩序。孟子也讲"礼",但"礼"的内涵已经变化,由等级制度的道德规范变为人际关系、社交方面的礼节。孟子的"礼",成了社交礼仪了。孟子事实上抽空了孔子最为强调的"礼",事实上用"义"来取代了"礼",把"义"放在比"仁"更重要的位置。

孟子教育思想的核心就是两个字:"仁""义"。怎么理解这两个字呢?孟子说:"仁,人之安宅也;义,人之正路也。"(《孟子·离娄上》)意思是说,"仁"是人类安居的房子,"义"就是人生的道路—正确的道路。

那么什么是正路呢?很简单,符合仁义就是正确的,违背仁义就是错误的。"居仁由义,大人之事备矣"(《孟子·尽心上》),有仁有义,这在品格上就是大人了。如果不能这样怎么办呢?孟子说"吾身不能居仁由义谓之自弃也"(《孟子·离娄上》),那就是小人,就是自我抛弃,就是破罐子破摔。

简单说,孟子的教育思想就是仁义教育,内容包含两个方面:

第一个方面是,照顾好自己的亲人,这就是仁;尊敬长辈、听兄长话、不要背叛自己的领导,这就是义。孟子的原话是这么说的:

亲亲,仁也;敬长,义也。(《孟子·尽心上》)

仁之实,事亲是也;义之实,从兄是也。(《孟子·离娄上》)

未有仁而遗其亲者也,未有义而后其君者也。(《孟子·梁惠王上》)

第二个方面是,有同情心,有羞耻心。人要知耻改过,没有羞耻心,那是最无耻的人。"人不可以无耻,无耻之耻,无耻矣。"(《孟子·尽心上》)孟子说,人和禽兽的区别就是人有恻隐之心,也叫不忍之心,禽兽则没有。"人皆有所不忍,达之于其所忍,仁也;人皆有所不为,达之于其所为,义也。"(《孟子·尽心下》)

(二)孟子的奇怪教学法:我不屑于教你

在教育方法上,孟子除了继承了孔子的因材施教、以身作则之外,还提出了学生要勤于思考、专心致志、言近旨远。因材施教、以身作则、勤于思考、专心致志这些都好理解,"言近而指远"有必要解释一下。孟子在《孟子·尽心下》里说:"言近而指远者,善言也;守约而施博者,善道也。君子之言也,不下带而道存焉;君子之守,修其身而天下平。"意思是说,一个老师要用极浅近的语言,来阐述深奥的道理;遵循的道理很简单、很清楚,但是,实施起来却有广博的效果。这才是高手。君子教育人,就拿眼前的最常见的事情来说事,一样能讲出大道理。高手都是能把复杂的问题讲明白。君子守道,修身,天下自然太平。

在教学方法上,孟子和孔子最大的不同之一恐怕就是"不屑一顾教学法"。孟子在《孟子·告子下》中说:"予不屑之教诲也者,是亦教诲之而已矣。"

什么意思呢? 用今天的话来说,就是我不屑于教你,这也是一种教。这话说得太牛了、太不可思议了。今天的老师们,这招可不能随便拿来模仿,你敢对学生说"我不屑于教你,也就是教你"试试,学生会感觉自尊心很受伤,会感觉自己被歧视,不到学校领导那里告你才怪。

大家不要误解了孟子,孟子的意思是说,对于个别根本就不想上学、完全是被家长逼着来学校的学生来说,对于那些目空一切、严重看不起老师的学生,不屑于教育他们、拒绝"对牛弹琴",让他自己反省、领悟,老师为什么不理我、为什么不肯教我呢? 我哪里错了? 这办法应该比耳提面命、强行灌输的效果要好。

具体点来说,哪些学生不屑于教呢? 请看孟子在《孟子·尽心上》中的一段话:

公都子曰:"滕更之在门也,若在所礼,而不答,何也?"

孟子曰:"挟贵而问,挟贤而问,挟长而问,挟有勋劳而问,挟故而问,皆所不答也。滕更有二焉。"

滕更是谁呢? 是滕国君主的弟弟,这样一个"王爷"慕名来拜孟子为老师,孟子却不屑于教他。真够牛的。

为什么不屑于教他呢? 孟子给自己定了五条原则,符合其中任何一条的,都不屑于教。

第一,仗着自己高贵;第二,仗着自己有才;第三,仗着自己年纪大;第四,仗着自己有功;第五,仗着自己是老朋友。这五种情况,孟子都不屑于教育他们。他们来请教孟子,孟子统统不回答。

孟子果然自信。

教育工作者应该知识渊博,要想教给学生一杯水,老师肚子里得有一桶水。

教书育人,要求既要传播知识,又要有比较高的道德修养来影响学生,对一个

孟子诠解

好的老师来说,道德修养和渊博知识两者缺一不可。

"博学而详说之,将以说约也。"(《孟子·离娄下》)意思是说,老师知识渊博,融会贯通后,将复杂的问题简单化,深入浅出,越简单越好。孟子在《孟子·公孙丑》里还说:"子贡曰:'学不厌,智也;教不倦,仁也。仁且智,夫子既圣矣。'"意思是说,子贡说,学生学不厌,是智;老师教不倦,是仁。既有仁又有智,就是我们的老师孔子了。

教育方法各有不同,但孟子主张的是仁义教育,仁义教育强调的是一种"乐",那种残忍式的、强迫式的、灌输式的、填鸭式的,都不是好的办法,因为不能激发学生的乐趣。

我们认为,生活中遇到一些不平事,常常控制不了情绪,想"理论"、想发火,太太送了我一句话"你敢骂我,我就睡着",每每想起,所有的不平就自然化解于无形。但是,看了下面的报道,我还是忍不住"有话要说",虽然没有人骂我,但我觉得比挨骂还要难受,我实在无法"睡着"。

作业没做完就不能睡觉,作业写得不好,被脱掉上衣,露出后背挨鞭子。另外,说脏话得吃辣椒,不讲卫生要尝黄连……几番回合下来,灵灵乖乖就范。杭州有个"西点男孩训练中心",很受一些家长的追捧。一位家长的"郑重声明"是:"放心打,大胆打!"该中心的创办者则表示:"该要挨鞭子的时候就是要挨,大人犯错误了可以扣工资、下岗、判刑,孩子犯了错误也应该受到惩罚。"(2006 年 6 月 20 日《中国青年报》,作者:董碧水《男孩教育,"不打不成器"?》)

这样的情形,很容易让人联想到郑海现——郑海现是谁?郑海现曾经是一个三岁孩子的父亲,他因信奉"不打不成器"的教条,竟失手将孩子活活打死。我们的传统文化有很多精华,但也有一种很可怕的东西——一种反人性的东西,鲁迅先生称为"吃人"。表现在现实生活中,就是我们经常听到的"打是亲,骂是爱,不打不骂是祸害"之类的口头禅。上面这种残酷的摧残"教育"竟然被冠之以"西点"——大约是传说中的美国西点军校。西点军校是否真的"以体罚残酷而著称",我没有调查过,不得而知,这个培训中心的负责人也未必真正去过。即使西点真的这么做,我们是否就可以这么顺理成章地照搬?这些可都是未成年人啊!"吃辣椒,尝黄连"算什么教育?对付孩子,除了棍子、鞭子,就没有别的招儿了吗?

《未成年人保护法》第二十一条规定："学校、幼儿园、托儿所的教职员工应当尊重未成年人的人格尊严，不得对未成年人实施体罚、变相体罚或者其他侮辱人格尊严的行为。"如果这种摧残是被允许的，那还要《未成年人保护法》干什么？

如果说西点的鞭子只是摧残了孩子身体的话，那么还有一种"生当作人杰"式的竞争摧残更加可怕。据《北京晨报》报道，八岁进入中国杂技团、从事了二十年杂技表演的金奖杂技演员小静（化名），因为表演高难度动作"花盘小顶倒下"，腰椎意外损伤致残，但杂技团未付医药费，并将她提前解聘。

据说杂技是一门古老的艺术，是民族的瑰宝。我不怀疑这种说法，但我没有想到"古老的艺术"的背后是小静们这么残酷的训练和淘汰机制。据报道，小静八岁即被选进中国杂技团做演员，而且是主力演员，为中国杂技团带来了巨大的荣誉和利益，可是看了报道，不能不辛酸：我宁愿不要看这样的高难度动作。高强度的训练背后是残酷的淘汰机制。一个八岁的孩子，在给成年人带来快乐的同时，自己却在台后默默地流泪，甚至丧失了做孩子的权利。

在文明社会里，每一朵花儿都有享受阳光的权利。夺下"西点"的鞭子，停止摧残孩子吧。因为这样的所谓教育实在太违背人性，只能让孩子的身心健康受到不良的影响。

孔子是个优秀的教育家，他主张"循循善诱"，对待学生像春风化雨一般，而不是秋风扫落叶似的无情。

和孔子"循循善诱"的教育方法不同，孟子鼓励学生大胆怀疑，不要迷信所谓专家、权威。在《孟子·尽心下》里，孟子说："尽信《书》，则不如无《书》。"

孟子鼓励学生独立思考，由"疑"到"思"是一个进步，不疑则不思。

（三）不怕挫折和打击

孔子周游列国十四年，回到鲁国，已经是一个快七十岁的老人了。回到鲁国，得知夫人已经在一年前去世了，他唯一的儿子孔鲤也在他七十岁那年去世，终年五十岁。

俗话说，人生有三悲：早年丧父，中年丧偶，晚年丧子，孔子在人生的三悲中就占了两悲。不久，被他视为儿子的颜回也死了。孔子哭着说：天灭我，天要灭我啊！

一百年之后，在思想上一直追随孔子的孟子说了这样的话："故天将降大任于斯人也,必先苦其心志,劳其筋骨,饿其体肤,空乏其身,行拂乱其所为,所以动心忍性,曾益其所不能。人恒过,然后能改,困于心,衡于虑,而后作。"(《孟子·告子下》)

这句话,有两层意思,一是面对挫折,不要怕;面对眼前的困境,不要泄气,不要灰心,看成上天对自己意志的考验,要百折不挠地往前看,无论多难,要看成对自己的考验。现在的部分孩子,就是太缺乏历练,一点苦吃不了,将来如何面对这个激烈竞争的社会呢?和孔子勉励人们持以恒心、杀身成仁的思想差不多,孟子还勉励人积极进取、舍生取义。

另一层意思是,历史上不少伟大的人物,在成功之前,都受到过这样那样的磨难和考验,所谓"自古雄才多磨难,从来纨绔少伟男"。

就说孔子吧。周游列国的路上,有一次,孔子带着弟子被围困在陈蔡,陈蔡的一帮小官员把孔子他们围在里面不让出去。孔子和弟子们已经饿得快不行了,却还在那里讨论"道与势"的关系。孔子还想有意识地利用这次挫折来考验弟子对"道"是否坚定不移。孔子先问子路:"吾道非邪?吾何为于此?"意思是说,我的道不对吗?怎么落到现在这个下场呢?子路忠厚正直,脱口而出:"意者吾未仁邪?人之不我信也。意者吾未知邪?人之不我行也。"是不是我们还不够仁?人们不相信我们?是不是我们还不够智?人们还不肯按我们说的做?孔子对子路说:"有是乎!由,譬使仁者而必信,安有伯夷、叔齐?使知者必行,安有王子比干?"意思是说,仲由啊,我来告诉你,如果仁义的人一定能受到信任,那就不会有伯夷和叔齐饿死首阳山的悲剧了。如果智慧的人就能行得通,那就不会出现被商纣王剖腹挖心的比干了。然后,孔子又问子贡同样的问题。子贡说:"夫子之道至大也,故天下莫能容夫子。夫子盖少贬焉?"子贡有商人的思维,他的意思是说,老师,您的道太伟大了,伟大到这个世界容不下您。您何不稍微妥协一下、降格以求呢?孔子说:"赐,良农能稼而不能穑,良工能巧而不能为顺。君子能修其道,纲而纪之,统而理之,而不能为容。今尔不修尔道而求为容。赐,而志不远矣!"意思是说,子贡啊,好的农夫只管耕耘不问收成,好的工匠只追求手巧而不问是否顺人意。君子修道,怎么能妥协、降格呢?

最后,颜回进来求见,孔子又拿同样的问题问他。颜回回答说:"夫子之道至

大，故天下莫能容。虽然，夫子推而行之，不容何病？不容然后见君子！夫道之不
修也，是吾丑也，夫道既已大修而不用，是有国者之丑也。不容何病！不容然后见
君子！"颜回的意思是说，天下不能容是天下的问题，老师就应该坚持推行，不容又
有什么关系呢？绝不降格以求。这个时候最能见一个人的君子本色。孔子听了颜
回的话，欣慰地笑了，然后说："有是哉颜氏之子！使尔多财，吾为尔宰。"意思是
说，颜家小子说得真好啊。如果你以后发达了有钱了，老师我为你赶车吧，我给你
当司机。

（四）有志者事竟成

孟子说："三军可夺帅也，匹夫不可夺志也。"这是说志向对一个人很重要，志
垮则气不存。有个词叫"志气"，志气志气，无志的话，气何以存？

一个人没有志向，人免不了浑浑噩噩，丧失目标，无所适从，不知所以，要学有
成果，就应该先立志。当然立志之后，要持之以恒，不能坚持也是枉然。俗话说得
好，"有心之人立长志，无心之人常立志"。

孟子比较擅长励志教育。我上初中的时候，就把孟子的名言"故天将降大任于
是人也，必先苦其心志，劳其筋骨，饿其体肤，空乏其身，行拂乱其所为，所以动心忍
性，曾益其所不能。人恒过，然后能改，困于心，衡于虑，而后作"（《孟子·告子
下》）背得烂熟，在毕业留言册上还郑重其事地抄写下来，送给同学。

为什么励志类的图书常销不衰？因为有潜在的青少年市场，他们渴望成功，又
不知道如何开发自己的潜能，自信心严重不足，需要将成功的例子当作兴奋剂，来
激励自己一下。

人是需要典型或者榜样的力量的。

下面我就举几个榜样看看。

《西游记》第九十九回写八大金刚将玄奘四众从空中坠落下地以完成八十一
难时，作者吴承恩说："九九归真道行难，坚持笃志立玄关。"意思是说，想成就取经
之类的大事，除了信念坚定不移之外，还必须经历磨难，少一样就可能功亏一篑。
只有这样，才能功德圆满。

秦朝宰相李斯立志的故事大家应该比较熟悉吧。李斯是楚国人，出生和成长
都在上蔡这个小镇上。祖祖辈辈都是布衣，李斯也不例外。他给自己起的字叫"通

古"，这还真不是夸张，李斯通读古书，知识渊博，在那样一个乱世，如果不读书，恐怕永远没有出头之日。他把苏秦当成偶像，苏秦凭着自己的学识，凭着三寸不烂之舌游说六国，享受了荣华富贵，我为什么不能呢？我肚里的墨水也不少呀。

可自己苦干没有伯乐推荐。那就自己大胆去闯，毛遂自荐。想到这里，自己鼓起勇气，敲开了上蔡郡衙的大门。

一番自我推销之后，李斯赢得了上蔡郡衙内的赏识，同意让他做个管理文书的小吏。这是他人生旅途的第一次转折，尽管他现在还不是官，但成了小"吏"，毕竟摆脱了草民的身份。

李斯在上蔡小吏这个位置，一干就是若干年。他又开始不满现状了。毕竟这距离自己的人生理想太遥远，自己的学识也不能得到充分发挥。一次如厕的经历，改变了他的一生。因为，他在厕所里看到几只灰头土脸的老鼠，憔悴不堪，看到狗都吓得藏起来，活得战战兢兢，吃的却是污秽之物。他又想曾经在粮仓里看到的老鼠，身材肥硕，皮毛光亮，悠闲自在，别说看到狗，看到人都不躲藏，他恍然大悟，自言自语：原来，地位决定一切。人最大的疾病就是卑贱，最大的悲哀就是贫穷。我李斯说什么也不做厕所里的老鼠，一辈子住在脏臭的厕所里任人宰割，太惨了，要做就做粮仓里的老鼠，我要住进"富贵的粮仓"。

两只老鼠改变了李斯的人生观。李斯对自己说，我一定立志实现这一目标，决不含糊。他辞掉了上蔡小吏的职位，离开那个曾经给予他平凡、平淡、平静生活的上蔡小镇，来到楚国的兰陵（今山东莒南县），拜在名满天下的大儒荀子的门下，和韩非成了同学，一起跟着荀子学习"帝王之术"。荀子讲述的内容很多，李斯偏爱老师讲的"天下为一"和"帝王之术"。

学成后，荀子问他以后有何打算。李斯说，我对当学者、著书立说没有兴趣，我想当官，实现老师"天下为一"的政治理想。听说现在秦国正在纳贤，我想去试试。于是，就辞别了荀子，只身来到秦国。经过一番努力，果然成功荣登帝国丞相之位。这个时候的李斯，终于成了一人之下、万人之上的丞相，终于成为"富贵的粮仓"里的"老鼠"，享受荣华富贵。更锦上添花的是，秦始皇和李斯关系非常密切，两个人还成了儿女亲家。李斯的女儿们都嫁给了秦始皇的各位王子，李斯的儿子也荣耀地娶到了公主。这个时候，李斯的富贵与权势，登上了顶峰。一次，李斯的儿子、三川郡太守李由利用公休时间，回家探亲，就这么一个由头，竟然把官场都惊动了。文臣也好，武将也罢，结队来李斯家祝贺，参加李斯的家宴。李斯家门口的街道造成交通堵塞，几千辆马车相约来赴宴。

为了说明持之以恒、坚持不懈的重要性，孟子还以打井来比喻，讲了一个故事。这个故事，我记得在20世纪80年代，我参加高考的时候，就是我们的高考作文题。孟子说："有为者辟若掘井，掘井九轫而不及泉，犹为弃井也。"意思是说，做事好比挖井，挖井到六七丈深还不见泉水，就停下来，再换一个地方，继续挖，这样下去，最终还是看不到井水。人无恒心，半途而废，和弃井差不多。一个人要想成功，就不但要专心，还要坚持不懈，不能一曝十寒。

"一曝十寒"这个成语来自《孟子·告子上》："无或乎王之不智也。虽有天下易生之物也，一日暴之，十日寒之，未有能生者也。"意思是说，难怪王不聪明。天下纵然有特别容易生长的植物，你晒它一天，再冻它十天试试看，没有能成活的。学习也是这样，仅仅有好的方法还不够，还要持之以恒，否则，三天打鱼，两天晒网，冬天怕冷不想早起，夏天又怕热，想在家多待会儿，这样偷懒怎么可能学习好呢？

（五）以身作则，潜移默化

如果家长或者老师教育孩子的那套道德规范到头来自己都做不到，孩子长大之后就会发现被忽悠了，教育成了欺骗，孩子就会生产空虚感、幻灭感，就会对世界产生虚无主义。这就是说，首先自己相信，才能让学生相信。自己认真，才能要求学生认真。自己的心正，才能要求学生正，"人能写字，字也能'写'人"，正如朱熹练"桃"字的典故一样："心正则字正，心不正则字歪。"

孔子说："其身正，不令而行；其身不正，虽令不从"，这是强调身教胜于言教。孟子也说："枉己者，未有能直人者也。"意思是说，自己不直的人，不可能使别人直。

孟子同样强调身先为教，要以身作则，为学生树榜样，比如"行有不得者皆反求诸己，其身正而天下归"。就是说，学生成绩不好，老师应该先反思自己的教育，是不是自己教得不好，方法不对头，如果自己身正了，那么天下归心。老师的榜样作用很重要，比如说"圣人，百世之师也。伯夷、柳下惠是也"。圣人，是大家永远的老师，伯夷、柳下惠就属于这样的圣人。

有一种教育叫不言之教。孟子在《孟子·告子下》中说："教亦多术矣，予不屑之教诲也者，是亦教诲之而已矣。"意思是说，教育方法有多种，我不屑于教你，也是一种教。这看上去是一种少见的傲慢，其实，孟子说的还是无言之教。

孔子在《论语·述而》中指出："自行束脩以上，吾未尝无诲焉。"大意是说，无论贫富、贵贱、智愚，只要带一束"干肉"作为"学费"，有志于学，都可以来我这里读书，我都会施以教诲。孟子招收弟子的态度更自由、更简单，连一束"干肉"都不要了，就直接说，"往者不追，来者不拒"，就是说你走了我不追，来了不拒绝，随便进出。

另外，孟子还强调学习要专心致志，不能三心二意。

众所周知，"要我学"跟"我要学"没法比，前者是"被学习"，后者是主动学习，是爱好，而非痛苦。爱因斯坦说："爱好是最好的老师。"

有兴趣学了，还得专心，效率才能高。

孟子在《孟子·告子上》讲过一个家喻户晓的典故："弈秋，通国之善弈者也。使弈秋诲二人弈，其一人专心致志，惟弈秋之为听。一人虽听之，一心以为有鸿鹄将至，思援弓缴而射之，虽与之俱学，弗若之矣。为是其智弗若与？曰：非然也。"

说有个全国超棒的棋手名叫弈秋，教两个学生学下围棋，其中一个学生专心致志，弈秋说的每句话都牢记在心，还认真地记录。另一个学生呢，一边听课，另一边却想着窗外有只天鹅快飞过来了，该怎么样拉弓射下它。这两个人同样是在跟着弈秋这样的围棋高手听课，效果却大不一样，那个不专心致志的学生学得很差，是两个人智力有差距吗？不是，关键是由于他们专心与不专心的关系。

（六）孟母常有而孟子不常有

"善政不如善教之得民也。善政，民畏之；善教，民爱之。善政得民财，善教得民心。"（《孟子·离娄上》）什么意思呢？用今天的话说，教育可以让人明白人伦孝悌之道，明白父子、君臣、夫妇、长幼、朋友等"人伦"规范。好的政治既不是完善的体制或者制度，也不是高明的统治手段，而是教育。在孟子看来，统治阶级"得天下"之道在于得民心，而得民心之道，在于教育，最有效的维护统治的手段是教育手段。

教育如此重要，那么如何让孩子接受好的教育呢？孟子说，外在的环境很重要。孟子在《孟子·告子上》中说："富岁，子弟多赖；凶岁，子弟多暴，非天之降才尔殊也,其所以陷溺其心者然也。"孟子虽然是个性善论者,但也很重视后天环境对一个人性格和气质的影响,好的环境可以让人提升素质,坏的环境则相反。

"孟母三迁"的故事我们都很熟悉了,故事出自《列女传·邹孟轲母》:"邹孟轲之母也,号孟母,其舍近墓。孟子之少也,嬉游为墓间之事,踊跃筑埋。孟母曰:'此非吾所以居处也。'乃去。舍市傍。其嬉戏为贾人炫卖之事。孟母又曰:'此非吾所居处子也。'复徙舍学宫之傍。其嬉游乃设俎豆,揖让进退。孟母曰:'真可以居吾子矣!'遂居。及孟子长,学六艺,卒成大儒之名。"

俗话说,"近朱者赤,近墨者黑"。"孟母三迁"的故事告诉我们选择居住环境的重要性,正如孔子所说:"里仁为美。择不处仁,焉得知?"(《论语·里仁》)。这故事我中学时就读到了。意思明摆着,学习不好的重要原因,就是我妈没有像孟母那样搬家——这是我当时的幼稚想法。长大后,我自己努力搬了几次家,从山东郓城搬到曹县、青古集,后又干脆搬到海南,但也终于没有成什么"大儒"。我渐渐明白,"孟母三迁"这故事,肯定不光是

《论语》书影

强调居住环境的重要性,还有另一层深意——自身的原因,此所谓"内因"。如果自己的孩子不好好学习,只是一味怪环境、老师、学校,于是要求换老师、转校等等,唯独不从孩子身上找原因,这恐怕也不对。

可在当今的现实中,有一种现代版的"孟母三迁",那就是陪读母亲。

现在,陪读的家长越来越多,在重点学校附近,为了孩子读书而举家迁徙的"孟母"太多了。几年前,就有媒体报道说,长春、北京、杭州,四年时间,七次搬家,三座城市……吉林省一位母亲为了让孩子有一个好的学习环境,在几年时间里,用行动演绎了一个"现代孟母"的故事。为了让女儿更好地深造,她不惜辞职做"陪读妈妈"。如今,她的女儿终于如愿升入清华美院。

上面的这位"现代孟母",四年时间,七次搬家,"南征北战",一路奔走,还好女儿如愿以偿,否则情何以堪!但我们只能说,这位母亲是幸运的,其精神是可嘉的,但这只是一个极端个案,其他的母亲最好不要效仿。因为任何破釜沉舟、孤注一掷

的行为,用在教育儿女身上,都带有"赌"的性质,和安居乐"学"是相背的,对孩子的身心健康未必有利。望子成龙可以理解,但不能急。李安在威尼斯说,文化要有耐心。(2007年9月16日《信息时报》,文章标题《符号狂欢(太阳照常升起)》)我想教育孩子也一样。

每个孩子的个性不同,每个家庭的环境也不同。人人都做孟母,不现实。毕竟不是每个孩子都可以成为孟子的。

孟母很好,但满街都是"孟子妈",每个妈妈都仿效孟母,那孩子可就真怕了。学孟母,应该学的是孟母育子的理念,而不是照搬方法。

孟母遍地,孟子何在?

孟子继承了孔子的"因材施教"的思想,他在《孟子·尽心上》里说:"君子之所以教者五:有如时雨化之者,有成德者,有达财者,有答问者,有私淑艾者。此五者,君子之所以教也。"意思是说,君子实施教学的方法有五种:有像及时雨一样润物细无声的,有帮助学生使之德有可成的,有培养才能的,有答疑释惑的,有凭借自己的丰厚的学养让人私底下受教诲的。这五种方法,就是君子之教。

从这段论述中,我们可以看出孟子的教育具有具体性和针对性。

第七章 《孟子》智慧通解

一、孟子修身智慧

人皆可以为尧、舜

曹交问孟子道:"人人都可以成为尧、舜,有这样的说法吗?"

孟子说:"是的。

曹交又问:"我听说文王身长十尺,汤身长九尺,而我也有九尺四寸多高,却只知道吃饭而已,要怎样才可以成为文王和汤王那样呢?"

孟子说:"这有什么难的呢? 只要你去做就可以了。如果有个人,连提只小鸡的力气都没有,那他就是个没有力气的人了。如果有个人说能举起三千斤的东西,那他就是个很有力气的人了。既然这样,那么只要能举起乌获举过的重量,这样也就成为乌获了。一个人所担心的,难道在于不能胜任吗? 而是在于不去做而已。慢慢地跟在长者后面走,叫作悌;快步抢在长者前面走,叫作不悌。慢慢走,难道这是一个人所不能做到的吗? 只是不去做罢了。尧、舜之道,不也就是孝和悌而已。如果你穿尧所穿的衣服,说尧所说的话,做尧所做的事,这样也就成为尧了。如果你穿桀所穿的衣服,说桀所说的话,做桀所做的事,这样就变成桀了。"

曹交说:"我要去见邹君,向他借个住处,愿意留下来在您门下学习。"

孟子说:"道就像大路一样,这难道是很难了解的吗? 就怕人们不去寻求罢了。你回去寻求吧,会有很多老师的。"

"人皆可以为尧、舜",这是此番话的中心。

孟子在这章中把尧舜之道说得极其简单:"尧、舜之道,孝悌而已矣。"而什么是"孝悌"呢? 孟子说:"徐行后长者谓之弟,疾行先长者谓之不弟。"

道德的实践，可以从小事做起，这样也可以成为一个圣人，主要是看你是否能一直坚持下去。做一件好事容易，但是要做一辈子好事，那就不是很容易了，所以凡事都贵在坚持。

有的人喜欢好高骛远，把自己的愿望定得很高，总是实现不了。而有的人，则是脚踏实地，一步一步地朝着自己的目标前进。只有从小事做起，才能成就一番大的事业。

孔子平时就非常重视道德修养和力行践履。他十五岁有志于学；三十岁有了对仁的认识和坚守仁的信心；四十岁才知道了仁的丰富内容，对此深信不疑；五十岁深刻认识了自然、社会发展的趋势；六十岁能随时辨别事物是否符合仁的原则；七十岁则达到随心所欲而不超越规矩的境界。孔子由于终生勤奋学习，奋斗不息，这让他最终成为儒家思想的创始人，著名的思想家。

孔子在年轻的时候，就已经是很有名气的学者了，但是他总觉得自己的知识还不够渊博，便决心拜访老师，继续学习。那时他都已经三十岁了。他听说洛阳有一个大思想家、道家的创始人——老子，知识非常渊博，于是准备前往拜他为师。曲阜至洛阳相距上千里，但孔子并不怕路途遥远，风餐露宿，日夜兼程。几个月后，孔子终于到了洛阳界内。

孔子刚到洛阳城外，便看到了一辆马车，许多的书在马车上放着，车旁站着一位七十多岁的老人，头发、胡子全白了，穿着长袍，拄着拐杖，站在路边朝他这里张望。孔子想：这位老人拥有这么多的书，一定很有学问，大概就是我要拜访的老师——老子吧。于是上前行礼问道："请问老人家，您是老聃先生吧？""你是？"老人见一个风尘仆仆的外地年轻人一眼就认出了自己，心里有些纳闷。孔子连忙说："学生孔丘，特来拜见老师。请您收下我这个学生吧。"老子听后很高兴地说："你就是孔丘啊。听说你要来找我，我每天都到此等候。可是我有一点不明白，研究学问我和你两人相差无几，可是为什么你还要拜我为师呢？"

孔子听了再次行礼，说："多谢老师迎候。因为老师您的学问很深，跟您学习，一定会有长进。再说，越是研究学问，越应学习更多的知识。"

从此以后，孔子每天不离老师左右，随时请教。老子也把自己的知识毫无保留地传授给他。

学习结束后,辞行时,孔子还恳请老师给予临别的教诲。后来人们都称赞孔子的学问,也敬重他的品行。

孔子的学生有三千多人,而各个方面都很突出的就有七十多人。孔子就是从小事开始,一步一步认真地去做,最后才有了这样的成就。

人最尊贵的是仁义

孟子指出人最尊贵的应该是"仁义"。

"人之所贵"是外人加于自身的,所以没有永久性。而仁义则是本身所有的,人若是施行仁义,那么大家都会去尊敬他,而这种尊敬则是永久性的。

每个人都想得到尊贵,有很多的人,以这个为目标,发愤图强,努力实现这个目标,这是我们所提倡的。但是也有的人,为了得到尊贵,而使用一些卑鄙的手段,这是我们所鄙夷的。

东晋后期有名的大诗人兼散文家陶渊明,是浔阳柴桑(今江西九江)人。陶渊明家里世代为官,曾祖陶侃在东晋前期立了大功,曾管过八个州的军事。可是到了他这一代,家境已经慢慢地衰落了。

陶渊明从小就很喜欢读书,已有"济世救民"的志向,又很仰慕曾祖陶侃,他心中也想创一番事业,可是由于家庭条件不好,一直没有实现。到了二十九岁,陶渊明才由别人推荐,陆陆续续做了几任参军之类的小官,也就是给大官做助手。陶渊明本性倔强,看不惯官场上那一套逢迎拍马的作态,所以在仕途中辗转了十三年后,渐渐地也就没有了以前的那种热情,最后决心弃官归隐。

在陶渊明为官期间,有个他不为五斗米而折腰的故事一直被人们传颂。那是他最后在做彭泽(今江西湖口)县令的时候所发生的。陶渊明上任之后,下令把其衙门的公田全都种上可以做酒用的糯稻,说:"我只要常常有酒喝就满足了。"他的妻子觉得这样做不对,吃饭的米总得要有啊,就坚决主张种粳米稻。两人争执的结果是陶渊明做出了让步:两百亩公田,用一百五十亩种了糯稻,五十亩种了粳米稻。

陶渊明本想等收成一次后,再做打算,却没想到刚过八十多天,郡派督邮来了解情况。县衙内有一个老于世故的小吏,依据自己多年的经验,深知这事不能马虎,就劝陶渊明做好准备,穿戴整齐,恭恭敬敬地去迎接督邮。陶渊明早就厌烦这种作态,于是就说:"我不愿为了小小县令的五斗米薪俸,而这样低声下气地去向这些人献殷勤。"他当即脱下官服,交出官印,走出衙门,回老家去了。就这样,从四十一岁起,直到六十三岁去世,陶渊明再也没有当过官。

陶渊明就是这样,一生不逢迎权贵的高尚节操,一直保持不为五斗米折腰和高尚独立的自主人格。而他的这种人格正是他最可贵的地方,以至后人时常效仿于他。

与人为善,君子德行

孟子说:"子路,别人指出他的过错,他就很高兴。禹,听到对自己有教益的话,就拜谢别人。伟大的舜帝则更是如此,他不仅与人一起行仁道,而且敢于舍弃自己的缺点,学习别人的长处,乐于汲取别人的优点来修养自己的德行。舜从当农夫、陶工、渔夫,直到成为天子,他身上的优点可以说都是从别人那里学来的。吸取众人的长处来修养自己的品德,这又有助于别人培养品德。因此,君子最高的德行就是能与人一同行善。

孟子通过这段话的论述,总结了古代圣贤处事为人的共性。

他认为,子路是"人告之以有过则喜",他的前提条件是"人告之以有过";禹是"闻善言则拜",他的前提条件是要"闻善言"。舜是"善与人同,舍己从人。乐取于人以为善",他的前提条件是只要有人的地方就可以了。这样看来,大舜是最伟大的,禹次之舜,子路次之禹。

闻过则喜,是知错而能改。闻善言则拜,是不待有错,而知该如何行事。与人为善,学习别人的优点,而与天下人一起行善。这就是孟子通过圣人言行得出的启发。

与人为善,善莫大焉。"与人为善"是一种崇高的道德修养,是中华民族的一种传统美德,更是社会和谐的一种润滑剂。今天,继承和弘扬这种"与人为善"的传统美德,对构建社会主义和谐社会,将会起到很积极的作用。

因此,每个人都应加强"与人为善"的道德修养,并逐步形成"与人为善"的社会风气。如果每个人都做到了"与人为善",那么,人际关系就会得到改善,生活就会得到安宁,团结就会得到增强,社会风气就会更加清新,整个社会就能演奏出美妙和谐的乐章。

善,并不是简单意义上的单纯、善良,而是一个人内心的宽容,思想上的博爱,于人于物的宽容和忍耐。

"与人为善"是中国思想文化中的重要组成部分。儒家讲的仁义道德、佛家讲的普度众生,道家讲的修身养性,都是一种与人为善精神的体现。

郑板桥,清朝著名书画家,江苏兴化人士。为"扬州八怪"之一,自幼工诗词、善书画,其诗、书、画世称"三绝"。中年时靠卖画为生,44岁中进士,先后任山东范县、潍县县令。他为官清廉,体恤民情,深得百姓拥戴。但居官十余年,他洞察了官场种种黑暗和险恶,早有告老还乡的想法。后来,他因为民请赈得罪了上级而去官。离任时竟身无分文,带着长年为伴的一条黄尾巴狗和三盆亲手种植的兰花,回到了故乡江苏兴化。

郑板桥归乡后,在当地的官吏中不少是他同时及第的文友,纷纷邀请他去官府当幕僚,他都一概拒绝。每天除了走街串巷卖画,就是会友饮酒对诗,过起了无官一身轻、悠然自得的布衣生活。

一天傍晚,下着小雨,他外出会友后回家。刚走近土院墙柴门,黄尾巴狗便冲他狂叫起来。郑板桥感觉有点蹊跷,以往狗见到主人,都是摇头摆尾地亲近一番,今天为何这样反常。当他走到住房门口掏出钥匙准备开门时,却大吃一惊!锁头没有了,而门还严实地关着。郑板桥是何等聪明之人?不用问,家里有小偷光顾啦。

这时老人家想:如果我大声吆喝,可能会出现两种结果。一是小偷为了自身安全,狗急跳墙,和我拼命,我年老体弱,那吃亏的是我;二是小偷夺路而逃,躲过这一劫,以后还会故伎重演。倒不如教育感化他,争取他以后改邪归正,做个好人。

郑板桥

于是,老人家轻轻推开房门,进屋后又把房门掩上,然后点上油灯,坐到床边看起书来。再说那小偷,听到有人进来,反应相当灵敏。说时迟那时快,一下就钻进了床底,心想你老头总得睡觉,等你睡着了我再下手。

郑老若无其事地看了一会书,便轻声朗诵道:"阴雨蒙蒙夜沉沉,梁上君子进我门。"小偷被吓了一跳,这老头怎么会知道我进来了呢？心想:今天就别想满载而归了,来个顺手牵羊、小打小闹就行了。过了不到半袋烟的功夫。郑老又吟了两句:"腹内诗经存万卷,床头纹银无半分。"小偷一听心里凉了半截,这老头是个穷光蛋呀！于是,他悄悄爬出床底,蹑手蹑脚地想溜之大吉。这时,郑老又诵道:"出门休惊黄尾犬,越墙莫损兰花盆。"小偷心领神会,暗暗答道:"我会注意的。"他摸到门边,轻轻拉开门,出门后又把门给带上。郑老看小偷有回心转意之意,意味深长地又欢送两句:"天寒不及披衣送,还望君子多自尊。"小偷听了感动不已,深感羞惭地离开了郑板桥家。

这小偷回家之后,彻夜侧转难眠。多好的老人呀,我去他家里行窃,他一不抓我现行,二不送我去官府,还劝我要自尊自爱。我再不学好,对得起老人家吗？后来,小偷果然痛改前非,革心洗面,变"梁上君子"为正人君子,变"游手好闲"为勤劳节俭,成了一名自食其力的劳动者。

孟子说:"君子莫大乎与人为善。"郑板桥老人堪称"与人为善"的谦谦君子。

对于现实生活来说,与人为善是做人的一种积极和有意义的行为。它可以为自己创造一个宽松和谐的人际环境,使自己有一个发展个性和创造力的自由天地,并享受到一种施惠与人的快乐,从而有助于个人的身心健康。与人为善可以给我们带来好心情,还可以给我们带来身体上的健康。

研究表明,人的心理活动和人体的生理功能之间存在着内在联系。良好的情绪状态可以使生理功能处于最佳状态,反之则会降低或破坏某种功能,引发各种疾病。美国耶鲁大学病理学家对7000多人进行跟踪调查,结果表明,凡与人为善的人死亡率明显较低。

现实生活中,有些人不讨人喜欢,甚至四面楚歌,主要原因不是大家故意和他们过不去,而是他们在与人相处时总是自以为是,对别人百般挑剔,随意指责,人为地造成矛盾。只有处处与人为善,严以责己,宽以待人,才能建立与人和睦相处的基础。在很多时候,你怎么对待别人,别人就会怎么对待你。这就教育我们,要待人如待己。在你困难的时候,你的善行会衍生出另一个善行。

与人为善并不是为了得到回报,而是为了让自己活得更快乐。与人为善其实极易做到。它并不要你刻意做作,只要有一颗平常心就行了。有这样一个故事:说是一个人做了一个试验,他早晨上班来到办公室的时候,对周围的同事笑了一下,没想到,却带来了意想不到的效果,他的上司看到他时对他也笑了一下,他的上司可是从来没笑过的人呀。这个人这一天的心情特别好,平时那种冷冰冰的感觉没有了,周围的人都很亲切。而据说,就因为他早晨的那个笑,感染了身边的其他人。你在日常工作和生活中,无非是想丰富你的生活,实现你的价值。而这所有的一切,归根结底,都来自你是否善待他人。与人为善使你有一种充实感,你知道没有很多人会故意和你过不去。与人为善不仅给你财富,还使你拥有被他人喜爱的充实感。记住奸商只能造就一时的得意,却不能品味充实自信的人生;只有与人为善才能求得长远财富。

可见,善待他人是人们在寻求成功的过程中应该遵守的一条基本准则。在当今这样一个需要合作的社会中,人与人之间更是一种互动的关系。我们去善待别人、帮助别人,才能处理好人际关系,从而获得他人的愉快合作。那些慷慨付出、不求回报的人,往往更容易获得成功。

良好的人际关系不单单是行动上做出来的,更是从心底里流出来的。这句富有哲理的话告诉我们:在人际交往中要以诚待人,用心和他人交往。在追求成功的过程中,任何人都离不开与他人的合作。尤其是在现代社会里。如果你想获得成功,就应该想方设法获得周围人的支持和帮助。生活就是这样:对人多一份理解和宽容,其实就是支持和帮助自己,善待他人就是善待自己。如同中国有句古语说的那样:授人玫瑰,手留余香。

舍生而取义

孟子说:"鱼是我所喜欢的,熊掌也是我所喜欢的;要是这两样不可能同时得到,那就舍弃鱼而要熊掌。生命是我所珍爱的,义也是我所追求的;要是这两样不能同时兼顾,那我就放弃生命而去追求义。生命是我所珍爱的,但是如果还有比生命更珍贵的东西,那我宁愿放弃生命,也不去做苟且偷生的事;死亡是我所憎恶的,但是还有让我觉得比死亡更憎恶的,所以有些祸患我并不去躲避。如果人们所喜爱的没有什么超过生命的了,那么凡是一切可以生存的手段,为什么不采用呢? 如果人们所憎恶的没有什么超过死亡的,那么凡是一切可以躲避祸患的事,为什么不去做呢? 按照这么做就能生存,然而有人却不去做,按照这么做就能避开祸患,然而有人却不愿去做。由此可见,人所喜爱的有超过生命的,所憎恶的也有超过死亡的。这不仅仅是贤人有这样的思想,这是人人都有的,只是贤人能不丧失它而已。一筐饭,一碗汤,得到就能够活下去,而得不到就得饿死,但如果吆喝着施舍给人,就是路上的饿汉也不愿接受;如果用脚踢过去施舍给人,那就连乞丐也会不屑一顾的。一万钟的俸禄,有人却不问是否合乎礼义就接受了。万钟的俸禄对我有什么好处呢? 是为了住宅的华美、妻妾的侍奉和所认识的穷人感激我吗? 从前宁死也不接受的,现在却为了住宅的华丽而接受了;从前宁死也不接受的,现在却为了妻妾的侍奉而接受了;从前宁死也不接受的,现在却为了让所认识的穷人感激我而接受了,难道这种行为不应该停止了吗? 这就叫丧失了人的本性。”

当我们遇到了“二者不可得兼”的时候,我们该怎么样取舍呢?

孟子在开头就以舍鱼而取熊掌的比喻,引申出了本章的主旨“舍生取义”。不管我们要取什么,或者舍弃什么,都不能够“失其本心”,这样我们才能立于社会当中。

中国历史上能舍生取义者,不胜枚举,汉朝的苏武、南宋的文天祥、清朝的谭嗣同等等,这些都是非常出名的,还有一些鲜为人知的,以及一些不为人知的。三国时期的太医吉平,就是其中一个。

建安五年(公元200年)五月,刘表、马腾起兵伐曹。许昌空虚,董承等预备起事。太医吉平知道此事后,就献计趁曹操治病的时候以毒药鸩杀曹操,但是他们的计划却被董承的下人所告发。次日,曹操就诈患头风,召吉平用药。吉平于是暗中下了毒药,但是却被曹操点破。吉平知事情已泄漏,于是纵步向前,扯住曹操的耳朵想强行给他灌下去。曹操把药推泼到地上,曹操的侍卫随即把吉平给制服了。之后就是严加拷问,吉平面不改色,毫不畏惧。骂曹操道:“你是个欺君罔上的贼子,天下的人皆欲杀你,又何止是我一个?”曹操再三地折磨他,想问他的同党是谁。吉平怒曰:“我自己想要杀你,又要什么人来指使我呢? 今天既然事情败露,只有死了而已!”

数日后曹操到董承的家里去,把吉平推至阶下。又问吉平道:"是谁让你来用药害我? 快快招供。"吉平说道:"是上天让我来杀你这个逆贼的。"曹操听后就叫侍卫打他,打得吉平体无完肤。曹操又问吉平道:"你原有十根指头,现在为什么只有九根指头?"吉平说:"我砍下了一根作为要誓杀国贼的凭证。"曹操叫侍卫把刀取来,把吉平所剩下的九根手指全部砍掉,并且说:"全部都砍了。"吉平又说道:"我还有口,可以吞逆贼;还有舌头,可以骂逆贼。"曹操又下令把吉平的舌头割掉。吉平突然说:"先别动手,我现在熬不过你的刑法,所以只得招供。可以为我松绑吗?"曹操说:"给你松绑有什么困难?"于是让侍卫松绑了吉平身上的绳索。吉平起身朝着皇宫的方向拜了拜,说道:"臣不能为国家铲除逆贼,这是天数啊。"拜完后,吉平撞阶而死。

史官有诗曰:"汉朝无起色,医国有称平。立誓除奸党,捐躯报圣明。极刑词愈烈,惨死气如生。十指淋漓处,千秋仰异名。"这正是"舍生取义"最典型的例子。

仁者爱人

孟子曰:"仁也者,人也,合而言之,道也。"

孟子说:"仁就是人。二者合起来就是道"。

孟子讲仁。他说"仁就是人",又说"仁"和"人"合起来,就是"道",就是立身之本。仁是人,以仁律己,就是把自己当人看,守仁就是守住自己,守住自己的人性情。道即是人道,重道也就是重人。世界是人的世界,得道即是得人,得道也就是得世界。以此修身,我们就会珍惜自己,把人生看成一个美丽的、使人及人的世界不断完善的过程,我们便不会随意处置自己。以此养性,我们就会不以物喜,不以己悲,心气平和,精神旷达。不惧死,不偷生,泰山崩于前而色不变,临渊履冰而心不惊。人是自然的化育,来于尘土,终会归于尘土。生死本相依,生由不得我,死我亦不能抗拒,所以生亦乐事,死亦乐事,归根到底,威武不能屈的是真性情,富贵不能淫的是人本性,贫贱不能移的是真人生。不逐利,不贪求,当取则取,不当取则不沾,一切依需要而定。一筐饭不嫌少,能饱肚子就心满意足;十万金钱,九五之尊,得之亦无可喜。厚禄高官实乃身外之物,为之失去本性,也就失去了自己,轻重相衡,实不合算。不抱怨,不自悔,周公都会有错,都会有所不能,何况自己本属凡人。

因此，今日无得还有明日，这次错了下次注意，丽日高照和雨雪霏霏是天的必然，有得有失是人事的必然。不勉强，不极端，顺时而动，顺理而行。生当逢时，即入世建功立业，因为我行的是人道，使人世更美好本是我的本分；生不逢时，便出世独善其身，因为人间成功的机会总是有限。不苟求，不骄矜。我是常人，人会有错，我亦不免。以自己的长处去挑剔别人的短处，以自己的成功傲视别人的失意，就是不仁，就是忘了自己的本性。忘了自己的本性的人，不是真的人，是不仁。这种人目中无人，其实也忘了自己是人，这种人不会爱人，其实也没有珍惜自己，最终是自己断了自己的生机，终日为保全自己眼前所得而焦虑不安，为算计别人而疲惫身心，失有烦恼，得无欢乐，如此这般害人也害自己。

仁就是人，仁心就是人心，就是仁爱之心，爱人之心。要以仁心待人。以仁心待人，就是爱人。仁者爱人。人需要爱，世界需要爱。爱使人相互联结，使世界成为人的世界。地球本是人居于其中的一个大家庭，人字的一撇一捺本就意味着人与人的相互支撑——无爱不成人世界。人要爱人，世界应该充满爱。有爱，人的世界才会充满盎然生机；有人爱，能爱人，我们才能品尝到生之欢乐，才能有不竭的生之热情——无爱的世界只是一片冷寂的荒漠。以仁心待人，这仁心本是我们固有的天性。比如我们怜爱幼小，这就是仁爱的萌芽，也是仁爱的表征。所以孟子说："每个人都有怜恤别人的心情。"譬如现在一个小孩子要掉进井里，任何人看到都会有惊骇的心情。这种心情的产生，不是为着要和这小孩的父母攀结交情，不是为着要在乡邻朋友中博取美誉，也不是因为厌恶那处在危险中的孩子的哭声，而是出自人的天性。

仁爱是人的天性，或者说，应该成为人的天性。无爱无恨的人是麻木迟钝，有恨无爱的人是冷酷无情。一个以仁爱之心待人的人，可能因为过分慷慨付出和过分的忍让宽容而做错事情，甚至会演出一幕幕人生的悲剧，但是从他们的心性看仍不失为真人。那悲剧也会显示出人生的壮烈。而那些没有爱心的人，他们也许会因为冷酷而成为成功的窃国者或腰缠万贯的商人，但他们本身不过是尘世的一个污点，他们的人生充其量也只能被人看作一幕瞬间即逝的笑剧。

所以孟子还说："没有仁爱之心，是不能算作人的。"

要以仁爱之心待人，必须建立起对人的信心。要相信人能向善，人能行善，相信我们可以向这个世界施予我们的爱心。并不是人人都能建立起这样一种对于人类的信心。如先秦法家对人就有一个基本的看法，他们认为人性本来就是恶的，比如韩非子就说过，在这个世界上，贞德诚信之士还不足十个，即使父母对子女也会用心算计。

这说法有些绝对，绝对了就很难让人当真。当真了，信了，就容易对人失去信心，就容易对人生产生一种悲观。

对人有信心，相信人能向善为善，相信人都有向善为善的可能，自然并不排除人性也有恶的一面，也不排除人间有恶人。俗话说，人上一百，种种色色，林子大了什么鸟都有，这是自然，也是规律。有善就有恶，有好必有坏，忠奸并立，正反相衬，这是人世的正常，如果大家都一样，也许反而不正常了。

但是，无论如何，世上还是好人多。即使隔三岔五总有见死不救、见义不能勇为者的见闻，但那毕竟还是茫茫人海中的极少数。生活中还有大量的于危难中见真情的真人、善人在，比如1998年中国的抗洪救灾，近半个世纪联合国对非洲难民和饥民的救助等。一方有难，八方支援，有目共睹是人间真情。如果仅以那么几例人间恶行为据，以为人本都是坏的，那是以偏概全。其实即如我们自己，恐怕大都还是不坏的，有时我们也会趋利，也会做点不好的事，但大体说来，对弱者我们也总能给以同情，对人、事也总有自己的是非，得帮人时会帮人，该自律时也能自律。至少，一般说来，总还知道什么事能做，什么事不能做或不该做，虽然这要求低了些，但毕竟说明我们的人性不恶。推己及人，大约也不会错到哪里去。因为人既是同类，在许多方面，也都是大体相通的。

还是那句话，对人要有信心。对人有信心，才能宽以待人，不会因为人的某些缺点弱点或一时一事的失误去苛责人；对人有信心，才能诚以待人，因为相信人有其善，人能为善，便没有必要去疑人防人。更重要的，对人有信心，才能对生活有信心，才能对社会有信心，才能对人生有信心，才能于艰难的生活中保有一分可贵的乐观，才能于多舛的人生中见出生之快乐。不用说，总是以恶意度人的人，只会把自己埋入缺欢少乐的阴暗世界之中。

不失赤子之心

孟子曰：大人者，不失其赤子之心者也"。

国学经典文库

孟子诠解

《孟子》智慧通解

图文珍藏版

孟子说："道德高深的人，是那些不失赤子之心的人。"赤子之心，也就是幼儿的天真纯朴之心。不失赤子之心，换句话说，就是不失天真纯朴，不失自然天性。不失自然天性，方是真人。

何为自然天性？顺自然而动，依本色而行，就是自然天性。比如幼儿，饥了要吃，饱了不闹，以天然需求为度，绝无贪多求利之欲；爱则爱之，恶则弃之，去留取舍，随心任意，绝无虚饰矫情之伪；爱父母，亲同伴，喜天然，爱就是爱，一切出自天性本真，绝无索取回报之求；瞪大眼睛看世界，不懂就问，不会即学，寻知求智，一切只是为了天性的培养，绝无功名利禄之念。所有这一切，都是一种自然天性，幼儿无控制世界的非分之想，无制驭别人的包天野心，无声名权势的人生之累，无害怕失败的忧惧焦虑，因而他们也没有隐于内心的算计，也没有可以隔夜的仇恨或悲哀，因而他们的快乐也是真正的无所挂碍的生之快乐。

我们每个人都曾有过幼儿的纯朴天真，我们都不应失去这赤子之心。可是，由于人生的严酷，在我们向世界获取经验走向成熟的过程中，一次次挫折和跌打，常会使我们渐渐地失去这赤子之心。我们害怕贫穷，因而我们不再仅以满足我们自身需要为度；我们渴望成功，因而我们会常常因失败的恐惧而无法随心任意；我们需要意志坚决，因而慢慢学会了不动声色硬起心肠。我们常常为功名、利禄、权势、地位这些人造的幻象所欺骗，有时甚至还在不自觉中甘愿受它们的驱遣，因而我们也失落了自己的本真，我们同时也失去了无所挂碍的生之欢乐。

只有能保持自己自然天性的人，才是精神的伟人，才是可以永远快乐的人。这样的人并不拒绝声名利禄、权势地位，但他们决不被这些身外之物蒙蔽拖累，得之亦不改自己的赤子之心；这样的人也不惧怕清贫，因为他把清贫看作修养自己心志的必经之途；他安贫乐道，能保持自己的赤子之心。这样的人，透彻了悟自然之道、人生之道，返璞归真，与自然相应合，与天地相吐纳，无忧无惧，能爱能乐，这种人，也是最能享受人生的人。

所以，我们应该尽力保持我们的自然天性。

人是自然的化育，人之性本就自然天成。保全人的本性，也就是保全人的自然天性。即使是行仁仗义，积善成德，也必须源于本性，根于本性。不伤根本，不失本性，不失赤子之心。孟子谈性，大体如此。孟子把人的本性比做杞柳，把义理比做用杞柳做成的杯盘，他认为把人的本性归之于仁义，正好比用杞柳来制作杯盘。

孟子说："你是顺着杞柳的本性来制作杯盘呢，还是毁伤杞柳的本性来制作杯盘呢？如果认为要毁伤了人的本性然后纳之于仁义，那么，率领天下的人来损害仁义的，一定就是你这种学说。"

由孟子的话推论下去，自然是毁伤了人的本性，也就毁伤了仁义，毁伤了人的本性，那仁义便也不成其本来的真正的仁义了。

所以，孟子又说：充分扩张自己善良的本心，也就懂得了人的本性。懂得了人的本性，也就懂得了天命。保持人的本心，培养人的天性，无论短命还是长寿，都不三心二意，这就是安身立命的方法。真正的君子，知道要保持自己的本性，地广物丰，财积民众，为君子所求，但君子的真乐并不在此。靖平天下，百姓乐业，为君子所喜，但君子的本性并不在此。君子的本性在于将仁义根植于心中，即使理想通行于天下也无所加增；纵然穷困隐居也毫无衰减，内心平静无澜，外显纯和温润，永远持性保德而行之不怠。

因而，能保持自己的本性，方为真人。

相反，若损伤了自己的本性，性不存，道亦不存。譬如邯郸学步，丢了自己本来的步法而学人从人，终归是自己成不了自己，甚至连路都走不成了。

不取不义之财

万章问孟子道："请问，和别人交往应该要什么样的心情？"

孟子说："要以恭敬的心情。"

万章问："常言道'对于别人的礼物一而再、再而三地拒绝是不恭敬的'，这是为什么呢？"

孟子说："有地位的人赐给的礼物，心想：'他给的这些东西是符合义的呢？还是不符合义的呢？'然后才接受。认为这是不恭敬的，所以不能拒绝。"

万章说："如果不用言语拒绝，而在心里拒绝，心想'他从百姓那里取来这些东西是不符合义的'，然后再用别的理由拒绝接受，这样不可以吗？"

孟子说："他和我的结交是按规矩来的，又按礼节规定送礼，这样，就是连孔子也会接受的。"

万章说:"如果有一个在城外拦路抢劫的人,他也按规矩和我交往,又按礼节赠送礼物,这样也可以接受他抢来的东西吗?"

孟子说:"不可以。《康诰》上说:'杀人抢劫,强横不怕死的人,百姓没有不痛恨的。'这种人是不必先教育他就可以直接处死的。商朝是从夏朝那里接受了这种法律的,而周朝又是从商朝那里接受的,没有更改。现在杀人越货十分猖狂,又怎么能接受他的赃物呢?"

万章说:"现在的诸侯从百姓那里夺取财物,这和拦路抢劫是一样的。假如他们按照礼节交往,这样君子就能接受他们的礼物了,请问这又是什么道理呢?"

孟子说:"你认为如果有圣王出现,他将会把现在的诸侯一律都杀掉呢?还是把经过教育仍不悔改的诸侯杀掉呢?而且,不是自己的东西,自己却得到了,这种行为就是抢劫,这是把'抢劫'的含意范围扩大到最尽头的极端说法。孔子在鲁国做官时,鲁国人有打猎时争夺猎物的习俗,孔子也去争夺了。争夺猎物尚且可以,何况是接受别人馈赠的礼物呢?"

万章说:"那么孔子做官,不是为了行道吗?"

孟子说:"是为了行道。"

万章道:"既然是行道,那又为什么要去争夺猎物呢?"

孟子说:"孔子先用礼来规定该用的祭器,不用四方珍奇的猎物充当祭品。所以要用打猎争夺来的猎物做祭品。"

万章说:"那孔子为什么不辞官离开呢?"

孟子说:"这是为了试行。试行的结果可以行得通,而君主却不推行,这才离开那里,所以孔子没有在一个国君那里呆满三年的。孔子是因为有行道的可能而去做官,或者是因为君主对他以礼相待而去做官,或者是因为君主能供养贤士而去做官。对于季桓子,是因为有行道的可能而去做官;对于卫灵公,是他能以礼相待而去做官;对于卫孝公,是他能供养贤士而去做官。"

交际与交友不同,交友是交心,而交际则是人情往来。只要是"其交也以道,其接也以礼",我们都应该可以接受的。但是有多少的贪官污吏借此为名,大肆收受贿赂,这样既损害了国家的利益,最终也害了自己。

中国有一句古话:"天下熙熙,皆为利来;天下攘攘,皆为利往。"财为生活之源,爱财本身并无错误,但要取之有道。所以不义之财,我们还是避而远之为好。

世界上有很多的贪官,并不是一开始就贪污,有的甚至刚开始时是非常廉洁,但是随着时间慢慢推移,他们才开始贪赃枉法,收受贿赂,最后终于害人害己。但是也有一些意志坚定的人,不管身处何方,不管时间怎样的推移,他们也都能站得直,坐得正,这样的人,才是值得我们去学习。

《后汉书》里就记载了这样一个故事:大将军邓骘听说杨震德才兼备,就征召他,举荐他为"茂才"。由于他的政绩很好,而且为官又很清廉,朝廷四次升迁他,做了荆州刺史、东莱太守。当他去东莱上任的时候,途中路过昌邑。昌邑县的县令王密,原来是由杨震在任荆州刺史所推荐的官员。王密为了感谢杨震的知遇之恩,深夜前来拜见,并且还带着十斤黄金作为礼物赠送给杨震,希望他以后能多多关照自己。杨震看了后说:"我了解你是怎么样的人,然而你却不了解我,这是为什么呢?"王密说:"现在是深夜,您就放心收下吧,不会有人知道的。"杨震严肃地说:"天知,地知,我知,子知。又怎么能说没有人知道呢?"王密十分羞愧,只好带着礼物走了。

不义之财,不可取。这个道理谁都懂得,但是真正做到的又有几个? 有时候,大家都是睁一只眼,闭一只眼,半推半就地收下了,而这也是沦为贪官污吏必经的程序之一。

君子立世,诚信为本

在孔子、孟子看来,一方面,"信"是君子立身处世的基本原则之一;但另一方面,又不能拘泥于小节小信。所以,应该以"义"来进行调节变通,这就是孟子所说的"惟义所在"。一句话,要大信,不要小信;要在原则问题上讲信用,不要拘泥固守于小节上的一成不变。

以诚立身,以信交友。这是中国传统道德的一个极为重要的内容,对儒家学者来说,也是立世做人的根本。

从古至今,人们都讲求诚信。无论你是谁,做人做事,都应恪守"诚信"二字,养成诚实守信的好习惯,在事业上用这种习惯来工作,方可在竞争中取得胜利。但是有许多人却不信这一点,硬要走向另一端,结果既伤害了别人,又让自己吃尽了人生苦果。

魏晋时有个叫卓恕的人，为人笃信，言不食诺。他曾从建业回会稽老家，临行与老太傅诸葛恪有约，某日再来拜会。到了那天，诸葛恪设宴专等。赴宴的人都认为从会稽到建业相距千里，路途之中很难说不会遇到风波之险，怎能如期？可是，"须臾恕至，一座皆惊"。由此看来，"诚"是一个人的根本，待人以诚，就是信义为要。

精诚所至，金石为开，诚能感化万物，也就是所谓的"心诚则灵"。相反，心不诚则不灵，行则不通，事则不成。一个心灵丑恶，为人虚伪的人根本无法取得人们的信任。所以，荀子说："天地为大矣，不诚则不能化万物；圣人为智矣，不诚则不能化万民；父子为亲矣，不诚则疏；君子为尊矣，不诚则卑。"明代诗人朱舜水说得更直接："修身处世，一诚之处更无余事。故曰：'君子诚之为贵，'自天子至于庶人，未有舍诚而能行事也；今人奈何欺世盗名矜得计哉？"

所以，诚是人之所守，事之所本。只有做到内心诚而无欺的人，才是能自信、信人并取信于人的人。

中国人特别崇尚忠诚和信义，因为诚信是为人处世的根本。而"信、智、勇"更是人自立于社会的三个条件。诚信是摆在第一位的。"信"是一会意字，"人""言"合体。《说文解字》把信和诚互为解释，信即诚，诚即信。古时候的信息交流没有别的方式，只能凭人带个口信，而传递口信之人必须以实相告，这就是诚或信的本义。"言必信，行必果，诺必诚"是中国人与他人、与社会交往过程中的立身处世之本。中国是信守礼仪的国家，言行靠自律与自省。在中国古人的观念中，法和刑是同义的，因此遇到问题不是靠打官司去解决，而是靠协商解决，在相互谦让的基础上通过调解达成一致，不希望闹到"扯破脸皮""对簿公堂"的地步。有些受骗上当的人往往在事后采取忍让和不再交往的方法，因为他们对自己的要求并未改变，依然坚持用诚信的态度处世为人。靠道德的约束而忽视法制的作用，在现代社会已被证明是不可行的，然而，"诚信"在法制化的前提下随着社会文明的发展，仍然是做人的基本原则。

假如你要做事，就要诚挚待人、光明坦荡、宽人严己、严守信义。只有这样，才能赢得他人的信赖和支持，从而为事业发展打下良好的基础。

孔子的弟子曾子有句话"吾日三省吾身。为人谋而不忠乎？与朋友交而不信乎？传不习乎"？作为一个有道行对社会有责任心的人，在社会交往中诚信是做人的美德。与朋友交往要诚信。"君子养心莫于诚，至诚则无它事矣"。为官从政要"谨而信"，"敬事而信"，"言而有信"。孔子说："信近于义，言可复也。"一个做事做人均无信的人，是很难在社会上立足的，因为人们均不齿于言而无信的人。所以，孔子说："言而无信，不知其可也。"信是离不开诚的，诚是信的基础和保证，诚挚待人，就能严守信义。

　　朱熹说，人与人要"合义则言，不合义则不言。言义，则其言必可践而行之矣"！这就是说"轻诺寡信则殆"。对于每个人而言，手中都有一张"信用卡"——以诚信处世。

　　诚信，不仅是做人的准则，也是处世的原则和方法。为人处世以"信"为原则，讲信义、重信义、这样的人才会为世人所接受，才会在危难之时获得帮助。

　　三国时代的诸葛亮四出祁山时，所率兵马只有10多万，而司马懿有精兵30万，蜀、魏在祁山对阵，正在这紧急时刻，蜀军有1万人因服役期满，需解役回乡。而离去1万人，会大大影响蜀军的战斗力。服役期满的士兵也忧心忡忡。大战在即，回乡的愿望恐怕要化为泡影。这时，将士们共同向诸葛亮建议：延期服役一个月，待大战结束后再让老兵们还乡。

　　诸葛亮断然地说："治国治军必须以信为本。老兵们归心似箭，家中父母妻儿望眼欲穿。我怎能因一时需要失信于民呢？"说完，诸葛亮下令各部。让服役期满的老兵速速返乡。诸葛亮的命令一下，老兵们几乎不敢相信自己的耳朵，随后一个个热泪盈眶，激动不已，决定不走了。"丞相待我们恩重如山，如今正用人之际，我们要奋勇杀敌，报答丞相！"老兵们的激情对在役的士兵则是莫大的鼓励。蜀军上下群情激奋，士气高昂，在形势不利的情况下击败了魏军。诸葛亮以信带兵取得了以少胜多的战绩。

　　人无信不立，良好的信誉会给自己的行动带来意想不到的便利；诚实、守信也是形成强大亲和力的基础；诚实守信的人会使人产生与你交往的愿望，在某种程度上，会消除不利因素带来的障碍，使困境变为坦途。

　　诚信之人都是讲信义的，也就是说，他们说过的话一定算数，无论大事小事，一诺千金。

所谓恪守信义，即一定要兑现许诺。"人无信不立"，答应了别人什么事情，对方自然会指望着你；一旦别人发现你开的是"空头支票"，说话不算数，就会产生强烈的反感。"空头支票"不仅仅增添他人的无谓麻烦，而且也损害了自己的名誉。对别人委托的事情既要尽心尽力去做，又不要应承自己根本力所不及的事情。华盛顿曾说过："一定要信守诺言，不要去做力所不及的事情"。这位先贤告诫我们，因承担一些力所不及的工作或为哗众取宠而轻诺别人，结果却不能如约履行，是很容易失去别人信赖的。

一个人要想成就大事，就一定要记得以信为本的做人处世之道，在你的事业中，养成守信的习惯是非常重要的。只有守信的人，才会使人信任你。只有做到一诺千金，你的事业才有望发展壮大蒸蒸日上。

按照成功学的原理去解释，诚信做人，是立世之本，是最根本的成功之道。假如你相信这一点，你就已经领悟了做人之道，就能真正的做出大事来。

自伴自强，自我管理

孟子说："夏、商、周三代之所以取得天下，是因为他们施行仁政；后来他们之所以失去天下，则是他们不再施行仁政。国家之所以衰败、兴盛、生存、灭亡，也是这个原因。天子不施行仁政，不能保住天下；诸侯不施行仁政，不能保住国家；卿大夫不施行仁政，不能保住宗庙；士人和百姓没有仁义，不能保住自身。如果害怕死亡，却又乐意干不仁的事，这就像害怕喝醉，却总是要多喝酒一样。"

"仁"，就是有不忍之心，就是善，就是善待周围的每一个人。心永向善的君王得天下，官吏施善得民心，普通百姓充满善意待人得挚友。善是人和人之间最好的桥梁。没有了善这个世界就没有了安定。

在此，孟子一方面表达了对"仁"的呼唤，一方面认为，天子"不保四海"，诸侯"不保社稷"，卿大夫"不保宗庙"，士庶人"不保四体"，都是他们自身的原因。因为他们没有施行仁政。孟子的最后一句话"今恶死亡而乐不仁，是犹恶醉而强酒"更是点明要想不醉、不害怕死亡，就要讲求仁义，这也就是要自律、自我管理。

儒家政治，强调从自身做起，从身边事做起，所以，论述观点常与个人品行紧密联系在一起。而能够自律，便是持仁行善的重要前提之一。

在社会生活中，我们常常提到自强、自立，却较少讲到自律。其实自律也是非常重要的。做人如果不能做到自律，要想使自己在人生的发展中一帆风顺几乎是不可能的。自律是做人必须遵循的一项原则，甚至比自强、自立更为重要。

何谓自律？乃是"自己约束自己"之意。看起来，这无关大雅，没什么大不了，谁都会说"做人应当学会约束自己"，可是要真正做到这一点却并非易事。

詹姆斯兰费蒂斯是美国的一位著名的建筑师，11岁时和他的家人住在湖心的一个小岛上。这里，房前的船坞是个钓鱼的好地方，父亲是个钓鱼高手，小詹姆斯从不愿放过任何一次跟父亲一起钓鱼的机会。

那一天正是钓翻车鱼的好时机，而从第二天凌晨起就可以钓鲈鱼了。傍晚，詹姆斯和父亲在鱼钩上挂上蠕虫——翻车鱼最喜欢的美食。詹姆斯熟练地将鱼钩甩向落日映照下的平静湖面。

月亮渐渐地爬出来，银色的水面不断地泛起静静的波纹……突然，詹姆斯的鱼竿猛地被拉弯了，他马上意识到那是个大家伙。他吸了一口气使自己镇静下来，开始慢慢地遛那个大家伙。父亲一声不响，只是时不时地扭过脸来看一眼儿子，眼光里是欣赏和赞许。

两个小时过去了，大家伙终于被詹姆斯遛得筋疲力尽了，詹姆斯开始慢慢地收钩。那个大家伙一点点地露出水面。詹姆斯的眼珠都瞪圆了：我的天哪，足有10公斤！这是他见到过的最大的鱼。詹姆斯尽力压抑住紧张和激动的心情，仔细地观看自己的战利品，他发现，这不是翻车鱼，而是一条大鲈鱼！

父子俩对视了一下，又低头看着这条大鱼。在暗绿色的草地上，大鱼用力地翻动着闪闪发亮的身体，鱼鳃不停地上下扇动。父亲划着一根火柴照了一下手表，是晚上10点钟，离允许钓鲈鱼的时间还差两小时！

父亲看了看大鱼，又看了看儿子，说："孩子，你得把它放回水里去。"

"爸爸！"詹姆斯大叫起来。

"你还会钓到别的鱼的。"

"可哪儿能钓到这么大的鱼呀！"儿子大声抗议。

詹姆斯向四周望去，月光下，没有一个垂钓者，也没有一条船，当然也就没有一个人会知道这件事。他又一次回头看着父亲。

父亲再没有说话。詹姆斯知道没有商量的余地了,他使劲地闭上眼睛,脑中一片空白。他深深地吸了一口气,睁开了眼睛,弯下腰,小心翼翼地把鱼钩从那大鱼的嘴上摘下来,双手捧起这条沉甸甸的、还在不停扭动着的大鱼,吃力地把它放入水中。

那条大鱼的身体在水中嗖地一摆就消失了。詹姆斯的心中十分悲哀。

这是30多年前的事了。今天的詹姆斯已经是纽约市一个成功的建筑设计师,他父亲的小屋还在那湖心小岛上,詹姆斯时常带着他的儿女们去那里钓鱼。

詹姆斯确实再也没有钓到过那么大的鱼,但是那条大鱼却经常会出现在他的眼前——当遇到道德的问题时,这条大鱼就会出现在他的眼前。

正像他的父亲教诲他的那样,道德问题虽然只是一个简单的正确或错误的问题,但是实施起来却有一定的难度,特别是当你面对着很大的诱惑的时候。如果没有人看见你行为的时候,你能坚持正确吗?在时间紧急的情况上,你会不会闯红灯或是逆行?在没有任何人知道的情况下,你是否会把不属于自己的东西据为己有?

这件事在詹姆斯的记忆中永远是那样清晰,他为自己的父亲而骄傲,也为自己骄傲,他还可以骄傲地把这件事告诉他的朋友们和他的子孙后代。

"金无足赤,人无完人"。世界上没有十全十美的人。每个人都会有缺点错误。一个自律的人应该经常检查自己,对自己的言行进行自省,纠正错误,改正缺点,这是严于律己的表现,是不断进取的重要方法和途径。有错误和缺点不怕,可怕的是无视它,不去改正它。

一个自律的人,应该是一个懂得自爱,勇于自省,善于自控的人。自律,它能使人明于自知,使人养成良好的行为习惯,使人学会战胜自我,使人身心健康,使人高尚起来,建立良好的人际关系,同时它是一个修养的起点和基本要求,也是一个人行动自由所必须的条件。一个人能够自律,说明他修养已达到了较高的境界。

那么,如何做到自律呢?

(1)制订出你做事的优先顺序,然后按这个顺序去做。做任何事,都免不了要做计划。如果你能够订出何者最为重要,刻意从其他的事情中抽身出来,这会让你有足够的精力去完成首要的任务。这正是自律的基本精神所在。

（2）把自律的生活方式当成目标。培养自律最佳的方式是为自己制订系统及常规，特别是在你视为重要的需要长期的成长及追求成功的指标项目上。例如：为了持续地写作及演讲，有心人就会每天固定将所读的资料存档起来，以作为日后参考之用。

（3）向你的借口挑战。如果想培养自律的生活方式，首要的功课之一就是破除找借口的倾向。正如法国古典文学作家佛朗哥所说："我们所犯的过错，几乎都比用来掩饰的方法，更值得原谅。"如果你有几个令你无法自律的理由，那么，你要认清它们只不过是一堆借口罢了。

（4）工作完成之前，先把奖励挪开。著名作家麦克·狄朗尼说过这么一句智慧的隽语："任何一个企业或机构，如果给予怠惰者和贡献者同等待遇，那么，你将会发现前者越来越多，后者越来越少。"如果你缺乏自律，那么你可能就是把甜点放在正餐之前享用的那种人。

（5）把目光注视在结果上。无论任何时候，只要你把注意力放到工作的难度本身上，而不考虑结果和奖赏，就很容易灰心丧气；如果沉浸于其中太久，就会养成自怜的毛病。因此，下次当你再面对一件不得不做的任务，心中开始企图抄捷径而不按规矩踏踏实实去完成时，切记：要打消自己这样的盘算，把目光转回到目标上。认真权衡按部就班的好处，花工夫彻底做好它。

总之，自律是一种信仰，自律是一种素质，自律是一种觉悟，自律是一种自爱，自律是一种自省，自律是一种自警。

胸襟广大，宽容他人

孟子说："仁人对于自己的弟弟，不藏怒气在心里，不留怨恨在胸中，只知道要亲他爱他罢了。亲他，就想让他尊贵；爱他，就想让他富有。把有庳封给他，就是要让他既富有又尊贵。自己当了天子，弟弟却做百姓，能说是亲他爱他吗？"

万章又问道："请问，有人说是流放，这话怎么讲呢？"

孟子说："象不能在他的国家里任意行事，天子派了官吏去治理他的国家，收取那里的贡税，所以说是流放。象哪能对他的百姓施行暴政呢？虽然这样，舜还想常常见到象，所以象不断地来。古书上说：'不必等到朝贡的日子，平常就以政事为名接见有庳的国君。'就是说的这种情况。"

上文提到,舜的家人对舜是极为不善的。舜长期生活在"父顽、母嚣、象傲"的家庭环境里,父亲心术不正,继母两面三刀,弟弟桀骜不驯,几个人串通一气,必欲置舜于死地而后快。然而,舜对此还是一而再,再而三地宽容他们,对他们仍是一如既往的孝忠。最后,舜的这种胸襟和品德得到尧的认可,后来把帝位传给了他。

舜帝做天子后,流放了当时社会上人神共愤的不仁不义的"四凶",却对同样不仁不义的弟弟封为有庳国国君。这事让弟子万章很不理解。面对弟子的疑问,孟子说,像舜这样的仁人对弟弟,不把愤怒藏在心里,对弟弟只有亲之爱之而已。其表现出来就是要弟弟既贵且富。

万章又问,传说让象到有庳国去是流放他,这又是为什么呢?孟子解释说,象虽是诸侯,但天子派官吏给他治理国家、收取贡税,所以有人说是流放。即使如此,舜帝还是常想见到弟弟的,所以象也常来。舜帝叮嘱说,不必等到朝贡时才来见我,平时我也可因行政的机会而接见你。

舜帝是古代的大圣人,于是孟子竭尽全力为他辩解,这是令人很难赞成的。从中也可以看出,孟子对舜的宽广胸襟和宽容品德的肯定。

荀子曾经说:"群子贤而能容墨,知而能容愚,博而能容浅,粹而能容杂。"谚语曰:"世界上最大的是海洋,比海洋更大的是天空,比天空更广阔的是人的胸怀。"这里讲的就是宽容为怀的道理。

宽容是一种博大的胸怀,是一种崇高的美德。在处世中不搞唯我独尊,对不同的观点、行为要予以理解和尊重,即使自己有理,也不能咄咄逼人,得理不让,把自己的观点和行为强加给别人,尊重他人的自由选择。尊重别人就是尊重自己,宽容别人,才会给自己带来广阔的天空。

事实上,我们每个人都处在万端变化、风云莫测的社会变革时代,无论单位人也好,社会人也罢,没有一个人能摆脱社会现实。从出生到死亡。每个人都要面对各种矛盾和问题,世界上绝没有孤立无援的世外桃源。因此,要生存就要面对现实,面对社会生活中出现的各种问题和矛盾,要去处理问题,化解矛盾,而不是一味地躲避和回避问题及矛盾。人人都有自己的观点和处事的方法,但为人处世是有规则和立场方法的。每个人都喜欢从自己的角度去看人对物、去处理问题,而往往忽略了另一方的特点。与人相处，如果你一味地咬着别人的短处不放，那么你永远不会与之相处融洽，相反还会激化矛盾，造成不必要的后果，这就要求我们必须学会宽容。

南非民族英雄曼德拉因领导反对白人的种族隔离政策而被入狱，白人统治者将其关押在一个荒凉的大西洋小岛上，关押时间长达 27 年之久。在关押期间监狱方面对当时年事已高的曼德拉进行了残酷的虐待，叫他每天清晨排队到采石场，然后被解开脚镣，下到一个很大的石灰岩矿场，用尖镐和铁锹掘石灰石。有时还叫他去下海做工，在冰冷的海水里捞取海带。因曼德拉是要犯，有三名看守专门负责看守他，而这三名看守对他都极不友好，总是找机会虐待他。曼德拉在这 27 年的牢狱生活中，吃尽了常人难以承受的痛苦与折磨。

然而，令人不可想象的是，曼德拉在 1991 年当选为总统后，在他的总统就职庆典仪式上发生了一个震惊世人的举动。他在庆典会上不仅热情致辞欢迎他的来宾，各国政要，还向人们特别介绍了三位特殊的客人，那就是他在被关押期间看守他的那三名看守。曼德拉说，令他最高兴的是他们三人也能到场参加庆典。当时，年迈的曼德拉还缓缓站起身来恭敬地向三位原看守致敬，他的这一举动使这个盛大热烈的庆典一片静谧。

后来曼德拉谈及此事，他向人们解释说，自己年轻时性子很急，脾气暴躁，正是在狱中的环境中学会了控制情绪，才得以活下来。他的漫长的牢狱岁月，使他学会了如何处理自己遭受到的苦难与痛苦，如何给自己以激励。他还说，感恩与宽容经常是源自痛苦与磨难的，必须以极大的毅力来训练。他与人说及获释出狱当天的心情时说，"当我走出囚室，迈过通往自由的监狱大门时，我已经清楚，自己若不能把悲痛与怨恨留在身后，那么我其实仍在狱中。"

人之坎坷，以常人而论，曼德拉大有过之，然而曼德拉以博大宽阔的胸襟，泰然处之，他在极其恶劣的环境中所得到的并非是仇恨，是积怨，而是不断认识自己，调整自己，训练自己，克服自己不利的习性，以适应当时的处境，由此他的生命得以生存，得以重获生机，他的生命力也由此显得异常的顽强。

宽容是人生的一种美德。宽容是后天的修养，也是一种为人处世的心境。每个人都有这样的体会，喜欢听好话，听人表扬，而没有人喜欢谩骂与诽谤。这就是与人相处的方法之一,也是尊重他人的首要体现。

　　宽容是对人的友爱。好朋友相处也有产生矛盾的时候,但在矛盾之后,能求同存异,顾大局,识大体,这也是宽容的高尚品质。即使最亲的人,也有与之产生意见分歧的时候,而往往总会与亲人不久就恢复那种血浓于水的亲情。人与人之间需要宽容、需要理解。宽容是催化剂,可以消除隔阂,减少误会,化解矛盾;宽容是润滑剂,能调节关系,减少摩擦,避免碰撞;宽容是清新剂,会令人感到舒适,感到温馨,感到自信,感到世界的美。

　　宽容别人就等于宽容自己。这就是老辈人说的"你敬人一尺,人敬你一丈"的道理。试想,谁也不喜欢一见面就打人骂人的人,也没有人喜欢总是与人斤斤计较的人,更没有人喜欢做什么事情都想着自己,都不顾别人感受的人,这就是人的习性和特点。

　　做到宽容需要有广阔的胸襟。当你的真诚被视作幼稚,你的勇敢被视作鲁莽,你的灵活被视作滑头,你的让步被视作软弱,你的慎重被视作保守,你的赞美被视作讽刺,你怎么办?凄惨地躲起来哭吗?哭,不能改变别人的看法,伤心的还是自己。喋喋不休地为自己申辩?那只能成为人们茶余饭后的笑料。羞羞答答地按照别人的看法来改变自己?那更会使自己失去自信,失去自我。在没有理解的地方,会激发出自尊的力量,不要乞求理解。不求理解,你就没有不被理解的烦恼;不求理解,你才有更加坦荡的胸怀和义无反顾的勇气。只有学会宽容,能够容纳不同的意见,让风和雨交织在一起,才能看到美丽的彩虹;让爱和恨缠绕在一起,才懂得真情的可贵;把赞美和批评留在心底,才能够塑造完整的自我,保持自己的良好品性。

百善孝为先

　　万章问孟子道:"舜到历山去耕作时,向着天哭诉,他为什么要哭诉呢?"

　　孟子说:"那是因为他对父母有埋怨但是又有想念。"

　　万章说:"曾子说:'父母都喜欢他的时候,他虽然高兴而又不能忘记侍奉父母;父母讨厌他的时候,他虽然有忧愁但是却不埋怨父母。'那么舜怎么会埋怨父母呢?"

　　孟子说:"以前长息问公明高:'舜到历山去耕作,我听您解说过了。但是他对天哭诉,这样对待父母,我还不理解。'公明高说:'这不是你所能够明白得了的。'公明高认为,孝子的心是不能像这样无忧无虑、满不在乎的。我竭力耕田,恭敬地尽到做儿子该履行的职责就行了,要是父母不喜欢我,我又有什么办法呢?帝尧让自己的九个儿子、两个女儿和大小官员,一起带着牛羊和粮食,到田野中侍奉舜,天下的士人也都来投奔他,帝尧还将整个天下都让给了他。舜却因为不能得到父母的欢心,而像穷苦的人无所归宿似的。天下的士人都喜欢他,这是人人都希望得到的,但却不足以消除舜的忧愁;漂亮的女人,这也是人人都希望可以得到的,舜娶了帝尧的两个女儿,但却不足以消除他的忧愁;财富,也是人人都希望可以得到的,舜富有天下,但却不足以消除他的忧愁;尊贵,是人人都希望可以得到的,舜尊贵到当了天子,但却不足以消除他的忧愁。士人的喜欢、漂亮的女人、财富和尊贵,都不足以消除忧愁的,只有得到了父母的欢心,才能够消除他的忧愁。人在小的时候,就依恋于父母;懂得男女之事后,就倾慕年轻美貌的女子;有了妻子后,就眷念妻子;做了官,就讨好君主;要是得不到君主信任,心里就因为焦急而难受。只有具有最大孝心的人,才能终生眷念父母。到了五十岁还眷念父母的,我在伟大的舜身上看到了。"

"百善孝为先",所以孝道是儒家历来强调的一个做人的根本原则。

孟子认为孝是有差别的,曾子的孝是"父母爱之,喜而不忘;父母恶之,劳而不怨",而舜的孝则是"不能得到父母的欢心,就深深地自责,向天哭诉"。所以说曾子的孝不如舜的孝。

孝敬父母,是美德,然而终生都孝敬父母的才算是大孝。

大舜在自己什么都做得很好的情况下,还是得不到自己父母的欢心,于是他就向天哭诉。在中国古代,讲的就是"忠孝",对自己的国家要忠,对自己的长辈要孝。孝敬父母,敬老尊老,这也是中华民族的传统美德。

父母不仅给予了我们生命,而且含辛茹苦地哺育我们成长。我们最初的一些生活知识、劳动知识和做人的道理,也都是父母教会的,他们理应得到我们的回报,理应受到我们的孝敬。在中国的古书《三字经》里,就有"香九龄,能温席"的记载,讲的是我国古代"黄香温席"的故事。

黄香小时候,家中生活环境很贫苦。在他九岁时,母亲就去世了,黄香非常悲伤。在母亲生病期间，小黄香一直寸步不离，守护在妈妈的病床前。母亲去世后，他对父亲更加关心照顾，尽量让父亲少操心。

冬天的夜里，天气特别寒冷。那时，农户家里没有任何取暖的设备，在这样寒

黄香温席

冷的夜晚，很难让人入睡。有一次，小黄香晚上读书时，感到特别的冷，捧着书卷的手一会儿就冰凉了。他这时心里在想：这么冷的天气，爸爸一定很冷，他老人家白天干了一天的活，晚上还不能好好地睡觉。想到这里，小黄香心里很不安。为了让父亲少挨冷受冻，能睡个好觉，他读完书后，便悄悄走进父亲的房里，铺好被，然后脱了衣服，钻进父亲的被窝里，用自己的体温，温暖了冰冷的被窝之后，才招呼父亲睡下。黄香用自己的孝敬之心，暖了父亲的心。黄香温席的故事，就这样传开了，街坊邻居人人夸奖黄香。

冬去春来，转眼就到了夏天，黄香家低矮的房子显得格外闷热，而且蚊蝇也很多。到了晚上，大家都在院里乘凉，尽管每人都不停地摇着手中的蒲扇，可是仍觉得酷暑难熬。夜深了，大家也都困了，准备回家去睡觉，这时，大家才发现小黄香一直没有在这里，不知道到哪里去了。原来，黄香为了让父亲能睡好，晚饭后，总是拿着扇子把屋里的蚊蝇搧跑，还要搧凉父亲睡觉的床和枕头，使劳累了一天的父亲能早些入睡。

九岁的小黄香就是这样孝敬父亲，人称温席的黄香，天下无双。人们常说，能孝敬父母的人，也一定会懂得爱护百姓，忠于自己的国家。黄香后来做了地方官，果然不负众望，为当地老百姓做了很多的好事。他孝敬父母的故事，也被流传千古。

自作孽，不可活

孟子说："实行仁政就能获得尊荣，不实行仁政就招来耻辱。假若有人厌恶耻

辱却又心安理得地不实行仁政,这就和厌恶潮湿却又安然地居住在低洼的地方的人一样。假如是真的厌恶耻辱,就要崇尚道德、尊重贤士,让贤士做官治理国家,让有能力的发挥他的特长,办重要的事。这样国家就可以长治久安。如果再能趁这时候修明政教刑法,即使再强大的国家也必然会怕它了。《诗经》上说:'赶上没阴雨的好天气,用桑皮拌上泥,细细修葺窗洞门户。看看下边的人,有谁再敢把我欺?'孔子说:'能写这首诗的人,是懂得大道理的人啊。能治理好自己的国家,谁还敢把他欺侮?'如果国家长治久安,趁这时候寻欢作乐,怠惰散漫,就等于是自找灾祸啊。祸与福,都是自找的,与他人无关。《诗经》上说:'永远顺承天命,自己求福才能多福。'《太甲》说:'上天降下的灾祸,还有办法可以躲逃;自己造下的罪孽,那就是自找死路了。'说的正是这个道理。"

孟子在这里为了让人们,特别是执政者能够讲仁义,做仁人,施仁政,又从荣辱祸福这个角度出发,加以论述。孟子指出"仁则荣,不仁则辱",并进一步指出该如何施行仁政,即要"贵德尊士",让"贤者在位,能者在职",在国家还未出现祸乱前,就要未雨绸缪,"明其政刑",使政治清明,法典完备。这些论说,至今仍有借鉴意义。

"天作孽,犹可违;自作孽,不可活。"这句话,等于是给当时的人甚至后人都敲起了警钟。

有很多的君王刚登基的时候,都勤修国政,想把国家治理得很好,可是慢慢的就会变了样。看那唐玄宗,刚开始时是何等奋发向上,可是到后来,为了爱妃杨玉环,把好好的一个国家弄得鸡犬不宁,才有了"安史之乱"。在十六国时期,也有一个这样的君王,他就是石虎。

石虎是十六国时期赵国的第三代君主,也是中国历史上一位恶名昭彰的暴君。他的生活奢侈程度超过了历代的君王。

石虎刚开始称帝后,首先加强农业生产。他先派官员带领百姓开展屯田,发展农业生产,使典农中郎将王典率众万余屯田于海滨,自幽州东至白狼,大兴屯田。石虎又采取各种方法屯集粮食。屯田外,石虎还注意屯粮,备赈灾荒,将收集到的粮食,依傍河岸建仓储存,减少百姓转运的劳烦。此外,还下令凡犯罪者可以以粮赎刑,并将这些粮食储存起来,等到灾年,下令开仓赈民供种,提高农民的生产积极性。此外，为确保生产，石虎还仿效历代皇帝，亲自在桑栏梓园耕籍田，对地方官吏不修田地农桑者予以贬斥。在发展农业生产的同时，石虎还很注重整顿吏治，进一步推广儒家思想，使之成为统治的思想基础。石虎即位后，重新设置国子博士、助教，下诏命郡国立《五经》博士。又遣国子博士到洛阳写经，于秘书省校中经。命国子祭酒聂熊注《穀梁春秋》作为学校读本，借以推广儒家思想。他又下令吏部以九品官人法选拔官吏，然后由中书省、门下省宣布名单，被宣布者方可任用为官。诏令同时规定："铨衡不奉行者，御史弹坐以闻。"惩罚那些贪赃枉法、徇私舞弊的选官之官，保障九品官人法的严格执行。经过整顿，吏治有所好转，贪官污吏横行霸道的局面有所改变。

但是石虎这个人生性残忍暴虐，用《晋书·石虎载记》的话说就是："假豹姿于羊质，骋枭心于狼性。"他在发迹前，不仅用残酷的手段先后杀死两位妻子，即使是在军队中，如果遇到与他一样强健的战士，他会以打猎戏斗为由，借机将对手杀死，以图心头之快。战斗中，对俘获的俘虏，不分好坏，不分男女一律坑杀，很少有俘虏生还。他做了赵王以后，本性不改，更加穷奢极欲，劳民伤财。此外，他还大肆营建宫殿。石虎将都城迁到邺城后，又派人到洛阳将九龙、翁仲、铜驼、飞廉转运到邺城装点宫殿。在邺城，石虎又修建观台四十多所，又营建长安、洛阳的宫殿，两地服役的人有四十多万。为了征讨前燕，石虎又下令司、冀、青、徐、幽、并、雍兼已免除徭役之家每五丁取三、每四丁取二。为了征讨战争，石虎又命黄河以南、四州之内的人民准备南下进攻的装备，要求并、朔、秦、雍准备向西攻讨的物质。各州为石虎征战造兵器的就有五十万人，近一百万人口脱离农业在外为石虎服劳役、军役，只有不到十分之三的人口在从事农业生产。而征调来的百姓，又没有生命保障。据记载，在征调做船夫的十七万人当中，就有三分之一遭杀害。除此之外，石虎又强令百姓五人出车一乘、牛两头、米十五斛、绢十匹，为征战备物，如有违令不征者，以斩论处。在此严酷统治下，百姓只好卖子以充征调，沉重的劳役、征调负担，造成石赵国道路上"死者相望"的凄凉景象。

石虎暴虐无道，残害百姓，政苛刑酷，心如蛇蝎。他的残暴统治最终激起了广大人民的反抗。在各地人民起义的烽火中，这个暴君结束了自己罪恶的一生。

石虎虽是历史上有名的暴君，但他同时又采取一些措施巩固政权，如粮食储备政策、九品选官制,对吏治的整顿等一系列措施又缓和了冲突,使其能在北方战乱的局面下维持一段时期的统治。这也正如孟子所说的"自作孽,不可活",这一切都是取决自己怎么去做的。

以德服人

"王霸之辩","王霸之辩"是孟子政治思想的重要组成部分。

以武服人者,乃口服心不服;以德服人者,乃口服心服。以武服人,目的就是想让别人服他,因为自身的原因,别人也不敢不服。所以,以武服人者,一开始就必须有强大的力量作为后盾。以德服人,无意让别人服他,只想施行仁义,因为这样,大家反而都服他。所以,以德服人者,一开始并不一定都很强大,但到最后,肯定是最强大的。

三国时,蜀国后主刘禅刚继位不久,南蛮王孟获便带领十万蛮兵起兵造反,不断侵掠蜀国边境,这样便给蜀国后方带来极大的威胁。于是,诸葛亮亲自带领五十万大军前去征讨,以赵云、魏延为大将,率马岱、马谡、王平、张翼等部将,长驱直入攻向南中。

孟获是南中的酋长。他以英勇善战、为人侠义而闻名,所以在南人中很有威望。他听说蜀兵南下,就率兵迎战。

诸葛亮知道孟获是个有勇无谋的人,于是便把队伍交错,旗帜杂乱,以迷惑孟获。同时又授计给将领,让他们去安排准备。果然,孟获看见蜀军的队伍后,心里就想:"人们都说诸葛丞相用兵如神,看来是太夸张了。"孟获就冲出阵去与王平交战。但是还没有几个回合,王平回头就跑。孟获很得意,便紧追不舍,一口气追赶了二十多里忽然杀声四起,左有张嶷,右有张翼,他们截断了孟获的退路。王平又返身杀回,南兵大败。孟获拼命冲出重围,行走不远,遇见了赵云所带的部队拦住了去路。孟获早就听说过赵云的厉害,慌忙带领几十个骑兵逃进山谷。孟获这时是前面路狭山陡,后面追兵渐近,孟获只得丢下马匹爬山。就在这时,又是一阵鼓声,原来诸葛亮早就了解了这一带地形,派魏延带领士兵在这儿埋伏,结果不费吹灰之力就活捉了孟获。

活捉孟获后,诸葛亮问孟获:"现在你被我活捉了,你心服吗?"孟获说:"我是因为山路狭陡才被你捉住的,怎么会服呢?"诸葛亮说:"你既然不服,那我就放你回去怎样?"孟获说:"如果你放了我,让我重整兵马,和你一决高低,那时我要是再被你活捉,我就服了。"诸葛亮说:"那好。"说完便让人给孟获松绑,并以酒肉招待以后,放出营帐。

诸葛亮的这个做法,众将领都非常不理解,于是问诸葛亮说:"孟获是蛮兵的首领,擒住他南方才能平定,丞相为什么又把他放了?"

诸葛亮笑着说:"我想要抓他,就像是探囊取物,但只有降了他的心,他以后才不会再反。"

孟获回去后,重整军马,准备再战。这时,他手下的两个洞主被俘虏后也都被放回,孟获就派他们俩迎战,但是他们又打了败仗。孟获怀疑他们俩是故意被打败的,于是便把他们痛打了一百军棍。这两人一怒之下,带了一百多个被放回来的南兵,冲进孟获的营帐,趁机把喝醉了的孟获绑住了,献给了诸葛亮。

这一次被活捉的孟获在面对诸葛亮时,却依然振振有词地说:"这不是你的能耐,而是我手下人干的,怎么能让我心服呢?"诸葛亮便又一次放了孟获,并且还带他观看蜀军如山的粮草和明亮的刀枪。孟获则一边走,一边注意各个营寨的位置和情况。参观完后,诸葛亮亲自为他送行。

孟获回到本寨,对弟弟孟优说:"我已经知道蜀营的状况了,现在可以一举打垮蜀军了。"两人当下设了一个计谋。第二天,孟优带着一百多名南兵,抬着许多金银珠宝来到了诸葛亮的大营,向诸葛亮投降来了。诸葛亮早就知道他们是诈降,将计就计,设宴款待他们,并利用药酒将他们全都迷倒在地。当天晚上,孟获把南兵分为三队,前来劫寨。他原以为有孟优做内应,而诸葛亮又没有防备,肯定可以活捉诸葛亮。但是他不知道诸葛亮已经知道了他的计谋,于是孟获再次落入诸葛亮的圈套,第三次当了俘虏。

这次孟获还是不服,诸葛亮又让孟获回去。后来几次,诸葛亮又用计策活捉了孟获。孟获这才对诸葛亮说:"七擒七纵,自古未有,我要是再不感谢丞相的恩德,可就太没有羞耻了。丞相天威,南人永不造反。"诸葛亮听后,问道:"你真的心服了吗?"孟获哭着说:"我们子子孙孙都感谢丞相再生之恩,怎么能不心服呢?"

诸葛亮对孟获的七擒七纵,以德降服孟获的故事,同时再一次证实了孟子"以德服人者,中心悦而诚服也"的名言。

君子喻于义,小人喻于利

孟子去拜见梁惠王。梁惠王说:"老先生,您不辞千里而来,那对我的国家会带来很大利益吧?"

孟子回答说:"大王,您何必一定要提及利益呢? 只要有仁义就够了。大王您问:'怎么样才能够有利于我的国家呢?'大夫们问:'怎么样才能够有利于我的封地呢?'士人和百姓说:'怎么样才能够有利于我自己呢?'如果是这样的话,上上下下都唯利是图,相互之间争夺利益,那么您的国家就有很大的危险了。拥有万乘兵车的国家中,以下犯上,作乱杀死国君的,一定是国内拥有千乘兵车的大夫之家;而在拥有千乘兵车的国家中,以下犯上,作乱杀掉国君的,一定是国内能够动用百乘兵车的大夫之家。在拥有万乘兵车的国家里取得拥有千乘兵车的权力;在拥有千乘兵车的国家里取得拥有百乘兵车的权力,这些大夫们所得到的权益不可谓不多。如果他们把个人的利益看得比公义还要重,那么只有夺取了国家的利益,才能够满足他们。从来没有讲仁的人会遗弃自己亲人,也从来没有行义的人会不敬重自己的君主而背叛他。所以,大王您只要讲求仁义就可以了,又何必一定要谈利益呢?"

利与义之间的选择是仁者见仁、智者见智的,孔子也曾经说过"君子喻于义,小人喻于利"。

有利就会有害,如果每个人都把利放在第一位,那么大家就会相互争夺权益、中饱私囊,那么这个国家就危险了。而义呢? 朱熹曾说过:"仁者,心之德,爱之理;义者,心之制,事之宜。"人一旦有了仁,就会孝顺,一旦孝顺就会厚待其亲人。人一旦有了义,就会忠诚,一旦忠诚就会报效国家。

利是一切作乱的导火线,而义则是一个国家安定和睦的基础。故孟子说:"王亦曰仁义而已矣,何必曰利?"其道理就是"仁义重于利"也。

仁义是做人必备的品德。古人修身养性,十分重视仁义、品德的修养,在他们看来,仁比利更重要。战国时期的冯谖就是十分注重仁义的人。

战国时期齐国的孟尝君礼贤好士,门下有食客数千人,冯谖便是其中之一。

有一天,孟尝君询问府里的宾客:"有谁能算账理财的,替我到薛地去收债?"

冯谖说："我能。"于是孟尝君就派冯谖去薛地收债。临行的时候,冯谖问道:"债款全部收齐后,要买些什么东西回来吗?"孟尝君说:"你看我家里缺少什么东西,就买什么吧。"

冯谖赶着马车到了薛城,召集了那些应当还债的百姓们来核对借据。借据核对后,冯谖就假传了孟尝君的命令,说要免掉百姓们所有的债务,并当着百姓的面烧掉了所有的借据,百姓们高兴得齐声欢呼万岁。

冯谖回到齐国都城,孟尝君很奇怪他怎么回来得这么快,于是问道:"债款全都收齐了吗? 怎么回来得这么快呀?"冯谖回答说:"都已经收齐了。"孟尝君又问:"你都用它买了些什么回来?"冯谖说:"您说'家里缺什么就买什么',我考虑到您的府里已经堆满了珍宝,好狗良驹挤满了您的牲口棚,后院里也站满了美女。您现在府里所缺少的东西要算是'义'了,因此我替您买了'义'。"孟尝君问:"'义'是怎么个买法?"冯谖说:"如今您只有一块小小的薛地,却不能爱护那里的百姓,反而用商贾的手段向您的百姓收取利息。我私自假传您的命令把借据全都烧了,百姓们全都齐声欢呼万岁,这就是我给您买的'义'啊。"孟尝君有些不高兴,说:"好吧,先生算了罢。"

一年以后,齐泯王对孟尝君说:"我不敢用先王的臣子作为自己的臣子。"借此罢免了孟尝君的官职,孟尝君只能回到自己封邑薛城去。走到离薛城还有一百里的地方,百姓们扶老携幼,在大路上迎接孟尝君,整整一天都是这样。孟尝君回头对冯谖说:"先生替我买的义,竟在今天看到了。"

由这个故事可以看出"仁义重于利"的道理,这也正合乎孟子所说的:"王亦曰仁义而已矣,何必曰利?"

"仁义重于利"这个道理,不仅适于古代,在今天依然具有指导意义,我们为人处世,不要把利看太重,特别是眼前的小利。

不能出尔反尔

邹国与鲁国发生了战争。邹穆公问孟子说:"在这场战争中我的官员死了三十三人,而百姓们却没有一个愿意肯为长官拼死效命的。如果杀了他们吧,那要杀的人又太多了;如果不杀吧,又恨他们看着自己的长官被杀而不去营救,这该怎么办才好呢？"

孟子回答道："在饥荒年份里，您的百姓，年迈体弱的都饿死弃尸在荒山野沟里，年轻力壮的也四处逃难，都快上千人了。而您的粮仓里的粮食却是满满的，库房里财物却是足足的，难道没有一个官员向您汇报这些情况？这就是对上欺瞒国君，对下残害百姓的行为。曾子说过：'一定要警惕，一定要警惕啊！你是如何对待别人，别人也会如何对待你。'现在百姓们总算有个机会可以报复了。所以，大王您也就不要怪罪他们了。如果您能施行仁政，百姓们自然就会热爱他们的长官，并且愿为他们的长官效命了。"

儒家思想是主张仁爱待人，可是邹穆公与他的官吏不懂这个道理，平时不关心百姓的疾苦，即使是在遭遇了荒年也任其冻饿致死，不肯开仓救济。所以在这场邹鲁战争中，百姓们表现出极其冷淡的态度。然而邹穆公却还没有认清这一点，他不但不反省，甚至还想诛杀他的百姓，这样做是极不明智的，这是亡国之先兆。孟子的高明之处就在于他能透过现象而认清事情的本质。他先直接地指出了邹国的问题，然后摆出事实，最后概括为"上慢而残下"，同时还引用了曾子说的话："戒之戒之！出乎尔者，反乎尔者也。"孟子最后告诉邹穆公说："只要你能施行仁政，那么百姓就会爱戴他的长官，为他效命。"

"以其人之道还治其人之身"说的就是这个道理。用什么样的态度去对待别人，别人也会用同样的态度来对待你。只要你对别人好，别人也会对你好，反之亦然。

对一个人来说，仁义与诚信都很重要，因为它们是不可分割的，是为人处世的法宝。

身为春秋末期鲁国有名的思想家、儒学家的曾参，深谙这个道理，因此，他即使面对一个小小的孩子，也十分讲诚信。

一天，他的妻子要到市集上买东西，年幼的孩子吵着要一起去。曾参的妻子不愿带孩子去，就骗他说："你在家好好待着，等妈妈回来，我把家里的猪杀了给你煮肉吃。"孩子听了，非常高兴，不再吵着要去市集了。

曾参的妻子觉得这些话是哄孩子说着玩的，过后便忘了。不料，曾参却真的把家里的一头猪杀了。妻子看到曾参把猪杀了，就对他说，"我是为了让孩子安心地在家里等着,才说把猪杀了煮给他吃的。哄孩子的话,你怎么当真了呢?"

曾参说:"小孩子更不能欺骗。孩子年纪小,最容易学坏,父母是孩子的老师,是他生活的榜样。设身处地地站在孩子的角度着想,今天你欺骗了孩子,明天孩子就会欺骗你、欺骗别人。今天你在孩子面前言而无信,明天孩子就会不再信任你。这样下去,危害就不知道有多大了呀。"

换位思考,理解他人

孟子说:"禹、后稷、颜回遵循同一个道理。禹一想到天下的人有淹在水里的,就觉得仿佛是自己使他们淹在水里似的;后稷一想到天下的人还有挨饿的,就觉得仿佛是自己使他们挨了饿似的,所以才那样急迫地去拯救他们。禹、后稷和颜回如果互换一下处境,也都会这样的。假设现在有同室的人打架,为了阻止他们,即使匆忙得披散着头发就戴上帽子去阻止,也是可以的。如果乡邻中有打架的,也披散着头发就戴上帽子去阻止,那就太糊涂了;对这种事,即使关起门来不管它也是可以的。"

"天下有道则现,无道则隐"。禹、稷和颜回所处的环境不同,所以他们表达内心之仁的方式也不同,但是他们内心的道德和情怀都是一样的。

他们的处世之道并无差别,有相同的人生观,相同的做人原则,即把天下的疾苦,当作自己的疾苦,安贫乐道执着不变。禹、稷公而忘私,颜回安贫乐道,使禹、稷居于颜回的那种处境,禹、稷依然快乐,使颜回居于禹、稷的那种地位,颜回也能忧禹、稷所担忧的事情。

"穷则独善其身,达则兼济天下。"这就是儒家教人的权衡之道,只有这样,人生才得以从从容容,并且获得最大的爱人之功。

无论是当权时的为民造福,还是作为平民时的提高自身修养,虽然方式不同但都表达了内心的"仁道",都是对"仁道"的深刻理解和不懈追求。

英国有句谚语:"要想知道别人的鞋子合不合脚,穿上别人的鞋子走一英里。"它说明,在人际相处和沟通里,"换位思考"扮演着相当重要的角色。

用"换位思考"指导人的交往,就是让我们能够易地而处,能设身处地理解他人的情绪,感同身受地明白及体会身边人的处境及感受,并可迫切地回应其需要。

要充分体会他人情感和在交流中的需要,正确地表达自己的意图,能够从他人的角度理解问题,才会有真正意义的沟通。

在苏联这个国家还是普遍贫穷,购买任何东西都必须排队的年代里,有一个苏联的穷人,为了招待他的外国友人来访,正兴致勃勃地卖力打扫自己的房子。正当他很认真地在扫地的时候,一个不小心,竟然将唯一的一柄扫把,"啪"的一声,给弄断了。苏联人愣了一秒钟,马上反应过来,登时跌坐在地上,号啕大哭起来。

他的几个外国朋友这时正好赶到,见到苏联人望着断掉的扫把痛哭不已,变纷纷上前来安慰他。

知法守法的美国人道:"我建议你到法院去,控告制造这柄劣质扫把的厂商,请求赔偿;反正官司打输了,也不用你付钱啊!"

经济强盛的日本人道:"唉,一柄扫把又值不了多少钱,再去买一把不就行了!又何必哭得如此伤心呢?"

实事求是的德国人道:"不用担心,大家一起来研究看看,一定有什么东西,可以将扫把黏合得像新的一样好用,我们一定可以找到方法的!"

浪漫成性的法国人道:"你能够将这柄扫把给弄断,像你这么强的臂力,我连羡慕都还来不及呢? 你又有什么好哭的啊?"

最后,可怜的苏联人哭着道:"你们所说的这些,都不是我要哭的原因;真正的重点是,我明天非得要去排队,才可以买到一柄新的扫把,不能搭你们的便车一起出去玩了!"

人与人之间的同理心,一向是人际沟通当中,最重要、也是最容易被忽略的关键。从这个故事中,我们可以清楚地看到,缺乏同理心的人际互动,将会产生什么样荒谬可笑的后果。每个人都有着自己既定的立场,也因此而习惯于执着在本身的领域当中,忘却了别人也和自己一样,有着他固执的一面。

所以,在做任何的事物考量之前,试着先将自己的想法放下,真正设身处地站到对方的立场,仔细地为别人想一想,你将会发现,许多事情的沟通,竟会变得出乎想象之外的容易。

迈克·丹尼斯是美国南部一所著名大学的商学院毕业生,从名牌大学刚毕业时,意气风发、踌躇满志,立志要干一番事业,做成功人士。可进公司三个月后,他就觉得自己已经无法在这个公司生存下去了,决定辞职。这件事情被他的好朋友杰夫·唐知道了。

"你这个公司很有名气的,我觉得你在空司的发展空间很大,为什么一定要辞职呢?"杰夫·唐问道。

"因为部门的同事都是小心眼,个个鼠目寸光,还有所有的同事都看我不顺眼,处处跟我过不去。最重要的是,经理是个无能之辈,在他手下,我没有出头之日,迟早要被废掉!我已经忍无可忍了,要是不辞职的话,迟早要崩溃。"迈克·丹尼斯有些愤怒。

"为什么这么说呢?"杰夫·唐说。

"经理总是把活都给大家,什么都不干,你说他有什么本事?同事总是给我很多的活,这明明是跟我过不去嘛!还有,他们老是嘲笑我,你说,我能不辞职么?我要是再干下去,用不了多久,就会崩溃!"迈克·丹尼斯说。

"如果你是经理,你会怎么做呢?"杰夫·唐说。

"我不知道,我也没必要知道,我又不是经理。"迈克·丹尼斯说。

"从商学院毕业,你应该明白,作为管理者,他的主要任务不是冲锋到一线去,而是要解决下属工作中的困难,为本部门争取到更多的资源。他要像其他人一样什么都干,那么,他就不是管理者了,他变成了员工。这个是经理所扮演的角色决定的。"杰夫·唐说。

"可是,他也总不能把什么事情都让我们干吧?"迈克·丹尼斯语气虽然有些缓和,但还是一脸的不服。

"那你说他每天都是干些什么?是喝茶、看报纸、聊天吗?我想不是。你得站在他的位置上想想,为了协调部门内部的工作,他需要做些什么;为了协调部门间的工作,他又需要做些什么;为了解决下属遇到的问题,他需要采取什么措施;还有,他还要预测工作中会出现的问题,等等,这些都是他的职责,他怎么能啥都没干呢?"杰夫·唐反问道。

迈克·丹尼斯开始沉默。其实,迈克·丹尼斯就是犯了没有换位思考的毛病。他刚刚走出校门参加工作,缺乏工作经验,没有换位思考,对经理、对同事产生了偏见,以致自己的情绪发生波动,产生辞职的念头。

在生活中，亲属之间、朋友之间、邻居之间，难免会产生隔阂；在工作中，同事之间、上下级之间、部门与部门之间，难免会产生矛盾。当隔阂与矛盾来临时，我们常常只会抱怨，指责他人的错误。其实冷静下来，换位思考一下，多从自身找找原因，怨气消了，矛盾也就迎刃而解了。

具体来说，要做好换位思考，首先，要有一个宽广的胸怀。在被他人误解时，不要为自己做更多争辩，更不要耍性子闹情绪，而是要用实际行动证明自己，消除他人对自己的误解。其次，要有大局意识。在自己认为领导批评有错的时候，或许领导有他自己的考虑，要牢固树立大局意识，多从对方角度想问题，主动诚恳地接受批评。再者，要有自我批评的勇气。与人发生矛盾时，不要把目光总盯在他人身上找原因，也要从自己身上查找问题。同时，自己还要善于同他人开诚布公地进行思想交流，增进彼此之间的相互了解，这样才能及时消除工作中的误解。

个人的人生道路很长，途中我们会遇到许许多多烦恼的事，这些事会或大或小地困扰着我们，不论哪些事，都可从不同的角度看。如果万事能学会换个角度去看，学会换位思考，那我们的生活会减少许多不必的烦恼，增添不少快乐，那笑意将永远在我们脸上荡漾，我们的生活将充满灿烂的阳光。

人性善是天下真理

滕文公还是太子时，有一次要到楚国去，路过宋国时去拜见了孟子。孟子给他讲人性善的道理，句句都提到尧、舜。

太子从楚国返回，又来拜见孟子。孟子说："太子怀疑我说的话吗？道理就这么一个。春秋时的成覸对齐景公说：'他，是个男子汉；我，也是个男子汉，我为什么要怕他呢？'颜渊说：'舜，是什么样的人？我，是什么样的人？只要是有作为的人也会像他这样。'公明仪说：'周文王是我的老师，周公难道就会欺骗我吗？'现在滕国的土地，要是全凑在一起，也将近有五十里见方，还是可以治理成一个好国家。《尚书》上说：'如果药物不能吃得病人头晕目眩，那病是不能治好的。'"

滕文公还在做太子时，去拜见了孟子。孟子和他说了很多人性善的道理，太子听了后很受启发，但是又有点不相信。于是又去拜见了孟子。孟子告诉他，天下的真理只有一个，那就是人性善。他还举出了成覸、颜渊和公明仪三个人的话，来说明要有做圣贤的勇气，就是希望他将来继承王位以后，能下定决心，施行仁政。

人性善是天下的真理。

有这么一个故事。东吴鄱阳太守周鲂的儿子周处年少的时候，凶暴任性，乡里的人都害怕他，认为他是一个祸害。一日，周处问乡里的长辈："现如今五谷丰登，国泰民安，你们为何闷闷不乐？"长辈回答他："三害未除，何乐之有？"周处便追问哪三害，对方回答："南山白额虎，长桥下蛟龙，还有为害乡里的恶人。"周处立刻自告奋勇除了老虎。又下河杀蛟龙，随蛟龙沉浮了数十里，周处和蛟龙都不见了。乡里的人以为三害尽除，竞相庆祝。谁想周处杀死蛟龙回来了。看见人们为他的死庆贺，才知道自己被乡亲们当作一个祸害，顿生悔意。于是周处到吴郡寻找陆机和陆云。陆机不在。陆云听周处诉说了自己悔过的决心，以及因年纪大了怕不能再有成就的忧虑，陆云教育他说："古人说朝闻道夕可死，你还是有希望的。况且人怕的是立不下志向，你有志向，何愁不能显命扬名？"周处受教，最终成为一代忠臣。

可见，人性本善，任何人都是愿意向着好的方面去发展的，并且只要一心向善，最终必能得到大家的爱戴和拥护。

不做好名之人

孟子说："一个看重名声的人，他能够把拥有千辆兵车的国家的君位让给他认为是贤德的人。但是如果他不是那种真正好名之人，那么就是让他出一筐饭，一碗汤，他的脸上也会表现出不高兴的神色。"

好名之人会为了自己的名誉而做出很大的牺牲，就如同燕王哙，为了学习尧、舜，把燕国的君位让给了燕国的相国子之。燕国国人不服，最后引起了内乱，死伤无数。而好利之人会为了自己的名利而不择手段。

由此可见孟子既是反对好利之人，同时也反对好名之人。从他的言语中可以看出他主张一个人应该淡泊名利，更应该加强其道德修养。

在中国的历史长河中，有很多的贤能异士，都选择了归隐。他们或大隐隐于市，或小隐隐于山水之间，都是非常淡泊名利的。但也有一些将帅贤臣，他们也是淡泊名利的。

"非淡泊无以明志，非宁静无以致远。"出自诸葛亮写给他八岁儿子诸葛瞻的

《诫子书》。这既是诸葛亮一生经历的总结,更是对他儿子的要求。大致的意思是说:"不把眼前的名利看得轻淡就不会有明确的志向,不能平静安详、全神贯注地学习就不能实现远大的目标。"

诸葛亮一生都在为刘备所建的蜀国奔波劳累。与其说是刘备建立了蜀国,倒不如说是诸葛亮建立了蜀国。后来,刘备白帝城托孤的时候,也对诸葛亮说过,要是后主不行,他可自立为帝。可是,诸葛亮为了完成刘备统一天下的遗愿,废寝忘食,忧心忡忡,最后病死五丈原。如果诸葛亮是个贪得功名之辈,那他早就自立为帝了,而没有必要为了"扶不起的阿斗"病死了。

在中国历史上传为佳话的东汉名将冯异,可以说是品格高洁、才能出众。冯异是汉光武帝刘秀中兴时的杰出统帅,驰骋沙场几十年,战功累累。但每次战役结束后,当皇帝进行论功封赏时,他都会避功,把功劳封赏给部下,自己则常常独坐在大树下读书思过,因而部下也都尊称他为"大树将军"。他有帅才,却从不使气,虽战功赫赫,却仍低调做人,淡泊名利。这也是他过人之处。

圣人,百世之师也

孟子说:"圣人,可以作为百世之后的人的老师,伯夷、柳下惠就是这样的人。所以,听说过伯夷的道德风范的人,贪婪的人也都变得廉洁起来,懦弱的人也会有了志气,而使得自己的意志坚强起来。听说过柳下惠的道德风范的人,刻薄的人也会变得厚道起来,胸襟狭小的人也会变得大度起来。他们在百代之前就奋发自强,百世之后,听说过他们的道德风范的人,没有一个不奋发自强的。如果不是圣人能像这样吗?(百世以后还有如此大的影响力)何况是亲自接受过他们的熏陶、教诲的人呢?"

自古以来,榜样所带来的力量是巨大的。司马迁发愤著《史记》,不仅为后世的史学和文学带来了深刻的影响,而且其身残志坚的精神,"究天地之际,通古今之变,成一家之言"的理想目标更是后世无数人的追求。

西汉天汉二年(公元前 99 年),正当司马迁承父志全心撰写《史记》之时,遭遇飞来横祸,那就是李陵事件。这年夏天,汉武帝派李广利出击匈奴,另派"飞将军"李广的孙子别将李陵随从李广利押运辎重。李广利带兵五千出居延,孤军深入浚稽山,与单于遭遇。而李陵被匈奴八万骑兵所围,经过八个昼夜的奋战,李陵率部斩杀匈奴一万多,最终因未能及时得到主力部队后援,被迫投降。消息传回长安,群臣竞相攻讦指责他。汉武帝震怒,当下询问太史令司马迁的看法。司马迁极力为李陵辩护,认为李陵兵败情有可原,是因为"矢尽道穷,救兵不至",并且断定李陵绝不是苟且偷生之辈,他投降是准备"欲得其当而报汉"。汉武帝并不能理解司马迁的辩护,反而更为生气,认为司马迁是在诋毁大军主帅李广利,李广利是汉武帝宠姬李夫人的哥哥,这样一来岂不是指责武帝自己用人不当,造成军事失利?当下将司马迁投入监狱,后又以"诬罔"罪判司马迁死刑。

在牢狱之中,司马迁受尽酷吏折磨,不是没想过一死了之。但是他又想到"死或重于泰山,或轻于鸿毛",轻重意义自当不同,这样死去毫无价值。当时有两种方法可以免于死刑:或用巨额银钱赎回,或者施行"腐刑"来交换。为了活下来完成《史记》,司马迁毅然选择让他深以为耻的"腐刑",最终完成流芳后世的史家经典。

瑕不掩瑜,人无完人

孟子劝说齐宣王施行仁政,齐宣王担心施行仁政会花费很多钱财,而且又会减少很多收入,所以表现得迟疑不决。他对孟子说:"我自己有个缺点,就是太喜欢钱财了。"

孟子听言,便对宣王的理由进行了辩驳。他说:"大王喜爱钱财,而能让百姓们也有富足、安定的生活,这样百姓们都会喜欢,而大王要施行王道仁政就没有困难了。"这里,孟子提出了"与百姓同之"的思想。君王是人,百姓也是人,君王的喜好,百姓们也有之。这是人文思想的具体体现。

孟子善于利用对方的观点,巧妙地发挥引导,使对方一步一步按照自己的意思往下走,到最后乐于接受自己的意见。凡事都具有两面性,齐宣王自称的缺点——贪财,如果从好的方面去看,贪财只是为了国家、为了人民而贪财,使得自己的国家国富民安,那也不是什么坏事。但从另一面来看的话,就是贪得无厌,人人恨而诛之,这样国家怎么会不灭亡?

其实,无论是爱财还是爱美,都是人之本性。正所谓瑕不掩瑜,人无完人,只要把握好其中的度,同样是合情合理的,同样符合孟子所谓的君子的标准。

认真的态度是每个人都需要的,不管是在工作中还是生活中。工作因为认真而变得出色,生活因为认真而变得精致。我们鼓励认真的态度,是为了让自己的人生变得幸福和充实,然而,生活中有些人却往往认真得近乎偏执,不管做什么事都追求完美,不容许自己有一点点失误,不允许生活有一点点瑕疵,结果常常因为对自己太过苛求而搞得身心疲惫不堪。

　　其实,对于人世间一切美好的事物来说,它们之所以美好,并不是它们完美无缺,而是它们自身的缺点被人们认可的一种瑕不掩瑜的美。正如著名的维纳斯雕像,虽然少了一只胳膊,却仍被人们认为是无法超越的完美雕像,即使诸多雕塑大家重造了断臂,然而合上去,总显得那么不伦不类,适得其反。

　　由此可见,完美与不完美只存在于意念之间。真正的完美是不存在的,苛求完美只会离完美越来越远。

　　有位伟大的雕刻家,他的艺术是如此的完美,以至于当他完成一座雕像时,令人几乎难以区分哪个是真人、哪个是雕像。有一天,占星师告诉雕刻家他的死亡即将来临。雕刻家非常伤心,他开始害怕,就像所有人一样,他也想要避免死亡。他静心思索,最后想到一个方法,他做了十一个自己的雕像。当死神来敲门时,他藏在那十一个雕像之间,屏住了呼吸。

　　死神感到困惑,他无法相信自己的眼睛,从未发生过这种事! 从没听说过上帝会创造出两个完全一样的人,他的创造总是独一无二的,上帝从来不相信任何惯例,所有东西都是唯一的。

　　到底怎么回事? 十二个一模一样的人? 现在,他该带走哪一个呢? 他只能带走一个……死神无法做决定。带着困惑,他回去了,他问上帝:"你到底做了什么? 居然会有十二个一模一样的人,而我要带回来的只有一个,我该如何选择?"

　　上帝微笑地把死神叫到身旁,在死神耳旁轻声说了一个方法,一个能够在"赝品"之中找出真品的方法。他给了死神一个秘密暗号,他说:"你到那个艺术家藏身于雕像间的房间里,说出这个暗号。"

　　死神问:"真的有用吗?"上帝说:"别担心,你试了就知道。"

　　带着怀疑的心情,死神去了。他进了房间,往四周看了看,说:"先生,一切都非常的完美,只有一件小事例外。你做得非常好,但你忘记了一点,所以仍然有个小小的瑕疵。"

雕刻家完全忘记自己得躲起来一事。他跳了出来问："什么瑕疵？"

死神笑着说："抓到你了吧，这就是瑕疵——你无法忘记你自己，天堂都没有完美的东西，何况人间。别废话了，跟我走吧！"

从心理学来说，"完美"是对完美过分的一种极端追求。那种完善自我，健康地追求完美，并且在努力达到高标准过程中体验到快乐的人，不是完美主义者。心理学上所指的完美主义者是那些把个人的理想标准和道德标准都定得过高，不切合实际，而且带有明显的强迫倾向，要求自己去做不可能做到的事的那种人。

完美主义的人往往不愿意接受自己或他人的弱点和不足，非常挑剔。比如，让自己保持优雅的姿态、不俗的气质、温柔的谈吐，这就是为自己定了一个过高的理想标准，而且也带有强迫的特征；或为一个自认为不优雅的姿态紧张焦虑，这也并不是一个健康的追求完美的正常心态。

俗话说，"金无足赤，人无完人"。然而在许多人的思维和观念中，这句话变成了"金要足赤，人要完人"。

追求完美是一种普遍的心态，也是人之常情，但这是并不能达到的事情，因为没有瑕疵的事物是不存在的，凡事都要留有余地，不要求全责备。

国学大师南怀瑾先生曾经说过："任何事情，任何行为，能慢一步蛮好的，凡事做到九分半就已差不多了，该适可而止，非要百分之百，或者过了头，那么保证你适得其反。"

他认为，谁也不可能十全十美，与人类现有的博大的知识、经验、能力的汇集总和相比，任何伟大的天才都不及格，包括爱因斯坦在内。一个人如果只能见他人之所短而不能见他人之所长，从而刻意于挑其短而不着眼于其长，这样的人本身就是弱者。所以，当自己已经发现自己处于自欺欺人的圈子里，就勇敢地跳出来。只有这样，你才能活得快乐、活得潇洒，同时也活出真我，活出格调。

的确，世上任何事物都不是十全十美的，包括做人。而正因为不十全十美，不完满，才会有一个生命的张力。所以老子说，"大成若缺，其用不弊。大盈若冲，其用不穷"，即看上去大成，要留有一点缺失，看上去大盈，要带有一点空隙。这样的作用能够永远不败，永远用不完。这就是智慧，这就是境界。

从古至今，很多关于人才的选用故事，都能说明"金无足赤，人无完人"的道理。只有明白了这个道理，才能正确地选择人才，使用人才，发挥人才的长处和优势，为己所用。

《资治通鉴》记载，唐太宗要求封德彝推荐有德行的人才，很长时间不见他推举一人。太宗责怪下来，封德彝回答说："不是我没有尽到责任，如今实在是很难发现特别有能力的人才呀！"太宗说："君子用人如同使用器物那样，是使用各自的长处。古代能治理国家繁荣富强的君主，岂是借用了上几代的人才吗？问题在于我们没有发现人才的本领，怎么可以冤枉当今整整一代人呢？"

唐太宗与封德彝的对话告诉我们：世界上不是没有人才，而是往往缺少发现人才的眼睛。正所谓："世有伯乐，然后有千里马。千里马常有，而伯乐不常有。"

正所谓"尺有所短，寸有所长"，任何人都是优点和缺点的复合体。如果老是盯着一个人的缺点，就会感觉这个人一无是处。领导者要善于发现每个人的长处，敢于用其所长。唐代翰林学士陆贽说"人之才行，自昔罕全，苟有所长，必有所短。若录长补短则天下无不用之人，责短舍长则天下无不弃不士。"

熟读三国的人都知道，论冲锋陷阵，百万军中取上将首级，三国时的诸葛亮自然比不过关羽、张飞；而论统筹全局，多谋善断，关张二人又肯定比不过诸葛亮。然而三人辅佐刘备成就大业，这就是用了每个人的长处。

由此可见，并非完美的人才是好人，才是优秀的人，才是成功的人。"金无足赤，人无完人"。人有缺点和不足，也是正常的，只要敢于承认，能正确认识并加以改善，注意扬长避短，都是能够有所成就的。

善不可失，恶不可长

孟子曰："天作孽，犹可违；自作孽，不可活。"

孟子说："老天作恶，人尚可不依从之；而人作恶，就更不可听之任之了。"

一句话，人的本性应该是善良的。

说人的本性应该是善良的，并不排除人有恶，并不排除人间有恶人。孟子说到人性善时举了一个例子，说是譬如见到一个小孩子快要掉到井里去了，人人都会上前去救助，因为人人都有同情心。可是我们都知道，人类也确实有把别人的小孩子往井里推的事发生，也有见人掉到井里不但不去求助反而落井下石者。而且甚至还有比这些更坏的事。日本军国主义者在中国土地上烧杀抢掠，以杀人多少定英雄，杀人都是无辜，这段历史离现在并不远，而且无论如何我们都不会忘记，也不该忘记。

但这是丧失了人性。我们把这些做恶事的人叫作灭绝人性，称为禽兽豺狼、蛇蝎心肠，就证明我们至少在意念中已经把他们排除在人类之外了，原因就在于他们的所作的不是来自人类善良的本性，或是说他们已经丧失了人的本性。孟子也这么看，有人与孟子辩论人性的善恶，打了一个比方，说是人性好比急急流动的水，在东边开了口子它便向东流，在西边开了口子便向西流。人是没有所谓善与不善的定性的，正如水没有向东或向西流的定向一样。

孟子反驳说，水确实没有向东流或向西流的定向，而你却不能否认它有向上流或向下流的定向。人性的善良，正如水的向下流。人没有不应该向善的，正如水没有不向下流的。

不过，人性实在并不是总如水往下流。即如水也并不是总往下流，譬如引水上山，譬如如今的南水北调，就是让水倒流，从低处往高处流。

人性会变，正如水会倒流，但水倒流不是水的本性，人变恶是丧失了人的本性。换个角度看，水之为水，应该顺其性，人之为人，应该保持自己的本性，至少不该让人间有恶便从恶，便丢掉人的本性，抑善扬恶。

善不可失，恶不可长，善不可谓小而无益，恶不可谓小而无伤，话虽无奇，其理却至深。

恶有恶报

孟子曰："仁则荣，不仁则辱。"

孟子说："践行仁义之人会得到荣耀，而行不仁不义之人，则会自取其辱。"

唐玄宗晚年，忽发奇想，遣使送信与三镇节度使安禄山，诚邀安禄山去长安华清宫与杨贵妃共洗温泉浴。安禄山接信之后，招集手下诸将于府中，一连两日喝酒吃肉，临行前，送给每位将军大批的财物和一封密信，将领回去后拆信，却是吩咐他按照信中路线立即进军长安的命令。于是安禄山手下的二十余万大军向长安进发，而此时，属于唐室的军队不过才十万人众。

"渔阳鼙鼓动地来，惊破霓裳羽衣曲"。短短的三十四天，安禄山就从范阳打到了洛阳。次年正月初一，安禄山在洛阳称帝，国号大燕，把天宝十五年改为圣武元年，一派改朝换代的架势。这一下叛乱谋反的面目大暴露，先前所谓"奉密诏讨杨国忠"的幌子，完全是骗人的，至此安禄山顿失人心，沦为"乱臣贼子。"

然而安禄山却不相信仁义道德有什么用处，他只知道钢刀是硬的，人的脖子是软的。当他相信这种思想的时候，他的儿子安庆绪当然也会全盘接收。于是安庆绪决定效法父亲，也弄个皇帝来玩玩，就密约安禄山的近侍李猪儿，趁夜晚走进安禄山的帐中，拿刀对着安禄山的肚皮猛砍，砍得安禄山嗷嗷怪叫，至此一命归西。

死在自己的亲生儿子手中，这实在是一个人间惨剧，但凡是这样的父亲，多半自己有着严重的问题，如安禄山，迷信于残暴的武力，所以亲生儿子就用他教的这些东西来回报他，或许安禄山死前能够想到这些吧？

安禄山之死并非是一个特例。孟子说："自己不按道行动，道在他妻子儿女身上也实行不了；不按道去使唤人，那就连妻子儿女也使唤不了。"

俗话说："善有善报，恶有恶报。"有人把恶有恶报理解为轮回报应，我认为它是事物发展的客观规律。

恶有恶报是因为很多恶行是犯罪行为，如杀人、放火、投毒、抢劫、强奸妇女等，它必然要受到法律的严惩，也就是得到恶报。法网恢恢，疏而不漏，犯罪分子迟早要受到法律的制裁，恶早晚要得到恶报。有一个农民出身的抢劫逃犯被公安机关抓获后哀叹说："犁不着耙也着。"他用一个农民朴实的语言说出了这个道理。

恶有恶报还因为人们对恶人普遍存在报复心理。不但一般人有报复心理，连君子也有报复心理，"君子报仇十年不晚"。推而论之，一个国家、一个民族、一个阶级也有报复心理。难道当年美国在日本投下两颗原子弹就没有对日本奇袭珍珠港的报复成分？"阶级报复"这个词也不是凭空创造出来的。一个人做了恶，不但受害者想对恶人进行报复，有正义感的人乃至整个社会舆论都会谴责恶人，对恶人群起而攻之。恶人实际上是非常孤立的，他们做恶之后都非常心虚，惶惶不可终日。"千夫所指，无疾而终。"恶人的恶报只是时间的问题，而不是会不会得到的问题。

唐武则天为了清除政敌重用酷吏。酷吏周兴、来俊臣在办案中发明了不少残酷的刑具,其中最令人毛骨悚然的是把一个瓮用火烧得红红的,然后把"犯人"捉进瓮中,进行刑讯逼供,制造了许多冤假错案,害死了很多无辜的人,做了大积恶。"多行不义必自毙"。后来周兴、来俊臣也被"请君入瓮",得到了应得的报应。恶有恶报,还因为作恶的人做贼心虚,行为乖谬,容易导致意外死亡。恶人作案后被群众发现或被警察追捕,慌不择路摔死或被汽车撞死者有之;因拒捕反抗被现场击毙者有之;在作案现场被激怒了的群众活活打死者有之;在入室盗窃过程中摔死或被电触死被水淹死者有之;因分赃不公互相残杀致死者有之……这些恶人的死看起来有偶然性,但是事物的偶然性之中包含着必然性,事物的必然性寓于偶然性之中,所以恶人得到恶报皆有它的必然性。孔子曰:"仁者寿"。我补充一句:"恶者夭"。

触犯刑律的恶自有恶报,一些恶不一定触犯刑律,同样会有恶报。常常有这样的情况,儿子虐待父母,待到他的儿子长大了也会重演儿子虐待父母的恶剧,因为"有其父必有其子",不孝子虐待父母的恶行对他的儿子产生了潜移默化的影响,不孝子是要受到报应自食苦果的。儿媳妇虐待家婆,她将来讨的儿媳妇可能也会虐待家婆。因为虐待家婆的儿媳妇一般来说不是恶妇就是泼妇悍妇,善良贤惠的女人是不愿嫁给恶妇泼妇悍妇当儿媳妇的,只有恶妇泼妇悍妇才敢去招惹她。这样一来,那虐待家婆的儿媳妇自然会得到恶报。这叫重重相因,冤冤相报。如果不孝妇娶了个善良贤惠的儿媳妇,儿媳妇即使不会虐待家婆,也不大可能对家婆尽孝,因为新儿媳妇认为缺德的家婆不值得自己去尊重,不值得自己去孝顺。如果儿媳妇对家婆什么都不闻不问,实际上是一种不作为的虐待,也是一种报应。

有一些人的恶行是要到第二代或第三代才得到报应的。贪官鱼肉百姓,吸劳动人民的血汗,他们的贪也是一种恶行。有的贪官索贿受贿钱款高达数百万元数千万元,几代人都花不完,直到他退休罪行也没有暴露,官场时兴叫"安全着陆"。虽然他现在没有得到恶报,但是时间到了还是要报的。俗话说,富不过三代。留那么多钱给子女,而且是不干不净的钱银,是要累子及孙的。子女不费吹灰之力从父母那里得到那么多钱,就会坐享其成不思进取,就要吃喝嫖赌,纵有金山银山也会花光,就像《红楼梦》中所说的:"金满箱银满箱,转眼乞丐人皆谤。"贪官当代的兴隆后代的败亡也是报应。我居住的城市有个乡镇的头头叫阿辉,他的钱来得不明不白,每月给他读初中的儿子一万元零花钱。小伙子手头有了钱,很快在坏人的引诱下吸毒,毒瘾屡戒不断。阿辉几年前涉及骗取出口退税案被判了刑,父子两代人都完了,这种恶报既有现报又有远报。

佛经《圣愚经》中有这样一则故事:波罗奈国有兄弟两人,名字叫善求和恶求,善求为人善良,而恶求却总是作恶不已。一次兄弟俩旅行时迷失在漫无边际的沙漠中。于是,善求便祈求神灵保佑,祷告一番后果然出现了一棵大树,树旁有一条小溪。神灵告诉他:"你只要砍去树枝,所需的东西就会出现。"善求和恶求都得到了他们所要的东西。可恶求又暗自盘算:如果挖出树根,不是能得到更多的好东西吗?然而,当恶求费尽九牛二虎之力挖出树根时,突然底下冲出五百恶鬼,把恶求撕碎了。

这样的善恶报应故事在民间也是不计其数的。与其说这是一种神灵的力量,不如说是人性的一种善良愿望。

报应的力量是神秘的。第二次世界大战中,盟军一支突击队被德军俘虏,在受尽折磨之后,纳粹居然残忍地把他们秘密处决了。唯有一条军犬负伤而逃。十年后,军犬随新主人去德国使馆工作。有一天,它突然疯狂地朝一条小巷扑去。当主人赶到时,军犬已奄奄一息,而一个遍体鳞伤的德国人已经死去。后经查证,死去的德国人正是那次屠杀的指挥官。

愚蠢的人总是不相信报应的,但我们依然要告诫自己,切莫作恶。因为报应实在是人性的一种力量,而恶总是要遭到惩治的。

"善有善报,恶有恶报,时间不到,时间一到一定要报。"这是客观事实,也是事物发展的客观规律,古往今来概莫能外。刘备临终时给那个不争气的儿子阿斗留下遗嘱:"不以小善而不为,不以小恶而为之。"这是警世之言。存心做恶者们应三思而后行。

呼唤善良

孟子曰:"人性之善也,犹水之就下也;人无有不善,水无有不下。"

孟子说:"人的善良本性,就犹如水总是往低处流淌一样。人的本性没有不善良的,而水则没有不往低处流的。"

无论人的善良是否如孟子所声称的那样是先天就有的,但可以肯定的是,我们却必须在后天的人性中造就善良的品性。哲学家培根认为善良这种利人的品性是人类一切精神中最伟大的一种,是属于神的品格。

善良使我们的每一颗心相互接近并沟通,从而带给我们人生许多美好的享受。在我们人类生命的长河中,善良有时还有一个意想不到的好处,这就是:前辈的善良作为一种馈赠庇荫着我们后人,亦即佛家说的"善有善报"。

绝不能把善良的形成想象得非常艰难。我们为一位陌生的人指路是善良,我们搀扶一位老人过街也是善良,我们在路上移开一个障碍物是善良,甚至我们给予旁人一个甜甜的微笑也是善良。所以,在我们的日常言行中随时能形成善良的品格。

更不要怀疑他人的善良品性,因为"相信别人的善良,正证明着你自己的善良"。唯有那些自己不善良的人才会怀疑别人的善良。伊斯兰教的创始人穆罕默德甚至认为:"一个人的真正财富,是他在这个世界上对其同伴及朋友所做的好事。当他死去时,人们不会说他留下了多少遗产,但却会问他生前做过多少好事。"

静静地思考一下,这或许就是善良之于人生的价值之所在。善良可以使我们的生命长存别人的美好记忆之中。我们的生命因此而有了永恒的意蕴。

人为了生活,总会戴上各种各样的面具,但是无论是戴上什么样的面具,总是掩盖不住善良的人骨子里的那份真诚和善良。

"有仇不报非君子"这句话已经不知道流传了多少年,仿佛像是一句至理名言,只是仇恨就像是一颗毒草,在人的心中生根、发芽、开花、结果,最后把人给毒死。

为报仇而生,为报仇而亡,也许曾陪伴了许多人的一生,当仇恨将一个人填满的时候,那么这个人活着还有什么意义?其实,我们都不该忘记了一句话"冤冤相报何时了",做人,难道就不能宽容一点吗?

多点原谅,多点宽容,多一点善良,那么世间就会少了很多仇恨,也就不会有那么多的悲剧在不断地上演,那么请允许我大声地说,我们的社会需要善良。

当等到尘归尘,土归土的时候,我们蓦然回首,在夕阳中轻声一笑,爱恨情仇全在这一笑之中。只是我们都不会忘记，岁月里的那份真。也不会忘记自己的心中有份可以保持到永远的东西，这种东西叫作善良！

警惕你身上的兽性

孟子曰："人之所以异于禽兽者几希，庶民去之，君子存之。"

孟子说："每个人身上都残存着兽性，只不过君子少一些，凡人多一些罢了！"

人类源于动物界这一事实，确实决定了人常常得对自己残存的兽性保持足够的警惕。

儒家要人克制人身上的禽兽之性，佛家也认为自作孽的人会沉沦到畜生道。儒佛两家的意思是颇为相近的。但是，问题在于我们如何才能在现实生活中保持住人性的这一份尊贵？为此，孟子及孔子们给出的答案很简单："教之而已。"

曾在报上屡屡见到有狼孩儿、熊孩儿等报道。从中可以看出教育对一个人的影响有多大。人本来是由野兽进化来的，有充分的可能还原为野兽。只有受之教化，对人类文化遗产孜孜不倦地汲取，才能免除这样的悲剧。其实，老百姓也早已明白这番道理。有两句话很发人深省："养子不教，不如养驴；养女不教，不如养猪。""驴"和"猪"虽是兽，但对人有益；那由人退化而成的"兽"，恐怕就有百害无一益了。所以，兽性大发的人总是社会上的一些"渣滓"。

我们要听从如父母般师长的点拨。正是在这一过程中，我们蜕去了兽性，拥有了人性的高贵。

人类的兽性是不会根除的，人类存在一天，人性就需要保持对于自己身上的兽性的警惕。兽性是斜坡上的圆球，只要人性失神片刻，兽性就会滚动下来。

哲学家做过一个政治实验：自然地豢养一群小鸡，共用一个鸡食盆，结果发现鸡群很快排出驯服次序，粗暴强壮的头鸡先吃，然后头鸡会用喙撵二鸡，令次等鸡依次完成鸡食资源分配。在这种秩序中，末鸡被倒数第二的鸡残酷地欺压着。这种倒数第二的鸡性的残酷性，是总的自然暴力的出口，因而极其残酷。

前不久发生在山西窑场的压迫未成年童工的残酷事件是严重违法的，充满了兽性的色彩。这种事件并不是孤立的，也不是单单发生在山西或者砖窑这样的行业，而是程度不同地自然发生在一切缺乏民主法制的温情关怀的地方。窑主的残酷行为超出了人们的想象,就如同倒数第二的豢养鸡对于最软弱无力的末鸡的无情迫害一样。

感情是人性的依据,也是人性尊严的底线。窑主漠视社会人性感情的做法,深深地激怒了公众。目前这一事件已经进入公安司法程序,相信这件事会同许多其他的违法乱纪的行为一样很快平息下去,但是这一事件留给人们的遗憾则会是长久的。

GDP 水平、教育投资、汽车洋房、衣装美容、五子登科、升官发财等都只是物化现象,人性才是本质。人,在多大程度上摆脱了倾向于乱伦、吃人、抢劫的兽性,这才是文明的标志。任何时刻离开了这一点,就是人性畸形,它意味着狰狞、邪恶、残酷无情的兽性。

孝是仁的一种

孟子曰:"人皆有所不忍,达之于其所忍,仁也;人皆有所不为,达之于其所为,义也。人能充无欲害人之心,而仁不可胜用也;人能充无穿踰之心,而义不可胜用也。人能充无受尔汝之实,无所往而不为义也。士未可以言而言,是以言餂之也;可以言而不言,是以不言餂之也,是皆穿踰之类也。"

孟子说:"人人都有不忍心干的事,把它推及到他所忍心去干的事上,就是仁;人人都有不肯去干的事,把它推及到他所肯干的事上,就是义。一个人能把不想害人的心理扩展开去,仁就用不尽了;一个人能把不愿扒洞翻墙行窃的心理扩展开去,义就用不尽了;一个人能把不愿受人轻蔑的心理扩展开去,那么无论到哪里,言行都是符合义的了。士人,不可以交谈而去交谈,这是用言语试探对方来取利;可以交谈却不去交谈,这是用沉默试探对方来取利,这都是扒洞翻墙一类的行径。"

劝君莫打三春鸟,子在巢中盼母归。国人向来将孝做为仁义的体现,如古时遇到劫路的强人,大抵都是这样哀求"家里还有八十岁的老母……"稍有点人性的强人就会被打动,不忍心杀害对方。现代人与儒学相隔膜,往往认识不到先哲的苦心,所以会认为古人迂腐不堪。如武则天时严禁屠宰牲畜,宋朝严禁屠宰耕牛。曾有一家农人,家养耕牛舌头不知被哪个坏家伙割掉了,于是农人就去开封府找包公告状,包公吩咐他回去宰了耕牛吃肉。而宰杀耕牛是非常严重的罪行,于是就有人出面告发农人私宰耕牛,结果包公立即将那个告状的抓起来,说:"牛舌头就是你割掉的!"于是一顿大板,打得那人拼命招认。

古时候还有一个更迂腐的人江泌,此人办事喜讲孝道。因同族有个人与江泌同名,为便于区别二人,所以别人就把他称为"孝泌"。孝泌每逢吃菜总不肯吃菜心,他说:"菜心吃不得,它是可以

包公

继续生长的东西,吃了违背孝道。"每到冬季,他的棉衣破絮块块,虱子总喜欢躲在里面生活繁殖。一次,孝泌把生了虱子的棉絮从衣服里掏出来,放到墙壁间。过了一会,又怕虱子会饿死,就重新把藏有虱子的破棉絮放回衣服里去了。

用孝泌的故事来解读孟子的这番话,正是恰如其分,只不过这需要我们阅历万千世相,才能够悟透其中的真义。

君子之交,贵在品德

孟子的弟子万章向他问到如何与人交朋友。孟子说,交友之道在于"友其德",而不应与年龄、身份、地位等等联系起来。

爱情要纯洁,友情也要纯洁,不可以掺杂金钱、地位等利害关系的因素在内。古代人非常重视这一点。他们认为,君子的交谊应该淡得像清水一样,而小人的交情则甜得像甜酒一样;君子淡泊却心地亲近,小人甘甜却利断义绝。大凡无缘无故而接近相合的,那么也会无缘无故地离散。

君子之交淡如水,指道德品质高尚的人之间的友谊没有利益之争,没有身份之别。"以财交者,财尽则交绝;以色交者,华落而爱渝。""以权利合者,权利尽而交疏。""以势交者,势倾则绝;以利交者,利穷则散。"

孟子"友其德"的观点告诉我们,与人交友,贵在真诚。要使自己保留一种君子之心,一种坦荡之心。

孔子说:"君子坦荡荡,小人长戚戚。"君子心胸开朗,思想上坦率洁净,外貌动作也显得十分舒畅安定。小人心里欲念太多,心理负担很重,就常忧虑、担心,外貌、动作也显得忐忑不安,常是坐不定,站不稳的样子。

为人处世中,对一些复杂的生活现象,对某些人和事,做些分析判断,是不足为怪的。但这种分析判断,却不能、也不应是毫无根据的胡乱猜疑。如果捕风捉影,胡乱猜疑,那就不是严肃的处世态度,而只不过是一种主观盲目性。这种盲目性并不基于客观事实。而是单凭个人想象,往往歪曲了事物的本来面目。

《列子·说符》中说,有个人丢了一把斧子,他怀疑是邻居的儿子偷的。由于思想上有这个框框,所以,邻居的儿子的一举一动,甚至走路的姿势、面部的表情、说话的腔调,在他看来,都像是偷了斧子的模样。后来他在山沟里挖地时,无意中找到了自己丢的斧子,以后再看邻居的儿子,觉得其举止、态度便都不像偷斧子的样子了。这个疑人窃斧的故事,很形象地刻画了猜疑者主观武断的心理。

有些人产生猜疑心,往往与轻信道听途说有很大关系。

《三国演义》中的长坂坡一战,刘备所部被曹军打得七零八落,正在他慌乱之中,糜芳又报告说:"赵子龙反投曹操去了也!"张飞一听,便猜疑赵云背信弃义,立即大怒道:"待我亲自寻他去,若撞见时,一枪刺死!"尽管刘备告诫他:"休错疑了……子龙此去,必有事故。吾料子龙必不弃我也。"张飞仍是不信,径自引二十余骑,到长坂坡寻杀赵云。其实,赵云是为救甘糜二夫人和刘备的儿子阿斗,才匹马单枪杀回乱军之中,幸亏简雍亲眼看见,并报信给张飞,这才避免了一场误会。

耳听为虚,那么眼见是否就一定为实呢?也不见得,孔子在陈蔡绝粮的时候,有一次亲眼看到颜回在煮饭时捞了一把,填到嘴里,便猜疑颜回揩了油,又是旁敲侧击,又是启发诱导,说什么这饭很清洁,自己要先祭祖先。颜回忙说:"不可!刚才有灰尘落到了锅里,我已经捞出来吃掉了。"这时孔子才恍然大悟,知道自己弄错了。他由此深有所感地说:"所信者目也,而目犹不可信!所恃者心也,而心犹不足恃。弟子记之,知人固不易矣。"并强调指出:"道听而途说,德之弃也。"孔子从实际生活中得到教训,懂得了单凭自己的眼睛,有时候也并不可靠。真正了解实情,还得做些深入调查。

俗话说:"疑心生暗鬼。"猜疑情绪是妨害正常的人际关系的腐蚀剂。正如苏轼在《论范增》中所说："人必先疑之，而后谗人之。"一个人一旦被猜疑情绪支配了自己的思想和行动，那他就必然对别人不信任，或听谗信佞，离心离德；或捕风捉影，无中生有，总觉得别人有问题。这样，不仅不能正确看待别人，也会错误估价自己；不仅不能用正确态度对待批评和自我批评，还会夹杂个人恩怨，用自由主义态度对待别人善意的帮助，甚至以无为有，以有为无，颠倒是非，混淆黑白，把正话当反话，将反话当正话，直至认友为敌，做出使亲者痛、仇者快的蠢事、傻事来。

小说《茶花女》中的阿尔芒，因猜疑玛格丽特，用了报复行动，使她含恨而死；莎士比亚笔下的奥赛罗，因为猜疑自己的贤妻苔丝狄娜不贞，在坏人的挑拨下，居然将她活活闷死，而当真相大白后，他痛悔不已，以致以自杀来向妻子谢罪；埃及电影《忠诚》中的医生卡玛尔，由于猜疑妻子艾明娜，给艾明娜和自己造成了极大痛苦。

从历史上来看，当权者倘爱猜疑，其危害就不是一人一事，而将要误政误国。隋文帝"不明而喜察"，疑下而独裁，酿成群臣"惟取决受成，虽有愆违，莫敢谏争"。李世民说他："此所以二世而亡也。"到了隋炀帝，更是"多猜忌"，更加快了隋朝的灭亡。"君臣相疑，不能各尽肝胆，实为国之大害也。"李世民的这一见解，实在言简意赅！

克服猜疑情绪，首先要待人以诚。梁孝元皇帝《戒子篇》说："与人以实，虽疏必密；与人以虚，虽戚必疏"。这话很有道理。俗话说："人上一百，形形色色。"各人的出身经历、脾气禀性、文化修养都不同，风格气质也千差万别，不能够强求一律。别人对问题有不同看法，采取了不同态度，那是别人的民主权利，要尊重、支持这一权利，切忌不合自己心意，就猜疑别人动机如何如何；不拥护自己，就猜疑别人想要如何如何。那样，就把简单问题复杂化，不仅无助于交流思想，融洽感情，统一认识，还会使矛盾和分歧越来越大。正确的态度只能是设身处地，将心比心，诚实待人，多为别人想一想，多站在别人的角度想一想。如果确有问题，也要本着严以责己、宽以待人的态度，热情诚恳地进行批评和自我批评，以便消除分歧，取得互谅互让；那种对别人吹毛求疵、神经过敏、乱加猜测的做法，伤害别人，也会孤立自己，伤害自己。

对别人不可胡乱猜疑，而如果有谁猜疑到自己头上，也要有个正确的态度，切不可冒火怄气,以牙还牙。要相信总有一天事情会水落石出的,一定会还自己一个清白。这里最要紧的是要有"任凭风浪起,稳坐钓鱼台"的气度,正像刘少奇所说:"只要自己的思想正确,行为正大,对于别人不负责任的误会和批评,必要时可以申明和解释一下,如果解释不了,只好让别人去说……而误会迟早都是可以弄清楚的。"有了这样的胸怀,在为人处世中,便不会去猜疑别人,一旦受人猜疑,也便能"君子坦荡荡"了。

侍奉父母,孝之根本

孟子说:"侍奉,以谁最为重大? 以侍奉父母最为重大。守护,以什么东西最为重大? 以守护自身的节操最为重大。不丧失自身的节操又能侍奉自己父母的人,我听说过;丧失自身的节操又能侍奉自己父母的人,我未曾听说过。谁不做侍奉的事呢? 但侍奉父母是侍奉的根本。谁不做守护的事呢,但守护自身的节操是守护的根本。曾子奉养曾皙,每餐必定有酒和肉,将要撤去时必定请示要把它们给谁,如果曾皙询问有没有多余,曾子必定说有。曾皙去世,曾元奉养曾子,每餐必定有酒和肉,将要撤去时不请示要把它们给谁,如果曾子询问有没有多余,曾元就说没有了,要把它们用来再次奉呈。这叫作奉养父母的口腹和身体,像曾子那样才可称为奉养父母的意愿。侍奉父母像曾子那样,就好了。"

孟子的这段言论,体现了儒家所讲的孝道中包含的两方面内容:一是守护自身,不使双亲因自己的不善而受辱、受累。

孟子认为,守护自身的关键是不丧失节操。孔子的学生有子认为"孝弟也者,其为仁之本与"。结合二位哲人的观点,不难发现,仁德的培养与孝的践行是相辅相成的。也就是说,通过践行孝道,可以培养自己的仁德情操;而仁德情操的坚守与光大,则又可以使自己的孝心更虔诚厚重,纯洁无瑕。

儒家所讲的孝道另一个方面是奉养双亲,使他们身心愉快。孔子说:"今之孝者,是谓能养。至于犬马,皆能有养,不敬,何以别乎?"所以孟子认为,奉养双亲的关键是愉悦父母的意愿,但并非说物质的奉养不重要。孟子曾说:"世俗所谓不孝者五:惰其四支,不顾父母之养,一不孝也;博弈好饮酒,不顾父母之养,二不孝也;好货财,私妻子,不顾父母之养,三不孝也;从耳目之欲,以为父母戮,四不孝也;好勇斗狠,以危父母,五不孝也。"其中前三种不孝侧重于物质方面,后两种讲的主要是精神方面。

当然,曾子的作为并不是到达了孝的极点,比如孔子讲的"生,事之以礼;死,葬之以礼,祭之以礼"等。所以孟子也只是说能做到这样算是合格了。

孝敬父母,是我们中华民族几千年的传统美德,古有董永卖身葬父的故事,也有"父母在,不远游"的励志语,"入则孝"也时刻激励我们不忘孝敬父母。

人生于世,长于世,源于父母。父母给了我们生命,教给我们最基本的生活技能,辛勤养育之恩,终生难以回报。所以说孝敬父母,尊敬长辈,是做人的本分,是天经地义的美德。父母儿女亲情,是一个人善心、爱心和良心形成的基础情感,是今后各种品德形成的基本前提,是人类最原始最本能的情感。

相传舜的家世甚为寒微,虽然是帝颛顼的后裔,但五世为庶人,处于社会下层。舜的遭遇更为不幸,父亲瞽叟,是个盲人,母亲很早去世。瞽叟续娶,继母生弟名叫象。舜生活在"父顽、母嚚、象傲"的家庭环境里,父亲心术不正,继母两面三刀,弟弟桀骜不驯,几个人串通一气,必欲置舜于死地而后快;然而舜对父母不失子道,十分孝顺,与弟弟十分友善,多年如一日,没有丝毫懈怠。舜在家里人要加害于他的时候,及时逃避;稍有好转,马上回到他们身边,尽可能给予帮助,所以是"欲杀,不可得;即求,尝(常)在侧"身世如此不幸,环境如此恶劣,舜却能表现出非凡的品德,处理好家庭关系,这是他在传说故事中独具特色的一个方面。

舜家境清贫,故从事各种体力劳动,经历坎坷。他在历山(今山西运城市芮城县东)耕耘种植,在雷泽(今山西永济市首阳乡)打鱼,在黄河之滨制作陶器,总之生计艰难,颠沛流离,为养家糊口而到处奔波。

相传舜在20岁的时候,名气就很大了,他是以孝行而闻名的。因为能对虐待、迫害他的父母坚守孝道,故在青年时代即为人称扬。过了10年,尧向四岳(四方诸侯之长)征询继任人选,四岳就推荐了舜。尧将两个女儿嫁给舜,以考察他的品行和能力。舜不但使二女与全家和睦相处,而且在各方面都表现出卓越的才干和高尚的人格力量,"舜耕历山,历山之人皆让畔;渔雷泽,雷泽上人皆让居",只要是他劳作的地方,便兴起礼让的风尚;"陶河滨,河滨器皆不苦窳",制作陶器,也能带动周围的人认真从事,精益求精,杜绝粗制滥造的现象。他到了哪里,人们都愿意追随,因而"一年而所居成聚(聚即村落),二年成邑,三年成都(四县为都)"。尧得知这些情况很高兴,赐予舜絺衣(细葛布衣)和琴,赐予牛羊,还为他修筑了仓房。

舜得到了这些赏赐,瞽叟和象很是眼热,他们又想杀掉舜,霸占这些财物。瞽叟让舜修补仓房的屋顶,却在下面纵火焚烧仓房。舜靠两只斗笠作翼,从房上跳下,幸免于难。后来瞽叟又让舜掘井,井挖得很深了,瞽叟和象却在上面填土,要把井堵上,将舜活埋在里面。幸亏舜事先有所警觉,在井筒旁边挖了一条通道。从通道穿出,躲了一段时间。瞽叟和象以为阴谋得逞,象说这主意是他想出来的,分东西时要琴,还要尧的两个女儿给他做妻子,把牛羊和仓房分给父母。象住进了舜的房子,弹奏舜的琴,舜去见他,象大吃一惊,老大不高兴,嘴里却说:"我思舜正郁陶!"舜也不放在心上,一如既往,孝顺父母,友于兄弟;而且比以前更加诚恳谨慎。

后来尧让舜参与政事,管理百官,接待宾客,经受各种磨炼。舜不但将政事处理得井井有条,而且在用人方面有所改进。尧未能起用的"八元""八恺",早有贤名,舜使"八元"管土地,使"八恺"管教化;还有"四凶族",即帝鸿氏的不才子浑敦、少暤氏的不才子穷奇、颛顼氏的不才子梼杌、缙云氏的不才子饕餮,虽然恶名昭彰,但尧未能处置,舜将"四凶族"流放到边远荒蛮之地。这些措施的落实,显示出舜的治国方略和政治才干。

经过多方考验,舜终于得到尧的认可。选择吉日,举行大典,尧禅位于舜,《尚书》中称为舜"受终于文祖"。又传说是舜代替尧摄行天子之政,虽有天子之权,而无天子之号。与此二说差异甚大的一个传说是,舜将尧囚禁起来,还不让其子丹朱与他见而,舜自己做了天子,类似于后代的宫廷政变,篡权夺位。

舜执政以后,传说有一系列的重大政治行动,一派励精图治的气象。他重新修订历法,又举行祭祀上帝、祭祀天地四时,祭祀山川群神的大典;还把诸侯的信圭收集起来,再择定吉日,召见各地诸侯君长,举行隆重的典礼,重新颁发信圭。他即位的当年,就到各地巡守,祭祀名山,召见诸侯,考察民情;还规定以后五年巡守一次,考察诸侯的改绩,明定赏罚,可见舜注意与地方的联系,加强了对地方的统治。

舜能得到尧的禅让,与他对父母兄弟的至孝至忠是分不开的。时至今日,中华民族的传统美德——孝,已融入了华夏文明的血脉中,教导着我们每一个中华儿女。

那么，怎样才能做到真正的孝呢？子曰："父母在，不远游，游必有方。"就是说父母健在时，不要进行长时间的远行，如果不得已要远行，也应有一定的去处。这当然是在古代交通信息不发达的情况下提出的。正所谓"儿行千里母担忧"，当你跨出家门的那一刻，就是父母牵挂的开始。

总之，亲情是一个人善心、爱心和良心的综合表现；孝敬父母，尊敬长辈，是做人的本分，是天经地义的美德，也是各种品德形成的前提，因而历来受到人们的称赞。试想，一个人如果连孝敬父母，报答养育之恩都做不到，这个人如何能在社会上立足呢？

人之患在好为人师

孟子曰："人之患在好为人师。"

孟子说："一个人的最大毛病是总喜欢当别人的老师。"

孟夫子说人之患在好为人师，一语道中人性中的一大弱点。此类人总觉得自己比别人高明和正确，只恨不能让天下所有人都知道。无论遇见什么事都要教训一番，似乎非如此不能显示自己的出类拔萃。他们是不能容许别人发出不同的声音的，如你有异议，他则摆出一副愤愤然的姿态，使你不得不臣服于他。

好为人师者是没有立场的。各种道理在他口中只不过是一种工具，自己是不打算坚信并坚守的，只求能拿来打到别人矮一截以使自己显得高一头就满足了。是非善恶美丑好赖，只不过是他们拿来粉饰自己的颜料，今天为此事说这种理，明天兴许换了立场，又换一种道理来说。总之他们说什么，别人只首肯只臣服就天下太平皆大欢喜了。记得《菜根谭》中说学问道理，君子拿来养德，小人拿来饰非，信焉。不过好像还得加上一句，就是妄人拿来教训。钱钟书说："老实说，世界上是非善恶邪正等分别，有时也不过是人我的差异。"此之谓也。

一个人一帆风顺时，是很难听到好为人师者热心的庭训的，你能听到的只是恭维的声音。可你稍微出了点事，他们就扑了上来。他们刹那间全部成了明白事理的人，似乎是如此关心你，其实错了，这只是个由头，骨子里，不过是想听点儿内里乾坤罢了，好回去向狐朋狗友卖弄自己的知情权。

古人云，德高为范。学历史的，都知道王安石是这样一个真有道德的人，可他为了他的政治理想动摇了大宋朝的根基,搞得民不聊生,怨声载道。然而他是一心为了国家,并不求私人的福利,似乎无可厚非。王小波撰文说最怕的是"哲人王",事情恐怕还真的就是这样的。孟子狠巴巴地把政见不同于自己的人说成是禽兽,欲除禽兽而后快,好在当时只是百家争鸣,未有实际行动。他的后继者董仲舒就大大地不厚道了,"罢黜百家,独尊儒术",真是万马齐喑啊!钱钟书说:"世界上的大罪恶,大残忍——没有比残忍更大的罪恶了——大多是真有道德理想的人干的。没有道德的人犯罪,自己明白是罪;真有道德的人犯罪,他还觉得是道德应有的代价。"

唯物主义告诉我们,经验可从直接实践和间接实践中获得,所以给予初学者帮助和交流看法是必需的。万难让人接受的,还是教训者的语气和语言。我认为,教训和教育是有区别的,一个教育者应该要有教人之举而不要有训人之心,而教训者的表现则刚好相反。从虚怀若谷的修养角度来看,所学本为沧海一粟,不值得夸耀,其实我们经常可以在别人身上(包括水平不如己的人)学到东西,获得启迪,因此在做老师的同时也在做学生,所谓教学相长,切记不可小视他人。其次这个世界上的事情所有一切都苟非定论,如果有教人之心,就难免把事理固化了,而且给自己的修养培植了屏障。如读书,各人自有心得,同一本书,千万人品之得出千万种滋味,故有"文章千古事,得失寸心知"之说。然而一人之心得并不代表千万人之心得,以一人之心得灌输于千万人,不啻强奸民意,一本《红楼梦》,经学家看见易,道学家看见淫,才子看见缠绵,流言家看见宫闱秘事,这是文字之魅力,也是文字作者人格之魅力,非解读之人人力之所及也。然而遗憾的是,总是有一些教授学者,以传道授业解惑为己任,热衷于诲人不倦,孜孜以求于以文章兼济天下,动辄扯着文化、道德、教化的大旗,举着"文化人责任"的幌子,以此招摇过市,用以唬人。

人生要慷慨进取

孟子曰:"生,亦我所欲也,义,亦我所欲也。二者不可得,舍生而取义者也。"

孟子说:"生,是我的理想,义,也是我的理想,但是两者却不可兼得。做人一定要舍生而取义。"

孟子和孔子一样,都有些生不逢时:孔子生于乱世而热心救世,怀"老者安之,朋友信之，少者怀之"的远大理想，驾老牛破车奔走于列国之间但却四处碰壁，甚至曾困于陈、蔡之间，跟随他的人一个个都饿得走不动路了。孟子没有如孔子被困饿饭的遭遇，但究其实，他的情况也好不了多少，他和孔子一样，一生奔走呼号，却总不被接受，也是一生都大体处于一种志不得伸，才不能展的郁郁失望之中，要不，他也就不会发出那样的感叹："五百年必有王者兴……从周武王以来，已经七百多年了。论年数，超过了五百，论时势，现在正该是圣君出现的时候了。大概天不想使天下太平吧！"

令人感动的是，他们都不肯放弃自己的努力与追求。孔子一生都在"知其不可为而为之"，读读《孟子》，我们也可以知道，孟子一生也是如此。他出齐入宋，去鲁奔梁，倡王道仁政，申忠义孝悌，希望以自己的努力匡救天下，救民于水火。他知其必为而尽力为之，知其难为而勉力为之，而且，知其不可为仍然还要拼力为之。在一般人看来，这也许实在有些迂腐而不识时务，但从人生追求的层面看，这种坚韧与执着，无论如何都是令人感动、敬佩的。

这里需要有顺天而行、替天行道，知其必为而为之的明察，能明察，才能有积极入世，明理而行之不息的奋发与进取。这里还需要有确认自己行之正道，必得正命的自信，能自信，方能生"以天下为己任"的慷慨与豪壮。事实上，在孟子看来，能决定人立身处世的行为方式的，有义理之天，有自然之天，但没有主宰之天。对于人来说，仗义而行，依理而行，便能"仰不愧于天，俯不怍于人"。只要能"尽其道"，死也是"正命"，因此，他自信："万物皆备于我"，"如欲平治天下，当今之世，舍我其谁？"

思进取，才能有创造。一个民族要能生存，能发展，并不是一件容易的事情；一个国家要以自己的富强跻身于世界民族之林，也不是一件容易的事情。这有赖于全民族自强不息的坚韧进取，有赖于一代代人的前仆后继。中华民族从远古走向今天的每一步足迹，都向我们这些后世子孙昭示着这一不变的真理。何况我们今天又到了关乎民族未来的关键时刻。先贤们那种"当今之世，舍我其谁"的豪壮与慷慨，他们那种"席不暇暖"，拼力而为的勤勉与执着，不是更应该成为我们民族的一种精神内核么？这是大而言之。

小而言之，即使我们这些被称为芸芸众生的人，也不能缺少了积极进取的精神。当然，我们这些普通人自然很难都如先贤们那样能够以天下为己任。但是，一个人活在世上，总是要做点事情的。即使撇开以自己的劳心与劳力为社会、为民族做出或大或小的应有奉献不说，我们也总该能尽到自己对朋友、对亲人的义务和责任吧。即使仅仅只要求自己做到这一点，也需要有一颗积极进取之心。现代人更注重个体生命的价值。个体生命价值实现的标志，不就是在积极进取的追求过程中有所作为吗？一个人，如果没有了不倦地进取与追求，也就等于放弃了自己的人生，就等于自己抛弃了自己最可宝贵的生命。

拿破仑·希尔告诉我们，进取心是一种极为难得的美德，它能驱使一个人在不被吩咐应该去做什么事之前，就能主动地去做应该做的事。胡巴特对"进取心"做了如下的说明："这个世界愿对一件事情赠予大奖，包括金钱与荣誉，那就是'进取心'。"

如果你想成为一个具备进取心的人，你就必须克服拖延的习惯，把它从你的个性中除掉。这种把你应该在上星期、去年或甚至于十几年前就要做的事情拖到明天去做的习惯，正在啃噬你意志中的重要部分，除非你革除了这个坏习惯，否则你将难以取得任何成就。

古今中外讲的都是一个道理，人生没有慷慨进取的精神，终将一事无成。

做人要贵真求善

孟子曰："大人者，不失赤子之心也。"

孟子说："身为君子，始终要不失赤子之心。"

什么是赤子之心？

率真任性，自在天然，无声名之累，无利禄之念，不巧谋算计，不虚饰矫情，能哭能笑，敢爱敢恨，无功无己，无私无畏，真实本色，天性白露。这就是赤子之心，也就是三尺童稚那无些许世俗污染的天真纯朴之心。

孟子说不失赤子之心，强调的也就是要像三尺稚童那样不泯自己的自然天性，要以人应该有的样子立身于世，要本色真实的做人。这是一个方面。另一个方面，与求真实的做人相统一的，人还应该向善。孟子认为，善本身也是一种来自人的良知的天性因素。同情心，每个人都有；羞耻心，每个人都有；恭敬心，每个人都有；是非心,每个人都有。这些都是人本来就具有的资质。因此,从人天生的资质看,人可以使自己善良,人都有向善为善的可能。有些人不能为善,一方面是因为他自己放弃了对于善性的探求,而"一加放弃,便会失去"。同时,也是因为环境的污染,譬如"富岁,子弟多赖,凶岁,子弟多暴",这并不是因为天生的资质有什么不同,而是因为环境改变了他们的心性。因此,人的持性保德,也就是保守住自己的善良之心。即使为学求道,也不过是要由此找回自己的善良之心罢了。

由此看来,在孟子那里,人的真和善其实是合而为一的,能善方可有真,求真也即求善,人的心性,修于内则成行仁、仗义、知礼、明智的善德,化于外则现本色、真实、纯朴、天然的风范,善即能真,真必向善。这是孟子的人生理想。人本来也就该如此。人是自然的化育,人本来就是自然的一个部分。虽不必以为人来自尘土必归于尘土,但从生命的进化运动来看,一个人一生无论长短,大体上也不过只是漫长的生命之链中的一个环节。如果把人生看成是一个过程,把人的存在看作是一种生命的形式,那么,对于人来说,利禄功名确实不过是能得能失的身外之物,或如过眼烟云。唯一真正属于人的,也就是人自身保有的实实在在的生命和显示个体生命风貌的真情真性。

因此,如果为贪欲而劳神,为名利而斗狠,心系于外物而放弃自身德性的修养,放弃善、真而行于邪道,患得患失,虚饰矫情,那只是一种生命的自损。君子乐道,达者知命。在人生的旅途中,虽不一定要禁绝欲念,随遇而安,但总该常怀赤子之心,能真实本色,胸怀坦荡,豁达宽容,温润和缓,自然也就能心安理得,无愧无悔,身心安适,乐以忘忧了。能持真性,方能为真人,方能有真的人生。所以,孟子说,一个人能充分认识自己善良的本心,也就懂得了什么是人的本性,懂得了人的本性,也就懂得了天命。保持人的本心,培养人的本性,也就能懂得如何对待天命。无论短命或长寿,都不三心二意,修养身心,顺天而行,便可安身立命。

人生就要贵真求善。于艰难的生活中保持一份乐观,于多舛的人生中去发掘生活中快乐的泉源,从多舛的人生中品味出生活的厚重与生命的顽强。淡泊功名利禄。功利让人在得失的谋划中变得偏狭小气、目光短浅;功利让人在锐意贪求中身心劳损;功利顾虑重,本性处事难。从平淡朴素中领略返璞归真,从生活的感受中提升自己的境界、拓展自己的胸怀。不浮躁、不张狂、不逞强、不气馁、无过分之喜,也无极端之忧。能宠辱不惊,雍容大度,胸中融得下八方风雨,四海浪涛。对已取得的成功能含蓄从容,对那没得到的也能超然淡泊。这是一种实实在在的人生,一种无所挂碍的精神舒展,更是一种胸怀坦荡的乐天知命。任何生命都挣脱不了时间的束缚,时间却保留了生命的痕迹。留下的是心灵的丰盛。纵无丰功伟业,也有几番坎坷,几番沧桑。当我们感觉到自己这弱小的生命竟能与波澜壮阔的历史交织时,在悠悠往事的回味中总该有几分感动,几分欣慰。思想成熟而深刻,感情细腻而丰富。历尽沧桑世事与坎坷人生,我们"成熟了"却又失去了做人的本真;失去了自己原来的天真纯朴的自然天性。这样的人生必将索然无味。

做人要贵真求善,两千多年前孟子早就告诉我们这样一个做人的简单而又实用的哲学。

非礼之礼

孟子曰:"非仁无为也,非礼无行也。"

孟子说:"一个无仁德的人不会去实践仁道;一个无礼义的人也不会去实践礼义。"

孟子认为,礼具有形式与实质的区分,也即是"箪食豆羹之义"与"亲戚君臣上下"之义(《尽心上》),前者微不足道,后者事关大节。孟子认为我们不能仅仅因为某人在箪食豆羹方面表现出了气节,就相信他在亲戚君臣上下之义上就是大节无污了。孟子针对那个礼崩乐坏的时代,一方面是"亡亲戚君臣上下"的行为肆行无阻,另一方面,不少人却又汲汲于"箪食豆羹",并以此惑世欺人,于是作了一系列的"辨礼义"的工作。

在孟子那个时代,曾流行过这种观点,以为"有诸内,必形诸外"(《告子下》),如淳于髡就是这样认为的,即认为礼意与礼仪之间具有天然的一致性。孟子则认为礼的形式与内容之间并没有这种天然的一致性,它取决于行礼人的态度,若没有出乎内心的虔诚,那么,这种礼只是徒具形式,是一种未完成意义上的礼,它是不足称道的。他引《尚书·洛诰篇》曰:"享多仪,仪不及物曰不享,惟不役志于享。"(《告子下》)这是说有礼物,但没有按礼的程序去祭祀,这种没有真心的祭祀,是不可能被神接受的。而是否有"志",则是一种礼是否完成的关键。

孟子有强烈的生命意识,这在他的辨礼义的工作中,也有不同程度的反映。在《告子下》篇中,有人曾将礼与生命之间可能会发生冲突的情况提了出来:"以礼食,则饥而死;不以礼食,则得食,必以礼乎? 亲迎,则不得妻;不亲迎则得妻,必亲迎乎?"(《告子下》)对此,孟子认为这种提问的方式是有问题的,它是将"食之重者"与"礼之轻者"以及"色之重者"与"礼之轻者"相比较,他认为"礼之轻者"就是礼的末节,它与生命的维持与生命的延续相比,是一种次要的形式。虽然如此,为了得食,在正常的状况下人们是不会"紾兄之臂而夺之食"的;为了得妻,也不会不顾廉耻地"逾东家墙而搂其处子"(《告子下》)。只有分清了礼的轻重,我们才有可能真正地把握礼的精神。

　　所以,孟子对人们称道的齐国陈仲子的行为,却一反流俗,予以责备,对此,我们就可以得到确解:陈仲子"以兄之禄为不义之禄,而以兄之室为不义之室而不居也,辟兄离母,处于于陵"(《滕文公下》)。这种行为并不是可嘉的,因为"辟兄离母"本身是一种忘亲戚上下的非礼之举。这样,陈仲子在对抗不义时,使自己陷入了另一种不义,这是其一;即使我们嘉许陈仲子这种不食不义之禄的做法,那么,我们只有把人从社会生活中剥离出来,斩断各种社会交往关系。对此,孟子讥之为"充仲子之操,则蚓而后可者也。夫蚓,上食槁壤,下饮黄泉"(《滕文公下》)。只有它们才可能将自己从各种"不义"的链接中解脱出来,否则,我们所居之室,或为伯夷所筑,或为盗跖所筑;我们吃的粮食,或为伯夷所种,或为盗跖所种,如何才能保证与我们发生各种交往关系的人,或我们所享用的劳动成果背后的人,有着伯夷般的德性呢?

　　在孟子的礼学中,孟子始终强调礼的内容大于形式,他的礼学可以说是一种本质的礼学。他拒绝因为礼的形式,而抛弃礼的实质。所以,万章问:"诗云:'娶妻如之何? 必告父母。'舜之不告而娶,何也?"孟子以为"告则不得娶。男女居室,人之大伦也。为告,则废人之大伦,以怼父母,是以不告也"(《万章上》)。为了不废人之大伦,就不必顾及"告"的形式了。孟子反复措意于"舜不告而娶"的行为,认为"不孝有三,无后为大。舜不告而娶,为无后也。君子以为犹告也"(《离娄上》)。从礼的形式来说,娶妻必告,但在某种形式下,告则不可能娶,所以,常情下的必告则成为非常情况下的不必告,其最终目的是为了弥补"无后"的缺憾,为了使之有后,这是允许的。但是,若人们都以"无后"为借口,那么"必告"所体现的两种含义,一是敬长,一是防淫,则会被冲决无阻,导致礼的堤坊被冲垮。不告的"礼之权",在特定的情况下,体现了生命延续的原则。

高扬生命意识,将人当作人看,这是孟子的本质礼学不可或缺的内容。礼的规定有"男女授受不亲",但是,如果固守礼的形式,那么,当异性沉溺于水火的时候,我们能忍心于生命的消失吗?孟子认为"嫂溺,援之以手,权也"(《离娄上》)。不援之以手,就是没有人性的豺狼。礼作为一种社会秩序,不失为生民之具,要使它不变为残民之具,就必须在它与生命发生抵牾的时候,承认生命权是人最重要的权力,因为没有人,就没有了传承礼的载体。所以,孟子以为"君子不以其所养者害人"(《梁惠王下》)。

生命固然重要,但在现实中,不乏一些舍生取义的志士仁人,他们不畏权贵,将礼义常存于心,将礼义看作高于生命。所以,孟子认为舍生取义,"非独贤者有是心也,人皆有之,贤者能勿丧耳"(《告子上》)。贤者不丧礼义之心,面对着一箪食、一豆羹的时候是这样,面对着万钟之禄也是这样;而一般人,只是在小的物质利益方面,可以斤斤计较于它是否合乎礼义,但面对"万钟则不辨礼义而受之"(《告子上》)。

当然,孟子的本质礼学并不彻底,他提出:"言非礼义,谓之自暴也;吾身不能居仁由义,谓之自弃也。仁,人之安宅也;义,人之正路也。旷安宅而弗居,舍正路而不由,哀哉!"(《离娄上》)也曾反复强调从礼的大本大节上着手,且将礼划分为"合礼"与"非礼之礼"两类,但他的本质礼学依然是以成王败寇为前提的,这就使得他在对待两种强盗的馈赠态度上,相互矛盾。万章曾问孟子,一个在国都郊外拦路抢劫的人,他依了规矩同我交往,"其馈也以礼",那是否可以接受这种赃物呢?孟子斩钉截铁地说不可以。在他看来,"御人于国门之外"(《万章下》),拦路抢劫,这是一个破坏礼制的大是大非的大节,他的行为已破坏了社会秩序,其财物是不义之财,因此,"其交也以道,其馈也以礼"(《万章下》),只是徒具仪节的意义,是一种"非礼之礼"。因为他从前提上破坏了礼的原则,他属于那种可以"不待教而诛"的人。但当万章将当今取之于民的诸侯也看作强盗的时候,而这类强盗"苟善其礼际",则君子受之,孟子则认为不能作如是比附,且赞同接受诸侯合"礼"的赐予,以为从原则性的高度看,不接受诸侯的"礼"是对的,但现实中却难以做到,这就彻底暴露了他的本质礼学的局限性。

总之,孟子以"仁义"为核心的礼学思想,强调仁义礼智根于心,其主要倾向是使礼表现为一种心理原则,一种先验的道德本质,但他对西周井田、赋税、养老等制度的向往,对"法度"的认可,对以后儒家,尤其是荀子将礼法结合在一起,起到了先导作用。

爱人之心,人皆有之

孟子认为,每一个人从根本上都具有天赋的恻隐之心、羞恶之心、辞让之心、是非之心;而恻隐之心就是仁的发端,羞恶之心就是义的发端,辞让之心就是礼的发端,是非之心就是智的发端。人有此四端,就如同有了四肢,即拥有了行为能力。但关键问题在于是否能够自觉地去发展扩充这种行为能力,即从恻隐、羞恶、辞让、是非的发端,逐步达到仁、义、礼、智的高尚境界。如果一个四肢健全的人自称什么事也不能做。那么,不是因为他不具备行为能力,而是因为他没有在四肢健全的基础上发展和扩充这种能力。

孟子所宣扬的仁政、王道等理论,都是以人性善这一核心理论为基础的。

孟子的这段话,通过一件事情来说明人的善心,即:今人乍见孺子将入于井,从这里提出了恻隐之心、羞耻之心、礼让之心和是非之心。孟子认为,这四种心是"仁义礼智"的开端和起点,要是人没有了这四种心,就不能算是人了。

孟子还有一句名言:"爱人者,人恒爱之;敬人者,人恒敬之。"这句话意指一个人只有真诚地关爱别人,才能得到别人永恒的爱:一个人只有真诚地尊敬别人,才能得到别人永恒的尊敬。相反,如果一个人不爱别人,那么也不会得到别人的爱;如果一个人不尊敬别人,那么也不会得到别人的尊敬。爱与敬是双向的,没有播种就不会有收获。因此这句贤文启迪我们,做人要有仁爱之心,正像一首歌词所唱的那样:"只要人人都献出一点爱,这世界将变成美好的人间。"

经商的本质是互赢互利,只有双方都从中得利,买卖才能长久做下去。古今中外,概莫能外。李嘉诚是当代华人的首富,也是当代的商圣,他曾这样谈论经商之道:"你我双方做生意,如果我赚你亏,你不会干;如果你赚我亏,我不会干;只有你我双方都能赚钱,生意才能做下去。其实经商的秘诀就是这样简单。"李嘉诚把经商之道说得多么通俗简单,不愧为当代华商之圣。

清代著名的晋商乔致庸之所以能成为一个成功的商人,一个重要原因就是他有一颗仁爱之心。乔致庸以天下之利为利,开票号实现汇通天下的目标,不是为了自己发大财,而是为了方便天下商人。开拓武夷山茶路不仅是为了自己发财。更多的是考虑如何解除广大茶农的生活之困。当有人出高价收购他经营的茶市时,他毅然撤出,这是一般的商人很难做到的。大灾之年,他开粥棚救济十万灾民,家人与灾民同锅喝粥,为了支撑粥棚几乎倾家荡产。

在乔家门前,常年拴着3头牛,谁家要用,只需招呼一声,便可牵去用一天;每年春节前夕,乔家大门洞开,乔致庸会拉出一扇板车,满载米、面、肉,谁家想要,只要站在门口招招手,便可随意取去。乔致庸就是凭着一颗仁爱之心,凝聚了一大批铁杆伙计,他虽然多次历经灾难,几乎家破人亡,但这些伙计却全力以赴、鼎力相救,一次次使他转危为安、化险为夷,没有伙计在危难时刻离他而去。这全是仁爱之心使然。

我们再来看看电视剧《乔家大院》里的祁县何家,因经营烟馆生意,赚了不少钱,但做的是缺德事,害的是老百姓,因此不得好报。何家少爷也因长期抽鸦片毁坏了身体,疾病缠身,不能过正常人的生活,花了大笔银子娶回江雪英不久便一命呜呼,撒手人寰,万贯家财尽落他人之手,得到了应有的报应。

人生处世,大概没有人希望给别人留下不好的印象。很多人都想让自己崇高起来。好像在汪国真的诗里读到过这样的话:"人,不一定可以使自己伟大,但一定可以使自己崇高。"

2006年4月20日,资助贵州、湖南、四川等贫困山区178名贫困儿童、累计捐款300万元的爱心大使丛飞因病医治无效,在深圳市人民医院去世,年仅37岁。丛飞生前立下遗嘱,捐献出自己的眼角膜,将给4名患者带来光明,以他最后的爱心馈赠社会,使仁爱之心长留人间。

纪念丛飞的网站、丛飞纪念馆相继建立,网上追悼会召开,时任国家民政部部长向深圳民政局发去唁电,哀悼丛飞。丛飞的爱心感动了中国。

1994年8月,丛飞应邀参加重庆举行的一次失学儿童重返校园义演,从此开始了长达 11 年的捐款助学活动,并先后被授予"中国百名优秀青年志愿者""深圳市爱心市民""深圳市爱心大使"等称号。

一次,丛飞在一个贫困山区演出,观众席上坐的是几百名因家贫而辍学的孩子,丛飞当时就毫不犹豫地把身上所有的 2400 元钱都放进了捐款箱。主持人告诉丛飞:"你捐出的这笔钱,可以使 20 个孩子完成两年的学业!"

丛飞当时觉得这是很有价值的事情。从此以后,他就开始不断地资助贫困山区的失学儿童,先后 20 多次赴贵州、湖南、四川等贫困山区举行慈善义演,为当地失学儿童筹集学费。

丛飞说:"在山区时,我被他们的贫寒所震撼,看到他们穿不上衣,吃不上饭,我心里就难受,而当我听到这些孩子有书可读时我就高兴。"丛飞还说,他最大的愿望是让孩子有书读,让社会少几个文盲,少几个法盲。正因为他爱上了这些质朴、憨厚、勤劳的山民,他的捐献才像雪球一样越来越大。

在一些城市的商业演出中,丛飞已经小有名气,每场演出的出场费达到一两万元,多的时候一个月收入可达十几万元,资助孩子们的学费,对当时身体健康的丛飞来说,完全可以承担。但 2003 年"非典"之后,丛飞的演出机会锐减,收入也越来越少,给孩子交学费时资金也紧张起来。当时,为了及时给 100 多个孩子交学费,丛飞从亲朋好友那里先后借了 10 万元,在开学前如期给孩子们送去。

从 2004 年春天开始,丛飞的胃部经常剧烈地疼痛,还时常吐血、便血,当时家人和朋友们都劝他住院治疗。可丛飞拒绝了,只在门诊处开了些口服药维持。2004 年 7 月,丛飞如约来到贵州,给孩子们送去了下学期的学费。不过这笔学费中,有很大一部分是他再次从朋友们手中借来的。当时,丛飞已经背负上了 17 万元的债务。

丛飞的家在深圳罗湖区翠竹路东的新港鸿花园,一套五六十平方米的房子。房间内有半面墙的书柜摆满了奖状与照片,CD 架上摆放着一些古典音乐与民族歌曲。

丛飞的妻子邢丹初期对丛飞的做法有时难免也不理解,会发些牢骚。2004 年夏,丛飞带着她去贵州黔南贫困山区为他资助的孩子们送衣物和学费。深受感动的邢丹说:"那些孩子家里的贫困程度让我震惊,他们一年四季吃不起肉,玉米面还要掺上秸秆吃。许多人家五六口人冬天只有一床棉被。当看到那些可爱的孩子们搂着丛飞的脖子一个劲地喊着爸爸,孩子的家长拉着丛飞的手默默流泪,那一刻,我真正理解了丛飞的付出。"

此后,邢丹辞去了空姐的工作,照顾着年幼的女儿睿睿,当起了全职的家庭主妇。

在生命的晚期,丛飞仍然惦记着他资助的100多个孩子,他们有很多还是小学生,如果不能继续读书,等待他们的将是无望的未来。他希望前来看望他的朋友"一定要多想想办法,让他们继续读书啊……"

这就是生活在我们这个时代的丛飞,他用他博大的爱心,给了无数孩子一个饱含希望的未来。他的行为感动着每一个中国人。

重义轻利,把握人生

孟子拜见梁惠王。惠王说:"老先生,您不远千里而来,对我们国家有什么有利的吗?"

孟子回答说:"大王,您为什么要说到利益呢?只要有仁义就足以了。大王说'对我的国家有什么有利的?'大夫说'对我的封邑有什么有利的?'士人平民说'对我自身有什么有利的?'举国上下互相争夺利益,那国家就危险了。在拥有万辆兵车的国家,杀掉国君的,必定是国内拥有千辆兵车的大夫;在拥有千辆兵车的国家,杀掉国君的,必定是国内拥有百辆兵车的大夫。在拥有万辆兵车的国家里,这些大夫拥有千辆兵车;在拥有千辆兵车的国家里,这些大夫拥有百辆兵车,不算是不多了,如果轻义而重利,他们不夺取(国君的地位和利益)是绝对不会满足的。讲仁而遗弃自己父母的人是没有的,行义而不顾自己君主的人也是没有的。大王只要讲仁义就可以了,何必谈及利益呢?"

自古以来,利与义之间的选择是仁者见仁、智者见智的,孔子就曾说过"君子喻于义,小人喻于利"。为人处世是这样,治理国家也是这样。

有利就会有害,如果每个人都把利放在第一位,那么大家就会相互争夺权益、中饱私囊,那么这个国家就危险了。而义呢?朱熹曾说过:"仁者,心之德,爱之理;义者,心之制,事之宜。"人一旦有了仁,就会孝顺,一旦孝顺就会厚待其亲人。人一旦有了义,就会忠诚,一旦忠诚就会报效国家。

利是一切作乱的导火线,而义则是一个国家安定和睦的基础。故孟子说:"王亦曰仁义而已矣,何必曰利?"其道理就是"仁义重于利"也。

不过,关于利,朱熹又如此说道:"君子不言利并不是完全不想利,只不过不唯利是图而已。孟子之所以说的那么坚决,是因为当时的人唯利是图不知世上有'仁义'二字,所以拔本塞源而救其弊,此圣贤之心也。"

对于现今的我们来说,利义齐飞,君子已不羞于言利,或者说,君子也要言利。但是否也有必要多言"仁义"而"救其弊"呢? 当然,的确也不可能只说仁义而不说利,这已不合乎我们今天的现实。应该是既说利也说义,这样才是客观的。

司马迁在《史记》中说:"天下熙熙皆为利来,天下攘攘皆为利往。"人生在世,最难看破的就是名利二字。面对名利,取利还是取义,是两种价值取向,它们也会带来不同的人生道路。

重义的人,把亲情、友情、爱情放在生命的首位,这样的人能够做到"君子爱财,取之有道";重利的人,则是金钱至上,为了金钱不惜铤而走险,走下去可能就是悬崖。"君子喻于义,小人喻于利。"只有"重义轻利",才能把握好人生的航标。

北宋名臣苏东坡,被贬谪后来到常州。由于当时的官员给他的是栋土房子,风雨飘摇中岌岌可危,于是苏东坡用一生的积蓄买了一套房子。

一次,苏东坡出去散步,看到有一位白发苍苍的老妇人在路边哭泣。苏东坡就问老妇人为什么伤心。老妇人哭诉道:"儿子不孝,把我居住多年的老宅卖给别人,把我赶出了家门,无处安身。"当老妇人告诉苏东坡老宅地址的时候,苏东坡才明白自己买下的房子就是这位妇人的。苏东坡当即将房契掏出,在老妇面前烧掉。第二天,苏东坡找来老妇人的儿子,嘱咐他将老母亲请回老宅。自己仍然住着那栋漏风漏雨的小土房。

重义轻利,是中国传统道德处理群己关系的一条基本行为准则,是中华民族重要的传统美德。义和利问题,讲的是道德原则和物质利益的关系问题。

义,一般地是指合乎正义和公益的或公正合宜的道理或举动。利,就是指物质利益。重义轻利,不是一般地反对"利",而是指见到利益,应首先想一想符不符合道义,该取的可以取,不该取的不应据为己有,即义然后利,亦即孔子说的"义然后取，人不厌其取"。

北宋熙丰年间，在京师的樊楼旁边有一座小茶馆，生意非常兴隆。

有一天，一位从邵武来的李姓客人，与一老友在此小茶馆叙旧饮茶。因天气比较热，李姓客人便脱下了外衣，把带的数十两金子随手放到了茶桌上，结果走时却忘记了拿。李姓客人离开茶馆后，才发现自己遗失了金子，但心想这个茶馆中往来的人那么多，肯定找不回来了，也就没有回去寻找。

三四年后，李姓客人再次来到这家茶馆，他并没抱希望，只是随口说自己三四年前曾在这里遗失过东西。茶馆老板听后想了想，问道："你那天是不是穿着毛衫坐在这里？"李姓客人说："是啊。"又问："同你在一起坐在这里的人是不是穿着皂皮袄？"答："是啊。"茶馆老板说："那些东西被我捡到了，那时也赶快出去追赶，但你们走得很快，在那么多人中一时也没有辨认出人，于是就把东西放了起来。心想你们明天肯定会回来寻找。我从没打开过，但觉得很重，想必是黄金白银之类的东西。如果你说的块数重量相同，你就拿回去吧！"李姓客人说："如果能找到，我就与你平半分。"茶馆主人笑而不答。

李姓客人跟随茶馆主人来到一小棚楼上，发现楼上放了很多鞋、伞、衣服、器皿等他人遗失在这里的东西，而且上面都贴有字条，写有某年某月某日，大概是什么样的人所遗失。如果不知道的，就写着不知道。在一个楼角中找到一个小包袱，封记从没有打开过，上面写着某年某月一位官人所遗失在这里的。

下楼后，茶馆主人同众人再次询问李姓客人包袱中金子的块数重量。李姓客人答出来后，茶馆主人打开包袱一看，果然同李姓客人说的相符，便把包袱全部还给了他。

李姓客人为表示感谢，要留下一半金子给茶馆主人，茶馆主人说："官人想必也读过书，怎么这么不会看人呢？古人明辨义利之分，我如果重利轻义，就把东西藏起来不告诉你，你又能怎样呢？又不能官法相加？我之所以这样做，就是总怕自己有愧于心的缘故啊！"

李姓客人知道他不会接受，非常羞愧，对其一再施礼拜谢，茶馆主人则不断地谦让辞谢。后请茶馆主人到樊楼去饮酒，结果茶馆主人也坚决推辞了。

当时茶馆中五十多人，大家都非常感慨。的确，做人都是下坡容易上坡难，往下走、随波逐流省力，而坚守信念和道德却需要长久的意志和勇气，难度就要大得多了。如果茶馆主人暗中偷拿了客人遗失的钱财，开始总是觉地虽然得了便宜，但良心还是受到谴责。可如果继续发展下去，天长日久，贪财的事一件件的发生，以至于控制不住自己，这个人就蜕变成一个缺德的贪财小人了。古代成语中有个词叫"一介不取"，就是说，不是自己应该得到的一点都不能要，哪怕像一粒芥菜子那么微小的、一点点小东西也不拿，才是守法、轻利。

当今社会，很多人由于重利而弃义，为了攫取最大的利益而不惜昧着良心去坑蒙拐骗，甚至连自己的亲人也不放过，最终锒铛入狱，众叛亲离。我们应该向古人学习，传承重义轻利这种良好的品德，更好地把握自己的人生。

无论是"重义轻利"，还是"先义后利"，关键是作为原则、标准的"义"必须正确，即符合社会进步的时代要求，否则前提错了，一切就错了。在阶级社会里，由于阶级利益和不同政治集团的利益不同，"义"的具体内容往往也截然不同，甚至根本对立。在封建社会，贫苦农民不堪压迫，揭竿而起，从来都认为自己的行为是符合"义"的，所以称"起义""义军"；但在封建统治阶级看来，那是"造反"，是"反贼"。

严于律己，宽以待人

孟子回答说："大王喜欢打仗，我就以打仗做比喻。两军对战，咚咚地擂起战鼓，刀刃兵器相碰，就会有士兵丢盔弃甲逃跑。有的士兵逃出 100 步远停了下来，有的士兵逃出 50 步停了下来。如果凭着自己只逃了 50 步就嘲笑那些逃了 100 步的人，那你觉得怎么样？"

梁惠王说："当然不行。逃了五十步的人只是没有逃到那一百步而已，这同样是逃跑啊！"

战国时期，各诸侯国统治者为了自身的利益，连年征战，相互攻伐。由于频繁的战争，造成了兵员缺乏、劳动力不足，这在当时是个十分突出的问题。争夺人力，也就成了各诸侯同统治者的当务之急。孟子在此所说的言论，正是对梁惠王向他提出"民不加多"的疑问所做出的回答。

孟子这次和梁惠王的对话，主要是围绕"民不加多"的问题展开讨论，以及当时各诸侯国都想统一天下的心理,提出了仁政的主张,并且还阐述了仁政的具体内容,并在一定程度上揭露了社会的不平等。

孟子通过梁惠王的话知道,他想通过政治手段使"民加多"。于是,他先是帮助梁惠王认识到在政治上与邻国相比,只是做了一些救灾的好事而已,本质上并没有区别,并用"五十步笑百步"这个故事来说明。然后,他提出了想要从本质上有所区别,使百姓更愿意到本国来,就应该施行"仁政"。施行"仁政",就能让百姓们发展生产,使百姓住有房,耕有田,吃得饱,穿得暖,还让百姓懂礼仪,能够接受教育,君王如此施行仁政,革除暴政,百姓自然能来归服。这样一来,"民不加多"的问题自然就解决了。

在孟子劝谏梁惠王的这段言论中,"五十步笑百步"这个典故一直流传至今,它告诉人们在为人处事时,要学会严于律己,同时对待别人的过错,要有客观的认识,不要一味地讥讽,要有一颗宽容之心。

一位牧师走到海边,正好目睹一艘船在海上遇难,船上所有的人都掉进海里死了。牧师开始对上帝感到怀疑,忍不住责怪道:"上帝也太不讲理了!为什么只因为在这艘船上有一个罪犯,就要让这么多人一同受害。"

正当牧师喋喋不休时,他发觉自己被一大群蚂蚁围住了!原来他正站在一个蚂蚁窝旁边。有一只蚂蚁爬到他身上,并且咬了他一口,牧师非常生气,立刻用脚踩死了所有的蚂蚁。没想到,此时上帝忽然出现,对牧师说道:"既然你能用与我相同的方式,去对待那些可怜的蚂蚁,那你还有什么资格可以来批评我呢?"

上述的寓言故事,说明的就是"严于律己,宽以待人"的道理。

唐代文学家韩愈有云:"古之君子,其责己也重以周,其待人也轻以约。重以周,故不怠;轻以约,故人乐为善。"

"严于律己,宽以待人",是古人的一种思想和主张。构建和谐社会,大兴人文之举,拓新修养之道,必须要切记"严于律己,宽以待人"。

严于律己,是一种处世的方法。待人律己的态度可以反映出一个人的修养,也是决定这个人能否与人和善相处的重要因素之一。

所谓"严于律己",其实就是对自己要求得严格,国有国法,家有家规,人也有自己的"纪律",这个"纪律"是对自己的高要求,严格要求自己,做到自我批评和自我检讨,但这对很多人来说都是比较难的。

鲁迅先生是一个对人严格要求的人,而且对自己他也能做到"不留情面"自我剖析,还有写了《忏悔录》的大作家鲁索,在这本书里,鲁索就"活生生解剖了自己的灵魂,做了最彻底的自我检讨"。而有些现代人却总是习惯把镜子照向别人,从没有想过用镜子好好看看自己的灵魂。

一个时刻注意剖析自己灵魂的人,并非只是简单地一日三省,因为只靠自己是无法用闭门思过的方法来找自己的缺点的,而是需要有别人的帮助,通过他们的帮助来找到自己的不足,毕竟"当局者迷"。但还要记得,不能完全以别人作为自己的"标准"。

爱因斯坦的父亲和同事去清扫一个大烟囱。那烟囱只有踩着里边的钢筋踏梯才能上去,于是那个同事在前,爱因斯坦的父亲在后,一级一级地爬上去;下来时,同事依旧在前,爱因斯坦的父亲跟在后面。当他们走出烟囱的时候,那个同事的后背、脸上全都被烟囱里的烟灰蹭黑了,而爱因斯坦的父亲身上连一点烟灰也没有。爱因斯坦的父亲看见同事的模样,认为自己的脸肯定和他一样脏,于是就到附近的小河里洗了洗;而他的同事则因为看到爱因斯坦父亲干干净净的样子,就只草草洗了洗手,然后大模大样地上街了。结果那个同事在回家的路上被人耻笑了一路。这是爱因斯坦 16 岁时,他父亲给他讲的一个自己经历过的故事,讲完这个故事之后,他的父亲说:"其实,只有自己才是自己的镜子;如果拿别人做镜子,白痴或许会把自己照成天才的。"父亲的故事照亮了爱因斯坦的一生。爱因斯坦时时用自己做镜子来审视自己,终于映照出了生命的光辉。

当然,严于律己不仅表现在和别人在一起的时候,在自己独处的时候也应该一样。伟大的革命家列宁就说过这样的话:"既应该在所有人面前是正直的人,也应该在自己的良心面前是正直的人。"

所谓"宽以待人",就是善意地对待别人的不足和缺点。因为无论多么完美的人身上,都有至少一两个缺点,有的缺点甚至在别人看来难以接受。明朝有位学者说过这样的话:"人有不及者,不可以己能病之。"也就是说,看到别人的缺点、不如自己的地方,不能因为自己这一点比别人强,就讥讽别人甚至看不起对方。

每个人都会犯错,包括自己,可是我们往往能很快原谅自己,却无法原谅别人。

这种自我原谅但不原谅别人的行为是软弱的表现,因为你只敢面对自己的过错,却无法面对别人的。每个人都有犯错的时候,有的错误还是无意间造成的,是无心的。如果换个角度想想,你是那个犯错的人,是不是希望你"得罪"的那个人能原谅你?如果对方原谅你,你的心情又是怎样的?对人要有宽容之心,有的时候对方的做法可能不是有心的,是无意的冲动行为,知道他不是有心的,就不要把这件事再放在心里,而应该忘了它。

在 17 世纪的时候,两个国家之间了发生战争。一场激烈的战役下来,其中一个国家打了胜仗。战后,这个国家的一个士兵坐下来,正准备取出壶中的水解渴,突然听到呻吟的声音,原来在不远处躺着一个受了重伤的敌国的士兵,正眼睁睁地看着他的水壶。"你的需要比我大。"士兵走过去,将水壶送到伤者的口中,但是那个人却突然伸出手中的长矛刺向他,幸好偏了一点,只伤到士兵的手臂。"嗨!你竟然如此回报我。"士兵说,"我原来要将整壶水给你喝,现在只能给你一半了。"这件事后来被战胜国的国王知道了,特别召见了那个士兵,问他为什么不把那个忘恩负义的家伙杀掉,士兵轻松地回答:"我不想杀受伤的人。"

面对那些无意的伤害,宽容对方会让对方觉得你心胸的博大,可以消除无心人对你造成伤害后的紧张,可以很快愈合你们之间不愉快的创伤。而面对那些故意的伤害,宽容对方则体现出的是一种境界,因为你博大的心胸会让对方无地自容。

宽容是对怀有恶意者最有效的回击,不管别人有意还是无意伤害了你,其实他的内心也会感到不安和内疚,或许是因为碍于所谓的"面子"而不肯认错,而你的宽容就会使彼此获得更多的理解、认同和信任。

每个人都有犯错的时候,并会因为犯错觉得担心,不知所措,希望对方能原谅自己,同时也会对自己的缺点忐忑,不希望别人看不起。所以就要站在对方的角度考虑,当自己遇到不原谅别人错误的人会怎么想。事事计较是不会有什么结果的,已经发生了的事情不会有任何改变,也不能扭转任何已经发生了的事情。

以宽容的态度待人,以理解作为基础,站在客观的角度给人评价,可以从别人身上学到自己所没有的长处和优点,也能使自己对对方的不足给予善意的充分理解。

在日常生活中,时不时都会有如何要求别人的时候,还有如何对待自己的问题。能否把握好一个律己和待人的态度,不仅能充分反映出一个人的修养,还能培养与人之间的良好关系。你会发现,当你对别人表示宽容的同时,也会得到同样的回报,而你的朋友会越来越多,你的快乐也会越来越多。

尊老爱幼,人之美德

孟子说:"敬爱自己的老人,并由此推广到敬爱别人的老人;关爱自己的孩子,并由此推广到关爱别人的孩子。这样,国家就可以治理得很好了。《诗经》上说,'先给妻子做榜样,再给兄弟好影响,凭这治家和安邦。'意思就是将这种心态推广到其他人身上。因此,推广恩德足以使国家安定,不推广恩德连自己的妻子儿女都保护不了。古代的贤明君主之所以远远超过一般人,没有其他原因,只是善于将他们所做的推广开去罢了。"

"老吾老,以及人之老,幼吾幼,以及人之幼。天下可运于掌。"孟夫子这句话告诉我们,敬重自己的长辈,进而推广到敬重别人的长辈,关爱自己的子女,进而推广到关爱别人的子女。如果以这样的准则治理国家,就很容易了。

尊老爱幼是我国优良的道德传统的精华。尊老爱幼是人类敬重自己的表现,每个人都有自己的儿童时代,每个人也都有老的一天。古往今来,多少个春夏,多少个秋冬,一代代人由小孩到老人,不管是处于盛唐还是当今社会,有一点却是共同的,那就是弘扬尊老爱幼的优良传统。

尊老爱幼起始于原始社会,当时生产力低下,在氏族公社的内部为了人类的繁衍和文明的延续,对丧失劳动能力的老人和尚无劳动与生活能力的小孩都一样分配劳动果实,实行义务抚养。由此逐渐形成的这种朴素的道德观念,被继承下来。从原始的社会,就已有了尊老爱幼的思想,这使人听起来感到非常的高兴,从中也可看出人性的善良。后来,尊老爱幼作为一种美德,不断地被历朝历代的人们所传承,所发扬。

有一天,张良来到下邳附近的圯水桥上散步,在桥上遇到一个穿褐色衣服的老人。那老人的一只鞋掉在桥下,看到张良走来,便叫道:"喂!小伙子!你替我去把鞋捡起来!"张良心中很不痛快,但他看到对方年纪很老,便下桥把鞋捡了起来。那老人见了,又对张良说:"来!给我穿上!"张良很不高兴,但转念想到鞋都拾起来,又何必计较,便恭敬地替老人穿上鞋。老人站起身,一句话没说就走了。

张良愣愣地望着老人的背影,猜想这老人一定很有来历,果然,那老人走了不远,返身回来,说:"你这小伙子很有出息,值得我指教。五天后的早上,请到桥上来见我。"张良听了,连忙答应。第五天早上,张良赶到桥上。老人已先到了,生气地说:"跟老人约会,应该早点来。再过五天,早些来见我!"

又过了五天,张良起了个早,赶到桥上,不料老人又先到了,老人说:"你又比我晚到,过

张良

五天再来。"又过了五天,张良下决心这次一定比老人早到。于是他刚过半夜就摸黑来到桥上等候。天蒙蒙亮时,他看到老人一步一挪地走上桥来,赶忙上前搀扶。老人这才高兴地说;"小伙子,你这样才对!"老人说着,拿出一部《太公兵法》交给张良,说:"你要下苦功钻研这部书。钻研透了,以后可以做帝王的老师。"

张良对老人表示感谢后,老人扬长而去。后来,张良研读《太公兵法》很有成效,成了汉高祖刘邦手下的重要谋士,为刘邦建立汉朝立下了汗马功劳。

像张良这样尊敬老人的故事还有很多。

东汉时有个叫黄香的人,从小孝敬父亲。为了让父亲睡得舒服,他夏天用扇子为父亲扇凉席子,冬天用身体为父亲温暖被窝。汉文帝的母亲生病时,文帝每次都要亲口尝过汤药的冷热,才端给母亲。早在汉朝时,政府就曾多次发布命令,提倡、奖励孝敬老人的行为。当时政府发给70岁以上的老人一种拐杖,用这种拐杖的老人,在社会上可以得到特殊的优待和照顾。清朝康熙、乾隆年间都举行过大型的尊老敬老活动,皇帝亲自在宫里宴请65岁以上的老人,每次人数都多达千人。

的确,中国人对后代的关怀爱护是爱中有教,慈中有严,包含着强烈的道德责任感。古人留下的《诫子书》《家训》等大量有关教育子女的著作,是中华民族一笔宝贵的道德遗产。著名的《孟母三迁》故事,就说明了中华民族非常重视对子女的教育。孟子小的时候,母亲担心住家周围杂乱的环境对他的成长不利,连续搬了三

次家,直到把家搬到了学校的旁边,孟母才放下心来。

"尊老爱幼"有着她经久不衰的生命力。这项传统美德在当代得到了充分的继承和发扬。

我国的开国元勋——陈毅元帅,即使自己作了元帅,可还是亲自为自己病弱的母亲洗衣洗裤,从来不要自己的下属去做,他就是尊老爱幼的楷模。1962 年,陈毅元帅出国访问回来,路过家乡,抽空去探望身患重病的老母亲。陈毅的母亲瘫痪在床,大小便不能自理。陈毅进家门时,母亲非常高兴,刚要向儿子打招呼,忽然想起了换下来的尿裤还在床边,就示意身边的人把它藏到床下。陈毅见久别的母亲,心里很激动,上前握住母亲的手,关切地问这问那。过了一会儿,他对母亲说:"娘,我进来的时候,你们把什么东西藏到床底下了?"母亲看瞒不过去,只好说出实情。陈毅听了,忙说:"娘,您久病卧床,我不能在您身边伺候,心里非常难过,这裤子应当由我去洗,何必藏着呢?"母亲听了很为难,旁边的人连忙把尿裤拿出,抢着去洗。陈毅急忙挡住并动情地说:"娘,我小时候,您不知为我洗过多少次尿裤,今天我就是洗上 10 条尿裤,也报答不了您的养育之恩!"说完,陈毅把尿裤和其他脏衣服都拿去洗得干干净净,母亲欣慰地笑了。

1959 年,毛泽东主席回到了阔别多年的故乡——湖南韶山。在短暂逗留的日子里,他特地请家乡的老人吃饭。在他向一位 70 多岁的老人敬酒时,那位老人说:"主席敬酒,岂敢岂敢。"毛主席说:"敬老尊贤,应该应该。"这件事一时传为佳话。

以德服人,心悦诚服

孟子说:"凭借武力假托仁义的可以称霸,称霸必须凭借强大的国力;依靠道德施行仁义的可以称王,称王不需要以国力强大为基础——商汤仅凭方圆七十里的地方,文王仅凭方圆百里的地方就称王了。靠武力使人服从的,不是真心服从,只是力量不够反抗罢了;靠道德使人服从的,是心里高兴,真心服从,就像七十位弟子敬服孔子那样。《诗经》上说:'从西从东,从南从北,无不心悦诚服。'就是说的这种道理。"

孟子在这里,是在讲他的王道、霸道之分。其中所说的"王道"的代表,是"以德服人"的商汤和周文王。而所谓"霸道"的典型,则是春秋时期以"尊王攘夷"为旗帜,通过"挟天子以令诸侯"而成其霸业的齐桓公和晋文公。"假",借也,"以力假仁"而霸,就是以力为后盾,借仁的名义而称霸。

以武服人者,乃口服心不服;以德服人者,乃口服心服。以武服人,目的就是想让别人服他,因为自身的原因,别人也不敢不服。所以,以武服人者,一开始就必须有强大的力量作为后盾。以德服人,无意让别人服他,只想施行仁义,因为这样,大家反而都服他。所以,以德服人者,一开始并不一定都很强大,但到最后,肯定是最强大的。

古语云:"遇欺诈之人,以诚心感动之;遇暴戾之人,以和气熏蒸之;遇倾邪私曲之人,以名义气节激砺之;天下无不入我陶冶矣。"意思是说,遇到狡猾欺诈的人,要用赤诚之心来感动他;遇到性情狂暴乖戾的人,要用温和态度来感化他;遇到行为不正自私自利的人,要用大义气节来激励他。假如能做到这几点,那天下的人都会受到我的美德感化了。

世上的人千人千面,千变万化,每个人都面临适应人生,适应社会的问题。所谓以不变应万变,面对大千世界,抱定以诚待人,以德服人的态度来适应人们个性的不同。就是对冥顽不化的人,也要以诚相待使他受到感化,所谓"精诚所至,金石为开"。

三国时,蜀国后主刘禅刚继位不久,南蛮王孟获便带领十万蛮兵起兵造反,不断侵掠蜀国边境,这样便给蜀国后方带来极大的威胁。于是,诸葛亮亲自带领五十万大军前去征讨,以赵云、魏延为大将,率马岱、马谡、王平、张翼等部将,长驱直入攻向南中。

孟获是南中的酋长。他以英勇善战、为人侠义而闻名,所以在南人中很有威望。他听说蜀兵南下,就率兵迎战。

诸葛亮知道孟获是个有勇无谋的人,于是便把队伍交错,旗帜杂乱,以迷惑孟获。同时又授计给将领,让他们去安排准备。果然,孟获看见蜀军的队伍后,心里就想:"人们都说诸葛丞相用兵如神,看来是太夸张了。"孟获就冲出阵去与王平交战。但是还没有几个回合,王平回头就跑。孟获很得意,便紧追不舍,一口气追赶了二十多里。忽然杀声四起,左有张嶷,右有张翼,他们截断了孟获的退路。王平又返身杀回,南兵大败。孟获拼命冲出重围,行走不远,遇见了赵云所带的部队拦住了去路。孟获早就听说过赵云的厉害,慌忙带领几十个骑兵逃进山谷。孟获这时是前面路狭山陡,后面追兵渐近,孟获只得丢下马匹爬山。就在这时,又是一阵鼓声,原来诸葛亮早就了解了这一带地形,派魏延带领士兵在这儿埋伏,结果不费吹灰之力就活捉了孟获。

活捉孟获后,诸葛亮问孟获:"现在你被我活捉了,你心服吗?"孟获说:"我是因为山路狭陡才被你捉住的,怎么会服呢?"诸葛亮说:"你既然不服,那我就放你回去怎样?"孟获说:"如果你放了我,让我重整兵马,和你一决高低,那时我要是再被你活捉,我就服了。"诸葛亮说:"那好。"说完便让人给孟获松绑,并以酒肉招待以后,放出营帐。

诸葛亮的这个做法,众将领都非常不理解,于是问诸葛亮说:"孟获是蛮兵的首领,擒住他南方才能平定,丞相为什么又把他放了?"

诸葛亮笑着说:"我想要抓他,就像是探囊取物,但只有降了他的心,他以后才不会再反。"

孟获回去后,重整军马,准备再战。这时,他手下的两个洞主被俘虏后也都被放回,孟获就派他们俩迎战,但是他们又打了败仗。孟获怀疑他们俩是故意被打败的,于是便把他们痛打了一百军棍。这两人一怒之下,带了一百多个被放回来的南兵,冲进孟获的营帐,趁机把喝醉了的孟获绑住了,献给了诸葛亮。

这一次被活捉的孟获在面对诸葛亮时,却依然振振有词地说:"这不是你的能耐,而是我手下人干的,怎么能让我心服呢?"诸葛亮便又一次放了孟获,并且还带他观看蜀军如山的粮草和明亮的刀枪。孟获则一边走,一边注意各个营寨的位置和情况。参观完后,诸葛亮亲自为他送行。

孟获回到本寨,对弟弟孟优说:"我已经知道蜀营的状况了,现在可以一举打垮蜀军了。"两人当下设了一个计谋。第二天,孟优带着一百多名南兵,抬着许多金银珠宝来到了诸葛亮的大营,向诸葛亮投降来了。诸葛亮早就知道他们是诈降,将计就计,设宴款待他们,并利用药酒将他们全都迷倒在地。当天晚上,孟获把南兵分为三队,前来劫寨。他原以为有孟优做内应,而诸葛亮又没有防备,肯定可以活捉诸葛亮。但是他不知道诸葛亮已经知道了他的计谋,于是孟获再次落入诸葛亮的圈套,第三次当了俘虏。

这次孟获还是不服,诸葛亮又让孟获回去。后来几次,诸葛亮又用计策活捉了孟获。孟获这才对诸葛亮说:"七擒七纵,自古未有,我要是再不感谢丞相的恩德,可就太没有羞耻了。丞相天威,南人永不造反。"诸葛亮听后,问道:"你真的心服了吗?"孟获哭着说:"我们子子孙孙都感谢丞相再生之恩,怎么能不心服呢?"

诸葛亮对孟获的七擒七纵,以德降服孟获的故事,同时再一次证实了孟子"以德服人者,中心悦而诚服也"的名言。

以我之德化,来启人之良知,历史上这样的例子很多,即使是冥顽之人朝闻道而夕死的事也不少,这也算是临终而悟,而达到德化的目的;何况对于一般人,坚持我之美德与之相处,终可德化落后之人,保持真诚平和的人际交往。三国中的刘备,正是因其"以德服人"才能以弱势卓立于乱世之中。

刘备临终前,还不忘叮嘱刘禅要"惟贤与德",因为这正是刘备一生的成功心得。刘备的治国之能,远不及魏武帝曹操,却能收揽关羽、张飞、赵云及诸葛亮等一群文武奇才,皆因其以德服人使然。也是通过在下属和百姓中广播仁义,刘备才能由一个卖鞋小贩奋斗到三分天下有其一的蜀汉皇帝。自打走上政治舞台后,刘备宽厚待人、仁义取信的处世理念就颇为人称道。作为政治家、领袖人物,宽厚、仁义、忠诚都是指引成功的最高法宝。投之以桃李,报之以琼瑶,刘备的宽厚仁德,为他带来无尽的好处。曹操欲以威服人,人心不服;刘备欲以诚感人,人皆感动。

除了以德服人,刘备还善于"哭"出好多名堂来。隆中对后,刘备相约孔明出山相佐,孔明不从,刘备大哭,"泪沾袍袖,衣襟尽湿"。孔明见其意甚诚,大为感动曰"将军既不相弃,愿效犬马之劳"。如果刘备听从张飞之言"他如不来,用一条麻绳缚将来",结果只能得诸葛亮之身,而难得其心,正如曹操之得徐庶。

还有,当刘备发兵西指,刘璋亲临涪城来迎。内应张松、军师庞统多次建议在涪城行事,刘备执意不从,他说得义薄云天:"季玉(刘璋)是吾同宗,诚心待吾,更兼吾初到蜀中,恩信未立,若行此事,上天不容,下民亦怨。公此谋,虽霸者也不为也。"刘备说得很有道理:如果真在涪城设下"鸿门宴",定要失信于川地之民,如此一来,后面的麻烦就大了。正所谓好事多磨,事缓则圆,万事不可急就。

不论是在古代的政治环境里,还是在今天的经济社会里,仁德待人都是成功者很高妙地做人技巧。反观某些人在某方面堪称能人,却因为自身人格问题而被历史钉在耻辱柱上：汪精卫聪明倜傥，周作人才华横溢，但他们在人生的紧要关头，投敌叛国，成了千古罪人。其中的周作人，虽然在文学上取得极大成就，与其兄鲁迅不分上下，但是做人的失败使他只能是一个作家，无法被称为文学大师。

由此可见，"以德服人"才是大能、大智慧，才能让别人心悦诚服。如果每天趾高气扬，对别人颐指气使，久而久之你就会成为一个失道寡助、不受人欢迎的异类。我们也很难想象，一个心里面不去善待他人的人能够真正地获得成功。

善于反省，提升自我

孟子说："造箭的人难道比造铠甲的人还不仁吗？造箭的唯恐造的箭不尖利不能射伤人，造铠甲的唯恐铠甲不坚硬使人被射伤。求神治病的巫医和做棺材的木匠之间的关系也是如此。所以谋生的职业不能不慎重选择啊。孔子说：'住在有仁德的地方才好。经过选择却不住在有仁德的地方，哪能算聪明？'仁，是天赋予人的最尊贵的爵位，是人最安定的住所。没有谁阻挡他行仁，他却不仁，这是不明智。不仁、不智，无礼、无义，只配当别人的仆役。当了仆役而觉得当仆役羞耻，就像造弓的觉得造弓可耻，造箭的觉得造箭可耻一样。果真觉得可耻，不如就行仁。行仁的人就如比赛射箭：射箭手先要端正自己的姿势，然后放箭；射不中，不怨恨赢了自己的人，只有反过来在自己身上找原因罢了。"

孟子的这段话从个人品质说，是严以律己，宽以待人，凡事多作自我批评。也就是孔子所说的"躬自厚而薄责于人，则远怨矣"。从治理国家政治说，是正己以正人。"其身正，不令而行；其身不正，虽令不从。"儒家强调从自身做起，从身边事做起，所以，多与个人品质紧紧连在一起。而自我批评则是其手段之一。

中国人认为学问的目的不只是在于认识外物，而更在于成就自身，提高自己的精神境界，因此，"反求诸己"，观察自己的行为是否符合最高人生价值的标准，便成了中国人的思维方式之一。孔子也说过，"己所不欲，勿施于人。"

这是中国古代文化品格中"内省"的方式，以达到人格或者学问的最高境界。

古人特别讲究"反省"。子曰："吾一日三省吾身"，说的是自己要每天多次地检审一下自己的行为和思想。

反省是认识自己的必由之路。无论你通过什么途径得到的答案，都必须经过你的深思熟虑,真切地发自内心的认识到它的正确以后,才有可能真正地转化为行动。这个深思熟虑的过程就是反省的过程,就是拷问自己心灵的时候。

反省,首先是对自身所作所为进行的思索和总结。自己说过的话、做过的事,都是自己直接经历和体验的,对自己的一言一行进行反省,反省不理智之思、不和谐之音、不练达之举、不完美之事,往往能够得到真切、深入而细致的收获。曾子曰:"吾日三省吾身。"反省不但要勇于面对自己、正视自己,并且要及时进行、反复进行。疏忽了、怠惰了,就有可能放过一些本该及时反省的事情,进而导致自己犯错。

反省也是对别人的经验教训的思考和总结。个人的经验教训虽然来得更直接更真切,但其广度和深度毕竟是有限的。要获得更加广博而深刻的经验,还要在反省自身的基础上,善于从别人的经验教训中学习。成本最低的财富是把别人的教训当作自己的教训。

反省,主要是对挫折和失败的思考和总结。邓小平同志指出:"过去的成功是我们的财富,过去的错误也是我们的财富。"正确的东西会使你变得更加聪慧,错误的东西会使你变得更加清醒。成功的经验大多相似,失败的原因却千差万别,从失败的教训中学到的东西,往往要比从成功的经验中学到的多,而且更为深刻。

夏朝时候,一个背叛的诸侯有扈氏率兵入侵,夏禹派他的儿子伯启抵抗,结果伯启被打败了。他的部下很不服气,要求继续进攻,但是伯启说:"不必了,我的兵比他多,地也比他大,却被他打败了,这一定是我的德行不如他,带兵方法不如他的缘故。从今天起,我一定要努力改正过来才是。"从此以后,伯启每天很早便起床工作,粗茶淡饭,照顾百姓,任用有才干的人,尊敬有品德的人。过了一年,有扈氏知道了,不但不敢再来侵犯,反而自动投降了。

在人们的意识里,一提到反省,似乎是老年人的事情,而与青年人无缘,青年人就是要敢闯敢干,勇往直前,其实并不尽然。反省是不分年龄的,除了不懂事的孩子,反省对于任何年纪的人都是必要和有意义的。实际上,反省对于年轻人而言,更具有重要性:走过的路短,很容易出现失误和差错;后面的路长,反省就更有必要、更有价值。

青年是早晨八九点钟的太阳。在任何一个时代,青年都是社会上最富有朝气、最富有创造性、最富有生命力的群体。经验证明，进步较快的青年人，必定是善于反省的人，反省能使人走向成熟，变得深邃，臻于完善。我们希望年轻人善于从自己和他人的经验教训中学习，克服自身经验和履历的局限，进而从更广阔、更深厚的大地上汲取思想和经验的营养，使自己更好更快地成长起来。

有一位没有社会背景的小伙子，大学本科毕业后进入一家全球500强的跨国能源大公司工作。公司安排新员工从基层简单工作做起。其他新员工都在抱怨："为什么让我们做这些无聊没意义的工作？""做这种简单平凡的工作会有什么希望呢？"这位小伙子却什么也不说，他每天都认认真真地去做每一件领导交给的工作，而且还力所能及地帮助其他员工去做一些最基础、最劳累的工作。由于他的态度端正，做事情的效率很高。

更难能可贵的是，小伙子是个非常有心的人，他从进入公司基层上班的第一天起，始终坚持了写日记的习惯，对自己每天的工作都有一个详细的记录，做什么事情出现问题，他都记录下来、深刻反思；然后，他就很虚心地去请教老员工。由于他的态度和人缘都很好，大家也非常乐于教他。

不到一年的磨炼，小伙子迅速掌握了基层的全部工作要领，很快，他就被调到公司机关工作；又过了两年，他就成了机关部门的负责人。而与他一起进去的其他员工，却还在基层一直议论着、抱怨着，老觉得自己生不逢时，怀才不遇，而世风日下，人心不古。

现实工作中，一些人思想定位不准，总认为自身不错，一遇到问题或挫折就怨声载道，不断地埋怨别人的过错，指责别人的缺点，他们觉得周围的环境和人处处跟自己作对；或者是认为自己"曲高和寡"，周边人无法理解自己丰富而深刻的思想。实际上，他们缺乏自我反省的能力，没有意识到真正的问题不是来源于周围，而是来自他们对自己存在的缺点毫无察觉或者满不在乎，不能从根本上清楚自己的错误，把责任时时处处推给别人。

自我反省是净化心灵的手段，是提高认知能力和办事能力的手段，是认识缺点、改正错误的前提。一个人之所以能够不断地进步，在于他能够适时地调整心态，不断地自我反省，自我修炼，自我检讨，找出自己的缺点或者做得不好的地方，然后不断地改正，以追求完美的态度去做事，从而取得一个又一个的成功。一个善于自我反省的人，往往能够发现自己的优点和缺点，并且能够扬长避短，发挥自己的最大潜能；而一个不善于自我反省的人，则只会抱怨他人或环境，对自己的缺点浑然不觉，一次一次地犯同一类错误，使自己一步一步走向输家的角色。

著名的古希腊哲学家苏格拉底曾说过，"没有经过反思的人生，是没有意义的人生。"一个人只有先认识了自己，才能去认识别人。只有真正认识自己的人，才能对事情做出准确的判断，否则只能一次次做出错误的抉择。

怀羞耻心，自尊自爱

做人要有羞耻之心，懂得自尊自爱，知道哪些事该干，哪些事不该干，这就是智。人无廉耻，百事可为，这个人不仅没有智，也不会有礼、有义、有仁，那么他就不会有什么作为了。

自尊自爱是人生美德。莎士比亚曾经说过："没有自尊心的人即等于自卑"。

自尊，即自我尊重，是指我们既不向别人卑躬屈膝，也不允许别人歧视、侮辱自己，是一种尊重自己，并期望受到他人、集体和社会尊重的心理。自爱，是指爱惜自己、珍爱自己的人格尊严。世界上最名贵、最美丽的衣服不是珍珠衫，也不是霓裳羽衣，而是知愧知耻、自尊自爱。

一个人只有自尊自爱，才能在他人心中树立威严，赢得他人的尊重；一个人如果能真正懂得知愧知耻、自尊自爱，就会主动维护他人的尊严，把尊重自己和尊重他人结合起来，从而散发出高贵庄严的气质。

1927年，我国著名画家徐悲鸿在欧洲留学。那时，中国留学生在外国，不仅经济上困难，而且政治上受歧视。

有个洋学生向徐悲鸿挑衅说："中国人愚昧无知，生就当亡国奴的材料，即使是把你们送到天堂里去深造，也成不了才。"这话激怒了具有满腔爱国热血的徐悲鸿，他严肃地说："那好，我代表我的祖国，你代表你的国家，等学习结业时，看到底谁是人才，谁是蠢材！"

从此，徐悲鸿怀着为我中华民族争光的决心，刻苦努力，经常到罗浮宫、凡尔赛等巴黎各大博物馆临摹世界名作，一去就是一整天，不到闭馆的时间不出来。有志者事竟成。徐悲鸿进入巴黎国立高等美术学校的第一年，他的油画就受到法国艺术家弗拉蒙先生的好评。接着，在一次竞争考试中，他又获得了第一名。1924年，他的油画《远闻》《怅望》《箫声》《琴课》等在巴黎展出时，轰动了巴黎美术界。这时，那个曾向他挑衅的洋学生，不得不承认自己不是对手。

人的自尊，常常是在他人的呵护和鼓励下形成的，比如名人，因为对社会做出的突出贡献或在某方面取得杰出的成就，受到人们的关注和爱戴；与此同时，来自大众的关注和爱戴也使得名人开始看重人们对他的评价，在众人的呵护和激励中，名人的自尊形成了；在众人的赞美与欣赏中，名人感受着做人的自豪与快乐。在自豪与快乐中，绝大多数名人，能够不断地自我完善，他们的生命状态也因此不断地向上成长、向上扩展、向上触及。

吉鸿昌，1895年10月18日出生于河南省扶沟县吕潭镇一个贫苦农民家庭。受父亲影响，吉鸿昌幼年即具有爱国思想。1913年秋天，不满18岁的吉鸿昌弃学从戎，投入冯玉祥部当兵。他因吃苦耐劳、智勇正直被冯赏识，提升为手枪连连长，不久又提升为营长。

1925年10月，吉鸿昌升任绥远省督统署直辖骑兵团团长兼警务处处长。不久又被任命为第36旅旅长。十几年里，吉鸿昌虽不断升官，但却丝毫没有改变"当兵救国，为民造福"的初衷，时刻铭记着父亲"做官即不许发财"的教诲，平时省吃俭用，兴办公益事业。他严于律己，也约束部队不许扰民。吉鸿昌结识共产党员宣侠父等人，开始接触革命思想。1926年9月，冯玉祥在五原誓师，响应北伐。吉鸿昌率部参加了西安之战。1927年4月，吉鸿昌所部扩编为第19师，升任师长，归属冯部国民革命军第2集团军所辖。

1930年4月，蒋、冯、阎中原大战爆发。吉鸿昌奉命率部从宁夏出潼关，参加讨蒋大战。9月，冯玉祥的西北军战败。吉鸿昌为了保存实力，接受蒋介石改编，就任第22路军总指挥兼第30师师长，不久被蒋派往光山、商城一带进攻鄂豫皖苏区。

吉鸿昌对进攻苏区十分反感。他"托病"到上海与党组织取得了联系，随后又化装到鄂豫皖苏区进行了考察，思想上受到很大触动。随后曾在潢川组织所部起义参加工农红军未果。蒋介石发现吉鸿昌有"谋反"之意，便解除了他的军职，逼迫他出国"考察"。

吉鸿昌出国之前，已是震撼中外的"九·一八"事变之后，日本帝国主义侵占了我国的东北三省。蒋介石为了阻挠吉鸿昌的抗日活动，立逼他"携眷出国"，作"军事考察"，而实际上是夺去了吉鸿昌的军权，将他流放国外。

到了美国纽约，一次，吉鸿昌穿着整齐的军装，率领一行从属人员走在街上，突然有人拦住他故意问道："你是日本人吧?!"吉鸿昌叫翻译回答说："不，我是中国人!"对方听了摇摇头表示不相信地说："中国人？东亚病夫，不可能有这样魁梧、高大的军人……"又一次，他到纽约的一家邮局寄送东西，那里的工作人员又明知故问地说："你是哪国人?"吉鸿昌大声说道："我是中国人!"对方奚落地说："地图上已经找不到中国了。"

接连受到这样的嘲笑和侮辱，使他异常气愤，甚至连饭也吃不下去了。他严肃地说："侮辱我吉鸿昌本人，我并不在乎，但是我们是代表中国到美国才考察的，受侮辱的是我们整个国家，整个民族啊!"坚决地表示："下次外出时，就带上'我是中国人'的牌子，让外国的朋友们都知道中国人是有血性的，有五千年文明史的中华民族一定会重新振兴起来了!"

果然，他用草板纸自制了一个约半尺长的长方形牌子，用毛笔写着"我是中国人"几个大字，并在下边注上英文。他挺着胸膛，昂首阔步地穿过围观的人群，显示出中华民族的骄傲。

高度的自尊自爱能产生强大的力量。不管是名人还是普通人，都应该懂得自尊自爱。

自尊与尊人、自爱与爱人是不矛盾的。自尊越强，就越愿意去尊重别人，宽待别人，怀着善意，公平地对待别人，因为我们不把别人当作一种威胁，自尊正是尊重别人的基础。高度自尊的人不会极力把自己凌驾于别人之上，不会通过与别人相比较来证明自己的价值。他们的乐趣在于自己就是自己，而不是比别人好。

自爱并不是自私。因为自爱出于人的天赋，并不是偶发的冲动。自私则是为了个人的利益，所以自私固然应该受到谴责，但所谴责的不是人自爱的本性，而是那超过限度的私欲。

事实证明：要做到自尊自爱，才会得到他人的尊重和爱护；只有更好地尊重和爱护别人，才能更好地做到自尊自爱。

淡泊名利，宁静致远

孟子说："舜在吃干粮咽野菜的时候，就像打算终身这么过日子似的。到他做了天子后，穿着细葛布衣服，弹着琴，尧的两个女儿侍候着，又像本来就享有这种生活似的。"

孟子说："富于财利的人荒年不能使他困窘，富于道德的人乱世不能使他迷乱。"

孟子说："爱名声的人，能够让出大国国君的位置，如果不是这样的人，就是让出一小筐饭，一碗汤，脸色也会显出不高兴。"

"精神境界是虚的，名利则是实实在在的"。这是有的人对名利得失斤斤计较的思想根子之一。淡泊名利是一种崇高的精神境界。"非淡泊无以明志，非宁静无以致远"。一个人淡泊名利，才能"宠辱不惊，看庭前花开花落；去留无意，望天上云卷云舒"。

孟子在此意在告诉人们：一个真正伟大的人，是一个不因富贵与贫贱而心地起伏，也就是轻视富贵的人。像舜这样的至仁之人，贫贱至极也是仁者，亦"大丈夫"。

"名利"是人生活在世界上，无论贫穷富贵，穷达逆顺，都免不了与名利打交道。《清代皇帝秘史》记述乾隆皇帝下江南时，来到江苏镇江的金山寺，看到山脚下大江东去，百舸争流，不禁兴致大发，随口问一个老和尚："你在这里住了几十年，可知道每天来来往往多少船？"老和尚回答说："我只看到两只船。一只为名，一只为利。"一语道破天机。

名利，是一个人世界观、人生观、价值观的外在表现。当今社会，随着时代不断向前发展，随着物质生活水平的不断提高，人们的思想与精神世界有所改变。加之受拜金主义、享乐主义、极端主义等不良习气的侵蚀影响，有些人的人生观、价值观发生了偏移，产生了盲目攀比心理。由于对物质享乐过于追求，陷入物质膨胀的境地，甚至有些人还抱怨社会不公。这就陷入了名利的沼泽。

古人云："非淡泊无以明志，非宁静无以致远"。淡看名利，以糊涂待之，是幸福人生道路上的一种策略，一种大智慧，是一种淡泊名利，泰然安详的境界。能在众人面前不骄傲自满，在别人讥讽面前不灰心丧气。始终保持一种平和从容，乐观豁达的人生态度。不做名利的俘虏,也不为各种利欲所左右,使自己的人生不断升华。

房玄龄生于一个官宦之家,自幼就聪明机警,在父亲的教育下,不仅写得一笔体兼草隶的好书法,更深受父亲那恢廓娴雅的文笔影响,文章也写得篇篇珠玑,非同一般。

公元618年,李渊建唐,李世民受封为秦王。房玄龄官拜秦王府记室,封爵临淄侯。贞观元年,唐太宗任命房玄龄为中书令。这一年的九月,唐太宗对朝中官员论功行赏。结果,房玄龄、杜如晦、长孙无忌、尉迟敬德、侯君集功名列第一,得到了重赏。后来,房玄龄又升迁至相位。

虽然房玄龄身居相位,但从不居功自傲,更不贪权图利。唐太宗曾经召集大臣,讨论世袭之事,封房玄龄为宋州刺史和梁国公。唐太宗之所以要封房玄龄为宋州刺史,目的是为了让房玄龄的子弟世袭。但房玄龄觉着自己身为宰相,应为各位大臣做出榜样,不应贪图私利,便上奏唐太宗说:"臣已经担任宰相,现在又封为宋州刺史,这样恐怕会使大臣们争相追逐名利,使朝政大乱。臣认为不妥,请陛下先罢免臣的刺史职位。"

唐太宗便依了房玄龄的奏折,只封他为梁国公。房玄龄辞掉了宋州刺史之后,朝中大臣纷纷仿效,辞去能世袭的官职。唐太宗十分感慨地说:"上行下效,朝中大臣今天能有这样行动,都是玄龄的功劳!"

后来,房玄龄又加封为太子少师,当他初到东宫见皇太子时,皇太子要拜他。房玄龄慌忙躲避一旁,坚决不受。人们看到当朝宰相如此谦虚恭谨,不由得暗中称赞,都说他是亘古未有的贤相。

贞观十六年(642),房玄龄觉得自己当了很长时间的宰相,不宜长期身居高位,多次提出辞呈。唐太宗对他说:"辞让,固然是一种美德。然而国家长久以来都依靠您,如果失去了像您这样的贤相,朕就好像失去了左右手一般。"

晚年的房玄龄经常疾病缠身。唐太宗依旧委以重任,下诏说:"玄龄多病,就让他在家里办公,躺在床上处理公务。"朝中遇到大事,便命人抬他上殿。每一次遇到这种场面,唐太宗便流泪不止。

后来,房玄龄处于病危状态,唐太宗不仅派皇太子去他家里慰问,还亲临探视,与房玄龄握手诀别。不久,房玄龄便去世了。唐太宗下诏为他举行了隆重的葬礼,赠官太尉、并州都督,谥号"文昭"。

人生者,生死荣辱,祸福成败,皆如过眼云烟。成事在天,谋事在人。到头结果如何,皆各人善恶之所造,非能强求。因此,《三国演义》的开篇词这样说:是非成败转头空,古今多少事,都付笑谈中。只有做到"宠辱不惊,闲看庭前花开花落;去留无意,慢观天外云卷云舒",用范仲淹的话解释说就是"不以物喜,不以己悲",糊涂以对,才能安然地享受自己幸福的一生。

居里夫人是法国籍波兰物理学家、化学家,一生崇尚科学,看淡名利。居里夫人从小就树立了用科学成果报效祖国和造福人类的伟大志向。她从不把金钱放在眼里,说:"如果为了经济上的利益是违反纯粹的研究观念的。"她这么说,也是这么做的。居里夫人发现了镭,用 3 年零 9 个月时间从矿石中提炼出 0.1 克镭盐,却没有申请专利,放弃了一笔巨额财富。她把造福人类看成是最大的幸福。

为了奖励居里夫人对世界的贡献,当时的美国总统胡佛以政府名义赠给她价值 75 万法郎的一克镭,并把关于此事的文件送给她看。她读完文件后说:"这个文件必须修改,美国赠我的这一克镭,应该属于科学。只要我活着,不用说,我将只把它用于科学研究。但是假如就这样规定,那么在我死后,这一克镭就成为个人财产,成为我女儿们的财产,这是不行的。我希望把它赠予实验室。"经手人只好按照居里夫人的意见修改了文件。1923 年,法国居里基金研究会庆祝镭的发现 25 周年,法国政府赠给居里夫人 4 万法郎作为"国家酬劳",并规定她的两个女儿可享有继承权。居里夫人把这笔属于个人的赠款毅然赠送给祖国波兰,用于创建一个镭研究院。这件事在波兰传为美谈。

居里夫人成了名人后,有数百个社会团体请求她在各种宣言上签署自己的名字,但都被居里夫人婉言谢绝了。在法国和波兰,居里夫人"奖牌只是玩具"的故事可谓家喻户晓:有一天,居里夫人的一个朋友来她家做客,突然看到她的小女儿正在玩英国皇家学会刚刚颁发给她的金质奖章,惊讶地说:"英国皇家学会的奖章是极高的荣誉,你怎么能给孩子玩呢?"居里夫人笑了笑说:"我是想让孩子从小就知道,荣誉就像玩具,绝一不能看得太重,否则将一事无成。"居里夫人有一句名言:"在科学上,我们应该注意事,而不应该注意人。"她还在一篇短文《我的信念》中写道："近50年来，我致力于科学的研究，而研究，基本上是对真理的探索……我一生中，总是追求安静的工作和简单的家庭生活。为了实现这个理想，我竭力保持宁静的环境，以免受人事和盛名的侵扰。"正是居里夫人这种不为名利所累，一心倾注于科学研究的品质，使她最终到达辉煌的科学巅峰。

在居里夫人的悼念会上，爱因斯坦这样评价居里夫人："第一流人物对于时代和历史进程的意义，在其道德品质方面，也许比单纯的才智成就方面还要大。"居里夫人的高尚品质令世人崇仰，也在为人处世方面留给我们诸多启示。

人生在世，不去过分地追逐名利，只执着于自己的兴趣爱好，这是一种对世事的淡然心理。所谓"物来则应，物去则空，心如止水，了无滞碍"，即一个人抖落一身欲望后呈现出的平和心态。

淡泊不是不思进取，不是无所作为，不是没有追求，而是以一颗纯净的灵魂对待生活与人生的欲望和诱惑。所以淡泊是一种修养，一种气质，一种境界。

淡泊可以放飞心灵，可以还原人的本性。人能经受热闹，也能耐得寂寞。在顺境中不怡然自得，身处逆境时不妄自菲薄，宠辱不惊，悉由自然。这样就会使你真正地享受人生，在淡泊中充实自己。

威武不能屈，乃为大丈夫

景春说："公孙衍、张仪难道不是真正的大丈夫吗？只要他们一发怒，诸侯们都会害怕，只要他们安居在家中，那天下就太平无事。"

孟子说："这怎么能算是大丈夫呢？你难道没有学过礼吗？男子举行加冠礼时，由父亲训导他。女子出嫁时，由母亲训导她，送她到门口，还要告诫她说：'到了你夫家，一定要恭敬，一定要谨慎，不能违背你的丈夫。'把顺从当作正理，是为妾为妇的道理。大丈夫要居住在天下最宽广的住宅——仁——里，站立在天下最正确的位置——礼——上，行走在天下最宽广的道路——义——上。得志的时候，就和百姓们一起走在这条正道上。不得志的时候，那就独自一人走在这条正道上。富贵惑乱不了自己的思想，贫贱改变不了自己的操守，威武压服不了自己的意志，这才是真正的大丈夫。"

男子汉大丈夫，可以顶天立地。

那么，什么是大丈夫呢？在孟子看来，真正的大丈夫，则是"得志，与民由之"，即"达则兼济天下"；"不得志，独行其道"，即"穷则独善其身"。无论什么处境，大丈夫都能"富贵不能淫，贫贱不能移，威武不能屈"。公孙衍、张仪之辈，虽然在当时很著名，人们都知道他们的大名，但因为他们屈服于强大的秦国，不能算得上是大丈夫。屈服是小人之道，按小人之道行事，怎么能是大丈夫呢？

真正的大丈夫，要有坚强而独立的人格，有坚定而执着的信念，以仁、义、礼为终生言行准则，为实现自己的伟大理想而坚持不懈、勇往直前。

真正的大丈夫，要有端正的品行，有高尚的道德素养，有义无反顾的勇敢精神，有爱国家、爱人民的心，时时为百姓着想。

真正的大丈夫，不受外力所牵制，不为金钱所诱惑，不为贫困所丧志，无论身处贫穷还是富贵，逆境还是顺境，仍然不改心志，不放弃理想，那我们就是真正的强者，就是顶天立地的大丈夫。

公元前100年，中郎将苏武奉汉武帝之命出使匈奴。苏武到了匈奴，完成了所有的使命，正等单于写个回信让他回去，却出了意外。

苏武没来匈奴之前，曾有个叫卫律的汉人，在出使匈奴后投降了匈奴。但他的部下虞常对卫律这种投降行为不满意。虞常是苏武的副手张胜的好友，暗地跟张胜商量，想杀了卫律，劫持单于的母亲，逃回中原。没想到虞常的计划失败。单于怀疑苏武是同谋，想杀死苏武，被大臣劝阻了。单于又叫卫律去逼迫苏武投降，苏武死也不投降。

于是，寒冷的冬天里，单于把苏武关在地窖里，不给他吃的、喝的，逼他屈服。苏武忍饥挨饿，渴了，就捧了一把雪止渴；饿了，扯了一些皮带、羊皮片啃着充饥，就是不向单于屈服。单于把苏武送到北海（今贝加尔湖）边去放羊，并对他说："等公羊生了小羊，才放你回去。"在人烟稀少的北海，苏武就这样被长期监禁了，没有朋友，没有亲人，只有他一个人，寂寞地度过一年又一年，唯一和他做伴的是那根代表朝廷的旄节。

在北海那些年，匈奴不给苏武吃的，他只能靠掘野鼠洞里的草根充饥。后来，汉使者到匈奴去，苏武的随从常惠买通匈奴人，私下和汉使者见面，把苏武还活着并在北海牧羊的情况——告诉了使者，苏武才得以在十九年后回到汉朝。

一边是高官厚禄,一边是赤胆忠心。苏武选择了忘却富贵,选择了铭记忠心,给人生抹上了最浓重的一笔。

出使的时候,苏武才四十岁。回来时,他的胡须、头发全白了。但他威武不能屈的故事,一直感动并启迪着后人。

不以规矩,不能成方圆

孟子说:"即使有离娄那样好的眼力,公输班那样好的技巧,然而要是不靠圆规和曲尺,也就不能画出标准的方形和圆形;即使有师旷那样好的审音耳力,然而要是不靠六律,也不能校正五音;即使有尧、舜之道,如果不行仁政,也不能使天下太平。有了仁爱之心和仁爱的名声,百姓却没有受到他的恩泽,也不能被后世效法,是因为他没有实行先王之道。所以说,要是只有善心,那还不足以搞好政治,光有好的法度,好法自己也不能自动实行。《诗经》上说:'不犯错误,不要遗忘,完全遵循旧的规章制度。'因遵循先王的法制而犯错的,这是从来没有的事。圣人先竭尽了目力,接着又用圆规、角尺、水平线、墨线,来制作方的、圆的、平的、直的东西,这些东西就用之不尽了;圣人先竭尽了耳力,然后再用六律来校正五音,那么各种音阶都可以运用无穷了;圣人先竭尽了心思,接着又施行仁政,那样仁德就遍布天下了。所以说,想要把楼台筑得高,一定要凭借山陵的优势;想要把池塘挖得深,一定要凭借河泽的优势。为政者治理国家不凭借先王之道,这能说是聪明吗?因此,只有仁人才应该适宜身居要职。要是不仁的人身居要职的话,那样会让他把邪恶传播给百姓。如果在上的不依照道德规范,那么在下的就不会遵守法度。朝廷不信先王之道,工匠不信尺度,君子则触犯于礼义,百姓则触犯于刑律,这样的国家要是还能生存,那只是由于侥幸罢了。所以说,城墙不坚固,军队也不够多,这不是国家的灾难;疆土没有扩大,财富也没有积聚,这不是国家的祸害。在上的不讲礼义,在下的没有受到教育,违法乱纪的人日益增多,那么国家的灭亡就很快了。《诗经》上说:'上天正在行动,不要多嘴妄言,泄泄不休。'泄泄和沓沓差不多,都是多嘴多舌、喋喋不休的意思。侍奉君主的不讲仁义,进退不合礼法,张口就诋毁先王之道,这便是喋喋多言了。所以说,责求君王施行仁政,这叫恭敬;能向君王陈述好的意见,堵塞他的邪念,这叫尊敬;让君王不能行善的,这叫陷害君王。"

没有规矩，不成方圆。什么是规矩？道义法度，立身标准，行事准则。

现实生活当中，有很多的事情都是通过一个标准来衡量它的对与错，或者好与坏的。而这些衡量的标准，则是人民长期实践所得到的结果。

东汉末年，军阀混战，使得百姓们民不聊生，怨声载道。曹操非常清楚民心的重要性，因此对军队的纪律非常重视，他三令五申，要求军队必须遵章守纪。曹操特意制定了严格而具体的法令，来针对有些士兵行军作战时不注意保护群众利益的现象，比如战马踏坏了群众的庄稼即处以斩首。这些律令一颁布，就受到群众的极大欢迎。

有一次，曹操骑着战马出巡，战马突然受到惊吓，窜入田中而踏坏了几株青苗。监察官一看是曹操的战马踏坏了庄稼，不敢定罪。但曹操却不肯原谅自己，一面抽打战马，一面抽出战刀就要自裁，这时曹操身边的侍卫赶紧拦住他，进言相劝道："丞相您身负重任，为了国家的利益，怎么能如此惩罚自己呢？马踏青苗是因马受惊，情有可原，就是按纪律制裁也应该宽大处理。"曹操却说："纪律刚刚颁布，如果因我是主帅而不执行，今后别人也就没有办法执行了。"

于是众僚属就建议曹操割发代首。在当时割头发也是一种很重的惩罚，因为古人奉行孝道，强调身体发肤受之于父母，本人不能轻易毁伤，否则就是不孝。

曹操同意了变通处理，自己用战刀割下一把头发，以示警诫。

周亚夫是汉朝一位著名的将军，他英勇善战、纪律严明。有一次，汉文帝亲自犒劳军队，他先到达驻扎在灞上和棘门的军营，文帝一行直接骑马进入营寨，将军和他的部下都骑马前来迎送。接着文帝又到细柳的军营去犒劳，在那里驻扎着周亚夫的军队。

文帝的先驱队伍到了，但是大营门口的卫兵却不让他们进去。先驱队伍的主事说："天子马上就要到了。"把守营门的军门都尉却说："将军有令，军队里只听将军的号令，不听其他指令。"

过了一会儿，文帝也到了，仍然不能进入军营。于是文帝便派使者持符节诏告将军："我想进入军营慰劳军队。"周亚夫这才传达命令说："打开军营大门。"守卫军营大门的军官对文帝一行驾车骑马的人说："将军有规定，在军营内不许策马纵横。"于是文帝等人就拉着缰绳缓缓前行。

进了军营，周亚夫手执兵器对文帝拱手说："穿着盔甲的武士无法下拜，请允许我以军礼参见陛下。"文帝手扶车前的横木，说："皇帝敬劳将军！"完成全部的仪式后才离去。

出了营门，群臣们都说周亚夫做得有点过分，完全没有把皇上放在眼里。文帝却说："周亚夫才是真正的将军。前面所经过的军队，就如儿戏一般，那些将军，用偷袭的办法就很容易将他们俘虏。至于周亚夫，谁能够冒犯他呢？"说罢，文帝传令重赏周亚夫。

二、孟子养性智慧

君子不怨天尤人

孟子曰："口之于味也，目之于色也，耳之于声也，鼻之于臭也，四肢之于安佚也，性也，有命焉，君子不谓性也。仁之于父子也，义之于君臣也，礼之于宾主也，智之于贤者也，圣人之于天道也，命也，有性焉，君子不谓命也。"

孟子说："口对于美味，眼睛对于美色，耳朵对于好听的声音，鼻子对于香味，四肢对于安逸，都是极喜欢的，这是天性，但能否享受到，其中有命的作用，所以君子不强调天性。仁对于父子关系，义对于君臣关系，礼对于宾主关系，智慧对于贤者，圣人对于天道，都是极重要的，这都由命决定的，能否得到它们，其中也有天性的作用，所以君子不强调命的作用。"

在儒家来看，天是道德观念和原则的本原，人心中天赋地具有道德原则，这种天人合一乃是一种自然的、但不自觉的合一。但由于人类后天受到各种名利、欲望的蒙蔽，不能发现自己心中的道德原则。人类修行的目的，便是去除外界欲望的蒙蔽，"求其放心"，达到一种自觉地履行道德原则的境界，这就是孔子所说的"七十从心所欲而不逾矩"。

君子不怨天，不尤人，在自己的位置上就做好自己的职责，不计物议，不计毁誉，更不避刀斧之祸。清康熙皇帝南巡到达江苏时，在苏州谕令总督和巡抚举荐贤能的官员。在举荐的名单中康熙皇帝没有看到已闻名朝野的张伯行，就对总督、巡抚申斥道："朕听说张伯行居官清廉，是个难得的国家栋梁之材，你们却不举荐！"说完又转向张伯行道："朕很了解你，他们不举荐你，朕举荐你。将来你要居官而善，做出些政绩来，天下人就会知道朕是明君，善识英才；如果贪赃枉法，天下人便会笑朕不识善恶。"康熙当场破格升张伯行为福建巡抚。

后张伯行受任审理江苏乡试作弊案，审到后来，他与户部尚书噶礼审得水火不容，双双被解职入京，扬州百姓听到消息之后罢市抗议，哭声震动了扬州城。第二天，扬州百姓拥到会馆，因为平时就知道张伯行清廉不贪，肯定不会接受礼物，便用水果蔬菜相送。万不得已，张伯行才收下一把青菜。受审结束回来听候结果的路上又路过扬州，百姓们为防青天有什么不测，竟有数万人聚集江岸护送。

到最后，案子结果下来，竟然是噶礼免议，张伯行革职治罪。于是康熙皇帝痛斥大臣们是非颠倒，然后亲降圣旨：张伯行留任，噶礼革职。消息传出，江苏官民拍手相庆，在供奉的张伯行像前焚香祈祷。

张伯行一代清官，又得到康熙皇帝的绝对信任，照样免不了丢官弃职。可知社会博弈的规律——也就是我们最经常所说的"命"是多么的难以把握，所以君子与其屈顺，不如奋起，不怨天，不尤人，以磊落的品行，成就自己的万世基业。

孟子去齐，充虞路问曰："夫子若有不豫色然。前日虞闻诸夫子曰：'君子不怨天，不尤人。'"曰："彼一时，此一时也。五百年必有王者兴，其间必有名世者。由周而来，七百有余岁矣。以其数则过矣，以其时考之则可矣。夫天，未欲平治天下也；如欲平治天下，当今之世，舍我其谁也？吾何为不豫哉？"

孟子离开齐国。弟子充虞在路上问老师："您好像脸色不大好看啊。以前我可听您说过：'君子不怨天，不尤人。'"——又来了个怨天尤人的成语（这个说法《论语》里就已经出现了）。充虞这位学生到这里是第二次露面了，上一次是孟子的母亲死了，孟子派充虞监督木匠做棺材，充虞不知死活地去问什么"棺材用的木料是不是太好了"，如今这次是孟子下课了，充虞又拿孟子以前的教导来质疑孟子现在的表现。这个学生啊，两次都是专拣老师最伤心难过的时候往老师的伤口上撒盐。

孟子能怎么办呢，谁让自己是老师呢，见学生给了条成语，自己也答一个成语好了："彼一时，此一时也。"孟子接着解释说："自古以来，每隔五百年就会有一位王者兴起，随之而来的还会有许多闻名天下的英雄好汉。从周代开国以来，已经七百年了。数数年头,五百年早就过了;看看时势,也该出现圣君贤相了。老天爷要是不想让天下大治也就罢了,如果想让天下大治……"孟子说到这里,想想学生说了一条成语"怨天尤人",自己也说了一个"彼一时,此一时",一比一可不像话,怎么着也得再多说一个,于是想了想,接着说道,"如果想让天下大治,当今之世,舍我其谁也!呵呵,所以呢,我哪里会脸色不好看呢?!"

孟老先生满怀着神圣的使命感,人若得了这种感觉,再加上他那独门的浩然之气,配合起来确实是最厉害的一种励志武器。可是,五百年的历史轮回当真如此吗?天命又在哪里呢?孟子已经老了,还能够等到天命降临的那一天吗?

其实,周人对天命并不是那么当真的,早期的儒家对天命更不那么当真。相信这些是不是很单纯:坚持到底就是胜利?正义必将战胜邪恶?有谁真的相信这些昏话呢?——我小时候就真的相信这些。当时很有趣,知道又有哪个犯罪分子落网了,我心里就想:这些犯罪分子为什么这么傻呢,谁不知道犯了罪早晚都得被抓住,那为什么还要犯罪呢?看电影的时候,无论银幕上的斗争多激烈,我心里仍然有一份踏实感:别看坏蛋现在闹得凶,正义终将战胜邪恶,好人最后一定会胜利的!长大一些以后明白了:世上的人要是都像我这么想,这个世界该多太平啊!

玉双鸟纹嵌件

又长大一些之后明白了:很多事情,你说它是正义还是邪恶,你说它是对还是错,实在太难搞清了。就算世上的人真都像我小时候那么想,这世界一样不会太平。

孟子不是傻瓜,老先生走南闯北一辈子,学问极大,阅历极深,到头来壮志未酬,也要感叹天命,看来再强的人,也有无助和无奈的时候。那么,无助了、无奈了,怎么办?其实呢,怨天尤人也未尝不是个办法,孟子这段话要是细细体会,多少是有那么一点儿"怨天"的意思的。过分压抑会导致心理疾病,那就得去看心理医生,不过,要是看心理医生的费用太高,骂骂老天爷或许是个简便而便宜的法子,反正人家老天爷那么高的身份也不会跟凡人计较的。

孟子的历史周期说这说法其实很模糊的,你也不知道他这理论是怎么来的,又是怎么被验证的,有时候我甚至会怀疑他老人家是不是随口一说,给自己一个心理安慰罢了?

但有一个有意思的地方是:孟子理论中有很多地方都带着"五"。后人一般认为这"五行"就是"五常",但相反的看法也是音量很大的,说这"五行"就是"金、木、水、火、土",再根据孟子一贯的五百年来、五百年去的历史周期说等,认为孟子虽然从没提过"金、木、水、火、土"这类的话,但他确实是持有五行系统轮回演化的观点的。郭沫若就是持这种看法的。

1993 年出土的郭店楚简是郭沫若没看到的,这里有一篇子思的《五行》,是说"仁、义、礼、智、圣",是谓儒家的"五行"。

养浩然之气

公孙丑问孟子道:"如果让老师您来担任齐国的卿相,能够实行您的主张了,那么以后即使建立了霸业或王业,也就不必奇怪了。如果这样,您是不是会动心呢?"

孟子说:"不会了,我四十岁以后,就不再动心了。"

公孙丑说:"这样说来,那老师就远远超过孟贲了。"

孟子说:"想要做到这点并不难,告子比我还早就做到不动心了。"

公孙丑问:"想做到不动心有什么方法吗?"

孟子说:"这是有的。北宫黝是这样培养勇气:肌肤被刺都不退缩,双目被刺也目不转睛,但他觉得,如果要是受了一点小委屈,就如同在大庭广众之下被人鞭打了一样。既不能忍受平民百姓的羞辱,也不能忍受大国君主的羞辱,他把刺杀大国君主看得跟刺杀平民百姓一样。毫不畏惧诸侯,要是诸侯骂他,他一定回击。孟施舍是这样培养勇气,他说:'我对待不能取胜的形势看作能够取胜的。事先估量了对方的势力,然后才前进,考虑到胜败后再交战,这种人在数量众多的军队面前一定会害怕。我哪能做到必胜呢?我只能做到无所畏惧罢了。'孟施舍的培养勇气方法像曾子,北宫黝的培养勇气方法像子夏。这两个人的勇气,不知道谁会更强些,但孟施舍是把握住了要领。从前,曾子对子襄说:'你喜欢勇敢吗?我曾经听我的老师孔子说过关于大勇的道理:反省自己,要是觉得理亏,那么即使对平民百姓,我也不恐吓;反省自己,要是觉得理直,纵然对方有千万人,我也勇往直前。'孟施舍的培养勇气方法,又不如曾子能把握住要领。"

公孙丑说:"我想斗胆地问问老师,您的不动心和告子的不动心,区别在哪里,可以讲给我听听吗?"

孟子说:"告子曾说过:'如果在言语上不能取胜,那就不必去求助思想;如果在思想上不能取胜,那不必求助于意气。'思想上不能取胜,便不必求助意气,我认为这是可以的;但是在言语上不能取胜的,就不去求助于思想,我认为这是不可以的。意志是意气的主帅,而意气又是充满体内的。意志到哪里,意气就表现到哪里。所以说:'要坚定意志,不要意气用事。'"

公孙丑问:"既然说'意志关注到哪里,意气就表现到哪里',又说'要把握住意志,不要意气用事',这是为什么呢?"

孟子说:"意志专一就能调动意气,意气专一也能触动意志。譬如跌倒和奔跑,这是意气专注的结果,反过来也使他的意志受到触动。"

公孙丑问:"请问,老师比告子更擅长哪方面?"

孟子说:"我善于分析和理解各种言论,我善于培养我的浩然之气。"

公孙丑说:"请问什么是浩然之气?"

孟子说:"这就比较难说清楚了。它作为一种气,是最盛大、最刚强,要靠正义去培养它,而一点都不能伤害它,那么它就会充塞天地之间。它作为一种气,要和义与道配合;如果没有这些,它就会萎缩。它是正义不断累积所产生的,不是偶然地有过正义的举动就取得的。只要有一点不义的行为,那么气就会萎缩了。因此我说,告子不曾懂得义,因为他把义看作是外在的东西。浩然之气一定要培养它,不能停止下来,心里不能忘记它,但也不能违背规律妄自助长它,不要像宋国人那样。宋国有个人担心禾苗长不起来而去拔高它,累了一天才回到家中,对家里人说:'今天累极了,我帮助禾苗长高啦。'他的儿子连忙跑到田里去看,禾苗已经都枯死了。天下不拔苗助长的人实在很少的。以为培养浩然之气没有用处而放弃的人,就像是不给禾苗锄草的人;而妄自帮助它生长的,就像揠苗助长的人,非但没有任何好处,反而还会危害了它。"

公孙丑问:"怎样才能去分析和理解各种言论呢?"

孟子说:"偏颇的言论,知道它片面性的地方;过分的言论,知道它陷入错误的地方;邪恶的言论,知道它背离正道的地方;搪塞的言论,知道它理屈词穷的地方。这些言论从思想中产生出来,就会危害政治;从政治上表现出来,就会危害各种事业。如果有圣人再次出现,也一定会赞同我所说的。"

公孙丑说:"宰我、子贡擅长言辞,冉牛、闵子、颜渊擅长讲德行。孔子兼有这两方面的特长,但是他还是说:'我对于辞令,不是很擅长的。'那么老师您已经是圣人了吧?"

孟子说:"唉呀!这是什么话?从前子贡问孔子道:'老师是圣人了吧?'孔子说:'圣人,我还做不到,我只是学习不知道厌倦,教人不知疲倦而已。'子贡说:'学习不知道厌倦,这样就有智慧;教人不知疲倦,这是仁德。既有仁德又有智慧,老师您已经是圣人了;'圣人,连孔子尚且都不敢自居,你说的这是什么话呀?"

公孙丑说:"从前我曾听说,子夏、子游、子张都有孔子的一部分长处,冉牛、闵子、颜渊近似具备了孔子的长处,只是还稍微欠缺一点。请问老师您现在是处于哪种情况?"

孟子说:"我们暂且不讨论这个问题。"

公孙丑问:"伯夷和伊尹这两人怎么样?"

孟子说:"他们不是同道中人,所以处世的方法也不同。不是理想的君主就不去侍奉,不是理想的百姓就不去使唤,天下太平了就入朝为官,天下动乱了就辞官隐居,这就是伯夷的处世方法;不管什么样的君王都能去侍奉,不管什么样的百姓都可以去使唤,天下太平的时候去做官,天下动乱的时候也去做官,这是伊尹的处世方法;应该做官的就做官,应该辞官的就辞官,应该继续做的就继续做,应该赶快辞职的就赶快辞职,这是孔子的处世方法。这些人都是古代的圣人,我还不能做到他们那样。而我的心愿,就是学习孔子。"

公孙丑问:"伯夷、伊尹和孔子他们不都一样是圣贤吗?"

孟子说:"不。自有人类以来,还没有能比得上孔子的。"

公孙丑问:"那么他们之间有没有什么共同之处?"

孟子说:"有。如果让他们去一块方圆百里的地方做君主,他们都能使诸侯来朝见并统一天下。如果让他们做一件不义的事,杀一个无辜的人就可以让他们得到天下,他们都不会去做的。这些是共同的地方。"

公孙丑说："请问那他们之间的不同地方在哪里？"

孟子说："宰我、子贡、有若，他们的智慧足以了解孔子，即使有所缺点，也不至于偏袒他们所敬爱的人。宰我说：'根据我的观察，老师已经远远超过尧、舜了。'子贡说：'考察一国的礼制，就可以知道一国的政治。听了一国的音乐，就可以了解一国的道德教育。即使从百代以后来评价百代以来的君主，也没有任何一个人可以违背孔子之道的。自有人类以来，还没有能比得上老师的。'有若说：'难道说只有人才有高下的区别吗？麒麟对于走兽，凤凰对于飞鸟，泰山对于土丘，河海对于水沟，都是同类的。圣人对于百姓，也是同类的。突出于同属的类，超越于同属的群，自有人类以来，没有比孔子更伟大的了。'"

这里是关于孟子对于浩然之气的论述，对后世的人格精神培养起了重大的作用。

文中说了一个揠苗助长的故事，这个故事告诫人们，做任何的事情都不能违背其自然的规律。如想要培养一种精神，那么就必须在道义的熏陶下经过认真地磨砺、修炼，才能成功。想要用投机取巧的方法获得成功，是不可能的。

南宋爱国志士文天祥临刑前作《正气歌》以表志，其中所写"天地有正气，杂然赋流形……于人曰浩然，沛乎塞苍溟"诗句，就是引用了孟子的浩然之气的论述。

浩然之气，是对自我修养的一种提升。想要养成浩然之气，就需要"配义与道"，长时间的修养而成，不能望其速成而揠苗助长。气是内在的修为，发之于外，则是言语行为，即言为心声：

"人生自古谁无死，留取丹心照汗青。"是南宋的著名爱国将领文天祥的诗句。

文天祥于宋宝祐四年（公元 1256 年）到临安应考，中了状元。先后历任了签书宁海军节度判官厅公事、刑部郎官、江西提刑、尚书左司郎官、湖南提刑、知赣州等职。

德佑元年（公元 1275 年）正月，元世祖忽必烈下令进攻南宋。文天祥知道后，在赣州组织了数万名义兵，开赴临安。文天祥率领军队去临安后，积极请求与元军作战，并且亲自去平江（今苏州）前线作战。次年，朝廷任命文天祥为右丞相兼枢密使，被派往元营与敌人谈判。他在敌营中慷慨陈词，严厉驳斥敌人侵犯南宋的侵略行为，坚贞不屈，拒不投降，被敌人扣留。文天祥在被押往大都的途中，趁元军防备不严而逃脱。他从海上南下，到达福州后，与张世杰、陆秀夫等联合在一起，坚持抵抗元军。

景炎二年（公元 1277 年），文天祥进兵江西，接连打了几次胜仗，虽收复了许多被元军占领的州县，终因寡不敌众，最后被元军重兵打败。文天祥于是领军退守广东，继续坚持抵抗。同年十二月，因叛徒引元兵袭击，文天祥在五坡岭（今广东海丰县）被俘。元将张弘范逼迫文天祥给张世杰写招降书，遭到文天祥的断然拒绝。当押解的船队经过珠江口外的零丁洋时，文天祥感慨万千，挥笔写下著名的《过零丁洋》，以表自己的决死之心。"人生自古谁无死，留取丹心照汗青。"这两句诗，激励了后世多少的英雄豪杰。

文天祥被关押在大牢里的时候，元世祖经常派人去劝他投降。但是文天祥始终坚贞不屈，并且在大牢里还写了大量的诗词，其中最著名的就是《正气歌》，这首诗惊天地，泣鬼神，表现了文天祥宁死不屈的高尚民族气节，并且永远载入史册。

文天祥在大牢里受尽各种残酷的虐待和摧残，但是不论元军用什么样的手段劝他投降，他都怀着忠贞报国的坚定志向，誓不降元。最后元世祖忽必烈亲自前去招降，并用高官厚禄引诱文天祥投降。文天祥坚定不移地对忽必烈说："宋朝已经灭亡，我应当以死报国，我现在除了一死之外，就没有别的可做了。"忽必烈听后恼羞成怒，于至元二十年（公元 1283 年）在大都将文天祥杀害，当年文天祥才年仅四十七岁。

文天祥之所以有这种高尚的品格，就在于他的心中有一股浩然正气。正是这股浩然正气，引领他走完了这一生，世人也永远地将他铭记在心中。

不忍人之心

孟子说："人都有不忍伤害别人的恻隐之心。先王正是拥有不忍伤害别人的恻隐之心，才会有了不忍伤害人民的政治。用不忍伤害别人的恻隐之心，去施行不忍伤害人民的仁政，那么治理天下，就会像在手掌中转动东西那样容易。之所以说每个人都拥有不忍伤害别人的恻隐之心，它的道理在于：假如现在有人忽然看到一个孩子要掉进井里去了，都会有惊恐同情的心情——这不是想借此和孩子的父母攀交情，也不是要在乡邻朋友中博取名声，更不是讨厌那孩子的哭叫声才这么做的。

由此看来，一个人要是没有了同情心，那就不算是人了；要是没有了羞耻心，也不算是人了；要是没有了礼让心，那也不算是人了；要是没有了是非心，那也不算是人了。同情之心是仁的开端，羞耻之心是义的开端，礼让之心是礼的开端，是非之心是智的开端。人有这四种开端，就像他有四肢一样。有这四种开端却说自己不行，这是自暴自弃的人；说他的君主不行，这是诋毁他的君主。凡是认为自身拥有这四种开端的，如果懂得扩大充实它们，它们就会像火刚刚燃起，泉水刚刚涌出一样，不可阻挡。如果去扩充它们，那就足以安定天下；如果不去扩充它们，那么就连侍奉自己的父母都做不到了。"

中国有句说明处世之道的古话叫"与人为善"，是说人不论什么时候，都要以善的一面对待别人。与人为善，并不是为了得到回报，而是为了让自己活得更快乐。与人为善其实极易做到的，它并不要你刻意去做作，只要有一颗平常心就可以了。

商朝的开国皇帝商汤王，本性仁慈，他不但爱民如子，就连飞禽走兽也是同样的爱护。

有一天，商汤王出巡视察。在野外他看见猎人张起四面的罗网来捕捉禽兽，并且口中念念有词地祈祷："无论是从天上来的，从地下来的，或是从四面八方来的，都到我的网里来。"汤王听了之后就说："噫！这太过分了，这不是想一网打尽吗？"于是汤王让猎人为禽兽除去三面网，只留一面，又祝愿说："想要往左的就往左，想要往右的就往右，要往上的就往上，要往下的就往下，随意而去，投奔自由。如果无可遁逃，那就进入我的网吧。这也是自投罗网，无可奈何。"

四方诸侯和百姓们听到了这个消息，都很高兴地说："汤王的圣德真是到了极点，连禽兽都这么爱护，真是圣君呀。"于是都自愿来归顺，前后总共有四十六国之多。当时夏朝的桀王既荒淫无道，又滥杀无辜，最后搞得天怒人怨，老百姓对桀痛恨到了极点。于是商汤王乃顺天命、应人心，出兵讨伐夏桀，终于灭了夏朝，建立了商朝。

滋养你的心性

孟子曰："养心莫善于寡欲。其为人也寡欲，虽有不存焉者，寡矣；其为人也多欲,虽有存焉者,寡矣。"

孟子说:"修养心性的最好方法就是减少物质的欲望。欲望不多,纵使善性有所丧失,那失去的也不会太多;欲望太多,纵使善有所保留,那保留下来的也会极少。"

人称修养身心为修身养性。修身养性,意思很明白,即性必须有所滋养。

孟子说,譬如齐国都城南郊的牛山,山上的树木曾经很茂盛,但因为这山紧靠都城,因而常有人去砍伐山上的树木,这怎么能使它保持茂盛呢?那山上的树木自然是日沐阳光,夜承雨露,不断生出嫩芽幼枝,不断地在生长,但却抵不住日日的斧斤砍伐和牛羊的践踏,如今已经是光秃秃的了。人们看见它光秃秃的样子,就以为这山不曾有过大树,其实这是错看了牛山的本性。

人的仁义善良的心性,也就好比那牛山之上的树木。在孟子看来,仁义善良其实人人都有,一些人之所以丧失了他们善良的心性,就因为他像用斧斤对付牛山之上的树木一样,每天都在砍伐它。他们在夜里承接的一丝清明之气,于白省中所得的一点善良之芽,在白昼中却又让它们消失在争斗之中。如此反复,他们心中的那一丝良善也便再也不复存在了。这样的人在孟子看来只配与禽兽为伍。

糟糕的是,在另一些人看来,还会以为这些失掉善良心性的人本就没有过善良的心性,以为人性本就无善恶之分,由此,自己也会迷失了本性。

所以,假若得到滋养,就没有东西不可以生长;假若失掉滋养,即使起初非常蓬勃繁茂,最终也难免消亡。

禾苗的苗壮,全赖细流的滋养。

江海的不竭,全赖雨露的增益。

禾苗没了雨露,便失生机,江海离了细流,便成涸泽。而且,不遭斧斤,不被践踏,才能保全草木的繁茂。同样的道理,人的本性,也全凭人自身的回护与保护。

每个智力健全的正常人都知道要保养自己的身体,古人管保养身体叫作"养生"。

我们都希望能尽量活得长久。

但我们的生命又常常显得那样脆弱,有时甚至一个毫不起眼的疗疮也能中断我们生命的过程。因此,我们不能不注重养生。不过,在养生之上,我们更应该注重修养心性,我们不能只知养生而忽视甚至放弃了养性。

假若一个园艺家放弃香樟梧桐而去培养酸枣荆棘,那他一定是个很糟糕的园艺家。假若一个人只注意保养他的一个手指而轻视了呵护他的肩头背脊,那他一定是个糊涂透顶的人。假若一个人只知道保养自己的发肤皮囊而放弃了修养意志心性,那他一定是个愚不可及的人。

只知养生而不知道养性,其实也并不真知道何为养生。说到底,养性其实就是养生。

冬去春来的大雁,宁愿为一口水、一口食而不避艰辛,宁愿为避开严寒,寻找温暖的阳光而长途跋涉,却不愿被供养于温暖优雅、安全无虞的庭园。因为那样它会失去它排空驭气、自由飞翔于蓝天的快乐,那能使它避开风雨艰辛的庭园,在使它获得安适的同时也让它丢失了自己的天性。一旦丢失了天性,生命也会随之萎顿。

一个只注重自己形体的人,常常对自己形体哪怕极微细小的变化也非常敏感上心,他会为眼角多了一条皱纹而焦虑,担心自己是否太早地走向了衰老;他会为自己偶尔一次的消化不良而着急,害怕自己患上什么不治之症。对于自己形体的关注最终会改变他作为一个人的正常的心性,即使没病,最终也会得病。

相反,一个遭逢病厄、留下残疾的人,假如他能持性忘形,不让自己形体的残疾烦扰自己,而能保持自己正常的人的心性,他就会忘了形体残缺的痛苦,他的生命力照样会蓬勃旺盛。归根结底,人的生命之流只有以健全的心性为依托,才能不竭不息。

人之修身养性,还必须有常性,必须持之以恒,行之不辍。

正如雕刻,锲而舍之,朽木不折,锲而不舍,金石可镂。学习知识是这样,不可作辍无常,只有持之以恒,方能日有所进。干任何一桩事都应这样,这是必然之理。

岂止做事学习是如此,人的德能心性的培养,也绝不是一朝一夕可以成就的。常言道积善成德,这积便在于月累日积,设若心无恒心,性无常性,最终必然功亏一篑。

功亏一篑说的是下面的一个故事。

周武王建立周朝,做了天子,四方各国都来朝拜。当时的小国西戎也派来了使者,送给武王一匹西域大狗和许多土特产,武王很高兴地收下了。这时,武王身边的太保召公对武王说："这都是因为您的功德啊！四方都归服于您,不论远近,都带着贡物来奉献。但您最好将这些珍宝再赏赐给那些同姓的小国。"武王不明白,便问为什么。召公解释说："玩物这东西是谈不上贵贱的,关键是人的德行。无德,物便分文不值,有德,物才显出它的珍贵。德性要靠自己来修养。有盛德的人不可以沉溺于声色之中,沉溺于声色便会玩弄别人,把稀世的物件当作玩物会使人丧失志气,而把人当玩物便会丧失德性,这就叫玩物丧志,玩人丧德。"

"而且,"召公接着说,"君子应该随时积累德行,时刻不忘修养德行,即使细微的行为也不能忽视。这正如要筑起一座九仞高的土台,需要一筐土一筐土地堆积,如果已经堆到只差一筐土就成了的时候,你不把这一筐土加上去,那土台仍然是不成的。"

周武王听罢恍然大悟。

为学行事,成在持之以恒。

积善成德,也成在持之以恒。

一曝十寒,即使有良好德性的萌芽,这萌芽也无法生长——这是孟子所说的箴言。

阿谀谄媚,君子不为

公孙丑是孟子的学生,他问孟子为何不主动去拜见诸侯。孟子在回答时说到两个方面的表现。一方面是像段干木、泄柳那样,过于清高,过于孤芳自赏,似乎也没有必要。因为儒者凡事反对走极端,而主张中正平和、恰如其分。另一方面就说到谄媚的问题了。虽然他这里没有明说,但我们可以揣测到,他所指的"胁肩谄笑"之徒,正是那些逢迎、巴结各国诸侯的纵横术士们。孟子对这些人进行了讽刺和鞭挞。

君子坦荡荡,小人常戚戚。孟子在这里强调了一个道理,做人要坦荡,要有骨气,而不应像小人那样去虚伪地对待别人,对比自己地位高的人大行谄媚之事。这不是君子所为。

自古以来,阿谀逢迎、溜须谄媚的人总是大有人在。唐朝"安史之乱"的始作俑者安禄山即是。

有一次，玄宗拍着安禄山的肚子问："你这胡人的肚子里有什么，怎么这么大？"听皇帝这么一问，这位武夫顿时乖巧精明起来："这里面没有别的东西，只有忠于陛下的一颗红心。"

为人处世，一味阿谀逢迎，虚伪造作，终将为人所不齿。真正的君子，有着铮铮傲骨，是不会"摧眉折腰事权贵"的，也不会向恶势力低头，更不会同流合污。

唐玄宗61岁那年，宠爱上了年轻的杨贵妃。据说，杨贵妃是个少见的美人，而且生得聪明伶俐，懂得音乐。唐玄宗把她的两个哥哥都封了官，三个姐姐都封为夫人。杨贵妃有个远堂兄弟杨钊（后来改名杨国忠），在蜀中穷得过不了日子，听到他堂妹封了贵妃，就带点礼物到长安找杨贵妃。杨贵妃在玄宗面前说了几句好话，杨国忠就当上了一名禁卫军参军。

唐玄宗早把政事交给了李林甫。有了杨贵妃以后，他更是经常留在宫里寻欢作乐，连每天例行的早朝也懒得出来了。杨贵妃想要什么，他就总想方设法给她办到。杨贵妃爱吃新鲜的荔枝。荔枝是南方出产的果品，长安在西北，哪来的荔枝？唐玄宗为了讨杨贵妃的欢喜，专门下命令叫岭南官员派人骑着快马拼着命赶送，像接力棒一样，一站一站把荔枝运到长安。荔枝到杨贵妃手里的时候，还又红又香，味道也保持鲜美。

唐玄宗、杨贵妃每天饮酒作乐，少不了叫人奏奏音乐，唱唱歌曲，但是宫里原来的一些老歌词都听腻了。他想找人来给他填点新歌词。

有一个官员贺知章在唐玄宗面前说，长安新来了一个大诗人，名叫李白，是个天才，无论作诗写文章，都十分出色。唐玄宗也早就听到过李白的名声，就吩咐贺知章赶快通知李白进宫。

李白字太白，是唐代最著名的大诗人之一。他出生在碎叶，上代是陇西成纪（今甘肃秦安东）人，从小博览群书，性格豪放，除读书之外，还练得一手好剑。李白二十多岁起，为了增长见识，到各地游历。他不仅到过长安、洛阳、金陵、江都许多大城，还到过洞庭、庐山、会稽等许多名山胜地。由于他见识广博，加上才智过人，因此，他在诗歌写作上有了杰出的成就。

李白是个有政治抱负的人，他生性高傲，对当时官场上的腐朽风气很不满意，希望得到朝廷任用，让他有机会施展政治上的才干。这一次到长安来，听到唐玄宗召见他,也很高兴。

唐玄宗在宫殿上接见了李白,和他谈了一阵,觉得他的确很有才华,高兴地说:"你是个普通人士,但你的名字连我都知道了。要不是有真才实学,怎么可能这样出名呢?"接见以后,唐玄宗就把李白留在翰林院,要他专门给他起草诏书。

李白爱好喝酒,喝起酒来,还非喝到酩酊大醉没有完。进了翰林院之后,他改不了这个习惯,空下来,还是找一些诗友到长安酒店里去喝酒。

有一次,唐玄宗叫乐工写了一支新曲子,还没填上歌词,就命令太监去找李白。太监们在翰林院和李白家,都找不到李白。有人告诉太监,李白上街喝酒去了。

太监们在长安街上四处寻找,好容易在酒店里找到李白,原来李白喝醉了酒,躺在那里睡着了。太监把他叫醒,告诉他皇上召见他。李白揉揉眼睛,站起了身,问是怎么回事。太监们来不及跟他细说,七手八脚把李白拉进轿子,抬到宫里。

李白进了内宫,抬头一看是唐玄宗,想行朝拜礼,身子却不听使唤。太监们见他醉得厉害,就有人拿了一盆凉水,洒在李白脸上,李白才渐渐醒过来。

唐玄宗爱他的才,也不责怪他,只叫他马上把歌词写出来。

太监们忙着在他面前的几案上放好笔砚绢帛。李白席地坐了下来,忽然觉得脚上还穿着靴子,很不舒服。他一眼看见身边有个年老的宦官。就伸长了腿,朝着那宦官说:"请您帮我把靴子脱下来!"

那个老宦官原来是唐玄宗宠信的宦官头子高力士。他平时仗着皇帝的势,在官员前作威作福,现在一个小小的翰林官居然命令他脱靴,简直气昏了。但是唐玄宗在旁边等着李白写歌词,如果得罪了李白,让唐玄宗扫了兴,也担当不起。他忍住气,装出满不在乎的样子,笑嘻嘻地说:"唉,真是喝醉了酒,拿他没办法。"说着,就跪着给李白脱了靴子。

李白脱了靴子,连正眼也不看高力士,拿起笔来龙飞凤舞地写起来,没有多少时间,就写好了三首叫作《清平调》的歌词交给唐玄宗。

唐玄宗反复吟了几遍,觉得文词秀丽,节奏铿锵,确是好诗,马上叫乐工演唱起来。

唐玄宗十分赞赏李白,但是那个给李白脱过靴子的高力士却记恨在心。有一次,高力士陪伴杨贵妃在御花园里赏玩景色。杨贵妃很高兴地唱起李白的诗来。

高力士装作惊讶地说:"哎呀,李白这不知天高地厚的家伙,在这些诗里侮辱了贵妃,您还不知道吗?"

杨贵妃奇怪地问怎么回事。高力士找出其中一句"深夜千帐灯,美人梦不成,屋外海棠红",说:"李白这意思是您别高兴太早了,外面还有比您漂亮的,让您觉都睡不好,这不'屋外海棠红'吗?"杨贵妃让高力士这么一解释,禁不住对李白怀恨在心。

几天后,杨贵妃和唐玄宗在一起喝酒,唐玄宗说李白很有才华,朕想提拔他。杨贵妃一听擦起了眼泪,并把高力士的话说了一遍,特别强调李白喝酒时说的"李白喝酒赛神仙"。唐玄宗想:"朕是皇帝,他是神仙,他比朕大啊!这样的人怎么能提拔重用呢?"

就这样,李白被唐玄宗渐渐疏远了。

李白终于看出在唐玄宗周围,都是一些像李林甫、高力士那样的趋炎附势的小人;他留在唐玄宗身边,不过帮他解闷散心,要想政治上有所作为是不可能的。到了第二年春天,就上了一道奏章,请求辞官还家。唐玄宗顺水推舟批准了他的要求,为了表示他爱才,还赐给李白一笔钱,送他回家。

李白离开长安以后,重新过着诗人自由自在的生活,有时隐居读书,有时周游各地。在这些日子里,他写下了许多讴歌祖国壮丽山河的诗篇。

养心与养气

孟子曰:"居养气,移养体。"

孟子说:"环境改变气度,奉养改变体质。"

孟子说,养心莫善于寡欲。换句话说,就是要尽可能不受外物的迷惑,减少自己对外物的欲望,才能很好地修养心性。

人容易受到外物的迷惑,或者说诱惑。人受到外物的诱惑,欲望就会膨胀。人受到自己膨胀的欲望牵引,就会走向迷途,就会迷失了自己的心性,就会丧失自己的本性。比如鱼是我们希望得到的,熊掌也是我们希望得到的。但是二者不可能同时得到。

二者不可同时得到,这样有所得必有所失,这是人事的正常之态,心智健全的人都懂得这正常性。二者不可得兼,当取熊掌而舍鱼,这也是人事的正常之理,心智健全的人也都明白这正常性。

可是我们又常常经不住诱惑而忘了这些正常。我们为了满足二者兼得的欲望去焦虑、去算计,更有甚者,为了能二者兼得而不择手段,挖空心思,损人利己,寡廉鲜耻,终而至于扭曲了人的本性,丧失了人的本性。

外物的诱惑和欲望的牵引,使我们常常忘了人生更重要的东西,忘了人的最可宝贵的东西。

我们常常把人生比作一场盛宴。这盛宴之上美酒佳肴的滋味不过是过口即逝的一时的快意。明智的态度应该是不挑剔,不迷恋,不沉溺,取我所当取,留我所必需。而且,天下没有不散的宴席,宴席散后,剩下的除了我们作为人的存在还能有什么呢?

可是我们却常常会挑剔,对那酒菜的甜酸咸淡总觉得不能如意,我们常会忘了挑剔的不过是嘴的味觉,而那些能长久地留在我们体内,并化为我们生命所必需的并不是那被我们挑剔的色香味。

于是,我们在那色香味的诱惑下忽视了许多于人有用的东西,因之也放弃了、失去了许多有用的东西。人生宴过,所获无几。难道这不正是人生的一种悲哀吗?

居养气,移养体,是说环境可以改变人的气质,奉养可以改变人的体质。依我们今天的看法,人的心性的善恶,与人先天的生成或遗传实在并没有太大的关系,至少没有什么必然的联系。人既有向善行善的可能,也有趋恶为恶的可能,换句话说,人性既可能是善的,也可能是恶的,这些"可能"其实都是后天的习染陶冶所造就的。一个人行善为恶,成为一个有良能善德的人或邪恶阴毒的人,最终还是取决于社会教他什么和他从社会接受什么。不这样看,许多现象就无法解释,比如俗话说的一娘生九子,何以九子九个样? 比如一个节俭勤勉之家,何以偏偏会生出游手好闲的败家子来?

归根到底,人的善恶,乃至人的个性、气质,都是环境所造就的。

这很有点类似于农作物的栽培。一样的种子,撒到地里,长势和收成有可能不同。之所以不同,是因为土地的肥沃与贫瘠有不同,阳光雨露的多少有不同,人工的勤懒有不同。所以我们常说,花园的花朵开放得是否灿烂绚丽,与园丁以及园丁们如何浇灌剪裁有很大关系。

说个许多人都知道的孟亚圣本人的故事。亚圣幼年丧父,家境贫寒,无力居于城中,只能于城外靠近公共墓地结庐而居。墓地中常有人哭灵祭祀,年幼的亚圣耳濡目染,故而垒坟哭拜成了他的日常游戏。孟母见之,心中悚然,知道如此下去,儿子必难成器,便咬牙迁入城中。先是居于市井,邻居是一屠户,屠户日常的操刀叫卖,又为年幼的孟子所熟习,不时也学着吆喝两声,还极有那屠户喊出的韵味。这自然又使孟母为儿子的成长忧虑,下决心又做了一次搬迁,最后在一学堂附近住下。学堂的琅琅书声,学堂中学子与先生的儒雅风范,使亚圣终于倾心于求学问道,亚圣终而成了亚圣。

这故事大约免不了有后人的演义糅杂于其中,但即使纯属演义,其中的道理,不也仍然值得我们谨慎思之吗?!

生于忧患而死于安乐

孟子曰:"天将降大任于斯人也,必先苦其心志,劳其筋骨,饿其体肤,空乏其身,行拂乱其所为,所以动心忍性,增益其所不能。"

孟子说:"天将要把重大的使命放在某人身上,必然要先苦恼他的心志,劳累他的筋骨,饥饿他的肠胃,困乏他的身体,而且会使他的每一次行动不能如意,以此来磨炼其身心,提升其能力。"

世事艰难,人生多舛,是说人生少不了挫折,少不了坎坷。

一个人要想成就一番事业,必得能承受得起人生的挫折和坎坷。

何以如此?就在于顺遂优游、安逸快乐总使人丧志怠惰;而灾难坎坷,忧愁灾患却常能使人向上奋发,这也就是古人常说的生于忧患而死于安乐。只有心意困苦,思虑阻塞才会奋发创造,只有身处逆境,历经磨难,才会求生存进取。从这个意义上说,世事的艰难多舛,人生的坎坷曲折,于人来说其实并不是坏事,事实上,正是人生的艰难和坎坷,磨砺了人的意志,坚强了人的筋骨,坚韧了人的性情,增强了人的能力,使人能担当起天赋的重任,成就自己人生的功业。

古往今来,凡成大事业,有大成就者,无不如此:舜自田野中兴起,当初他曾居于深山,与木、石同处,以鹿、猪为邻,同深山野人相差无几。孔子生于乱世,周游列国四处碰壁，曾困于陈蔡，无米断炊，险些饿死道中。孙膑遭忌，在被剜去两只膝盖之后修成一部传之后世的《孙膑兵法》。

屈原被谗言所害，屡遭放逐，于三湘四水的荒蛮野岭中赋得绝唱《离骚》。司马迁直言情理，受囚禁之大侮，领宫刑之奇耻，隐忍不怠，方成一部"无韵之《离骚》"……

所以，人当有自信，还当能承受生活的挫折，能经受世事的艰辛，能忍受人生的磨难，至少要有承当这一切的心理准备。

而且，人的德能的修炼，也更多地来自人所经历的挫折与灾患。

孟子说："人之有德慧术知者，恒存乎疢疾。独孤臣孽子，其操心也危，其虑患也深，故达。"孟子这段话，用我们今天的话来说就是，人之所以有德行、道术、智能，总是由于他经历的灾患。只有那些孤独之臣，地位卑贱之人，才时常警醒自己，考虑灾患也更深。人之德慧术知，恒存乎疢疾，事实确实如此。往极端上说，人能长成，人要成人，本身就十分地不易，本身就伴着各种灾患。十月怀胎，做母亲的不小心一个喷嚏，就可能把一条新生命牺牲掉，不小心吃错药，就可能给人生留下不治之症。一朝分娩，我们来到世上，更有许许多多的暗患隐忧在那里等着，盖多了会热，盖少了要受凉；蹒跚学步，一不留神，摔了碰了，轻则留疤破相，重则落下残疾。上马路可能被车撞着，走小巷还怕遇到拐骗儿童的坏蛋，人就在这跌跌撞撞、磕磕碰碰中长成，经不住则难以成人，没有磕碰，长成了亦是温室之花，好看不中用。

人长成大人的过程，自然不能与人长成以后在社会中摸爬滚打，于灾患挫折中求智成德相提并论，但其中的道理却是相通的。正如俗语所说，要想知道梨子的滋味，必须亲口尝一尝；没有真爱过的人，就不知道什么是"情到深处人孤独"；没有经历失恋，也总难体会失恋者的痛苦。同样的道理，不跌跤，就不知道如何不跌跤；不经历挫折，也就不知道如何避免挫折；没有灾患，就没有对于灾患的深刻认识。人的心志得不到磨炼，人的德能也难以真正修成。

所以，从个人的成长来说，灾患和磨难，其实还不仅仅是锻炼人的意志，促人奋发的外部因素，它事实上还是使我们变得聪敏通达、智慧明世的必经之途，与顺遂通畅相比，它更是人生的不可多得的财富。

记住自己是常人

孟子曰:"人之患在好为人师"。

孟子说:"人的自大毛病是喜欢当别人的老师。"

有道是:平平淡淡才是真。说到底我们都是常人。

即使已身居高位,即使拥有了万贯家财,即使已声名远播,即使的确成就了什么惊天动地、众人仰慕的伟业——也应该记住,自己是常人。

因为,即使有了那么多的了不起的地方,我们仍不免都具有人的七情六欲,我们仍然过的是常人都过的日出而作、日落而息的生活,我们饿了也要吃,困了也要睡,亲人故去,我们会悲伤,添女得子,我们也高兴。即使是圣人,也有他永为常人之处。

本为普通人,更应该记住自己是常人。记住自己是常人,就得要有常人心。

一次,齐相储子与孟子相遇,问了孟子一个问题:"齐王总打发人去探视先生,想必先生一定有什么与别人不同的地方吧?"

孟子回答说:"有什么跟别人不同的地方呢?尧舜也同一般人一样呢。"人具有的我都具有,人没有的我亦不可强求;我跟人一样,人跟我一样。圣人和我也没有什么不同了。

这就是常人心。

相反,目中无人,目空一切,以为天下人都不如我,这是失了常人心;妄自菲薄,自暴自弃,以为自己一切都不如人,这也是失了常人心。如此这般,就是忘记自己是常人。

忘记了自己是常人,便要么一切都想得到,一切都要争取,以为这世界的一切本为他一人准备。要么一切都会放弃,一切都不去争取,畏畏缩缩,怯懦卑琐。这两种行为,无论哪一种,其结局都会使人最终失去自己人生的真趣。

要有常人心。有常人心,便能以常人之思去处世待人。不得意傲人,因为人生而同样,生而平等,人是常人,我也是常人。

有常人心,便不会轻己,人所具有的我都具有,人能承受的我也都能承受,我没有必要匍匐到某人的脚下。

有常人心，便会注重现世的一切，便会心平气和、安之若素地接受这现世的一切。无论是风和日丽、春风得意，还是忧愁患害、灾厄困顿，都是人人都会遇到，人人都得承受的人生的正常。人生本如羁旅蹀行，不骄不躁、不浮不馁，持性独立，方能有真的人生。

有常人心，便不会去妄求那不可得的东西，更不会企图获得永恒。由此，便会遍尝苦辛也能甘之如饴，便会真正享受到生之乐趣，由此，也就真正有了常人的快乐。

常人的快乐，才是恒久的快乐。

何谓道？道即是平常心。人世间最难得的就是拥有一颗平常心，不为虚荣所诱、不为权势所惑、不为金钱所动、不为美色所迷，不为一切的浮华沉沦。

有一个人曾经问慧海禅师："禅师，你可有什么与众不同的地方呀？"

慧海禅师答道："有！"

"那是什么？"这个人问道。

慧海禅师回答："我感觉饿的时候就吃饭，感觉疲倦的时候就睡觉。"

"这算什么与众不同的地方，每个人都是这样的呀，有什么区别呢？"这个人不屑地说。

慧海禅师答道："当然是不一样的了！"

"这有什么不一样的？"那人问道。

慧海禅师说："他们吃饭的时候总是想着别的事情，不专心吃饭；他们睡觉的时候也总是做梦，睡不安稳。而我吃饭就是吃饭，什么也不想；我睡觉的时候从来不做梦，所以睡得安稳。这就是我与众不同的地方。"

慧海禅师继续说道："世人很难做到一心一用，他们总是在利害得失中穿梭，囿于浮华的宠辱，产生了'种种思量'和'千般妄想'。他们在生命的表层停留不前，这成为他们最大的障碍，他们因此而迷失了自己，丧失了'平常心'。要知道，生命的意义并不是这样，只有将心融入世界，用平常心去感受生命，才能找到生命的真谛。"

所以在禅宗看来，一个人能明心见性，抛开杂念，将功名利禄看穿，将胜负成败看透，将毁誉得失看破，就能达到时时无碍，处处自在的境界，从而进入平常的在今天物欲横流,处处充满诱惑和陷阱的社会中,能保持一颗平常心并非易事。在平常心的世界里,一切都被看得平平常常,即"宠辱不惊,看庭前花开花落;去留无意,望天空云卷云舒。"

我国著名的乒乓球运动员王楠就有着这样一颗平常心。她认为,在乒乓球比赛中,输赢都是很正常的,谁也不可能只赢不输,重要的是保持一颗平常心,保持一份良好的心态,这对于像乒乓球这样的对抗比赛尤为重要。在第45届世界乒乓球赛女子单打决赛中,王楠在先输两局的情况下,凭借自己过人的心理素质——拥有一颗平常心,在最后三局比赛中出色地发挥了自己的水平,连胜三局,最终取得了女子单打的世界冠军。

拥有一颗平常心,就拥有了一种豁达,一种超然。失败了,转过身揩干痛苦的泪水;成功了,向所有支持者和反对者致以满足的微笑。

其实,无论是比赛还是生活都如同弹琴,弦太紧了会断,弦太松了弹不出声音;保持平常心才是悟道之本。

拥有一颗平常心,就不会浮躁,不会焦灼,不会被欲望占满,更不会让灵魂搁浅在无氧的空间里。拥有一颗平常心,就拥有了一种正确的处世原则,一份自我解脱、自我肯定的信心与勇气,既不会高估自己,也不会自甘堕落。拥有一颗平常心就不会只追求物质的奢华,而把自己的灵魂淹没在如潮的尘海中。因为更多的时候,生活不是让我们追求外在的繁华,而是求得内心的平静与安宁。

所以说,用一颗平常心去对待、解析生活,就能领悟生活的真谛,才会体悟平平淡淡才是真!

文人要有社会责任感

孟子曰:"予岂好辩哉?予不得已也。"

孟子说:"难道说是我好与人争辩吗?不,我这样做是出于不得已啊!"

这真是中国文人的一种可贵的社会责任感。没有这种"铁肩担道义,妙手著文章"的使命感,我们的社会与人生就只有造化而无教化了。

所以,儒家的义利之辩对"士"这一阶层的教育是"不屑言利",这绝非是文人对身份的一种虚荣,而是对自己所负有的社会责任感的一种清醒的认知。不屑言利,作为中国文人的人生哲学,其作用在于防止人心被金钱财富所迷乱,而忘却了教化民众领导社会风气的神圣职责。

试想,倘若斤斤计较于利,如何有孔子以数千言道尽万千事理的《论语》传世?又如何有释迦牟尼"我不入地狱,谁入地狱"的悲愿?又如何有老庄令人企慕不已的飘逸超拔的人生?

在致富为时尚的当今社会,现代文人固然不需要再以"不屑言利"的圣人之教作为生命的准则,但无论如何却必须有"安贫乐道"的胸襟与气度。因这一份胸襟与气度能使我们在众人皆醉之时而独醒;当众人沉醉于金钱物欲时,我们能清醒地超然于金钱物欲之上,并以此道来教化世人,开社会之新风气。

一位作家去某大学演讲,却只是推销其新作:"你们若买,我可以打七折。"一位大学生对该作家的评论是:"我因此给他的人格打六折。"与其说年轻的大学生太尖刻,还不如说他对文人优秀传统的执着。在现代金钱这只魔手操持着众人不由自主地趋利而走时,实在太需要这么一种对道义的执着了。

所以,先哲们在用他们穿越时空的声音,不断地在说:文人要有社会责任感啊,君子可以爱财,但是取之要有正确的渠道。

自古以来,就有入世与出世两种人生态度,他们谈不上积极与消极,因为有时候出世也是积极的。但是,我在想,有真正的出世吗? 老庄被人们称为是出世的,孔孟成了他们的对立面,是入世的,但是,我一直在想,老庄真的是出世吗? 人们也许根本不知道,老子可以称得上是中国最早的原创类作家了。在那时,孔子尚且不敢"作",只说自己是"述",但老子不同,口头上要处"下游"和"弱水"之地,但实际上是大音稀声,影响甚巨。庄子也一样。如果真要出世,为什么还要收门徒讲学呢? 如此一看,真正的出世是没有声音的,就如同今日的作家们一样。

然而,作家们终归是出声的,他们是无声之音。这就引出一个问题:拥有话语权者究竟拥有什么资源? 他们在社会上的角度将如何?

老子和孔子之前,言说的权利完全属于国家,不允许个人立言。孔子前后,"天子失学","学在四夷",这个时候,才有了私人办学与立言的权利。这便是中国文学与文化的第一个高潮期,这也就是诸子百家的时代。自私人立言后,言论又怎样呢？有为大众的，有为个人的。大众与个人，孰为重？自然是为大众者。何也？原因很简单，人是不能单独存在的，人要与人存在，便构成了社会。言论便是为社会服务的，即使是为个人的，其实也只是在调解社会与个人之间的关系，以还原人的本性。但是，人的本质究竟是什么呢？是人单独时存在的动物性，还是人与人在一起时存在的社会性？显然，如果我们承认人与动物有相同的地方，也有与动物不同的地方，即人有动物性的一面，也有社会性的一面，那么，我们就必须认可，人与动物不同的就是社会性。这就说明言论必须为社会，为人类的完全自由为本质和目的。此外，言说若仅属于个人，也只能在个体间传播，那么，其影响也仅限于个人，不会散诸于社会，但是言说若属于社会，那么，它就可能被社会传播。这是言说的特点。从这个角度来看，社会感有与没有便成为言说有无公心的重要尺度。

其实，为私的言说多是恶的，为公的言说多是善的（过头时则成为恶）。老庄的言说并非言私的，还是在大谈如何治世。隐者可能是大言稀声，但断然拒绝社会责任感，并非隐者要言说时的真实状态，他只是要拒绝被利用而已。同样，显者大谈社会责任感，有时也并非其真有责任感，很可能是为了达到其私人之目的，他们是为了利用时世。但不管怎么说，一个人若完全超越个人之私，而达到圣人之境，其隐与显便不重要了，只要其言说，他便是有责任感的。孟子、孔子和庄子都是这样的人。那些完全拒绝社会责任感，却又在言说的人是很危险的。当世这样的人实在太多了。他们言说的不是公，而是私，不是精神，而是欲望。他们曾反驳我，圣人真的存在吗？圣人不是人吗？既然圣人也是人，就有私欲。有私欲还能是圣人吗？圣人并非是拒绝私欲的，而是他们超越了私欲。简单地说，他们是有功名的，但他们并非为功名而活着，因为他们超越了功名的羁绊。圣人与一般人的区别只在于，圣人的心中有公心，而一般人的心中只有私我。

所以，从这个意义上讲，古来人们都希望能立言者必达圣境，这样言论虽少，但不扰乱民心。现世立言者太多了，又多以私为质，于是，信仰完全丧失，道德没了根本，人心乱了，社会散了。

怎么办呢？还是要唤醒立言者的社会责任感，唤来一些清新的正气，驱散那些腥臭的欲望味。

人生的境界

孟子曰:"我四十不动心。"

孟子说:"我到了四十岁时,世上再没有什么东西能让我动心的了。"

真实的生命总有一种冲动在勃发着,但成熟的生命则知道对这个冲动有所制约。故孔子有句更精当的话:"四十而不惑。""不惑"之意即指我们的智慧应当能善于区分何时可以"动心",何时则不该"动心"。

人生之所以使我们感到沉重和不快乐,往往是因为我们太容易被外界诱惑而动心:没有钱时,要拼命赚钱,有了钱时又发现别人比自己钱更多,于是便更执着地赚钱;没有感情依托时,忍受不了孤独,于是动心祈求感情世界的庇护;得到了爱时,却又发现还有更好的,便又动心……女性的水性杨花和男人的喜新厌旧,可以说几乎全是由于心的把持不定而导致的人性迷乱。

其实,真正的成熟的生命是常常知道"不动心"的,并且,成熟的生命也常常在于能把持住自己的心。

孟子曰:"夭寿不贰,修身以俟之,所以立命也。"

对于死亡,即便在先哲那里,也是忧郁的。雨果就认为:"我们都被判了死刑,但都有一个不定期的缓刑期。我们只拥有这个短暂的期间,然后这块土地便不再有我们的存在了。"然而,死亡终究是不必忧郁的,因为"死亡是最伟大的平等",倒是生使得我们沉重。正是在生中才有了人生伟大与平庸、崇高与卑微、英名永存与默默无闻的分野。

是的,无论我们的生命历程是长是短,但只要我们的生命能有一个目标,并因着这一目标而不断地修身养性,躬身实践,那么,再短暂的生命也是有意义的。相反的,倘若我们的生命是空空荡荡的,那么,再长的生命又有什么意义呢?

其实,我们的生命往往是在无可违抗的许多偶然因素的交互作用中行走的。所以,孔子在为自己早逝的学生悲伤不已之际也不无感慨地说过:"死生由命。"但正如孟子"修身以俟之,所以立命也"之所言,我们可以在拥有生命之时,修身、践行而给自己立命。这样,生死也就不再由命了,我想这正是人生积极乐观的缘由吧。

道家在生命观上以"生死为一条""生死齐等"来摆脱命运,在这貌似潇洒的表面,实际上充满着无奈。但是儒家在此问题上的态度便要积极得多。

是否可以这样说,如果十八岁能尽情地享用生命赐予,青春活力;在二十五岁时又能坦然地面对人生的美丽与逆境;三十五岁时又会不断调整自己,更加珍惜生命;六十岁时依然能欣慰地面对自己,感到从未错过人生的每一个驿站;七十岁时,还在为其他种族的人生活的更好而奔忙;九十岁时,还像彼德·德鲁克一样,思考人类管理的未来。那么,我们就可以自豪地说:我以我的拥有而真正地"立命"了。

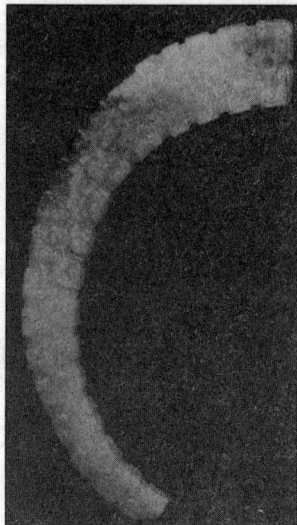

玉镂雕凤纹饰

想象也能快乐

孟子曰:"一羽之不举,为不用力焉。"

孟子说:"任何人都可以轻而易举地将羽毛举起来。"

人生快乐的获得有时的确是举手之劳般的简单,只是我们不去用力而已。

有哲人说:"一个人就是他整天所想的那些。"所以,我们觉得自己是快乐的,就能寻找到快乐。倘若认为自己是不幸的,我们可能因此真的让自己的生命笼罩在不幸的阴影之中。

《圣经》里有这样的记载:有人用担架抬着一个瘫子到耶稣跟前来,耶稣对他说:"不幸的人啊! 放心吧,你的罪赦了。起来,拿上你的褥子回家去吧!"那个人真的站起来,回家去了。这一则故事无非告诉我们,许多人的痛苦、烦恼恰恰在于其内心缺乏一种对快乐和幸福的信仰。基督教信仰疗法的创始人玛丽·艾迪曾被医生诊断为不久于人世的人,但她却从耶稣的上述话中产生了一种力量,竟然奇迹般地恢复了健康。为此,她这样对友人说:"当我读到《圣经》里这一则故事时,就像引发牛顿灵感的那枚苹果一样,使我发现自己怎样的好了起来以及怎样的也能使别人也做到这一点……我可以很有信心地说:一切的原因就在你的思想,而一切的影响力都是心理现象。"

我们承认，现代人的生命被愈来愈多的问题困扰着，一些人因此认为精神焦虑症已成为一种社会通病。然而，我们却可以告诉自己，只要用心尽力，我们就可以改变这种困扰。

我们可以从许多途径获得快乐，但所有的快乐都需要用力：有时是体力的支出，有时是意志力，有时仅仅是想象力。让我们从把自己想象得更快乐开始吧。

前几天读过一篇短文，大意是一个香港的歌星到内地演出，在香港机场被狗仔队近距离拍照，与他们发生冲突，弄得很不开心。当她气呼呼地上了飞机，看到空姐那张露着职业笑容的脸，气就消了一半。在头等舱坐稳后，又看到了那位空姐，还是那张挂着笑容的脸。歌星很奇怪地对她说："我真想知道你怎么能时时都露出这张笑脸的？"那位空姐说："跟您说实话，刚参加培训的时候我也笑不出来，但指导老师告诉我们，只要心里想着快乐的事儿就能笑出来了，不信您也试试。"按照空姐的方法，当歌星到达北京机场时，人们已经看到了一个笑容可掬的她了。

其实人类的潜能是非常奇特的，航空小姐的老师教授的方法，从心理学的角度讲就是"情绪改变行为"。一个人潜意识中对自己的暗示，确实能够改变自己，一个人在烦恼和痛苦的时候，迫使自己想些快乐的事情，快乐就会来临；一个人在遭遇坏心情时，如果能够积极地去想快乐的事情，九成以上能够带来好心情。

如果这个世界上所有的事情都是可知的，不存在竞争和伤害、不存在痛苦和忧伤的话，那么人的情绪永远都会是快乐的。但是，现实生活恰好相反，没有一个人能够永远保持快乐的心情。生活中的烦恼、工作上的压力、朋友的伤害、亲人的离去、身体的疾病……都会给人们带来坏心情。能够拯救自己心情的人，不是别人，只是自己；能够让自己快乐的人，不是别人，也只是自己。

人生不如意者十之八九，如果天天把那些不快的事情堵在心上，一天到晚唉声叹气，最后只能是把自己弄得痛不欲生。现实中的快乐让人快乐！想象的快乐也会让人快乐！如果能让想象中的快乐变成现实中的快乐，那您将更加快乐！不信您也试一下，如果能这样，不管处在什么状态下，您都会永远快乐！其实快乐就是这么简单。

克服偏见

孟子曰："禹恶旨酒而好善言。"

孟子说:"大禹痛恨旨酒,却喜欢听好话。"

古人称:"人非圣贤,孰能无过?"而像大禹这样的圣贤也难免有过,故他才会"恶旨酒而好善言",即不需要醇酒,但需要别人有价值的规劝之言。

谁也不敢断定自己永远不会产生偏见,因此,我们永远需要师长朋友以及所有人的善言相劝。我曾在一篇《什么是偏见》的短文里读到过一则故事:一位传教士深入非洲的蛮荒地区,宣扬耶稣舍身救人的行为。当地土人听了,很受感动。他们围着传教士希望对耶稣能知道得更多,更清楚。于是传教士取出耶稣的画像挂在墙上,让他们看,非洲的黑人一向是讨厌白人的,他们看了耶稣的画像之后,为之哗然。"这么好的一个人,怎么会是白人呢?"大家一哄而散。到现在,非洲的有些部落还要把耶稣画成黑人的样子,大家才肯接受。

其实,偏见并非黑人所独有。大科学家爱因斯坦是在德国长大的犹太人,后来到美国定居,他曾幽默但不无辛酸地说过:"相对论究竟是不是科学的真理,要到我身后才能证明。如果我是对的,德国人会说我是德国人,而法国人会说我是犹太人,如果我错了,德国人会说我是犹太人,而法国人会说我是德国人。"德法两国有宿怨,当时大多数法国人都讨厌德国人,而纳粹德国又全力排挤犹太人。大家都愿意把失败加在不喜欢的对象身上。明知跟事实未必符合,可是偏见却使人顾不得这些了。

偏见给世界带来的灾祸已经够多的了。我们的社会和人类需要每一个人立下心愿:首先,努力消除自己的偏见,然后再尽量帮助别人。我想,这或许就是善言对生命的意义之所在。

何谓偏见?偏见是人们以不充分或不正确的信息为根据而形成对某人、某群体或某事物的一种片面乃至错误的看法和态度。

偏见来自态度,但偏见又不同于态度。我们对他人的态度包含三个主要成分:认知、情感和行为倾向。与认知要素相联系的是刻板印象,它指人们对于某些团体或阶层所共有的信念。

偏见是与情感或评估要素有关的倾向性,这种对团体或个人的评估建立在其所属的团体之上。行为成分则体现在歧视上。歧视是指人们对他人的接纳或排斥依据于他人所属的团体或种族等。刻板印象、偏见与歧视总是一起出现的,但三者却是互相独立的。而偏见是最具破坏性的社会态度。

偏见形成后，我们往往不自知，甚至还把偏见认定为自己的标准，来歧视他人。比如自己觉得自己有比较高的思想认识，就觉得其他人都不怎么样，这就是赤裸裸的歧视和偏见。而这种隐性的偏见会带来我们交往中非常微小的仇视态度，乃至于在一定的条件下爆发成为一种错误的激动情绪。

比如，某某觉得自己家里人不信佛法，觉悟低。后来在家人妨碍自己学法的时候，发生了争执。其实，这就是把自己的偏见强加在了别人身上。自己不从他人的角度来看问题，是没有把自己怎么和谐地帮助家人，处理政家庭关系放在合适的位置上的自大行为。说白了，这不就是在歧视自己的家人吗？平等心都没有了，又怎么能学习好利他的道理呢？偏见随时都在，重要的是要常常了解他人，站在他人的角度上想问题。这样才能发展利他的、纯粹的菩萨精神，达到自己理想和现实的表里如一。

求名先要求实

孟子曰："有不虞之誉，有求全之毁。"

孟子道："既然会有出乎预料之外的赞誉，也就会有求全责备的诋毁。"

每个阶级和社会集团都有自己的荣辱观。封建阶级以获得显赫的门第爵位为荣，资本家以攫取大量的财富金钱为荣。中国的儒家在荣辱问题上仍然坚持仁义第一的原则。孟子说："仁则荣，不仁则辱。"（《孟子·公孙丑上》）

孔子"疾没世而名不称焉"，屈原"恐修名之不立"，可见美好的名声是为每个人所珍惜和追求的。名声是社会对一个人的思想、行为的评价。名声好的人为社会所认同，受到他人的尊重和信任，在人际交往中具有吸引力和感召力。争取好名声，可以激励人们自尊自信，改恶迁善，塑造美好的形象。每个人都应该努力树立好的名声，珍惜好的名声。但如何树立好名声，怎样对待好名声带来的荣誉、地位，是一个十分复杂的问题；如果处理不好，对人品和人际关系会带来负面的影响。

负面影响之一，就是名声大了，反而带来麻烦。一个人出名以后，成为公众追逐的对象，一举一动都不如往日那样自由自在。如名作家、名演员，经常受到读者和观众的包围，还有许多人来信来访，令人难以应付。负面影响之二，就是名声大了,容易招来非议。一个人出名以后,就和别人拉开了距离,处于一种孤立、突出的地位,成为众人审视评论的目标。"木秀于林,风必摧之;堆出于岸,流必湍之;行高于人,众必非之。"(《文选·运命论》)这是一种普遍存在的妒贤嫉能的社会心理。"名高闲不得,到处人争议;谁知冰雪颜,已杂风尘色。"(卢纶《送吉州孚归楚州旧山》)有高洁德行的人,出名之后也染上了世俗的流言蜚语的脏水。这是名人为高名所累的痛苦。负面影响之三,就是名声大了以后,容易使人躺在已有的成就上,不思进取。一个人出名以后,听到的都是恭维奉承的话,如果头脑不清醒,就会被恭维奉承的话所陶醉,看不到自己的缺点。其实每个名人都不是十全十美的,别人说的恭维话又常常言过其实,不可全信。"阳春之曲,和者必寡;盛名之下,其实难副。"(《后汉书·黄琼传》)名人对此要有清醒的头脑,如果昏昏然,飘飘然,盛名就成了虚名。虚名是不能长久的,一旦被事实揭破,应有的符合实际的名声也会丧失了。

可见名声也有两面性,名人有为名所累的危险。鲁迅说:"毁或无妨,誉倒可怕",就是为此而发出的人生忠告。正确对待名声和荣誉问题,首先要树立正确的荣辱观。什么是美名,什么是恶名,什么荣誉,什么是耻辱,这就是涉及道德问题的荣辱观。一个人的名声,就是社会根据一定的荣辱观对他的思想言行做出的评价。如果评价是肯定的、积极的,他就会获得好名声;如果评价是否定的消极的,他就会获得坏名声。

荀子说:"先义而后利者荣,先利而后义者辱。"(《荀子·荣辱》)我们的荣辱观是以劳动为荣,以热爱祖国、献身社会主义事业为荣,只有诚实劳动,热爱祖国和人民,在社会主义建设中做出贡献的人才是光荣的,才能获得好名声,如果把投机取巧、夸富比阔,甚至丧失人格国格的行为作为光荣,那就颠倒了荣辱的标准,不可能获得好名声。解决荣辱观的问题以后,还要正确处理有关名声荣誉的一些实际而具体的问题,例如:要有荣誉感,不可有名利心,好名声要用善行去争取,勿图虚名,宜逐实功;不要被荣誉所陶醉,不要独占荣誉;如此等。荣誉感是个人对社会关于美好思想言行评价的认识和感受,和社会利益、社会责任相联系。个人的思想行为有益于社会,受到社会的赞誉和褒奖,个人感到荣耀光彩。运动员登上领奖台的时候,英雄人物获得荣誉称号和奖励的时候,都会有这种高尚美好的情感。一个人有这种荣誉感,才会洁身自爱,自尊自强,积极为公众和社会建功立业。荣誉感是推动个人和社会不断进步的精神动力。

有个人荣誉感和集体荣誉感。高尚的个人荣誉感是和集体荣誉感联系在一起的,珍惜个人的荣誉,更珍惜集体的荣誉。个人行为的目的首先是为了集体的荣誉。他对自己的行为和成就感到光荣,也首先因为他为集体做出了贡献,增添了光彩。这种思想感情有利于集体的团结和进步。一个班级的学生,一个企业的职工,以至一个国家、民族的公民,都要有集体荣誉感,努力为集体争取荣誉,不做有损集体荣誉、民族荣誉、国家荣誉的事情。名利心是以获取个人利益为目的的,要获得的不仅是名誉,还有金钱、地位和其他物质利益;或者说,获得名誉是手段,获得物质利益才是目的。

在现实生活中,名誉、地位和物质利益是相联系的。名大则酬丰,位高则禄厚。在商品社会里,名声可以直接换取金钱。名牌商标的价格大大超过有形的资产,名人上电视做几秒钟的广告,其报酬可以超过一般农民一年的收入。可见名气、名声是宝贵的。不过,这样又出现一个问题,即名声不再是善行的正确评价,而是换取金钱的商品了。因此,不能完全从物质利益的角度看待名声、荣誉问题。真正的名声、荣誉,不可能没有道德要求,不可能没有奉献和责任。如果只是为了个人的物质利益,名人就成商人了。

名利之心还会产生另外的恶果,即促使一些人争名夺利,沽誉钓名,盗名欺世。这样,人际交往成了名利场,人际关系也没有和谐团结的气氛了。还有一些奸诈的人,伪装自己,骗取好名声,来达到自己的政治目的。汉朝时的王莽就曾有"礼贤下士"的好名声,后来干出了篡权的勾当。袁世凯也曾附和共和,后来成了窃国大盗。荀子说:"是奸人将以盗名于暗世者险莫大焉。"(《荀子·不苟》)管子也说:"钓名之人,无贤士焉。"(《管子·法法》)盗名的奸人最危险,猎取虚名的人不是贤士。贤士立身行事,不是为了要出名。凡是沽誉钓名、盗名欺世的人都只有名利心,没有公德心和荣誉感。

由名利心驱使而沽名钓誉、盗名欺世的人是少数,由名利心驱使而产生虚荣心的人就比较多了。有虚荣心的人,以博取别人的称赞为目的,追求表面、虚假的名声。他们做好事是给别人看的,在大庭广众之下是一个样子,在别人看不到的时候是另外一个样子。为了获得别人的称赞，有时不惜弄虚作假，做表面文章。这样取得的名声并不是他们思想言行的真实评价，也不能反映他的成就和贡献，无益于他人，也无益于自己。因此要区别荣誉感与虚荣心。荣誉感不可无，虚荣心不可有。好名声要用自己的善行去争取。名声也好，荣誉也好，是社会对个人的评价。个人的品德、学识、功绩如何，是自己掌握的，社会对自己的评价如何，则是社会的事情。班固说："艺由己立，名自人成。"（《与弟超书》）一个人的品德才识是靠自己学习修养得来的，一个人的名声是由别人评说得来的。一个人的成绩、贡献是由自己创造的，一个人的荣誉是由社会给予的。自己没有美德善行，怎么能得到荣誉和好的名声呢?! 有的人靠自我夸耀或别人吹捧而获得赞誉和美名。这种美名是和实际不符的虚名，既无价值，也不能持久；一旦败露，就会身败名裂，反而增加耻辱。"善不积，不足以成名"（《易经·系辞上》），"善不可外来兮，名不可伪作。"（屈原《九章·抽思》）勿尚虚荣，宜逐实功。从个人来说，主要是认真地修养品德学识，勤奋地工作创造，至于名声和荣誉是学习工作的结果，实至而名归。这样得来的名声和荣誉才有意义、有价值，不是那种自欺欺人的假名虚名。

不要被荣誉陶醉。学无止境，艺无止境，工作创造无止境。荣誉只说明过去，而人生总要面向未来。"虚名自古能为累"，荣誉也自古能为累。美名殊荣即使是符合实际的，当之无愧的，也会成为继续前进的包袱。如果因获得荣誉自满自足，不思进取，就会成为历史进军中的落伍者。"或誉人，而适足以败之；或毁人，而适足以成之。"（《淮南子》）这是历史的辩证法，值得我们警惕。

荣誉不可独占。洪应明说："完名美节不宜独任，分些与人，可以远祸全身。"（《菜根谭》）这种让名逃名的主张，虽有明哲保身的消极成分，但不失为洞悉世态人情的明智作法。沽名钓誉的事当然不能做，即使是应得的荣誉也要分些给别人，不可全占了。这样可以避免别人的嫉妒非议，增强人际关系的友好程度，也可以避免因名气大而产生的麻烦，有利于专心致志地做今后的工作。古人还从另外的角度谈了让名逃名的必要性。白居易在《与元九书》中引庄子的话说："名者，公器，不可以多取。"（庄子的原话是："名，公器也，不可多取。"见《庄子·天运篇》）名是应该由公众共同享用的，个人不可以取得太多。因为名是公器而让名，比为了远祸全身而让名更正确一些，认识也更全面、更深刻一些。个人生活在社会中，个人的品德才能离不开社会的培养，个人的成就贡献离不开他人的支持。盛开的鲜花得益于枝叶输达养分，荣誉不宜由鲜花独占。人也是如此。这不是虚假的谦虚，而是对待荣誉的实事求是的态度。学生成名，不要忘记师者，后辈成名，不要忘记前人，将军成名，不要忘记士兵，专家成名，不要忘记群众。少数声名显赫的杰出人物，实际上是一个群体的代表，每一位有名英雄的背后，都有一批无名英雄。用这样的观点看问题，自然不会把荣誉全归于自己。

人生在世，总会有人评说。评说有毁有誉，誉是说好，毁是说坏。不管别人说好说坏，自己要有冷静客观的分析，不能因为别人的毁誉就影响自己认识的和情绪。明人薛瑄说："人当自信自守，虽称誉之，承奉之，亦不为之加喜；虽毁谤之，侮慢之，亦不为之加沮。"（《古今药石·薛文清公要语外篇》）立身处世应该有自信心，有自己的主见和操守，不要听了赞誉就洋洋自得，听了批评就垂头丧气。白居易亦有诗云："闻毁勿戚戚，闻誉勿欣欣。自顾行何如，毁誉安足论。"（《续座右铭》）这也是一种自信自守的处世态度。重要的是要自我反省，是否行得端，做得对；只要"内省不疚，何恤人言"，走自己的路就是了。

别人的毁誉常有不符合实际的地方。孟子说："有不虞之誉，有求全之毁。"（《孟子·离娄上》）有一种赞誉是意料之外的，有一种诋毁是求全责备，对这种毁誉不必过分重视。

小勇与大勇

齐宣王问曰："交邻国有道乎？"

孟子对曰："有。惟仁者为能以大事小，是故汤事葛，文王事昆夷；惟智者为能以小事大，故大王事獯鬻，勾践事吴。以大事小者，乐天者也；以小事大者，畏天者也。乐天者保天下，畏天者保其国。诗云：'畏天之威，于时保之。'"

王曰："大哉言矣！寡人有疾，寡人好勇。"

对曰："王请无好小勇。夫抚剑疾视曰，'彼恶敢当我哉'！此匹夫之勇，敌一人者也。王请大之！

《诗》云：'王赫斯怒，爰整其旅，以遏徂莒，以笃周祜，以对于天下。'此文王之勇也。文王一怒而安天下之民。

《书》曰:'天降下民,作之君,作之师。惟曰其助上帝,宠之四方。有罪无罪,惟我在,天下曷敢有越厥志?'一人衡行于天下,武王耻之。此武王之勇也。而武王亦一怒而安天下之民。今王亦一怒而安天下之民,民惟恐王之不好勇也。"

齐宣王问道:"和邻国交往有什么讲究吗?"

孟子回答说:"有。只有有仁德的人才能够以大国的身份侍奉小国,所以商汤侍奉大国,周文王侍奉昆夷。只有有智慧的人才能够以小国的身份侍奉大国,所以周太王侍奉獯鬻,越王勾践侍奉吴王夫差。以大国身份侍奉小国的,是以天命为乐的人;以小国身份侍奉大国的,是敬畏天命的人。以天命为乐的人安定天下,敬畏天命的人安定自己的国家。《诗经》上说:'畏惧上天的威灵,因此才能够安定。'"

宣王说:"先生的话可真高深呀!不过,我有个毛病,就是逞强好勇。"

孟子说:"那就请大王不要好小勇。有的人动辄接剑瞪眼说:'他怎么敢抵挡我呢?'这其实只是匹夫之勇,只能与个把人较量。大王请不要喜好这样的匹夫之勇!

《诗经》说:'文王义愤激昂,发令调兵遣将,把侵略莒国的敌军阻挡,增添了周国的吉祥,不辜负天下百姓的期望。'这是周文王的勇。周文王一怒便使天下百姓都得到安定。

《尚书》说:'上天降生了老百姓,又替他们降生了君王,降生了师表,这些君王和师表的唯一责任,就是帮助上帝来爱护老百姓。所以,天下四方的有罪者和无罪者,都由我来负责,普天之下,何人敢超越上帝的意志呢?'所以,只要有一人在天下横行霸道,周武王便感到羞耻。这是周武王的勇。周武王也是一怒便使天下百姓都得到安定。如今大王如果也做到一怒便使天下百姓都得到安定,那么,老百姓就会唯恐大王不喜好勇了啊。"

此前,我们看到孟子的谈论,主要是内政问题,而这一次齐宣王开口便问:"交邻国有道乎?"直端端的把问题引向了外交上。孟子于是做出了他的外交策略阐述。归结起来,就是大国要仁,不要搞大国沙文主义和霸权主义,而要和小国友好相处。另一方面,小国要智,不要搞闭关锁国,不要夜郎自大,而要和大国搞好外交关系。做到了这两方面,那么,就会出现大国安定天下,小国安定国家的世界和平格局。而做到这两方面的心理基础,便是大国以天命为乐,顺应"天地生万物"的好生之德,不欺负弱小,替天行道;小国敬畏天命,服从天命,不与大国为敌,以维护自己的生存。这里的天命不一定作神秘化的理解,而就是历史、地理条件和时代形成的国际大趋势。

孟子在这里所阐述的外交策略并不深奥,其中大国、小国的做法,在后世乃至于今天也仍然是有参考意义的。

不过,齐宣王对孟子所说的这一套却感到有点不得要领。因为,作为战国时代的一位国君,齐宣王所眼见的和亲历的国与国之间的问题多半都是靠战争来解决的,那可真有点"强权就是真理"的味道。而现在照孟老夫子的一套说来,无论你是大国还是小国,似乎都不应该打仗,不该进行军事力量的较量了。根据以前和孟子的多次谈话,他已经领教过了,知道孟子说话总是会有一连串的道理,所以也不好说孟子说得不对。于是,他采用了一个自认为高明的以退为进的办法,一方面赞扬孟子的话高深,有道理;另一方面却自我批评说自己有毛病,恐怕难以接受孟子的高论。

孟子岂会不知道齐宣王心里到底在想什么。他只需要把话锋轻轻一转,一下子就抓住了齐宣王,继续展开宏论。

齐宣王说自己的好勇,孟子便说好勇也没有关系,只要不是好小勇就行了。于是便连带进行了关于大勇与小勇问题的阐述。

小勇就是我们常说的匹夫之勇。这种匹夫之勇是一种血气之怒,动辄以性命相拼,而不是以理义相斗。

从效果来说,小勇敌一人,大勇安天下。

从实例来说,莽张飞、黑李逵是小勇,刘皇叔、宋公明是大勇。在一定意义上,楚霸王也是小勇,而汉高祖却是大勇。对我们来说,孟子关于小勇和大勇的论述的确是可以使我们耳目一新并有所启迪的。比如说我们见到那些在大街上、公共汽车上动辄提劲逞勇的人,包括那些车匪路霸,一副亡命徒的样子,其实不过是"小勇"罢了,没有什么了不起。只要我们以社会公理为武器,大家挺身而出,往往也就可以战胜那些人的"匹夫之勇",保护我们的安全和社会秩序的安定。

说到底,真正的勇不是斗力而是斗智,不是斗血气而是斗理义。当然,在斗的过程中难免会有牺牲,如果大家都怕牺牲,当然也就胜负难卜,甚至有让"小勇"逞强得势的时候了。

胸怀天下,可有作为

在《梁惠王上》篇里孟子见梁惠王于沼上时已经谈到过"古之人与民偕乐,故能乐也"的问题。在本篇中,孟子再次与齐宣王讨论到"与民同乐"的问题。而且,这一次讨论的特点是不仅说到乐,而且还从乐说到忧,所谓"乐以天下,忧以天下",更为完整地显示了孟子政治学说中的民本主义思想。

孟子作为两千多年前的思想家,就开始把百姓的"忧、乐"与统治者的统治思想联系起来,并且将"民为贵,社稷次之,君为轻"的以民为本的思想郑重地摆到统治者的面前。这不仅仅只是对"君"而言,同时还是对为"官"者的一个警示。他认为实行"仁政",首先要争取"民心",统治者应以"仁爱之心"去对待民众,这样才能得到民众的支持,使国家强盛,使人民富裕,君主的地位也能更加稳固,更容易成就一番伟业。

可见,孟子这位身在把人不当人看的奴隶社会的思想家,有这样的造诣真无愧于"圣人"这个称号。

不过,"乐以天下,忧以天下"这几个字也带有强烈的使命感和自我牺牲的精神,而且,也更具有一种浓厚的悲剧意识。所以,它能更为激动人心地为人们所传诵。直到今天,当我们说到什么人为人民大众的利益而牺牲时,还会想到这两句名言。

《三国演义》中,曹操在与刘备青梅煮酒论英雄时说:"夫英雄者,胸怀大志,腹有良谋,有包藏宇宙之机,吞吐天地之志者也。"然后手指刘备说:"天下英雄,唯使君与操耳。"

的确,古往今来,凡取得重大成就的仁人志士,都胸怀天下之志;但凡垂名青史的爱国志士,都志存高远。他们或兼济苍生,或成就伟业,或视死如归,或为国捐躯。

志向高远的人,一定会有惊人的成就。胸怀天下,心存济世的人,也一定能取得非凡的业绩。拥有宏博奇伟胸襟的人,必定会有明确而坚定的人生目标,并由此产生出天赋神授一般的精神力量和旺盛斗志。因此,这类人既不会接受失败,也不

国学经典文库

孟子诠解

《孟子》智慧通解

图文珍藏版

会承认失败,失败反而会激发出他潜在于体内的巨大勇气和超人毅力,并推动、鼓励着他去克服阻力、战胜困难。这样的人也才有底气、有勇气、有智慧,并在奋斗中获得机遇、走向成功。

范仲淹,字希文,江苏苏州人,公元 989 年出生在今河北石家庄市正定县,当时他父亲范墉为北道重镇真定府(即今天的正定县)成德军节度掌书记。

两岁的时候,父亲就去世了,家境十分的贫寒,母亲只好带着他改嫁到长山一个姓朱的人家。

范仲淹从小就很有志气,发奋读书。十几岁的时候,他借住在长山一座寺院的僧房里读书,过着艰苦的生活。他每天只烧一锅粥,等粥凉了凝固成块以后,用刀划成四块,一天吃两餐,早晚各取两块,吃的菜也只是几根咸菜。后来人们称他这种生活为"断齑画粥",齑指的是咸菜,并传为历史上刻苦学习的佳话。

1015 年,范仲淹考中进士,开始做官。早年的贫困生活使得他了解并且同情民间的疾苦。决心为国家和黎民百姓做出一番事业。他不计较个人的荣辱得失,接连上书建议,因为弹劾当时守旧派,触怒了宰相吕夷简而两次遭到贬官外放。

1040 年,范仲淹和大将韩琦同任陕西经略安抚招讨副使,抗击西夏。他改革军制,修筑城堡,实行屯田营兵的持久计策,使得延州一带的防守力量大大加强。西夏军队见他的防守严密不敢进犯。西夏的将领相互戒告说。范仲淹"胸中自有数万甲兵"。那时候的延州流传着这样的一首民谣:"军中有一韩(韩琦),西贼闻之心胆寒;军中有一范(范仲淹),西贼闻之惊破胆。"从这首民谣中,足可以看出范仲淹在抵御西夏侵扰时的功绩了。著名的爱国将军冯玉祥先生,在 1934 年谒范文正公祠时,曾亲笔题写了这样一副赞佩他的对联:

兵甲富胸中,纵教他房骑横飞,也怕那范老夫子;

忧乐关天下,愿今人砥砺振奋,都学这秀才先生。

1043 年,范仲淹受到欧阳修等在朝诸臣的推荐,担任参知政事。他针对当时的政治弊病,提出了十项改革方案,决心整顿吏治,加强军备,发展生产,减轻徭役。宋仁宗采纳了这些建议,并下令在全国施行。这一年是宋仁宗庆历三年,历史上把范仲淹的改革措施称为"庆历新政"。

当时,政府机构臃肿,人浮于事,好多官员又为非作歹,无恶不作。范仲淹为了贯彻新政,派了一批按察使,到各地区视察。然后根据按察使送来的报告,把那些不能胜任的官员,从登记簿上除名。他的好友富弼看到他勾掉那么多官员的名字,非常吃惊,对他说:"勾掉一个名字很容易,但是被勾掉名字的一家人都得哭了。"

范仲淹回答:一家哭怎么比得上一路哭啊!(宋代的"路"相当于现代的"省")这句话说得十分深刻,也表明了范仲淹改革的态度和决心。

那时候,社会上最主要的矛盾是农民阶级和地主阶级的矛盾,范仲淹的改革并没有解决这个根本问题。尽管这样,由于在实行的过程中触动了一些封建贵族的切身利益,因此遭到了许多保守官僚的反对,"庆历新政"推行不到一年就失败了,范仲淹也被贬职到地方做了知州,而那篇大家耳熟能详的《岳阳楼记》就是被贬职时写出来的。

很多人都到岳阳楼去过,很多人都写过岳阳楼记,范仲淹怎么写的呢?他就抓住了由岳阳楼记一个悲、一个喜,比如说"阴风怒号,浊浪排空",那时候你感到很悲凉;第二个就是"春和景明,上下天光,一碧万顷。"就很喜,他抓住悲、喜两个字,不是景物让我们喜,是天下事让我们忧,让我们喜。最后他就归结到一点,就是"进也忧,退也忧"。什么时候才能快乐呢?他就得出一个结论:"先天下之忧而忧。后天下之乐而乐。"这实际上就在封建时代给所有的封建士大夫提出一个忧乐标准,也就是给我们现在说的"为天下老百姓而忧愁,为人民的幸福而欢乐。"所以这句话已经1000多年了,已经成为勉励每一个知识分子的座右铭和格言。

范仲淹是封建统治阶级中难得的一个在文治武功方面都有建树的人物。他关心国家命运和百姓的疾苦,努力改革朝政,这些事迹都是值得称颂的。如今的我们,虽然不能像他们一样驰骋疆场,但也要立下远大的志向,承担起历史赋予我们的重任,胸怀天下,志存高远。

在现今和谐的社会环境中,我们所处的开放与变革的时代也要求我们胸怀天下,志存高远。只有直接参与到中国改革开放与民族复兴的伟大进程之中,只有直接参与到国际合作与竞争之中,我们才能承担起时代赋予的使命与责任,才能把握发展的机遇,有所作为。

三、孟子处世智慧

与人为善

孟子说："子路，当别人指出他的过错时，他就很高兴。禹，听到对自己有帮助的话，就会向人家拜谢。然而大舜更伟大，他与人一起行仁道，抛弃自己缺点，而学习别人的长处，同时又乐于汲取别人的优点来修养自己的德行。舜从当农夫、陶工、渔夫，直到成为天子，他身上的优点可以说都是从别人那里学来的。汲取众人的优点来修养自己的德行，这又相当于帮助别人为善一样。所以，君子最高的德行就是能与人一同行善。"

中国古代，有许多贤人都有闻过则喜、勇于改过的故事，而这些故事也被后人传为佳话，作为自己修身的原则。

宋朝有一个叫申颜的人，他有一个很要好的朋友叫侯无可。侯无可为人处事特别耿直，而对待朋友更是如此。如果申颜要是有了过错，侯无可就会当他的面直接指出来，毫不避讳。申颜也为有这样的朋友而感到非常自豪。他曾经感叹地对别人说："我一天也不能没有侯无可。"当别人不解地问他："为什么要这样说呢？"他回答说："侯无可能指出我的过失，要是一天没有见到他，我就不知道自己的过失在什么地方。"

俗话说："人非圣贤，孰能无过？"只有知道了自己的过错，才能够更好地去改正。申颜闻过则喜，和孟子所赞扬的子路的闻过则喜，大禹的善于接受别人的正确意见，这都是一脉相承的。

得饶人处且饶人

孟子自范之齐，望见齐王之子。喟然叹曰："居移气，养移体，大哉居乎！夫非尽人之子与？"孟子曰："王子宫室、车马、衣服多与人同，而王子若彼者，其居使之然也；况居天下之广居者乎？鲁君之宋，呼于垤泽之门。守者曰：'此非吾君也，何其声之似我君也？'此无他，居相似也。"

孟子从范邑到齐国去，远远地看见了齐王的儿子，很感慨地说："居住环境改变人的气质，奉养改变人的体质，所处的环境真是关系大极了！他和别人不都一样是做儿子的吗？"孟子说："王子的住房、车马、衣服多半跟别人的相同，而王子却是那样与众不同，是因为他居住的环境使他变得这样的；何况居住在'仁'这个天下最宽广的住所中的人呢？有一次鲁君到宋国去，在宋国的垤泽城门下吆喝，守门人议论说：'这个人不是我们的君主，为什么他的声音像我们的国君呢？'这没有别的原因，所居住的环境相似罢了。"

气质与外形很重要，很多时候甚至能够起到决定性的作用。汉武帝年间，赵国逃虏江充只因为生得仪表堂堂，身体魁梧，衣着轻暖而华丽，汉武帝一见这张俊脸就喜欢，从此对江充十分宠信，封其为直指绣衣使者，这一职责是专门找皇亲国戚、亲信大臣们的麻烦的。江充果然不辱使命，检举参劾，毫无避讳，汉武帝因此认为他忠正直率，所说的话都合汉武帝的心意。江充曾随汉武帝前往甘泉宫，正遇上太子刘据派遣去甘泉宫问安的使者坐着马车在皇帝专用的"驰道"上行走，江充便将其逮捕问罪。太子听说后，派人向江充求情说："我并非爱惜车马，实在是不愿让皇上知道后，认为我平时没有管教左右，希望江先生宽恕！"江充并不理睬，径自上奏。汉武帝说："作臣子的，就应当这样！"对江充大加信任，从而使江充威镇京师。

但是这样一来，江充就和太子结下了仇，于是他索性一不做二不休，诬告太子谋反，想以此除掉这个心腹大患。太子被逼得走投无路，气急之下一刀杀了江充，但是江充的目的还是达到了，太子、皇后全都一股脑地被他害死，捎带脚还害了数十万条人命。

所以孟子认为：居住环境能够影响到一个人的外貌与气质，但对一个人的内心的影响却是微乎其微的。一个人如果想避免像江充这样徒具外貌而无其实的情况，那就得让自己处身于仁人的环境之中，让自己成为仁者，若非如此，再漂亮的外貌也帮不了你。

陆游在《老学庵笔记·卷一》载：绍兴末，朝士多饶州人。时人语曰："诸公皆不是痴汉"。又有监察发荐京官状，以关节欲与饶州人。或规其当先孤寒，监司者愤然曰："得饶人处且饶人。"时传以为笑矣。

据明朝冯梦龙编纂的《古今笑史》中介绍,南宋绍兴末年,饶州人在朝中当官的不少,一监察着重推荐饶州人,当有人劝他推荐其他人时,他说"得饶人处且饶人"。这句话的意思就是应当用饶州人时就起用饶州人了。大家都知道"得饶人处且饶人"这句话现在是说做事不要做绝,须留有余地,不要赶尽杀绝的意思。

古人云:冤冤相报何时了,得饶人处且饶人。这是一种宽容,一种博大的胸怀,一种不拘小节的潇洒,一种伟大的仁慈。自古至今,宽容被圣贤乃至平民百姓尊奉为做人的准则和信念,而已成为中华民族传统美德的一部分,并且被视为育人律己的一条光辉典则。

以诚待人

孟子曰:"食而弗爱,豕交之也;爱而不敬,兽畜之也。恭敬者,币之未将者也。恭敬而无实,君子不可虚拘。"

孟子说:"只给吃而不爱抚,那就像对待猪一样;爱抚而不恭敬,那就像畜养牲口一样。恭敬之心是礼物送上之前就该具有的。只有恭敬的形式,却没有诚心实意,君子就不能徒然地受它的约束了。"

爱、恭敬的爱、诚心实意的恭敬的爱,只有这种人生态度,才能够真正地打动人心。

东汉时,吴祐出任胶东国相,为政崇尚仁爱简约,百姓都不忍心欺骗他。有一位乡啬夫,名叫孙性,私自赋敛百姓钱财,买衣服送给自己的父亲。父亲得到衣服,大怒说:"你有这样的长官,怎么忍心欺骗他?"催促他回去认罪。孙性怀着惭愧和畏惧的心情,拿着衣服,到官府自首。吴祐叫左右退出,询问缘故,孙性就把父亲所说的话,全都告诉了吴祐。吴祐安慰他说:"你为父亲的缘故而蒙受了贪污的恶名,真是正所谓:看他的过失,知道他有仁爱的品德。"他命孙性回家向父亲道谢,又把衣服赠给了孙性的父亲。

观过而知仁,所以体会吴祐爱人之心,他在孙性自首的时候,让左右退出,不使孙性的过失成为别人的谈资,若没有如此的诚意与恭敬,也无法赢得百姓的爱戴之心。而如果没有发自内心的恭敬与爱,即使连君子都不会领情,更不要说那些唯利是图的小人了。

以诚待人，用心做事，是对人、对事、对工作的一种积极肯定。

以诚待人，这是一个人做人的首要条件。

常言道：待人要真真诚诚；做事要踏踏实实；为官要清清白白。说起来容易，真正做起来就很难！究竟怎样才能以诚待人，用心做事呢？

俗话说："做事先做人"，这句话无疑是对做人提出了更高的要求，这是一种理念，是一种心态。对人首先要学会尊重别人，善待别人，这就是别人常说的以诚待人。待人首先要用心去换心，以真诚去缔造真诚，以友谊去缔造友谊，换回来的才是别人对你的真诚。要想以诚待人，首先要学会做人，堂堂正正做人是为人的最基本准则，是一切道德之首，是人格品德的核心所在。它包含了丰富的内容：在事业追求中，把集体的利益、人民的利益视为高于一切，并以树立"以单位为家"的思想和精神去爱岗敬业、无私奉献。在这种前提下来谈待人，应该是谦虚谨慎，不骄不躁，说老实话，办老实事，做到言行一致，表里如一。在生活中要严格要求自己，以平常心处事，不与他人攀比。

用心是一种心理状态，事情的结果可能还会受到其他外界因素的影响。这就像打牌一样，没有好牌，你有再好的技术也很难赢，但一旦有了好牌，那你的胜算就会多得多。用不用心，不能光看结果，有时过程也是很重要的。

以诚待人，贵在真诚无私，贵在互相关心。用心做事，贵在踏踏实实，贵在勤勤恳恳。

"以诚待人，用心做事"，这句话就是对人力资源工作者提出的最终要求，如果不以诚待人，何从谈起做人事工作，何从谈起以人为本呢？用心做事，要努力地为员工办实事，办好事，树立人力资源工作者的首要任务就是创建一种服务意识的观念。

以诚待人，用心做事，既是一种心态、一种情绪，更是一种素质、一种智慧。

提高自己的应变能力

孟子曰："形色，天性也；惟圣人，然后可以践形。"

孟子说："形体容貌是天生的，只有成了圣人才善于运用他的形体容貌。"

什么叫善于运用自己的形体容貌呢？有一个专用术语叫"犀照"，用来形容人的眼光独到,明察事物的真相。这个术语来源于晋代的名士温峤,传说武昌牛渚矶下经常有怪物出现,于是温峤就跑了去,点燃犀角看了个明白。于是就有了这么一个专用术语。但是,温峤不只是会看怪物,他善于伪装、迷惑人的本事也是一流。

当时大将军王敦有意谋反,而温峤是王敦的左司马,替王敦治理府事,他时常出些主意来附和王敦的欲望,又与王敦的亲信钱凤结交,为钱凤扬名,说一些诸如"钱凤满身活力"之类让人听了眉开眼笑的话。一次恰逢丹杨尹的职位空缺,温峤想借此机会逃走,就对王敦说:"丹杨尹守备京城,这种咽喉要职您应当自己遴选人才充任。恐怕朝廷任用的人有的不会尽心治理。"王敦问温峤:"谁能够胜任?"温峤说:"我认为没有谁能比得上钱凤。"钱凤也推举温峤,温峤佯装推辞。王敦不听。六月,王敦上表奏请温峤任丹杨尹,并且让他窥察朝廷动向。温峤唯恐自己走后钱凤再离间挑拨加以制止,便借王敦设宴饯别之机,起身祝酒,来到钱凤面前,钱凤还没来得及饮酒,温峤佯装酒醉,用手扳击落钱凤的头巾,脸色一变说:"钱凤你是什么样的人,我温太真祝酒你胆敢不喝?"王敦以为温峤醉了,把双方劝解开。温峤临行时,向王敦道别,眼泪、鼻涕横流,先后三次出门以后又回来。温峤走后,钱凤对王敦说:"温峤与朝廷关系极为密切,此人不能信任。"王敦说:"温峤昨天酒醉,对你稍有失敬,你怎么能马上就这样诋毁他呢!"温峤到达建康后,把王敦作乱的图谋原原本本告诉了明帝,请求事先有所防备。他又和庾亮共同筹划讨伐王敦的谋略。王敦听说后,勃然大怒,说:"我竟然被这个小东西欺骗!"他便写信给司徒王导说:"温峤离开几天,竟然做出这种事!我要找人把他活捉来,亲自拔除他的舌头。"

但是,王敦最终没有机会拔温峤的舌头,他的谋反失败,而温峤却再度成为晋室的依赖。他的这种音容变化、喜怒哀乐,收发于心并影响到别人,就是最善于运用自己的形体容貌,很多人在现实中也是这样做,但除非你具备足够的智慧,否则只会弄巧成拙。

应变能力是当代人应当具有的基本能力之一。在当今社会中,我们每个人每天都要面对比过去成倍增长的信息,如何迅速地分析这些信息,是人们把握时代脉搏、跟上时代潮流的关键。它需要我们具有良好的应变能力。另一方面,随着社会竞争的加剧,人们所面临的变化和压力与日俱增,每个人都可能面临择业、下岗等方面的困扰。努力提高自己的应变能力,对保持健康的心理状况是很有帮助的。

我们每个人的应变能力可能不尽相同,造成这种差异的主要原因,一方面可能有先天的因素,如多血质的人比黏液质的人应变能力高些。也可能有先天的因素,如长期从事紧张工作的人比工作安逸的人应变能力高些。因此,应变能力也是可以通过某种方法加以培养的。

唯有提高应变能力,我们才能在这个高速变化的社会站稳脚跟。

友天下之善士

孟子对万章说:"一个乡村中的优秀人物,和这个乡村的优秀人物交朋友;一国中的优秀人物,和这一国中的优秀人物交朋友;而天下的优秀人物,和天下的优秀人物交朋友。如果认为和天下的优秀人物交朋友还不够,那就又可以上溯古代,评论古代的人物。吟诵他们的诗,读他们的著作,但不了解他们的为人,这样行吗?所以还要研究他们在那个时代的生活环境。这就是和古人交朋友。"

这里是孟子告诉弟子们的交友之道。交朋友,就是交心,是为了相互帮助,从一乡之善士到一国之善士,继而再到天下之善士。如果这样还不满足,那就通过诗、书,向古人学习。

交普通的朋友容易,但是想要交真心的朋友,交个知己,那可就不是那么简单了。这不仅是要自己真心付出,还要看对方是不是个贤明之人。

春秋时期,有个叫伯牙的人,他以擅长弹琴而出名。还有一个叫钟子期的人,他对琴音具有特别的鉴赏力,由于两个人兴趣相同,有共同的爱好,所以成了好朋友。

伯牙在弹琴时,钟子期总会坐在旁边认真听。那琴音高亢,巍巍挺拔,每当表现出高山的雄伟时,钟子期就会赞叹说:"弹得真好啊!远大志向融入巍巍高山。"而琴声表现出流水的浩瀚时,钟子期又会赞叹说:"弹得真好啊!我仿佛看到流水汹涌澎湃,一泻千里。"两人相知很深,交往也更加密切,成了真正的挚友、知己。

后来钟子期死了,伯牙认为世上再也没人能够听懂他的高山流水之音,终生不复弹琴。伯牙和钟子期都能虚心学习对方襟怀坦白、光明磊落、恪守道德的高尚品德,这也为后人树立了交友的典范。

东汉时,汝南郡的张劭和山阳郡的范式同在京城洛阳读书,两人的感情非常好。当他们分别的时候,张劭望着天空的大雁说:"今日一别,相距甚远,不知何年才能见面?"说着,伤心地哭了。范式拉着张劭的手,劝解道:"兄长,不必悲伤。两年后的秋天,我一定去你家拜访,与你相聚。"约定好相聚的日期后,他们都各自回家去了。

眨眼间就是两年后的秋天了。张劭突然听见天空的雁叫,不由得自言自语说:"他快来了。"说完赶紧回到屋里,对母亲说:"母亲,刚才我听见了大雁的叫声,范式快来了,我们准备准备吧。""傻孩子,山阳郡离这里有一千多里路,范式怎么会来呢?"他母亲不相信,摇头叹息:"这可是一千多里路啊。"张劭却说:"范式为人正直、诚恳,极守信用,不会不来的。"

约定的日期到了,范式果然风尘仆仆地赶来了。旧友重逢,异常亲热。老妈妈也激动地站在一旁感叹地说:"天下真有这么讲信用的朋友。"到了今天,范式重信守诺的故事也一直为人所传诵。

"人无信不立",信用是立身之本,它是人类至大的美德之一。一个守信用的人,走到哪里都会受人欢迎,不守信用的人只能处处受到人们的鄙弃。而这也是能不能交到知己的一个重要原因。

尽其心者,知其性也

孟子说:"能够用尽自己的善心,就可以觉悟到自己的本性。觉悟到了自己的本性,就可以知道天道是什么了。保存了人的善心,培养了人的本性,这就是遵循天道了。不论寿命是长是短,都能一样去对待,都不改变其态度,只是修身养性以等待天命的安排,这就是安身立命的正确方法。"

颜回,春秋末鲁国人,是孔子最得意的弟子。孔子不但欣赏颜回,也如同对待自己孩子般地引导教育他。颜回经过修身养性,从孔子身上学习到了勤奋、好学、积极、乐观、谦虚和淡泊名利的人生态度。

颜回从小家庭穷困,却没有影响他的心志成长。孔子说他"一箪食,一瓢饮,在陋巷,人不堪其忧,回也不改其乐",意思是吃的是粗饭,喝的是清水,住在又窄又小的巷子里,要在别人就愁死了,但是颜回还是照常快乐。说明颜回在艰难困苦的环境中，都能保持乐而忘忧的情怀，始终拥有精神的快乐与心灵的安适与富足。人生有很多欲望，如物欲、权力欲、玩欲等等，这些是属物质层面的快乐，每个人或多或少都有接触。像颜回这样对物质要求很低，属于追求修身养性、养护人性的人，而正是这样，往往在修身养性的过程中享受到人生快乐。如果我们想要享受颜回清淡人生的快乐，可以降低物质欲望，在调整的过程，我们就不难发现颜回快乐的秘密，也因为专注在修身养性而精神富足。

尽信书，不如无书

一个人要是完全相信书上的东西，甚至完全按照书上所说的行事，这种行为是不可取的，因为书是死的，而事物却是不断地在翻新变化，书里的知识必须是在社会的实践当中得到总结。而且书又是人写的，只要是人写的，那就存在写书人的个人主观意向，以及个人对事物形态的理解。

书只是作为知识面的一个载体，其内容千变万化。如果不对其进行分辨，而一味盲从相信，那样我们就会因为缺少思考而脱离了现实。所以我们应该先对书中所说的进行思考，而后再做出判断是否行得通。只有在这样的情况下，我们才能做出最正确的选择，而不至于让我们犯错。这也就是孟子所说的"尽信《书》，则不如无《书》"的道理了。

我们做事的时候，会去借鉴前辈们的做法，这种做法是正确的。但是有些人的"借鉴"，不管是不是合用都照搬不误，这就不对了，要知道前辈们也有可能出错的。

朱熹

南宋时期的朱熹是中国的一个大思想家、理学家。朱熹从小就聪颖好学，爱好思考，广泛地学习各种知识，这为他后来成为一位著名的思想家和理学家奠定了基础。

朱熹在学习历史时，主张一定要独立思考，不能完全相信书上所说的。他认

为,对于那些明显的不合情理的历史记载要勇于怀疑,这是因为古人有时也会把传闻当作真实的历史。朱熹一直对汉朝的大历史学家司马迁很佩服,但是他对《史记》里的某些记载却还是有些怀疑。例如《史记》中记载,战国末期,秦军在长平坑杀了赵军四十万,朱熹认为这是很值得怀疑的,肯定有什么漏洞。他说,长平坑杀四十万人,这是司马迁有些太夸张了,不可信。朱熹认为,赵国打了败仗是肯定的,但是赵国兵将都是身经百战的战士,难道四十万大军都肯去受死吗?又如史书上记载,唐太宗李世民杀了哥哥李建成、弟弟李元吉,他的父亲李渊目睹惨祸之后,却还心安理得地去泛舟作乐。朱熹认为这也是不可信的。他说,兄弟相杀,这是一件多么残酷的事情啊。当父亲的又怎么可能会若无其事呢?

朱熹的这种独立思考,不完全相信古人的精神,是难能可贵的。

孟子说"尽信《书》,则不如无《书》",说的不就是这样的道理吗?因为书上的东西也有可能会有很多的错误,如果只是一味地相信,不加以辨别,那样到最后终会害人害己。

享受人生之乐

孟子曰:"贤者而后乐此,不贤者,虽有此不乐也。"

孟子说:"只有有道德的人才能够享受快乐,没有道德的人纵使有某种快乐,他也无法享受。"

我们努力要使我们的世界越来越美好;我们尽力去寻求人生的快乐。

那么,什么人才能得到真正的快乐?或者,什么才是真正的快乐呢?

而且,实际情况是,谁也不能保证我们永远无忧无虑,无哀无虞,在生活中我们常常遇到许多的不快乐。

那么,当外部世界使我们不快乐或不那么很快乐的时候,我们该怎么办呢?

有一回孟子和梁惠王在一个池塘边观景。梁惠王环顾着周围的鸿雁麋鹿,面呈得意色,对孟子说:"有道德的人也高兴享受快乐吗?"

孟子回答说:"只有有道德的人才能够享受这一种快乐,没有道德的人,即使有这种快乐,他也享受不了。"正所谓:有德者方能有乐。

孟子这话是什么意思,梁惠王不懂。人生的快乐有多种,但归根到底,真正的快乐,能使人感到充实的快乐,应该是那种无所挂碍的精神的舒展,是那种了无愧怍的心灵的轻松,是那种胸怀坦荡的快乐,只有那种有德得道的人有。小人没有,小人趋利,因此小人总有所挂碍,得之则喜,失之则忧,而且即使得了,那喜也总难持久,因为利欲之心难足,他还得为更大的得去烦恼焦虑。小人趋利便常耍手段,因为不耍手段常会无得,因此小人难以无愧无悔,胸怀是无论如何也坦荡不起来的。

小人常戚戚。道德高深的人,奉行大道,因而不以一时一事得失为重;得道乐天,因而不以功名利禄为务,看破世情,悟彻世理,因而持性任意,知足常乐。这样的人,得乐能乐,苦中也能乐。曾子就是这样的人。曾子从学于孔子,得道立德,便安贫乐业。有一个时期,他的家里徒有四壁,一贫如洗,被絮破得像渔网,锅台常常几日没有烟冒出来,一顶带子断了又接上的旧帽,一身捉襟见肘的破衫,连鞋都从脚后跟处裂开了。而且面呈病态,仍是整日劳作。但他并不以为苦,仍然无忧无虑,乐和潇洒,还能每日吟唱歌曲自娱。

这样的人,才是真快乐的人,才是真能自得其乐的人。

有德者方能有乐。得道乐天,道德高深的人,退能自得其乐苦中有乐;功成业就,则与民同乐,与人同乐。能与人同乐的乐,能与人分享的乐,才是真快乐。能与人同乐的人,才是真能乐、真有乐的人。

《诗经·大雅·灵台》中唱道:"开始筑灵台,经营复经营,大家齐努力,很快便落成。王说不要急,百姓更卖力。王到鹿苑中,母鹿正安逸。母鹿光且肥,白鸟羽毛洁,王到灵沼上,满池鱼跳跃。"

这诗中的王,是周文王。文王用了百姓的力量修筑灵台灵池,百姓却非常高兴,原因就在于他的仁政得了民心,他肯和百姓一同快乐,他自己也非常高兴。所以,有德者的乐,是能与人分享的乐,这乐本就是可以使自己乐,也可以使别人乐的乐,是真快乐。

残暴的人则正好相反。

夏桀以为做了帝王,得了天下,便拥有了一切,得意忘形,甚至自比太阳,说道,"太阳什么时候消失,我就在什么时候死亡。"但老百姓怨恨他。

《汤誓》中就记载有当时老百姓的怨歌:"太阳啊,你什么时候消失呢?我宁愿和你一道死去!"

孟子说,作为一个国家的君主,竟使老百姓怨恨到不想再活下去的程度,他纵然有高台深池、奇禽异兽,难道他真能享受这乐吗? 他自然不会有真乐。

暴君的快乐,小人的快乐,是建立在百姓的痛苦、他人的悲哀之上的快乐,因而他们的乐也是不能与人分享,也无法与人分享的乐;他们的乐,换来的也只能是百姓的怨恨,路人的侧目,因而也绝无真正的快乐。

其实,我们常人也可以有能与人分享的快乐,可以与人分享快乐,比如助人为乐,比如为正当事业的奉献之乐。至少我们可以去寻求这种快乐。

不记得是哪位哲人说过:"分担别人的忧愁,可以使他的忧愁减轻一半;与人分享自己的快乐,可以使自己快乐倍增。"这话对任何人都合适。

不用说,我们都希望我们的生活充满快乐。但是,希望终归是希望。对于许多人来说,现实人生常常是那样的严峻以致严酷,荆棘满布,坎坷多舛。即使日常生活中,也常常不能尽如人意。

譬如,人需要理解,但是,人与人要真正达于理解又很难。理解别人难,被别人理解,有时甚至理解自己都很难。所以人类常有因无法沟通而引发的悲剧,人生也常有因无法相互理解而带来的烦恼与悲哀。人是不能长久地陷于烦恼与悲哀之中的。因此,许多时候,我们都需要有一点自得其乐,或者,常想着去寻一点自得其乐。别人理解我,我能得其乐,别人不理解我,我也自得其乐。说到底,烦是烦自己,乐是自己乐,乐本就乐在自得。

细想想,人生在世,有许多事确实都由不得我们做主,但烦自己还是乐自己,却还是可以由我们做主的。譬如生病,本来是一件很讨厌的事,可是,如果达观一些,病也可能病出点味道、病出点乐来。苏轼就曾说:"因病得闲殊不恶,安心得乐更无方",能于病中品味闲趣,自得其乐,怕是连药都不要吃了。《今世说》里记毛稚黄总是生病,连朋友邻里都为他发愁,他自己却大不以为然,说是"病的味道极好,实在很难向那些浮躁的人说清楚"。

当然,依常理,自然还是不要生病的好,至少不要生大病,而且,万一生了病,该吃的药最好也还是吃。这里只是说,人总是可以自得其乐的。

人生需要一点自得其乐。自得其乐不失为一种应付沉重而充满艰辛的现实人生的方式,不失为一种调剂人生的润滑剂,它能使我们于多烦恼、多忧愁的人生中保有一份必不可少的乐观。我们生活着,生活本身自然是一件很艰难、很严肃的事情,但有时却也不妨暂且把它看成一幕正在上演的喜剧。说得更极端些,有时最不济也该如阿Q,来上一句"譬如儿子打老子",然后找地方去睡上一觉——特别是在我们觉得太累了的时候。

人生需要有一点自得其乐。

自得其乐来自对人生的自信,来自人抛开世俗功利的洒脱。因为说到底,人的快乐与否,总是由人的精神决定的。

自由的是心灵;心灵自由者必自在;自在者必快乐。

卑微猥琐、缺乏自信的人,找不到快乐,也无法自得其乐。因为在这种人眼中,太阳永远是昨天的太阳,生活永远只是昨天的重复,他很难在自己的生活中找到新的、值得乐道的东西。这种人永远只能蜷缩在自制的蜗牛壳中,自怨自艾、自悲自叹,永远只能在自我哀怨的无病呻吟中打发时光。

抛不开功利欲望的人也无法自得其乐。一个守财奴,即使富有百万,也难以真正快乐——带在身上怕被偷抢,放入墙洞怕被虫蛀,存入银行又怕露富。这种人总是把自己拘禁在由功名利禄编织而成的心灵的囚笼之中,他永远无法获得那种潇洒超脱、无所挂碍的心灵的自由与轻松地潇洒走一回的人生。

相反,充满自信的人,总能在满天乌云的背后看到星光灿烂,充满自信而且知天得道的人,则更是无己无名,更能自在轻松地去生活。

这种人超越了生死便不畏惧死,即使临渊履冰,也照样能挥洒自如,谈笑风生。这种人超越了功名便不求显扬,即使没于陋巷,也照样能自得自甘,心意舒展。这种人超越了利欲便不求富有,即使贫穷困顿,也照样能安贫乐道,知足常乐。不用说,只有这样的人,才能真正拥有自己不失真趣的人生。

害人之心不可有

孟子曰:"吾今而后知杀人亲之重也:杀人之父,人亦杀其父;杀人之兄,人亦杀其兄。"

孟子说:"我知道杀人亲人的后果了;杀别人父亲的人,别人也会杀他的父亲;

杀别人兄弟的人，别人也会杀他的兄弟。"

清朝年间的新昌县，有一个陈讼师很有名，他就靠替人家写状子打官司为生。有一天，有个屠夫发现自己妻子跟别人通奸，于是他一怒之下就冲到房间里，也就是要杀奸，按照大清刑律，捉奸成双，杀了奸夫淫妇是不承担刑事责任的。可是这个屠夫专业不过硬，一刀砍下去，那个奸夫却跳起来逃走了，只把自己妻子杀死在床。这一下屠夫的麻烦来了，当时法律规定杀奸是有严格要件的，必须是要奸夫淫妇俱在，还得是通奸行为正在发生的时候才可以砍杀的。如今屠夫只砍了老婆却跑了奸夫，这事就无从对证了，除非奸夫猪油蒙了心，否则是不会认账的。而奸夫不认账，屠夫就得自己替老婆偿命。屠夫吓坏了，赶紧去找陈讼师。陈讼师说我可以救你一命，但你要给我多少银子，那个屠夫当晚凑了很多银子，送到他家里，然后陈讼师贴在屠夫的耳朵边上轻声说道："这事太简单了，明天早晨谁到你们家来买肉，你把他拖进去一刀砍了，把这个尸体放在你老婆身边，不就完了嘛"。屠夫闻言大喜，第二天一大早就等在门口，第一个顾客一上门，立即拖进来一刀砍了，翻过来一看，哈哈，这才是报应，这个倒霉的顾客，竟然是陈讼师的儿子。

孟子应该听不到这个清朝的劝世故事，但是他对世人教导，却好像是专为这个故事加的一个注解："我现在才知道杀害别人亲人的严重性：杀了人家的父亲，人家也会杀他父亲；杀了人家的哥哥，人家也会杀他哥哥。虽然不是他自己杀了父亲和哥哥，但也只差那么一点点了。"

小王比小张小两岁，股龄却比小张长一年，经验也比小张丰富。两人在同一单位工作，关系也不错。小王经常上班的时间去股市，小张心中不平衡，便向单位的领导打小报告，为此小王受到领导的批评。小王心想：平时你小张经常请我推荐股票，现在却在领导面前说我坏话，我一定要让你赔钱。于是当小张再次向小王咨询股票时，小王便向他推荐了正在下跌的深科技。

过了些日子，深科技大涨，小张兴冲冲地告诉小王："多谢你给我推荐的深科技，刚买的时候它还在下跌，当时我还在背后骂你，以为你是故意害我的，但没有想到还真有两下子，你也挣了不少钱吧？我现在已经全部获利了结，每股挣 3 块钱了。太谢你了！"小王脸上红一阵、白一阵，心中暗骂：老天爷真是瞎了眼，我自己没买这只股票，没挣到钱，却让这种小人挣了钱。

害人之心不可有,否则终将受其害。

人生要随遇而安

孟子曰:"求之有道,得之有命。"

孟子说:"人生要尽力去追求理想,而最终有多大收获要靠自己的造化了。"

我生本无乡,心安是归处。北宋名家欧阳修见到苏东坡,当即说道:"老夫当退让此人,使之出人头地。"然后又对儿子说:"三十年后,就再也没有人谈论我了,那时谈论的是苏东坡。"而宋仁宗一见到苏东坡兄弟,高兴地对左右说:"我为我的儿子找了两个宰相。"这时候的苏东坡是幸福的,他赴京应试,一举成名天下知。历受了皇帝的"知遇之恩"。

但是苏东坡也曾三次遭冤枉,十七次被贬,一生起落浮沉,历尽人间冷暖。但冷言谗语,从未曾有伤于他,无论身处何境,他都能够随遇而安,享受到生活的乐趣。他曾因乌台诗案流放黄州,俸禄微薄,于是就申请荒地十亩,带领全家人焚烧杂草,开荒播种,喂养家禽,自得其乐。闲时他还研究酒食,留下许多养生的秘方,人生豁达如此,实在是令人叹服。而他自己则形容自己:"上可陪玉皇大帝,下可以陪卑田院乞儿。"

一代大儒苏东坡,再次印证了儒家对于士子的基本要求。孟子说:"舜在吃干粮咽野菜的时候,就像打算终身这么过日子似的。到他做了天子后,穿着细葛布衣服,弹着琴,尧的两个女儿侍候着,又像本来就享有这生活似的。"舜的时光已经久远,而苏东坡至今还在影响着我们的人生。

当看到自己的欲望难以达到时,人们可以用它来抑制不切实际的欲望,因而"只知耕耘,不问收获",这类人一般不会欲壑难填,不会犯人心不足蛇吞象的错误,心态很是平稳,日子过得倒是太平。当人们缺乏适应、创新能力时,可以用它作为"阿 Q 的自嘲方式"来重新平衡自己的内心的矛盾,解除因欲望不满带来的痛苦,这类人不会自寻烦恼,更不会自我折磨;在竞争非常剧烈的情况下,随遇而安还可以使一些人将它作为退出竞争的"理由",减少人与人之间的冲突,而他人因为看到这类人构不成对他利益发展中的威胁,也就不会找上门来挑衅、寻事生端了。

随遇而安是一种积极的人生态度,坦坦然然、大智若愚,看似消极、实为积极;

看似慢条斯理、实际是稳扎稳打、稳中求快地前进——因为新的选择本身可能就是飞跃式的前进——前进方案已经优化了；所谓随遇而安，是指能较好地适应周围生活环境，无论有多么大的变化也能入乡随俗，随方就圆。能随遇而安的人遇上别人级别高、条件好及待遇优厚时不眼红；遇上飞扬跋扈者能进能退，会斗争也会保护自己；遇上喜争风吃醋爱占便宜的人能常常尽量容忍，谦让他人；遇上种种不良风气而个人的力量又一时纠正不过来时能适可而止，不生真气，必要时也不妨"闭上一只眼睛"。这种人对自己与自家的一切生活现状始终知足与常乐，好到天天鸡鸭鱼肉不嫌腻，次到顿顿白菜豆腐也不怕太素。会随遇而安的人一定能眼光远大，胸怀宽阔，把世间的一切变化都看得很平常，很太平，很安宁……

善于保护自己

孟子之滕，馆于上宫。有业屦于牖上，馆人求之弗得。或问之曰："若是乎从者之廋也？"曰："子以是为窃屦来与？"曰："殆非也。""夫予之设科也，往者不追，来者不距。苟以是心至，斯受之而已矣。"

孟子到了滕国，住在上宫。有一双还没织好的草鞋放在窗台上，旅馆里的人来找而没有找到。有人问孟子："跟随你来的人怎么这样乱藏人家东西呢？"

孟子说："你以为这些人是为了偷鞋子而来这里的吗？"

那人说道："大概不是的。先生订了规章条例接收学生学习，走了的不追究，有来的不拒绝。只要凭着求学愿望来的，就接收他罢了。这可难免会有手脚不清的人混进来呢！"

圣人的脸上被人狠狠地抽了一鞋底，还偏偏说不出什么来。人生就是这样，瓜田李下，李代桃僵，免不了这样那样的冤枉和麻烦。所以，明智的人要学会保护自己。明朝时，大臣韩雍巡视江西时，属下忽然报告宁王的弟弟亲王来到，韩雍于是称病请求稍待，暗中派人急速去报告三司，且索求一张白木几。然后韩雍跪拜相迎，亲王一进来，就详细说明兄长叛变的情状，韩雍推说有耳病听不见，请亲王写下来，亲王要纸，左右的人就把白木几端出来，亲王于是详细地书写此事后才离去。

韩雍将此事禀奏朝廷，朝廷派使臣查不出任何事迹，这时诸王兄弟正欢乐相聚，请旁人不要多言，使臣回朝后，朝廷判处韩雍离间亲王的罪，命人带着刑具要将韩雍押走,韩雍于是呈上白木几和某王亲笔写下的文字,才被释放。

保护自己需要善用心思,这一点每个珍惜自己的人都一定会知道。

人世间最值得珍惜的还有自己,你的情感、毅力、青春和奋斗精神更值得珍惜。人的一生,始终在前行,但许多人却不懂得珍惜自己。不是吗?顺境时常常会忘乎所以,逆境时又容易滋长自暴自弃的情绪。学会珍惜自己,就要正确认识自己,保持冷静不骄不躁。始终对自己有个清醒的认识,始终保持积极向上的心态。

流言止于智者

貉稽曰:"稽大不理于口。"

孟子曰:"无伤也。士憎兹多口。诗云:'忧心悄悄,愠于群小。'孔子也。'肆不殄厥愠,亦不陨厥问。'文王也。"

一天,一位叫貉稽的仕者来访问孟子。貉稽是鲁国中都一位司职吏,四十多岁年纪,相貌堂堂,早年丧妻。亡妻撒下一男两女,为了子女不受继母虐待之苦,他发誓不娶。但是人们却诽谤他行为不端,貉稽为此事非常苦恼,来找孟子诉诉苦,说:"我貉稽被人家说了很多坏话。"

孟子安慰他说:"没关系的。士人总会受到七嘴八舌非议的。《诗经》上说:'忧心忡忡排遣不了,小人对我又恨又恼。'孔子就是这样的人。又说:"不消除别人的怨恨,也不丧失自己的名声。'说的就是文王。"

貉稽实在是太年轻了——相对于我们的历史而言,如果他要是知道他的后世人是如何的为谣言所困,肯定不会再有这样的牢骚了。北宋大儒欧阳修,一生耿介正直,但最恶毒的脏水却总是往这种正人君子的头上泼,他曾经被人造谣说是与外甥女通奸,虽然经查证被证明是子虚乌有,但还是难免流放的命运。晚年的欧阳修再一次遭受到谣言的诽谤,这一次居然是说他与自己的亲生女儿通奸,同样是没有任何根据,但造谣者要的不是事实依据,而是影响,结果,一代儒者就是在这种恶毒的谣言笼罩之下悲愤死去。

另一个同样沦为谣言牺牲品的是宋朝大理学家朱熹,他被诬为图谋一个叫严蕊的妓女的美色以及与儿媳妇"扒灰"等罪名。与欧阳修的遭遇一样,造谣者不需要证据,要的是这个谣言的影响。虽然后来宋理宗澄清事实,给朱熹平反。但后世人偏装不知道,仍然抱着已经被证明了是谣言的事情用来诽谤圣者。与欧阳修、朱熹相比,貉稽真应该偷着取乐,他那点事真的算不了什么。他老者家现在大家连他是谁都不知道,可是朱熹还仍然被谣言笼罩着,可人家朱熹除了当场气死之外,还说什么了?所以貉稽更没什么可说的了。

所谓流言,就是经众人之口相互传递而失真的信息。当人们对某件事物或灾难感到很无奈的情况下,便会寻求捕捉各类信息,以求能够找到解决或战胜困难的途径,这时的人们也最容易偏听偏信,使得各种流言也得以乘虚而入,使一些盲目从流的百姓上当受骗。

有人说,圣人的书中,结论多于判断和推理。"流言止于智者"就是一个结论。

结论的得出,离不开判断和推理。要进行判断、推理,就必须要在概念上取得共识。比如"流言",辞书上说是"没有根据的话",要我理解,就是来回"流动"的话。这话原也是有根据的,只是"流"得时间久了,空间广了,原来的话就变了味道。谓予不信,电视台就曾为我们做过这方面的实验:排了一长溜的观众,主持人把一句话告诉给第一个人,然后依次往后传递,到最后一个人说出来时,已经传得面目全非了。

恶意的制造也是有的。譬之三国周瑜,就制造过这样的流言,借了蒋干的口,坏了曹操水军都督蔡瑁、张允的性命。待到曹操省悟"吾中计矣"时,二人首级已在帐下了。

任何"言"一旦流起来,肯定要变味。记不得是哪本书上有这样的故事,某人掘井,因采取了科学的方法,每日可以省一个劳力。于是感而慨之:"吾得一人矣。"此话逾墙而出,被邻人听到,传来传去,成了某人掘井挖出一个人来。

俗话曾说:"话有腿哩,隔耳炮打死人。"此话不假。即使是善意的闲谈,如果被别有用心的人听到,也会成为流言,甚至是伤人的炮弹。鲁迅先生曾有感于阮玲玉的死,而写下了《论人言可畏》。人言其实并不可畏,可畏的倒是"流言"。"流言"还算不算"人言"呢?这我可不知道。我只知道,流言在小人、愚人的口里流来流去,最后只剩下一股的酸臭味。

对智者,流言是流不起来的。因为他们不听、不信、不传,于是"流言"就像遇到防洪的大堤,使那远不充沛的河流"慢慢"地浸到地下去。令人遗憾的是,世上聪明的人并不多，即使是聪明的人吧，也有糊涂的时候，"不传白不传，传了也白传，白传谁不传"。于是，聪明人便沦落为小人。

我们不会期望每个人都成为智者，我们只期望自己不要沦落为小人或愚人。

智仁难辨，当务之急

孟子曰："知者无不知也，当务之为急；仁者无不爱也，急亲贤之为务。尧、舜之知而不遍物，急先务也；尧、舜之仁不遍爱人，急亲贤也。不能三年之丧，而缌小功之察；放饭流歠，而问无齿决，是之谓不知务。"

孟子说："智者没有什么事物不该知道，但是急于知道当前最重要的事情；仁者没有什么人不该爱，但是急于爱德才兼备的贤人。以尧舜的智慧尚且不能够知道一切事物，因为他们急于知道对他们最重要的事情；以尧舜的仁德尚且不能够爱所有的人，因为他们急于爱德才兼备的贤人。如果不能够实行该行三年的丧办礼，却对三个月、五个月的丧礼仔细讲求；在尊长者面前大吃猛吃却讲求不要用牙齿啃肉，这就叫作不知道什么是最重要的事物。"

有一次，孟子的弟子问起，现在要知道和要去干的事情很多，究竟应该先知道和干些什么。孟子回答说："有智慧的人无所不知，但要知道当前应该做的事中最急需要办的事，而不要面面俱到。比如仁德是人们无所不爱的，但应先爱亲人和贤者。又比如古代的圣主尧和舜，尚且不能认识所有的事物，因为他们必须急于抽当前最重要的事情。尧舜的仁德也不是爱一切人，因为他们急于爱的是亲人和贤人。"接着，孟子又从反面来回答这个问题："父母死了，不去服三年的丧期，却对服三个月、五个月丧期的礼节很讲究；在长者面前用餐没有礼貌地狼吞虎咽，咕咚咕咚地喝汤，却去讲什么不能用牙齿咬断干肉等，这就是舍本逐末，不知道当前最需要知道和干的是什么。"

俗话说："丢了西瓜拣芝麻。"抓住了小的却失去了大的，抓住了次要的却失了主要的，因小失大，舍本逐末，这就叫作"不知务"。

凡事总有轻重缓急，因此，要抓住当前急切应办的事先做。

郑玄《诗谱序》说得好："举一纲而万目张。"善于化古人之意而用之的毛泽东于是说："路线是个纲，纲举目张。"其实这也正是他老人家"矛盾论"哲学的基本思想之一:抓住主要矛盾,次要矛盾便可迎刃而解了,当然,如果忽视了矛盾发展的一面,在原本的主要矛盾已退居为次要矛盾,新的主要矛盾已经形成的时候,比如说阶级斗争已经退居为次要矛盾,经济问题上升为主要矛盾的时候,仍然紧紧抓住阶级斗争这个"纲"不放,那当然"万目"都不张了。相反,如果适时地根据客观情况的变化,矛盾的发展转化而进行调整,在经济问题已上升为主要矛盾,成了"当务之急"的时候,及时地抓住经济建设这个纲,"以经济建设为中心",那"万目"也都自然会张开了。

国家的情况是这样,个人的生活、工作也同样是这样。一个人的能力总是有限的,要同时进行各方面的工作,全面开花是不可能的。所谓"饭要一口一口地吃",事情要一件一件地做,每一个时期有一件最主要的事情,这样日积月累,就会像滚雪球一样,不断取得成效。

总而言之,"当务"的把握是最最重要的。还是用我们曾经提到过的话来说,当我们朋友、同事、同学问互相见面时总爱问:"最近忙什么?"但愿你所忙的,正是"当务之急",是"西瓜"而不是"芝麻",当然,更不要是自己也说不清道不明的"莫名堂"的事情。

生命永远需要拥有自信

孟子曰:"养其小者为小人,养其大者为大人。"

孟子说:"贪图上腹之欲者是小人;树立远大志向的人是君子。"

养小则害大,养贱则害贵。小,口腹也。大,心志也。头颈,贵者也。指拇,贱者也,不可舍贵养贱也。务口腹者为小人,治心志者为大人。

佛经中有一首偈语:"菩提只向心觅,何劳向外求玄。且说依次修行,天堂只在眼前。"这里固然体现了佛家直指心性,皆可成佛的教义,但其中体现出来的对人生理想境界供求的信心,却是具有普遍的意义的。

有哲人认为:"自信是人生成功的秘诀。"在我们的人生中,总有某种东西为生命的憧憬。而自信则是不畏艰难实现这种憧憬的热忱、毅力和决心。自信的人有一个共同的心理品质,就是相信自己生命未来的存在会更有价值,并对自我达到某种目标或实现某种人生境界持坚定乐观的态度。

然而,在我们的生活中,却总有些缺乏自信的自卑者,他们对自我表现出消极、悲观、畏缩倾向,不敢寄希望于自己,更不敢奢望能造就一个理想的自我。更不幸的是,自卑由于还不至于自我沉沦,因而自卑的自我总伴随着一种对自我的愤懑和幽怨,使自我内心世界充塞着痛苦的煎熬。

其实,生命永远需要拥有自信心:相信自己的聪明才智,相信自己的学识本领,相信自我能大有建树,相信自己能青史垂名。这样,我们或许就果真做到了。

所以,泰戈尔在其箴言诗中忠告世人:"世界总留点什么给那些对自己抱有信念的人,而有信心的人总能从中使渺小变伟大,使平庸化为神奇。"

有一个叫董进宇的博士,在全国四处传播他的亮点原则:"你如果把目光盯在孩子的优点上,时间一长,缺点就消失了;如果把目光盯在孩子的缺点上,时间一长,优点就消失了。"说得也是这个道理。

难怪孟子在三千年前下中大声疾呼:养其小者为小人,养其大者为大人。真不知道有多少有孩子的家长能够明白这个古今未变的道理?

有一个故事我觉得有必要与大家分享。从前有个青年,俊朗、坚定,他想要翻越一座高耸入云的山峰。于是,带着一位老者的殷殷期盼,他背上行囊出发了,他历尽艰辛,终于来到一片小鸟啁啾、溪流欢唱的山林,青年饱餐了一顿阳光返回了。老者听了他的讲述,静静地说:"小伙子,你到的只是山脚。"于是青年再次出发。这次他更努力地攀登,鞋子都磨破了,脚也渗出了鲜血,他到了一处林木高耸、人迹罕至的地方,他以为到了山顶又返回了。这次老者说:"你到达了山腰,离山顶更近了。"青年义无反顾,再次出发,过了整整一年,他衣衫褴褛,仿佛经历了一场浩劫。面对老者,他带着沧桑说道:"我到了一个地方,但那一定不是山顶。它光秃秃的,满是岩石与黄土,我的耳边只有呼呼的山风,那可能是人类最原始的地方。置身其中,我只觉心灵被净化,有一种力量似乎要冲出我的体魄。"老者笑了:"恭喜你啊,你到了山顶! 在那儿,你才能真切感受人之于自然力的渺小和充塞于天地间的豪气,从此你将更坚定。记住,即使过程多磨难,人的一生,唯有追求,不断追求!"

"你是独一无二的,你有着独一无二的天赋。"不妨问问自己吧,有没有一双善于发现自己优点的眼睛。

警惕伪善之人

浩生不害问曰："乐正子，何人也？"孟子曰："善人也，信人也。""何谓善？何谓信？"曰："可欲之谓善，有诸己之谓信。充实之谓美，充实而有光辉之谓大，大而化之之谓圣，圣而不可知之之谓神。乐正子，二之中，四之下也。"

齐国人浩生不害问道："你的弟子乐正子是怎样一个人？"孟子说："是个善人、信人。"浩生不害问："什么叫'善'？什么叫'信'？"孟子说："值得喜爱的叫'善'，自己确实具有'善'就叫'信'，'善'充实在身上就叫'美'，既充实又有光辉就叫'大'，既'大'又能感化万物就叫'圣'，'圣'到妙不可知就叫'神'。乐正子是在'善'和'信'二者之中，'美'、'大'、'圣'、'神'四者之下的人。"

这世界上的每一个人，都认为自己善良得不得了，都认为自己是天底下第一大善人。战国长平一战，杀人王白起竟将赵国四十万战俘全部活埋，如此的残忍嗜杀，可临到秦王给他把剑让他自杀时，他却悲愤地说："我做了什么伤天害理的事情了，竟然要落到这样的命运？"

活埋了四十万条鲜活的生命，却还认为自己善良纯真，别人也确实很难不把自己当成大善人。

匈奴汉国的刘聪乱伦到了极点，娶了自己两个表妹，又娶了两个表妹的外甥女儿，搞得宫里大家连相互之间的招呼都不好打。大将军王彰反复劝谏触怒了刘聪，刘聪就下令把王彰斩首。刘聪的母亲因为刘聪刑法过于苛厉，连续绝食了三天。刘刈和儿子刘粲反复哭劝，刘聪非常生气，说："我又不是桀纣幽厉那样的暴君，值得这样费劲吗？"

历来皇帝都认为自己是圣主明君，群臣都认为自己是清官良臣，百姓都认为自己善良可爱。可这世界还是被这么多的善人搞得血流成河，看起来，我们确实应该重新梳理一下善良与仁德的定义了。

"玛丽亚就拿着一斤极贵的真哪达香膏抹耶稣的脚，又用自己的头发去擦，屋子里弥漫着香膏的香味。那出卖耶稣的加略人犹大说：'这香膏为什么不卖三十两银子周济穷人呢'耶稣说：'由她吧，她是为我安葬之日存留的。因为常有穷人和你们同在，只是你们不常有我'。"

乍看这个《圣经》故事我想很多人心里都和我一样感觉忐忑不安,因为觉得犹大的话有着不可辩驳的"善和无私",我于是小心翼翼地、惴惴不安地、翻来覆去地思索这个"穷人"的概念,然后发现犹大的骗术实在是高明,难怪可以把耶稣出卖把世人欺骗。耶稣的回答是出于忠实的内心,而犹大的"穷人"则是一个人云亦云的大帽子,是"一种道德强迫,一种自我催眠,是一种自恋自大,是一种流行的欺骗"。这种道德强迫因为这种隐蔽的欺瞒性一直流行不息。总是会有人说你的钞票够多了为什么不去捐献,去做慈善家?你都那么多车了为什么不给你的穷亲戚一部?为什么不用你不用的东西去接济需要它的人?且不说这些人在让别人进行所谓的捐献时自己的动机复杂,毕竟表面的慈善是因为未累及自身利益,更严重的是——说这些话的人没有意识到,他们在用一种所谓的高尚的念及社会公正的姿态来侵害个人财产独立和个人自由支配权。而这些的丧失将是对社会公平更大的损害,是对不劳而获,侥幸获得的纵容。我们不妨把这个称为伪善。而个人经常在面对这种伪善时缺乏勇气去迎击和维护自己的权力,以至于"伪善"经常成为"犹大们"公开的、肆无忌惮的、赤裸裸的欺瞒。使得他们拥有自己假相的崇高,使得弱势群体和自卑者更加丧失尊严。

所有的这些伪善,都在以一种假相的"高姿态"侵害着尚存甚少的纯真,破坏着真正的秩序初正义,伤及人与人之间的真诚,以欺世盗名之实行启寓教化之名。一个高度文明的社会是以对人的最大尊重为标志的,而不是以众多名义进行的压榨。重庆"钉子户"那两层楼的长久屹立,让我对民众心理的成熟度保持乐观,虽然媒体在报道时不假思索地冠之以通俗的"钉子户",冠之以世俗的视角。

做不了圣人就做个好人

孟子曰:"天下之本在国,国之本在家,家之本在身。"

孟子说:"天下的根本在国家,国家的根本在家庭,家庭的根本在修身。"

实践多了,也就越加完美了,离"圣"就越近,那,"圣"者又有什么特点呢?孟子对此就有举例说明:所谓"圣"者,应是"清,任,和,时"四者的结合体。何为"清"?孟子说:"伯夷,眼睛不看妖艳之色,耳朵不听淫靡之声。不是他中意的君主,不去侍奉,不是他中意的百姓,不去使唤。世道太平就入朝做官,世道混乱就辞官隐居。暴政施行的国家，暴民居住的地方，他不忍居住。他觉得同乡下人处在一起，就像穿着礼服戴着礼帽坐在泥土炭灰上一样。在纣王当政时，他隐居在北海边上，等待天下太平。所以听说了伯夷风尚节操的，贪心的人变廉洁了，懦弱的人能立志了。由此可见，有自己心中一片净土而坚持着，使其不受污而自白是谓"清"。

那"任"呢？"伊尹说：'可以侍奉不好的君主，可以使唤不好的百姓。'世道太平他在朝做官，世道混乱，也在朝做官，还说：'上天生育这些民众，要叫先知的人帮助后知的人觉悟，先觉的人帮助后觉的人觉悟。我是上天所生民众中的先觉者，我将用这尧舜之道使这些民众觉悟起来。'每想到天下民众中的一男或一女还有没受到尧舜之道的恩泽的，就像是自己把他们推入了山沟似的。他自己把天下的重担挑在肩上。"由此可见，明道义，走正道，负责任，促合谐就是孟子所谓的"任"。

"和"者呢？"柳下惠不认为侍奉昏君羞耻，不因为官小而推辞。在朝做官不隐藏自己的贤能，一定按自己的原则办事。被君主遗弃而不怨恨，处境困窘而不自卑。同乡里人相处，自得其乐不忍离去。（他说）'你是你，我是我，即使你赤身露体在我旁边，又哪能玷污我呢？'所以听说了柳下惠风尚节操的人，狭隘的变得宽广了，刻薄的变得敦厚了。"正大光明，有高尚人格，有好的定力，做好力所能及每件事，经得起考验的人是谓"和"也就是"随和"之人。

"时"者最好。孟子有云："孔子离开齐国的时候，（不等生火做饭，）捞起淘的米就上路；离开鲁国时却说：'我要慢慢地走啊，这是离开祖国的态度。'该快点儿离开就快点儿离开，该久留就久留，该闲居就闲居，该做官就做官，这就是孔子。孔子可以说是集大成的圣人。所谓集大成（就像奏乐时）先由编钟奏出声音，后用玉磬收束。编钟的声音，是旋律节奏的开始；玉磬收束，是旋律节奏的终结。开始奏出旋律节奏，靠智慧；最后奏出旋律节奏，靠圣德。智慧好比技巧，圣德好比力气。就像在百步之外射箭，射到那个地方，是靠你的力气；射中那个目标，就不是单靠你的力气了。"看来，四人中只有孔子中标了，而其中的智慧，恐怕是我们不能用简单的语言能说明白的吧，不过，好好领悟也好，总会有收获。即便做不了"圣人"，也能做"好人"吧。

智者无敌

孟子曰："君子莫不正。一正君而国定矣。"

孟子说："国君正直则百姓没有敢不正直的。只要有一位贤明的国君，国家就一定会长治久安。"

在《孟子》中并无直述智术之理，但在他宣说仁义王道中却无不透露出需要君主之智，尤其是对大局权衡、贤愚识别才是大智，这是成为一个优秀领导者的必备之要。

孟子见齐宣王曰："国君进贤，左右皆曰贤，未可也；诸大夫皆曰贤，未可也；国人皆曰贤，然后察之，见贤焉，然后用之。左右皆曰不可，勿听；诸大夫皆曰不可，勿听；国人皆曰不可，然后察之，见不可焉，然后去之。"

这里提出不要偏听偏信，君主要开明并能有判断之智。有人说"世上没有完全相通的心灵"，所以判断别人是最困难和复杂的事。而这又正是领导最为重要的智慧，"良禽择木而栖，良臣择君而侍"。同样，优秀的领导善于选拔优秀而又志同的人才，才能成就自己。

孟子告诉齐宣王：一位英明的政治领导者，实行建设安和康乐社会的政策，必须要使得每个国民，对上能够养得起父母，对下能够娶得好妻子，生儿育女后，要有抚养孩子的能力，更为重要的，到年成好、丰收的时候，大家都可以吃饱；即使遇到歉收的凶年，大家也不会有饿死、流亡的痛苦。假如社会建设到这个地步，每个国民都可以安居乐业，然后再施以教化，教百姓都向好的一面去努力，往好的方面去求进步。这些也都做到了，你有事，下一道命令出去，老百姓们很自然的都乐于听从了。所以领导者应该是善于建设自己的集体，维护集体的长久利益。

因为组织、国家总是在一定时势中，而时势总是在变化着，所以领导不仅要判断时势，把握时势，而且要善于根据时势改变自己，成就事业。

战国时齐王派兵去打燕国，短期间内，齐国很快就把燕国打败了，齐国获得胜利，占领了燕国十个城池。齐宣王征求孟子的意见，问孟子说，有人建议我到此为止，不要把燕国吞并。也有人建议我，现在就把燕国吞并下来算了。以我万乘之国的"齐"，而去攻打万乘之国的"燕"。在相等的国力下，竟然不到两个月的时间，就把燕国打败了。这种胜利似乎非人力所能为，看样子是天命。假如不把燕国拿下来，就是违背了天意，上天会降灾难的。我看还是把燕国拿下的好。你孟老先生以为怎样？听听你的高见如何。

孟子告诉他说，假如你把燕国占领了，燕国的老百姓很高兴，很愿意的话就不妨占领下来。古代曾经有这样的例子，那就是周文王。假如你占领了燕国，而燕国的老百姓不高兴，不愿意的话，那就不要占领。古代的历史经验，像周文王就始终没有起兵伐纣。

后世的说法，标榜文王是"不忍心也"。假如暂且推开王道精神不谈，只从谋略的观点来看，实际上是文王看得很准，在他那个时候时机还没有成熟，在他自己手里来不及了。况且姜尚（太公）七十多岁才遇到文王，而那时文王已经九十多岁，步入迟暮。等到他儿子手里，纣王还不能反省转变的话，那么一切的机缘成熟，才能一举成功。所以他把这个事业，留给儿子去完成，而这机缘的判断正是卓越的智慧。

孟子接着又针对这次齐国伐燕国的战役对齐王说，如果以万乘之国伐万乘之国，在相等的国力下，只有五十天的时间，就打败了对方。而对方老百姓们，拿了吃的、喝的来欢迎你们的部队没有别的原因，只因为他们的内政太乱了，老百姓们一心一意想要避开水深火热般的暴政，所以欢迎你们去解救他们。假如你们去了，老百姓生活得更痛苦，那怎么行呢？原来的统治是暴虐的，而你又更暴虐。这样，只不过是换了一个暴虐的"手"而已——这可以解释为"也会轮到你遭遇到同样的失败下场"。

虽然孟子本意是希望齐宣王能收取燕国，并施之仁义而王道天下，但这里确实反映出领导所应具备的才能，不仅是发展自己，还应善于巩固和治理新的集体。

在现代经济中，企业兼并、重组、收购已经成了常事，组织领导就必须学会判断各种事项进行的最好时机，还必须要有能力，使一个新的组织如何更好地生存和发展，而非一时之得。

能够因时宜而变通是领导很重要的能力。

有人问孟子，既然男女授受不亲，那么嫂子溺水，叔子是否可以援手相救呢，孟子认为虽有既定之礼，但更应有变通之智。

古代圣人治国，顺天因人，以异致同，因物制宜。以异致同，是用不同的方式来达到同一个目的。因物制宜，是根据不同的事物采取相应的策略。按图索骥是古代流传的一则笑话，虽然这则寓言在讽刺那些拘泥于成规、死套书本框框、缺乏机动灵活素质的人,它也从反面告诉我们,随机应变,机动灵活,是一个优秀领导者所必须具备的能力。因为社会是错综复杂的,事物也总是不断变化发展的,变化有时在意料之中,更多的是在意料之外。领导者想要适应多变的形势,善于审时度势,见机行事。决策者在进行决策的时候只有具备机动灵活的素质,才能在任何处境下,都能游刃有余。

领导者能够灵活机动地运用原则,绝非一件易事。历史上许多有才华的人在这上面栽跟头的并不鲜见。三国时期的马谡就因缺乏变通的素质而痛失街亭的悲剧就是一个典型的事例。领导者不仅是拥有知识还要将所学转化为能力,对知识的消化、吸收,灵活地运用,从而推动智能涡轮转化为动力。全面考虑可能对本组织发展产生影响的各种随机干扰因素,以便尽早做出对策。在把握有关变化特征的基础上,决策者还应善于将变化的情况反映到头脑中,进行认真分析和去粗取精、去伪存真的加工制作。这样,我们所做出的决策就能更加符合实际。

灵活机动、随机应变不仅对领导者的重要的决策必不可少,而且在应付某些突发事件时也有突出作用。可以说,这是领导者必备的基本素质之一。

孟子曰"尽信书不如无书",虽然我们总要有谦逊胸怀学习别人,"海纳百川,有容乃大",但是若没有自我,空有百川难成大海。所以,领导必须有自己独立的人格,独立的思想。孟子认为:高明的匠人不因为拙劣的工匠而改变废弃绳墨,羿不因为拙劣的射手而改变拉满弓的标准。君子立于道,有能力的人就追随他。道的高远不凡,不是我们每个人所能企及的,但我们都应有自己的独立原则和标准。

在每一个人的成长道路上都会有无数挫折,在每一个组织的发展中,也会有很多困难和障碍。于人而言,必须有"贫贱不能移、威武不能屈、富贵不能淫"的独立人格。它是作为领导魅力的基础。它要作为一个领导者在任何时候都保持独立、严格要求自己的能力,亦即就是古人常说的"慎独",于领导而言就必须有独立的思想和坚定的信念。

诚如孟子所言:"孔子登东山而觉得鲁国很小,登上泰山而觉得天下很小。所以曾经看过大海的人,别的水难以再吸引他的注意,求学于圣人门下的人,别的言论也就难以吸引他了。观看水有办法,一定要看它的波澜。日月的光辉,一点儿小缝隙都要照到;流动的水,不充满坑坑洼洼就不向前流。君子矢志于道,不使所学

斐然成章就不能通达。"做一个领导者一定
要目光高远,即对所有成功或失败的经验
进行坚实的积累而后通达权变,矢志于自
己的目标坚定不移,志存高远,勤于积累,
就会成功。

君子也罢领导也罢,都要有无论在任
何情况下都能保持恒定不变的精神状态,
不因身居高位得其道而沾沾自喜,也不因
处于逆境而气馁、沮丧改变初衷。

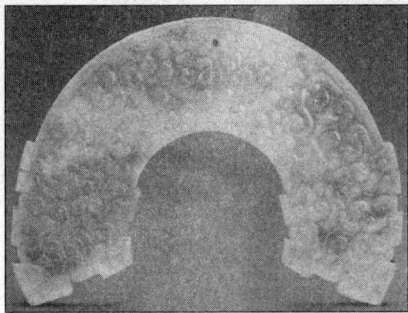

玉双龙首璜

只有具有独立人格的领导,才能带领组织走自己的路。没有自我的领导,就不
可能带领组织找到前进的方向。

处世要达观圆通

孟子曰:"善人也,信人也。"

孟子说:"一个善良的人,一定是一个讲诚信的人。"

在慷慨入世,以天下为己任,标举仁政王道以匡救天下的人生追求上,孟子是
坚韧执着的,坚韧执着得近乎迂阔,但在衡物处世的行为方式上,他却并不失达观
圆通。

比如,齐人淳于髡曾问孟子,依礼制,男女之间连亲手递接东西都不可以,那
么,如果一个人的嫂嫂掉进水里,他可以用手去拉她吗?

孟子认为,嫂嫂掉进水里,不去拉她,那简直就是豺狼。男女之间不亲手传递
东西,这是礼制,但礼制也可以依实际情况加以变通,嫂嫂落水而必须救助,这就是
一种变通。

衡物处世的圆通达观,一般来说,也就是行动取舍,知法度而不拘泥于法度,明
事理而不迂执于理,知进退,善变通,不苛求,不极端,动静相宜,行正有度。

所以,孟子既反对杨子拔一根汗毛而有利于天下都不肯的"为我",也反对墨
子摩秃头顶,走跛脚跟,只要有利于天下什么都肯干的"兼爱"。他认为即使主张
中道,也要懂得变通之法而不可执于一端,因为执于一端而废弃其余,最终会有损

于仁义。

所以,孟子对取舍、生死、仕途,都有自己独到的见解。他认为,对于被人视为身外之物的钱财,并不一定要一概拒绝,可以不取,也可以取,只要得之正道,不伤根本,尽可取之而为我所用。人可以死,也可以不死,可以死于节,死于道,但决不要无故送死。官可以做,也可以不做,只要不为官身所累,便可去留自由,而且,只要持性立德,即使以官谋生,也不必一概反对。

应该承认,这样一种达观圆通的处世方式,实在也是人应对艰难人生所必须的巧智与辩证法。人生于世,行于世,本身就是一件很难的事情,而且,世事的复杂,使世间万事万物都难以一概而论。从人生进取的层面看,人自然该兢兢业业、勤勤恳恳,不松不懈、遵道守直才能进退自如。归根到底,人的衡事处世的达观圆通,来自人自身对于事物客观规律的正确把握,来自人在了悟人生,知会世事之后形成的吐纳万物的胸怀,来自人在明察时势之后对于自我心和的正确运用。不苛求,不极端,知进退,善通变,说到底,也就是要求人能依时而动,顺势而行,要求人在顺应时势,在与时势的遇合中准确把握事物运动的规律,由此也把握住自身的命运。能行其所无事而不"凿",人总能有所成就的。这里的行其所无事,说白了也就是我们今天所说的顺其自然,顺应客观规律。

所以,孟子说:"天下人讨论性,只要推求其所以然便可以了。推求其所以然,基础在于顺自然之理。我们厌恶使用聪明,就是因为聪明容易陷于走向极端的穿凿附会。假若聪明人像禹的使水运行一样能行其所无事,顺其自然,因势利导,那他的智慧也就极高了。"

历史沿着自己的轨迹走到了今天。我们今天离产生了孟子的那个年代已经两千多年了。毫无疑问,对于今天的国人来说,坚持改革开放,完成现代化大业,是摆在我们面前的首要任务。在完成这一福及万代子孙的宏伟大业的过程中,一方面,我们应该保持一种开放的眼光和宽阔的胸襟,吸收外来文化,由此为民族文化注入新的活力。另一方面,我们也应该立足于世界格局中的中国现实,立足于本民族文化自身的发展,在用现代眼光重新观照民族文化传统的同时,立足于弘扬民族文化,促进民族文化传统在新的历史条件下发扬光大,这也是中华民族能真正走向世界所必需的前提。不用说,深深积淀于中华民族文化心理深层结构之中,已经成为中华民族文化精神内核之一的儒学精神，自然也需要重新认识，使之得以弘扬光大。

如果说"孔孟之道"在今天已多多少少有点不合时宜的话，那么孟子的这种达观圆通的处世方式却实实在在值得我们去学习。

损人利己，大失人心

梁惠王说："我很乐意听取您的指教。"

孟子问道："用木棍杀死人和用刀杀死人，两者有什么不同吗？"

惠王答道："没有什么不同。"

孟子又问道："用刀杀死人和用苛政害死人，两者有什么不同吗？"

惠王答道："没有什么不同。"

孟子说："厨房里有肥嫩的肉，马棚里有健壮的马，而百姓却面带饥色，野外有饿死的尸体，这就像带着野兽来吃人啊！野兽自相残食，人们见了尚且厌恶，而身为百姓父母的国家领导者，管理施行政事，却不免于带着野兽来吃人，这又怎能算是百姓的父母呢？孔子说过：'最初造出陪葬用的木俑土偶的人，该会断子绝孙吧！'这是因为木俑土偶像人的样子却用来殉葬。这样尚且不可，那又怎么能让百姓们活活饿死呢？"

梁惠王主动向孟子请教，于是，孟子向梁惠王阐述了一番关于君王应该怎样为民父母、善待百姓的道理。

孟子以杀人作为话题展开论述。首先，孟子使梁惠王承认一个事实，即杀人者无论通过什么手段置人于死地，其结果都是一样的，并且通过对比层层递进深入，最终和君王治理国家管理百姓联系起来。孟子认为，如果君王自己过着穷奢极欲的生活，全然不顾百姓因饥饿而死，那么这样的君王就不配为民父母。虽然他们没有率兽食人之心，但与率兽食人并无差别，犹如使用某种手段置人于死地一样。孟子想通过此种方式来劝谏警示梁惠王，不要只顾一己之私欲，而不体恤百姓的疾苦。

孟子对梁惠王的论述告诉我们一个道理，凡事不可损人利己，自私自利，只顾自己享乐，完全忽视对他人造成的伤害，这样只会使你身边的人对你避而远之，甚至使你落得个众叛亲离的下场。

通常来说，人有三种行为：一种是舍己利人的行为；一种是利人利己的行为；一种是损人利己的行为。

舍己利人或公而无私的行为是人类高尚的行为。能舍己利人或公而无私的人是我们应该敬仰的人。

利人利己及利公利私的行为是人类完美的行为。能利人利己及利公利私的人是我们应该尊重的人。

损人利己和损公肥私的行为是人类野蛮恶劣的行为。那些损人利己和损公肥私的人是我们应该鄙夷和唾弃的人。

舍己利人、公而无私是非常规的行为，只有在特殊的情况下，人们才有必要去做那些舍己利人、公而无私的事。并且，舍己利人应有所针对，被利者应是那些处于困难或危险环境而无以自救的弱者。

商业或职业行为是人类利人利己、利公利私行为的普遍表现。人们工作或经营为别人提供服务是付出，是利人行为的表现；从工作或经营中获取工资或利润是取得回报，是利己行为的表现。人人为我，我为人人，把自己的幸福建立在别人的幸福基础之上，实现了利人与利己的完美结合。享有权利，履行责任；履行责任，享有权利，这种商业社会的平等思想正是由人的利人利己、利公利私行为演绎而来的。

有些人唯利是图，喜欢将自己的幸福建立在别人的痛苦之上。这些人为了自己的利益而不择手段，盗窃、诈骗、抢劫、贪污受贿，诸如此类。对这种损人利己和损公肥私的人，我们要在道德上予以谴责，在法律上要予以严惩。

历史上，那些只顾自己纵情享乐，不顾国家、人民利益的从政者，往往都没有好下场。

光绪二十年十月初十日（1894 年 11 月 7 日），是慈禧太后的 60 岁生日，慈禧准备在颐和园大规模地进行庆祝。

光绪十八年十二月（1893 年 1 月），慈禧委派礼亲王世铎、庆郡王奕劻总办万寿庆典。不久，又成立庆典处，专办庆典事宜。仿照乾隆年间为皇太后祝寿的成例，自紫禁城西华门至颐和园东宫门跸路所经，分设 60 段点景，建造各种不同形式的龙棚、经坛、戏台、牌楼和亭座。江南、杭州、苏州三个织造衙门,特造彩绸 10 万匹,以供庆典之需。

光绪二十年六月(1894 年 7 月),中日战争爆发,中外舆论都认为中国必胜。光绪帝主战,慈禧太后亦主战,"不准有示弱语"。但是,当有人建议停止颐和园工程、停办点景,移作军费的时候,慈禧太后却非常生气,说:"今日令吾不欢者,吾亦将令彼终身不欢。"

后来,清军在朝鲜战场上接连失利,北洋海军又在黄海之战中受到严重挫折,慈禧太后转而支持李鸿章避战求和的方针,幻想外国出面调停。

由于形势日益紧张,慈禧太后不得不宣布:"所有庆辰典礼,著仍在宫中举行,其颐和园受贺事宜,即行停办。"在大连陷落,旅顺危急的情况下,慈禧太后在宁寿宫度过了她的 60 岁生日。

该年十月二十四日,旅顺失守。美使田贝根据美国政府的指示为中日调处,先令停战,若议不成,再开战。光绪帝认为,"冬三月倭人畏寒,正我兵可进之时而云停战,得无以计误我耶?"不愿接受。主战派与主和派之间的斗争更加激烈。珍妃之兄礼部侍郎志锐"上书画战守策,累万言"。并与文廷式等弹劾李鸿章、孙毓汶、徐用仪等主和派大臣。

为了打击主战派,十月二十九日,慈禧太后以"近来习尚浮华,屡有乞请之事"为借口,将晋封不久的瑾妃、珍妃降为贵人。一天之后,又说珍妃位下太监高万枝"诸多不法",交内务府杖毙。接着,将奉光绪帝之命在热河练兵的志锐召回北京,调充乌里雅苏台参赞大臣,并裁撤满汉书房以孤立光绪帝。

但是,主战的呼声并未因之停止。十二月初一日,御史安维峻上书,请杀李鸿章并弹劾军机大臣,认为"此举非议和也,直纳款耳,不但误国,而且卖国"。并托之传闻说,"和议出自皇太后,太监李莲英实左右之"。尽管他表示对于这样的传闻"未敢深信",而"未敢深信"的理由则是:"皇太后既归政,若仍遇事牵制,将何以上对祖宗,下对天下。"光绪十五年正月丁卯,把矛头直接指向慈禧太后。慈禧太后大怒,将安维峻革职,发往军台效力赎罪。

光绪二十一年正月十三日(1895 年 2 月 7 日),刘公岛陷落,北洋海军全军覆没。而清廷派往日本议和的使臣张荫桓、邵友濂又遭到拒绝,日本要求另派十足全权、曾办大事、名位最尊、素有声望的人为谈判代表。慈禧太后决定派遣李鸿章为全权代表赴日议。这时,李鸿章已被拔去三眼花翎,褫去黄马褂,革职留任。正月十八日,慈禧太后面谕军机大臣:"即著伊去,一切开复,即令来京请训。"奕䜣说:"上意不令来京。如此,恐与早间所奉谕旨不符。"慈禧太后说:"我自面商。既请旨,我可作一半主张也。"次日,发布上谕,李鸿章著赏还翎顶,开复革留处分,并赏还黄马褂,作为头等全权大臣前往日本议和。三月二十三日,李鸿章与日本代表签订了《马关条约》。

慈禧铺张奢华的 60 大寿庆典,间接导致了军费不足的北洋海军的全军覆没,加速了清王朝的灭亡。这么大规模的庆寿。花了多少钱呢? 有一本书叫《藏园群书题记》,说花了 700 万两银子,户部国库出 400 万两,京官捐了 121 万两,外官捐了 167 万两,两淮盐商各捐 40 万两,宫女太监也都要捐银子,要摆饽饽桌,北京城里摆到颐和园,摆饽饽桌,摆 850 桌,张灯结彩,红的绸缎 10 万匹,红的地毯 50 万尺。大家注意,这个时候北方闹灾荒,哀鸿遍野,北京城多处设粥厂,救济灾民,后来慈禧也看到问题的严重,有所收敛。不过为时已晚。

慈禧为了一己之私,完全弃国家、人民于不顾,不但失去了能使国家长治久安的民心,更重要的是,在历史也留下了千古骂名。

在现今生活中,也有像慈禧一样的超利己主义思想,还有超利人主义思想。超利己主义者认为:人不为己,天诛地灭。他们觉得:人天生就是自私自利的,只利人不利己是愚蠢的和不切实际的。而超利人主义者认为:理想的人只应该利人利公,不应该利己利私,因为利己利私是不道德和为人所耻的。其实,这两种思想都走了极端。我们没有必要否定人的利己行为的存在,也没有必要否定利人行为的存在。

利人与利己、利公与利私之间完全可以实现完美的结合。我们不应该将两者绝对对立起来看待。而超利己主义与超利人主义者就是将利人与利己、利公与利私之间的相对矛盾关系作为绝对矛盾关系来认识,而得出其偏激与极端的结论。

刚愎自用,处事大忌

孟子拜见齐宣王,说:"建造大房子,就一定要叫工师去寻找大木料。工师找到了大木料,大王就高兴,认为工师是称职的。木匠砍削木料,把木料砍小了,大王就发怒，认为木匠是不称职的。一个人从小学到了一种本领，长大了想运用它，大王却说：'暂且放弃你所学的本领来听我的'，那样行吗？设想现在有块璞玉在这里，虽然价值万金，也必定要叫玉人来雕琢加工。至于治理国家，却说：'暂且放弃你所学的本领来听我的'，那么，这和非要玉匠照您的办法去雕琢玉石不可，有什么不同呢？"

建造大房子一定要用大木头，如果工匠把它削得太小，木头就不可用了。孟子的意思是，国家需要的是栋梁，而不是只会讨得国君高兴的宠臣。他委婉地批评了齐宣王不用人才之长、珍爱国家不如珍爱玉石的错误思想，强调治国要依靠贤人，君主不能刚愎自用，全凭自己的兴致胡乱指挥。

而且，正所谓"用人不疑，疑人不用"，"舍汝所学而从我"是用人者对所用者的不信任，或是"唯我独尊"的心态作祟。这种用人方式必然会导致人才的流失。用才的最好方式应该是知人善用，各得其所，这样才能充分发挥人才的作用。

知人是用人的前提，用人既要根据人才的特点，又要结合事情的难易。用人艺术需要更加深邃的洞察力和协调手段，而且用人是以"成败"这个硬指标来检验效果的。由此可见，孟子对于如何使用人才是十分明了的。

"刚愎"，指人个性太强、骄傲暴戾的意思。《左传·宣公十二年》所记载的一段故事中说道："先縠刚愎不仁。"故事是这样的：

先縠，春秋时期晋国军事将领，在一次对楚国的战争中，因为不听从统帅的军令，擅自行动，结果致使晋军大败而归。当时，战场形势本来对晋军很有利，楚军已经开始撤退，晋军统帅苟林父和其他将领通过判断敌情、分析形势后，认为不宜轻率进军，如按照这一推断作战，晋军就可以避免后来的失败。而先縠却悄悄带着自己的军队去追击楚军。苟林父发觉后，已经无法制止，只得下令全军前进，追击楚军。楚军听说晋军追来，大夫伍参主张回击，令尹孙叔敖主张撤回国内。伍参直接面见楚庄王，进谏说："为什么不打呢？您看，苟林父新任中军主将，威信不高，令出不行。而'其佐先縠，刚愎不仁'，不听将令，其余将领也意见不一，其士兵无所适从。如我军回击，必胜，而晋军必败。"楚庄王采纳了伍参建议，令孙叔敖停止撤退，回师北进。结果，晋军果然大败。

"刚愎"一语经常和"自用"连在一起使用，因为"刚愎"的人往往"自用"。《金史·赤盏合喜传》说："性刚愎,好自用。"自用,是自以为是,固执己见而轻举妄动的意思。《中庸》说："愚而好自用。"《尚书仲虺之诰》说："好问则裕,自用则小。"《左传·桓公十三年》有一段说到莫敖屈瑕"自用"的故事。

"莫敖",楚国官名。那是春秋时楚武王时期,莫敖屈瑕率领军队征伐楚国临近的小国罗国(在今湖北宜城市)。出兵时,大夫斗伯比送行归来途中,对他的车夫说:"此次出征,莫敖必败。你看他那趾高气扬、狂妄得意的劲儿!"原来,在此之前,屈瑕曾对郧国的战争中,在蒲骚(今湖北应城市)之役中获得胜利。自此以后便开始骄傲起来。随后斗伯比进宫对楚武王说:"赶快给莫敖屈瑕增加援军吧,否则打不了胜仗。"楚武王听后深感纳闷,这仗还没打,怎么便需要增兵了? 再说楚国国内可以用来出征的军队几乎都被屈瑕带走了,这斗伯比是知道的呀。楚武王不解斗伯比所言之意,就问王后邓曼,王后略加思索说:"大夫斗伯比说的话,主要用意恐怕不在于'增援',而是要告诉大王您莫敖屈瑕这次要打败仗了。的确。莫敖自蒲骚之役后,被胜利冲昏了头脑,'将自用也,必小罗'(将要自以为了不起,不听劝告而小看罗国)。……"楚武王急忙派人追赶屈瑕,令他务必要虚心谨慎。可是已经来不及了,屈瑕正在号令全军:"不得乱提意见,违者处斩!"部队刚过鄢水,就被罗国和卢戎国联军两面夹击,被打得落花流水,狼狈而逃,屈瑕自杀身亡。

"刚愎自用"这句成语,和骄傲自负的意思相仿,都是处事为人的大忌。

生活中,一个人如果总是把自己看得太重要、太高明、太有能耐,觉得凡事有了自己才行,没有自己就不成,一副高高在上的姿态。这样的人迟早会遭遇失败。因为,过于抬高自己,而不客观地审视自己,过分自我膨胀,就注定会与成功背道而驰。

张女士是某市人事局的一名职员。由于她工作勤奋,方法对头,取得了不错的成绩,于是人事局领导经过几番讨论研究,最终派她到本市某一区人事局做主任。

在她刚到区人事局当主任的几个月当中,她春风得意,对自己的机遇和才能满意得不得了。她觉得自己高高在上,不可一世,每天都使劲吹嘘自己在工作中的成绩,如何拼搏取得,如何被重视,如何受到上司的表扬等等。但同事听了之后都非常不高兴,都避之唯恐不及。这使得她百思不得其解。过了一段时间,她发现根本没一个人再理她,甚至连上面的几位局长都不愿理她。在接下来的日子里,她觉得自己活得很空虚,也很孤独,每天回到家里不停地唉声叹气。这一切都没有逃过丈夫的眼睛。有一天晚饭后,丈夫与她进行了一次推心置腹的谈话。在听了她的烦恼之后,他一语点破了她的自负心理,她这时才意识到自己的症结所在。

每个人都有爱表现的心理,只不过各自表现的方式不一样。喜欢炫耀自己,对别人说三道四的人往往并没有多少才学,即便有点才学,拿自己的聪明优势招摇,唯恐别人不知道,也是很愚蠢的表现。而那些真正有才学的人是不会这样做的,因为他们知道不用语言,人们迟早会知道自己的优点。

其实,在心理交往的世界里,那些谦让而豁达的人们总能赢得更多的朋友,相反,那些狂妄自负,自以为是,高看自己,小看别人的人总会引起别人的反感,最终使自己走向失败。

小周自小就非常聪明,被周围的人称为"神童"。大学毕业后他被分配到一家国有企业做技术员。凭着自己的才智和勤奋,他很快成为企业工程估价部主任,专门估算各项工程所需的价款。他的工作能力毋庸置疑,可他自身存在的问题也非常突出:过于自负,从不肯接受别人的批评。

有一次,他的一项结算被一个核算员发现估算错了 5 万元,幸亏发现的及时,要不然公司白白损失一笔资金。事后,老板把他找来,指出他算错的地方,请他拿回去更正,并希望他做人谦虚一点,工作再细心一点。

没想到盲目自大的小周既不肯认错,也不愿接受批评,反而大发牢骚,说那个核算员没有权力复核自己的估算,更没有权力越级报告。

老板问他:"那么你的错误是确实存在的,是不是?"

小周说:"是的。可是……"

老板见他又要诡辩,本想发作一番,但因念他平时工作成绩不错,就原谅了他,只是叫他以后要注意。

不久,小周又有一个估算项目被他的老板查出了错误。老板把他找来,准备和他好好谈谈这件事,可刚一开口,小周就想当然地认为是老板故意和他过不去,态度傲慢地说:"不用多说了。我知道你还把上次那件事记在心上,这次特地请了专家查我的错误,借机报复。但这次我依然认为肯定没错。"

老板根本没想到小周死不认错,还随便怀疑自己,便对小周说:"现在我只好请你另谋高就了，我们不能让一个不许大家指出他的错误、不肯接受别人批评和建议的人来损害我们公司的利益。"

自信有助于一个人的成功，而脱离实际的自负不但不能帮助他成就事业，反而影响他的工作、生活和人际交往，严重的还会损害人的身心健康，就像例子中的小周，因为过于自负才使他忘乎所以，最终落个离职的下场。所以，对于那些想要获得成功的人来说，一定要及早抛弃刚愎自用的自负心理，用一种客观、理智的态度面对工作和生活。

为人处世，不失礼节

孟子居住在邹国的时候，季任正在任国代理国政，送礼物来结交孟子，孟子收了礼物却不回谢。孟子居住在平陆的时候，储子担任齐国的卿相，送礼物来结交孟子，孟子收了礼也不回谢。后来，孟子从邹国到了任国，拜访了季子；从平陆到了齐国，却不拜访储子。屋庐子高兴地说："我发现老师的差错了。"问道："老师到了任国，拜访了季子；到了齐国，不拜访储子，是因为储子只是担任卿相吗？"

孟子说："不是的。《尚书》上说：'进献礼品看重礼仪，礼仪配不上礼品，就叫没有进献，因为心意不在进献上。'这是因为它不成为进献的缘故。"

屋庐子听了很高兴。有人问他这件事，屋庐子说："季子在代理国政，不能亲自刮邹国去，而储子作为卿相是能亲自到平陆去的。"

孟子在此重点强调了人际间礼仪与礼节的重要性。

我国具有五千年文明史，素有"礼仪之邦"之称，中国人也以其彬彬有礼的风貌而著称于世。礼仪文明作为中国激进文化的一个重要组成部分，对中国社会历史发展起了广泛深远的影响，其内容十分丰富。礼仪所涉及的范围十分广泛，几乎渗透于古代社会的各个方面。

在古代，礼仪是为了适应当时社会需要，从宗法制度、贵贱等级关系中衍生出来，因而带有那个时代的特点及局限性。时至今日，现代的礼仪与古代的礼仪已有很大差别，必需舍弃那些为剥削阶级服务的礼仪规范，着重选取对今天仍有积极、普遍意义的文明礼仪，如尊老敬贤、仪尚适宜、礼貌待人、容仪有整等，加以改造与承传。这对于修养良好个人素质，协调和谐人际关系。塑造文明的社会风气，进行社会主义精神文明建设,具有现代价值。

礼,是知礼、讲礼、明礼,尊敬别人。仪,是仪容、仪表、仪式,表现形式。礼仪是指人们在社会交往中由于受历史传统、风俗习惯、宗教信仰、时代潮流等因素而形成,既为人们所认同,又为人们所遵守,是以建立和谐关系为目的的各种符合交往要求的行为准则和规范的总和。简言之,礼仪就是人们在社会交往活动中应共同遵守的行为规范和准则。

中国自古就是礼仪之邦,礼仪对于我炎黄子孙来说,更多的时候能体现出一个人的教养和品位。真正懂礼仪讲礼仪的人,绝不会只在某一个或者几个特定的场所才注重礼仪规范,这是因为那些感性的又有些程式化的细节,早已在心灵的历练中深入骨髓,浸入血液了。所以,无论何时何地,都要以最恰当的方式去待人接物。这个时候"礼"就成了生命中最重要的一部分。

我国古代有很多关于礼仪的故事,著名的如"孔融让梨""程门立雪""千里送鹅毛"等。

"程门立雪"这个故事出自《宋史·杨时传》:"见程颐于洛,时盖年四十矣。一日见颐,颐偶瞑坐,时与游酢侍立去。颐既觉,则门外雪深一尺矣。"

"程门立雪"说的是宋代学者杨时和游酢向程颢、程颐拜师求教的事。杨时、游酢二人,原先以程颢为师,程颢去世后,他们都已 40 岁,而且已考上了进士,然而他们还要去找程颐继续求学。故事就发生在他们初次到嵩阳书院,登门拜见程颐的那天。

相传,一日杨时、游酢,来到嵩阳书院拜见程颐,但是正遇上程老先生闭目养神,坐着假睡。这时候,外面开始下雪。这两人求师心切,便恭恭敬敬侍立一旁,不言不动,如此等了大半天,程颐才慢慢睁开眼睛,见杨时、游酢站在面前,吃了一惊,说道:"啊,啊!他们两位还在这儿没走?"这时候,门外的雪已经积了一尺多厚了,而杨时和游酢并没有一丝疲倦和不耐烦的神情。

这个故事,就叫"程门立雪",在宋代读书人中流传很广。后来人们常用"程门立雪"的成语表示求学者尊敬师长和求学心诚意坚。

我国是历史悠久的文明古国,几千年来创造了绚烂的文化,形成了高尚的道德准则、完整的礼仪规范,被世人称为"文明古国,礼仪之邦"。而最初,关于知礼、行礼、问礼最笃行的,当属至圣先师孔子。

幼年丧父,少年丧母,年轻的孔子只得完全依靠自己独立谋生。孔子明白,先祖的显赫,父亲的战功,母亲出身曲阜望族,这些固然可以为自己进入社会奠定一定的基础。但是,要在鲁国国都立住脚跟,进一步发展,还得靠自己的努力。多亏母亲在世时的苦心教育,使孔子懂得了许多为人处世的道理,特别是早早懂得了学习对人一生的重要性。"吾十有五而志于学",小小年纪,孔子就已经立下通过发奋学习来改变自己一生的远大志向了。

对于知识,孔子的态度是"知之为知之,不知为不知,是知也",懂就是懂,不懂就是不懂,这才是一个人真心求知的表现。孔子是这样说的,也是这样做的。鲁国建有祭祀周公的太庙,孔子初进太庙时,对太庙中的一切都产生了浓厚的兴趣,总向别人问这问那,好像有问不完的问题。有人对孔子这种强烈的求知欲不理解,于是就说孔子的闲话:"谁说陬邑大夫的儿子懂得礼呢? 他进到太庙,每件事都要问别人",孔子听说后,一点也不恼火,他说:"这正是合乎礼的做法呀。"

对生活在孔子时代的人来说,想要参与贵族政治并且取得一定地位,就要学会礼、乐、射、御、书、数这"六艺",要熟悉并能遵循当时流行的礼仪,懂得音乐,掌握射箭技术,会驾驭马车,会写字,会计算,这可以说是当时的六门基本功。孔子是非常善于自学和向别人请教的,他应该是全面掌握而且精通这六门基本功的。有一些历史资料,能进一步说明孔子的勤奋、博学。

鲁国东南方有一个小国郯国,是鲁国的附庸国,按例是要定期来朝见鲁君的。鲁昭公十七年(前525年),孔子27岁时,郯国的当政者郯子又来朝见鲁君。宴会上,鲁国一个大夫叔孙婼向郯子问起少昊为什么以鸟作为官名的问题,郯子对此做了详尽的回答。孔子闻听后马上就去向郯子请教有关少昊氏时代职官制度的情况,事后他对别人说:"我听说'天子那里没有管理这类事情的官员,而这类知识却在四方蛮夷那里得到了完整的保留。'现在我相信这是真的。"

孔子在他一生的学习经历中,有一件很大的事情,那就是他曾到当时周天子的首都雒邑(在今河南省洛阳市)专程学习周礼和查阅一些古文献,特别是向一位大学问家老子问礼。老子,姓李名聃,人们敬称他为老聃、老子。老子曾担任周朝的柱下史,熟悉礼仪典故,当面向老子请教,这也是孔子梦寐以求的。但是,曲阜到雒邑,远隔千里,在当时非常落后的交通条件下要完成这样的旅程无疑是十分艰巨、辛苦甚至是充满危险的,加上孔子自身贫困,没有鲁国贵族的支持和资助几乎是不可能的。幸好当时鲁国贵族孟僖子的儿子南宫敬叔师事于孔子,在他的斡旋下,孔子从鲁君那里得到了一辆车、两匹马和一个跟随童仆的资助,南宫敬叔自告奋勇地陪同,孔子这才得以成行。据记载,孔子这次雒邑之行的收获非常大。他向老子请教了很多东西,如出丧的时候遇到日食怎么办,小孩子死了该葬到远处还是近处,国家有丧事的时候不避战争对不对,与敌国交战时已死国王的牌位该带还是不该带等等,老子对这些问题都一一做了解答,使孔子获得许多知识。在孔子告别老子准备启程返回的时候,老子还结合自己的丰富阅历再三叮咛孔子一些应该注意的事情。

与老子的这次会面,大概给孔子留下了非常深刻的印象,使他久久不能忘怀。这段经历,也就是后人广为流传的"孔子问礼老聃"的故事。史学界非常看重孔子见老子这件事,他们认为,老子和孔子都是中国文化史上极其杰出的人物,他们的会见是灿烂的古代文化史上饶有意义的一页。"孔子问礼老聃"也是孔子一生的言行礼仪中的缩影。

总之,礼仪是人际关系中的一种艺术,人与人之间沟通的桥梁,礼仪是人际关系中必须遵守的一种惯例,一种习惯形式,即在人与人的交往中约定俗成的一种习惯做法。礼仪对规范人们社会行为,协调人际关系,促进人类社会发展具有积极的作用。

以邻为壑,害人害己

白圭说:"我治水的方法比大禹的好多了。"

孟子说:"其实你才是错误的。大禹治水,是顺应水性来治理,所以他把四海当作蓄水的场所。现在,你却是把邻国当作蓄水的场所。倒流泛滥的水叫洚水,洚水就是洪水,是仁人最讨厌的。你治水的方法是错误的。"

众所周知,从方法上说,大禹治水顺应水性,重在疏导;白圭治水却高筑堤防,重在堵塞。从效果上说,大禹最终将水导入四海,而白圭却把水堵塞后流向邻国。导入四海造福人民而于人无害,流向邻国则是损人利己,仁者厌恶的行为。

所以孟子一再说："你错了。"并不承认白圭治水有什么了不起，更不用说超过大禹了。

从白圭治水"以邻国为壑"联想到我们生活中"以邻为壑"的现象，那可真是比比皆是，举不胜举的了。比如说，一个普遍现象是，自己家里装修得非常豪华舒适，干净得一尘不染，但却把垃圾桶垃圾袋放在与邻居共用的楼道里；自己家里的花岗石地面或木地板或纯羊毛地毯要保持清洁，却把一家人乃至客人的臭鞋子都堆在门外楼道上摆展览，让上上下下的邻居都在鞋阵中捂鼻而行。这只是最为常见最为普遍的生活小事，至于那商家之间的竞争，同事之间的钩心斗角，政治斗争中的你死我活，"以邻为壑"的手段更是无所不用其极。总而言之就是一种损人利己，嫁祸于人的行为。

当然，你知道"以邻为壑"，人家也同样知道"以邻为壑"，结果是人人都成了"邻"，成了"壑"，到时候，也就没有一处干净，没有一处不受灾害了。由此看来，"以邻为壑"的最终结果是害人害己。所以，还是收起这种"仁人所恶"的"以邻为壑"手段，"以邻为友"，大家和睦相处，互相帮助的好。

通过孟子的论述可以知道，以邻为壑的本意是将邻国当作大水坑，把本国的洪水排泄到那里去。比喻只图自己一方的利益，把困难或祸害转嫁给别人。

这就是在告诉人们，做人做事不可自私自利。

以自我为中心是人的本能，人在这个世界上，往往最爱的人就是自己，在做一些事情的时候，往往最先想到的是，我能得到什么？我会不会受到损失？其实，为自己考虑本无可厚非，但如果过分地只为自己着想而忽视他人的感受和利益，甚至为了自己的利益不惜去牺牲别人的利益，那就是自私自利了，是极为不妥当的。

为自己谋利并不是什么坏事，比方说你经常加班，一方面你是为公司做事，为社会做事，另外一方面你也是为了赚钱，满足需要。这个时候，一方面体现了你的敬业，一方面你也是在为自己谋利，这是很自然的事情，没什么不对。如果像有些品德高尚的人，他们帮助别人，不求任何回报，当然，这属于另一种境界了，他们是不折不扣的先人后己，让我们尊敬。

现在媒体上时有报道的贪官污吏，那都是自私自利发展到一定程度的后果。他们利用职权之便，贪污公款，行贿受贿，为的是满足自己的物质需求。他们得到的一切并非通过自己的努力而来,他们拿走的是国家的钱、纳税人的钱,所以,他们必将受到法律的惩罚。如果他们不是私心过重,怎么会白白地葬送了自己的大好前程呢?

这些人在损公肥私的时候,只是在物质上、权势上满足了自己,暂时得到了一点实惠,但他们付出的却是人格和灵魂的代价。他们失去了纯洁美好的良心,一生都得不到安宁。

自私者的算计到头来终将是一场空。

很小的时候,我们就听过孔融让梨的故事。那个故事所讲述的道理连幼儿园的小孩子都懂,就是做人做事的时候不能自私,要先人后己。随着年龄的增长,可能有的人就忘记了最初受到的那些最浅显也是最重要的教育,不是自己的东西不要拿,做事要时时想着他人,不能光顾自己。这些道理是指引我们一生的明灯,任何时候都不可抛弃。

自私的原因不外乎两种,一种是品德不良,时时都想占别人的便宜,而不想付出任何代价;一种是在做事情的过程中生怕自己的利益受损,所以,处处都极力维护自己的利益,即使吃一点点小亏都不肯。品德不良的人自不必说,到头来他会为此而付出代价。怕吃亏的人其实完全可以将这一习性改掉,你要想清楚,你帮助了别人,你有需要的时候,别人同样也会帮助你。你虽然付出了,但是别人会对你感激不尽。有的时候你将利益让给了别人,暂时吃了一点小亏,但是,别人看到了你的高风亮节,大家对你的人品赞赏有加,你的人品得到了认可,你获得了大家的信任和友情,同时,以后再有一些利益分配的时候,别人也会尽可能地顾及你的感受。这个世界上不懂得知恩图报的人毕竟是少数,你给乞丐一枚硬币,他尚且还要跟你点点头,说一句谢谢,更何况是与你朝夕相处的同事、朋友呢?

得到一点小便宜是小智能,能够牺牲自己为他人着想才是真正的大智能。

晋平公时期,有一个叫南阳的地方缺一个官。晋平公问祁黄羊:"你看谁可以当这个县官?"祁黄羊说:"解狐这个人不错,他当这个县官合适。"平公很吃惊,他问祁黄羊:"解狐不是你的仇人吗? 你为什么要推荐他?"祁黄羊笑答道:"您问的是谁能当县官,不是问谁是我的仇人呀。"平公认为祁黄羊说得很对,就派解狐去南阳作县官。解狐上任后,为当地办了不少好事,受到南阳百姓普遍好评。

过了一段时间,平公又问祁黄羊:"现在朝廷里缺一个法官,你看谁能担当这个职务?"祁黄羊说:"祁午能担当。"平公又觉得奇怪,"祁午不是你的儿子吗?"祁黄羊说:"祁午确实是我的儿子,可您问的是谁能去当法官,而不是问祁午是不是我的儿子。"平公很满意祁黄羊的回答,于是又派祁午当了法官,后来祁午果然成了能公正执法的好法官。

孔子听说这两个故事后称赞说:"好极了!祁黄羊推荐人才,对别人不计较私人仇怨,对自己不排斥亲生儿子,真是大公无私啊!"

后来,人们就用"大公无私"这个成语,形容完全为集体利益着想,没有一点私心。也可以指处理事情公正,不偏向任何一方。

人生活在社会上,除非闭门造车,否则一旦与人交往,就须选择合宜的途径,以求互相尊重、集思广益、大公无私。"天下者,天下人之天下也",以邻为壑,自私自利的人,将会寸步难行。

近朱者赤,近墨者黑

孟子对戴不胜说:"你希望你的君王学好吗?我明白地告诉你。假定有个楚国大夫在这里,想让他的儿子学齐国话,那么请齐国人教他呢,还是请楚国人教他呢?"

戴不胜说:"请齐国人教他。"

孟子说:"一个齐国人教他,许多楚国人在旁边吵闹干扰他,即使天天鞭打他,逼他学会齐国话,这也是学不会的。如果带他到齐国都城的闹市上住上几年,即使天天鞭打他,要他讲楚国话,也不可能的了。你说薛居州是个好人,让他住在宋王宫中。如果在王宫中的人,不论年龄大小、地位高低,都是薛居州那样的人,宋王还能同谁一起干坏事呢?如果在王宫中的人,不论年龄大小、地位高低,都不是薛居州那样的人,宋王又能同谁一起做好事呢?仅仅一个薛居州,能对宋王起什么作用呢?"

孟子和戴不胜的这段话,说明了"近朱者赤,近墨者黑"的道理。孟子借用这个道理来说明周围环境对人的影响的重要性,从而说明当政治国的国君应注意对自己身边所用亲信的考查和选择。因为,如果国君周围都是好人,那么国君也就会和大家一起向善做好事。相反,如果国君周围多是坏人,那么国君也就很难做好人了。

这个道理是十分明了的。"昔孟母,择邻处""孟母三迁",就很好地说明了这一点。孟子从小就受到这方面的熏陶,早就有切身体会了,所以说得非常有理而且举例生动。

孟子说明"近朱者赤,近墨者黑"这个道理是从政治角度出发的。其实,不仅在政治方面,这个道理在生活中也应用得十分广泛。因为无论是做什么事,环境始终是客观存在的,都不可能摆脱它的影响。正如唯物辩证法所言,万事万物都是相互联系的。所以,我们做任何事情都要考虑到环境的因素。

现实中,人与人的交往构成了纷繁复杂的社会关系,每个身处其中的人都会受到种种环境的影响。谈到这一问题,我们自然会想起"近朱者赤,近墨者黑"这句俗语。

的确,环境的力量是巨大的。如果一个人周围都是一些道德高尚的人,那么这个人也会通过努力,去赶超他们。同样的,如果一个人总是与一些道德素质低下的人交往,久而久之他的品性也会变得恶劣。《论语·里仁》也曾经说:"见贤思齐焉",看到优秀的人我们就要想到向他们看齐。

欧阳修是北宋著名的文学家、政治家,他是"唐宋八大家"之一,他能诗善文,在当时的文坛独占风骚。他在颍州当长官的时候,手下有一个名叫吕公著的年轻人。有一次,欧阳修的好友范仲淹路过这里,便到他家中拜访,欧阳修邀请吕公著一同待客。席间,范仲淹对吕公著说:"你能在欧阳修身边做事真是太好了,你应该多向他请教作文写诗的技巧。"后来,在欧阳修的言传身教下,吕公著的写作技巧提高得很快。

环境如同一双无形的桨,在我们的心湖上划播出涟漪,翻腾起浪潮,在一点一滴中改变着我们,影响一生。古希腊时期苏格拉底、柏拉图、亚里士多德、亚历山大之间的师承关系,也很好地说明了这一点。

苏格拉底,古希腊哲学家,他和他的学生柏拉图及柏拉图的学生亚里士多德被并称为"希腊三贤"。他被后人广泛认为是西方哲学的奠基者。

苏格拉底一生过着艰苦的生活。无论严寒酷暑,他都穿着一件普通的单衣,经常不穿鞋,对吃饭也不讲究。但他似乎没有注意到这些,只是专心致志地做学问。

苏格拉底无论是生前还是死后,都有一大批狂热的崇拜者和一大批激烈的反对者。他一生没留下任何著作,但他的影响却是巨大的。哲学史家往往把他作为古希腊哲学发展史的分水岭,将他之前的哲学称为前苏格拉底哲学。作为一个伟大的哲学家,苏格拉底对后世的西方哲学产生了极大的影响。

柏拉图出身于雅典贵族,青年时从师苏格拉底。柏拉图为能够向苏格拉底学习,作为其学生而感到荣幸。他曾说过为四件事而感到自豪,"我要感谢天地,因为我生就为人,而不是一头不能讲话的动物;其次我生就是一个男人,而不是一个女人;我生就是一个希腊人,而不是外国人;最后我自豪的是出生在苏格拉底有生之年的雅典。"对于"我的朋友年迈的苏格拉底",他是这样说的,"我毫不迟疑地认为他是所有活着的人们中最正直的一位。"

苏格拉底对柏拉图一生影响最大,这种影响可以从两点来看:一方面,柏拉图的政治哲学思想深受苏格拉底的影响,以至于他一生创作的绝大部分对话,都是以苏格拉底为主要发言人。另一方面,苏格拉底因不能见容于雅典的民主政体而被判处死刑,这一事件改变了柏拉图对雅典民主政治的态度,他开始寻找自己的心目中的理想国。

亚里士多德,古希腊斯吉塔拉人,是世界古代史上最伟大的哲学家、科学家和教育家之一。亚里士多德是柏拉图的学生,亚历山大的老师。

公元前 367 年,刚满 17 岁的亚里士多德进入柏拉图学园,从此开始了长达 20 年的求学生涯。此时的雅典有两大学派,一是注重修辞学和政治学的伊苏格拉底学派,一是注重纯理论哲学和政治哲学的柏拉图学派。亚里士多德仰慕柏拉图的人格和学识,倾心投入柏拉图的精神世界。他举止文雅,才思敏捷,善于机辩。在学园与伊苏格拉底学校的一场辩论中,他话锋机敏,力挫群雄,有力地批驳了伊苏格拉底学校过分注重实用,理论建树贫乏的弱点,深得柏拉图的赏识,赢得了"学园之心"的雅称,并被提升为学园教师。

亚里士多德一生勤奋治学,从事的学术研究涉及逻辑学、修辞学、物理学、生物学、教育学、心理学、政治学、经济学、美学等,写下了大量的著作,他的著作是古代的百科全书,据说有 400 到 1000 部。他的思想对人类产生了深远的影响。他创立了形式逻辑学,丰富和发展了哲学的各个分支学科,对科学做出了巨大的贡献。

亚历山大大帝,古代马其顿国王,亚历山大帝国皇帝。世界古代史上著名的军事家和政治家。师从亚里士多德3年,受益匪浅。亚历山大足智多谋,在担任马其顿国王的短短13年中,以其雄才大略,东征西讨,先是确立了在全希腊的统治地位,后又灭亡了波斯帝国。在横跨欧、亚的辽阔土地上,建立起了一个西起希腊、马其顿,东到印度河流域,南临尼罗河第一瀑布,北至药杀水的以巴比伦为首都的庞大帝国。创下了前无古人的辉煌业绩,促进了东西方文化的交流和经济的发展,对人类社会的进展产生了重大的影响。

不同的环境陶冶不同的性情,造就不同的人生。南山的幽静给予陶渊明的淡泊,瓦尔登湖的清澈给予梭罗静谧,陋室的简朴给予刘禹锡高洁傲岸,《童年》中阿廖莎的兄弟也在大人影响下,尖酸刻薄;《骆驼祥子》中主人公也在社会阴冷的暗流中陷入麻木不仁……同样的,柏拉图敬仰苏格拉底的学识,师从之;亚里士多德深受柏拉图渊博学识的熏陶,青出于蓝而胜于蓝;亚历山大自幼得到亚里士多德的启蒙教育,对增长他的见识和学问起到了不可替代的作用。他们都最大限度地利用了环境的熏陶,促成了自己的成功。

四、孟子为政智慧

尊贤使能,俊杰在位

孟子说:"尊重有贤德的人才,任用有知识、有能力的人才,杰出的人才要安排于重要的位置上,这样,天下的贤德士子都会感到高兴,而且很高兴到那个朝廷去做官。市场上,能提供存放货物的场地,但场地不征货物税,如果货物滞销,能依照规定价格收购,不让大量的货物在货场积压,那么天下的商人都会感到高兴,愿意把货物存放在那个市场上了。设立关卡,只检查不征税,这样,天下的旅客都会快乐,愿意经过那条路。种田的农民,只要他们耕种公田,不征收私田的赋税,这样,天下的种田人都会高兴,愿意在那样的田野里种田。在人们居住的地方,如果不收劳役税和额外的地税,那么,天下的百姓都会很愉快,愿意做他那地方的百姓了。

君主真能做到以上的五个方面,那么,邻国的百姓就会如敬仰父母一样敬仰他的。(邻国想要率领这样的百姓来攻打他,那正像是)率领儿女去攻打他们的父母,自有人类以来,就没有能成功的。如此,就能天下无敌。天下无敌的人,是奉了上天使命的人。这样还不能称王的,是自古没有讨的。"

刘邦任用贤才

楚汉相争,最终以汉王刘邦取得天下而结束。

刘邦之所以能得天下,主要原因是他麾下有人才,而他又能做到让他们充分发挥他们的聪明才智。项羽之所以败北,最后自刎于乌江,是在于他不仅不懂得让他的部下发挥出他们的才智,而且还不能容纳天下的贤士。

刘邦

有一次,刘邦向群臣问道:"我为何能够取得天下,而项羽又为何会失去天下呢?请大家直率地告诉我。"高起和王陵回答高祖说:"项羽性情高傲,而陛下人情味很浓。陛下取得胜利,能无私地把战利品分给大家,而项羽却是中饱私囊。陛下用人不疑,而项羽却又偏爱猜忌,所以您取得了天下,而项羽失了江山。"

刘邦听言,不以为然地说:"你们只知其一,不知其二。若论运筹帷幄之中,决胜千里之外,我不如张良;论镇定国家,安抚百姓,供给军饷,粮道不断,我不如萧何;论统帅百万大军,战必胜,攻必取,我不如韩信。三位都是当今世上杰出的人才,能让他们做我的得力助手,这才是我能夺得天下的原因。"

刘邦认为,他之所以能得天下的主要原因是在于麾下有人才,而自己又做到充分发挥这些人才的聪明才智。而项羽呢,他只有一个亚父范增,还不信任他,反而对他有猜忌之心,最后使范增被迫告老还乡,郁郁而死。项羽不懂得怎么去让部下发挥他们的才智,又不能招揽和容纳天下的贤士,以致最后众叛亲离,自刎乌江。这是项羽失败的一个重要原因了。

行仁政而王

公孙丑问道:"如果是您在齐国当政,能再次建立起来像管仲、晏子那样的丰功伟业吗?"

孟子说:"你真是个名副其实的齐国人啊,只知道齐国的管仲、晏子罢了。也曾有人问曾西说:'你和子路相比,哪个更贤能呢?'曾西不安地回答说:'子路是我的先人所敬畏的人,我怎能和他相比呢?'那人又接着问:'那么你和管仲相比,谁更贤能呢?'曾西听了,有些生气了,他说:'你为什么拿我和管仲来比较?管仲很受齐桓公的信任,他执掌国政那么长的时间,而功业却很卑微。你怎么拿我和这个人相比呢?'"孟子接着说:"管仲那样的人连曾西都不愿意和他相比,我又怎么愿意和他相比呢?"

公孙丑说:"管仲辅助他的君主称霸天下,晏子使他的君主扬名天下,管仲、晏子还不值得当作楷模效仿吗?"

孟子说:"凭齐国的条件称霸天下,是易如反掌的啊。"

公孙丑说:"如果您这样说,学生我就更不明白了。像文王那样高的德行,用了近一百年的时间,还没能统一天下。武王、周公继承他的事业,这才统一天下。现在您说起统一天下,一副很容易的样子,那么,文王也不值得学习了吗?"

孟子说:"当然不能和文王相比。由商汤到武丁,贤圣的君主也有六七个,天下归顺商朝很长时间了,时间一长,就不好改变了。武丁使诸侯来朝拜,治理天下,就像把东西放在手中转动一样自如。商纣距武丁的时代并不算长远,(武丁时代)勋旧世家遗留的习俗,与当时社会的良好风气和仁惠的政教措施,还有些完好地承袭下来;又有微子、微仲、王子比干、箕子、胶鬲这些贤臣辅佐,所以,经历了很长的时间,他才失去天下。当时,没有一尺土地不是纣王的疆土,没有一个老百姓不是他的臣民。所以,文王能在百里见方的一个小地方发迹创业,是很不容易的。齐国人的俗话说:'虽然有智慧,不如有好的形势与机遇;虽然有锄头,不如等到有利的农时。'现在要称王天下是不难。夏、商、周三朝兴盛时期,任何国家的国土纵横没有超过一千里的,而现在齐国有那么大的地方了,鸡鸣狗叫互相听到,一直传到四周的国境;齐国也已经有那么多的百姓了。土地没有必要再拓展,百姓没有必要再增加,只要施行仁政就可以称王天下了,再也没有人能阻挡得了的。而且,仁德的君王不出现的时间,没有比现在更长的了;百姓备受暴政折磨,没有比现在更痛苦的了。饥饿的人只要有吃的,就什么也不挑选;干渴的人只要有喝的,就什么都不挑选。孔子说:'德政的流行,比驿站政令的传递还要快速。'现在,如果有拥有万辆兵车的大国施行仁政,老百姓会特别高兴,就像倒悬着的人被解救下来一样。所以,只要付出古人的一半力气做事,功效必定超过古人的一倍,这只有现在才能做到。"

在这里孟子和公孙丑主要是在讨论为什么"以齐王,犹反手也"。

孟子认为,齐国有着广阔的国土和众多的人口,而这也是称王于天下的重要物质条件。如果齐国能够施行"仁政"的话,必将得到百姓们的拥护,那么以后要"称王于天下"就易如反掌了。同时,孟子也比较注意时机的把握,说:"虽有智慧,不如乘势;虽有镃基,不如待时。"

在这章中孟子对管仲的评价是比较狭隘的,认为管仲施行的是"霸道"而不是"王道"。其实管仲虽说有很多的缺点,但是他能"相桓公,霸诸侯,一匡天下",这说明他的能力还是很强的。或许是因为管仲是著名的法家,孟子才对他的评价比较低吧。

一个国家如果只有贤明的君主,但是没有贤明的大臣,那也是不行的。所以大臣们在国家中,占有很大的分量。这些忠臣良将们抒写了多少可歌可泣的故事,是数也数不清的。在春秋后期有一位重要的政治家、思想家、外交家,他的政治远见和外交才能,闻名于诸侯。同时他又是一个爱国忧民、勇于直谏的大臣,曾力谏齐景公轻赋省刑,进而保障百姓的利益。他就是晏子。

司马迁在他的著作《史记·管晏列传》中,把晏子和管仲相提并论。有关晏子的故事在中国流传很广,有一则是他出使楚国的故事。

晏子出使楚国,楚国当时的国君楚灵王知道晏子是个矮个子,就想捉弄他。楚灵王命人在城墙的大门旁边又开了个小门,让晏子从小门进去。

晏子到了楚国后,看到大门紧闭,只有旁边的一个小门开着。看见这种情景,晏子知道这是楚灵王要戏弄他,于是说道:"到了狗国,才走狗洞,难道我现在面前的这个国家不是楚国,而是狗国吗?"

楚灵王听他这样说，只好打开大门让晏子从大门里进去。

晏子凭着自己的智慧，挫败了很多有辱齐国国格和晏子人格的花招，而他的名声也越来越大，最后终于成为著名的外交家。他不仅机智勇敢，而且还爱护百姓，经常为百姓维护权益。就连孔子也称赞他说道："救民百姓而不夸，行补三君而不有，晏子君子也。"

害仁者灭绝天理

齐宣王问孟子道："商汤王放逐夏桀王，周武王讨伐商纣王，这两件事情是真的吗？"

孟子回答道："史书上有这样的记载。"

齐宣王又问道："作为臣子却要杀掉他的君主，这样做可以吗？"

孟子说："陷害有仁爱的人，人们叫他'贼'；陷害有道义的人，人们叫他'残'。人们又把残、贼这样的人叫作'独夫'。我只听说过周武王杀了独夫纣王，却没听说他杀过君王的事。"

此番论话在《孟子》中历来引人注目，因为它讨论的是历史上著名的"汤武革命"，儒家肯定了汤武革命的价值。

儒家的思想是"君君臣臣"，但是却又肯定了汤武革命。其实不然，臣是相对于君而成立的，当君不为君时，则臣亦不为臣。故当夏桀、商纣荒淫无道，陷害仁义不为君的时候，是众叛亲离的残贼和独夫，是人人可以得而诛之的，所以这不能责难于商汤王和周武王的。孟子最后说："闻诛一夫纣矣，未闻弑君也。"说的就是这个道理。

朱子注曰："害仁者灭绝天理，害义者伤败彝伦，众叛亲离。"

商朝的最后一个皇帝是商纣王，他即位之后，不仅不整治国家，以效先王商汤，而是荒淫无度，并且还残害忠良，暴虐无道。

商纣王为了满足自己的私欲，下令建筑了鹿台。据说这个鹿台面积为方圆三里，而且它的高度高达千尺。当初建造之时，兴师动众，集各地之名匠，聚全国的财力，整整花费了七年时间，才把这座豪华壮丽的鹿台修建完成。同时还建造了宫廷楼榭数以百间。鹿台建成之后，纣王携妲己及歌女们一连狂欢了三日，以示庆贺。

但是为了修建鹿台,不知死了多少百姓,百姓们都怨声载道。但是商纣王却不闻不问,其实鹿台的修建,已经给商朝挖掘了坟墓。

商纣王为了满足自己奢侈的欲望,他还大肆地兴建离宫别馆,终日与宠臣们欢饮达旦。他还在人工挖成的大池塘里倒满了美酒,人可以在上面划船,而池里的酒则可以同时供应三千人狂饮。他又让侍从们把肉悬挂在树上,让他和宠臣们伸手就可以吃到。这就是遗臭万年的"酒池肉林"。

商纣王不仅荒淫无度,而且还杀人如麻。有一天,他和他的爱妃妲己看到一个怀孕的妇女在路上行走。于是,商纣王猜这个妇女怀的是女胎,妲己猜说怀的是男胎。两人争执不下,于是商纣王说:"把她的肚子剖开看看,不就知道了?"就这样,这位妇女就被无辜地惨遭杀害了。

商纣王看中了九侯的女儿,但是九侯的女儿不喜欢商纣王的所作所为,商纣王非常生气,就把她杀了,随后又把九侯也杀了。鄂侯知道后,就为九侯鸣冤不平,商纣王又把鄂侯也杀了。周文王知道后,悲伤地叹了口气,没有想到被人告了密,也被商纣王给抓了起来,并且百般地折磨他。他把周文王的大儿子伯邑考下汤锅煮死做成肉羹,然后逼迫周文王喝下。之后,商纣王还丧尽天良地对他的大臣们说:"人人都说西伯(周文王)是个圣贤,但是他怎么喝了用自己儿子的肉做成的羹,却还尝不出滋味呢?"纣王的叔父比干,看到百姓们都生活在水深火热当中,于是就劝谏纣王道:"天是为了百姓们,所以才安排君主。当了君主是要替百姓们做主,而不是当了君主就可以随意虐待百姓。现在你无休止地横征暴敛,大肆地搜刮民财,百姓忍受不了痛苦了。而你现在还要随随便便地杀人,弄得人心惶惶的。要是人心都丧尽了,那么国家将要随着灭亡了。如果你把国家葬送掉,那又怎能对得起先王啊?"纣王听后,勃然大怒道:"要是照你这样说,你是一位圣人,而我却是一位昏君。我常听人们说圣人的心都是七窍玲珑的,我现在就把你的心挖出来,看一看是不是如人们说的这样?"

商纣王荒淫无道,又滥施酷刑,诛杀无辜,使得整个社会动荡不安,民不聊生,百姓们都怨声载道,而商纣王也面临灭顶之灾。这时,周武王已经亲率大军讨伐商纣王。纣王就临时拼凑了一些军队去抵挡,但是这些临时拼凑起来的军队都不愿意为纣王卖命,都在两军阵前,纷纷倒戈。商纣王见大势已去,就逃回了朝歌,随后在高大壮丽的鹿台上,自焚而死。纣王的死亡,也就宣布了商朝的灭亡。

荒淫无道,滥施酷刑,诛杀无辜,这些不仁之事做得太多,则必定会失去民心,进而失去整个国家,商纣王就是一个最典型的例子。

偏信则暗,兼听则明

孟子朝见齐宣王,说:"平时所谈到的'故国',并不是说国家要有高大的树木,而是说它要有世代的元老功臣。大王现在身边没有亲信的臣子了,以前所任用的人,今天都不知道去哪里了。"

齐宣王说:"那我怎样才能去识别哪些人没有才能而不任用他们呢?"

孟子回答说:"国君选拔贤臣人才,如果万不得已要选用新人,那么将会使地位低的超过地位高的,关系疏远的超过关系近的,对此可以不慎重吗? 所以,如果只有左右侍臣说他好,不行;只有大夫们说他好,也不行;只有全国的人都说他好,这还要经过观察后,发现他确实是贤能,这样才可任用他。左右侍臣们都说某人不行,不要全部相信;大夫们都说不行,也不要轻信;全国的人都说不行,这也要经过观察后,发现他是确实不行,这样才可以罢免他。左右侍臣都说某人可杀,不能轻信;大夫们都说可杀,也不能轻信;全国的人都说可杀,这就要经过观察后,发现那个人确实可杀,才能杀掉他。所以说,他是被全国的人杀掉的。只有这样,才可以做百姓的父母。"

选拔人才,应该记住的是:偏信则暗,兼听则明。

此章主要讨论的是国君如何用人的问题,孟子提出不能根据左右和大夫们的意见,而是应该根据百姓们的意见,经过观察后,才能确定该不该任用。罢免人、杀人也应当如此。

民本思想不单单是要求为政者关心老百姓,更重要的是要求为政者能倾听和接受百姓们的意见,承认百姓是政治的主体。

夏朝末期,有莘氏家中有一个奴隶叫伊尹。后来有莘氏家的女儿嫁给了商汤,就把伊尹当作是陪嫁的奴隶送给了商汤。刚开始时,商汤并没有去关注伊尹,只认为他是一个普通的奴隶,就把他安排到厨房里干活。而伊尹是个很聪明的人,为了能让商汤注意到他,他就在做饭的时候故意把饭菜做得极为可口,而有的时候却又把饭菜做得特别难吃,希望能用这种办法和商汤对话。

直到有一次,商汤因饭菜太难吃,就找伊尹前来问话。伊尹立刻就抓住这个机会,对商汤说道:"做菜不能够太咸,但是也不能够太淡。只有把佐料放得刚刚好,这样做起来的菜,吃起来才有味道。而治理国家和做菜也是同一个道理,既不能够松弛懈怠,但也不能够操之过急。只有刚刚好的时候,那样才能把事情办好。"

商汤听了伊尹所说的这番话后,暗暗称奇,这时他才知道这个奴隶是个人才。于是就把伊尹奴隶的身份给解除了,擢而用之。后来商汤又让他做了宰相,管理朝政。而伊尹也不负商汤对他的期望,积极帮助商汤筹划进攻夏朝的事情,最后终于消灭了夏朝,建立起了商朝。

商汤死后,伊尹又辅佐卜丙、仲壬二王。仲壬死后,太甲即位,太甲为王时,因不遵守商汤所制定的法规,又横行无道,于是便被伊尹放之于桐宫,让他悔过和重新学习商汤的法令。伊尹代理朝政之事。三年之后,伊尹又迎回太甲复位。伊尹死于沃丁在位的时候。

商朝还有一个名相也是出身于奴隶的,那就是傅说。

在商朝中叶有一个君主叫武丁,他也是一位很有作为的君主。他立志学习商汤整治国家,但是一直没有一位能像伊尹那样的贤臣辅佐。他经过反复的思索,最后终于想起了过去自己所认识的一个奴隶,那个奴隶就是傅说。他认为傅说是一个人才,可以帮助自己成就大事,就像伊尹帮助商汤一样。但是按照商朝的法律规定,奴隶是不可以出任国家官员的。那又如何让傅说出任官职呢?于是武丁就想了一个计谋。

一天晚上,武丁就寝后,过了一会儿就故意放声大笑起来。他的侍从们急忙过来问道:"大王,您做了什么好梦吗?"

武丁高兴地说道:"我们商朝有希望了。我刚才梦见了先王商汤,他向我荐举了一个大贤人,名叫傅说,先王说他能辅佐我治理好国家。"

朝中的大臣们听说是先王托梦,也就深信不疑了,就让各地的官府到百姓中去寻找傅说。而这个时候,傅说因为犯了罪,正在傅岩(今山西平陆县北)这个地方做苦工。一个寻找傅说的官员发现了他,连忙把他带回了京城。

武丁见到了傅说,非常高兴地说:"没错,就是他,就是他! 他就是先王梦中给我推荐的大贤人。"随后,武丁又命人把傅说的囚衣给脱掉,换上了朝服,又当众把他奴隶的身份给解除了,并且马上任命傅说为宰相。

傅说只花了三年的工夫,就把殷商治理得秩序井然。傅说辅佐武丁后,使得商朝再次兴盛起来,而武丁也得到了各地诸侯的拥护,他们又都称武丁为中兴之王。

察言观色,识人之术

孟子说:"观察一个人,再没有比观察他的眼睛更好的了。眼睛无法掩藏一个人内心的丑恶。心中光明正大,眼睛就明亮;心中鬼鬼祟祟,眼睛就昏暗不明。因此,听一个人说话,同时观察他的眼睛,这个人的善恶还能隐藏到哪里去呢?"

孟子说:"待人恭敬的人不会欺侮别人,生活节俭的人不掠夺别人。欺侮人、掠夺人的君主,唯恐别人不顺从,怎么能做到恭敬和节俭?恭敬和节俭难道可以靠声音笑貌强装出来吗?"

孟子认为,待人恭敬的人不会侮辱别人,生活节俭的人不会掠夺别人。但那些侮辱别人、掠夺别人的君主,既要侮辱他人,又唯恐他人不顺从自己,是根本做不到恭敬和顺从的。

这就需要正确认识和辨别不同的人。孟子认为,识人与其察言观色,不如观察他的眼睛。眼神是无法加以化妆或掩饰的,观察眼神,洞若观火。别听他说得口若悬河,天花乱坠,但他的眼睛会告诉你一切。

这和现代人常说的"眼睛是心灵的窗户"的道理是一样的。既然清澈明亮的眼睛得益于正直的心地、开朗的心胸。那么,向往美目的人们就应当先正其心。这正是孟子想要告诉我们的道理和智慧。

眼睛,是心灵的窗户,透过它可以看见世间万物,有了它的点缀整张脸都有了活力,婴儿时眼睛是纯真、无邪,不带有半点瑕疵的,那是求知、探索的眼神,对世界、对生活、对人性、对自己都充满了好奇与幻想;年轻时眼睛是明亮、有神、发光、清澈、透亮的,像是一泓清泉,像水晶一样透明,藏不住心事,掩不住欢喜,总是那样轻快,那样冲动,无所畏惧,勇往直前;年老时眼睛就有些混沌、苍老,缺少了色彩,动作也迟缓了许多。眼睛伴随我们一生,眼睛是我们的朋友,我们应该好好爱护它才是。

眼睛,我们拥有了它,就是一个宝贝,通过它可以传递信息,彼此交换眼神,你就可以看见美丽的花、绿绿的草、漂亮的风景,通过它你就能在商场内尽情地挑选你所中意的服装,通过它在你第一次去谈对象时给对方留下深刻印象,它是一个你能认识世界、感知事物、敞开心灵、面对一切的一个重要的途径,没有它,你就只能闭着双眼,在无尽的黑暗中摸索,心中只能是茫茫然,不知所措,所以不要忽略它、漠视它,它的眨动,就是你心灵的波动。

生活工作中,观察一个人的"眼神",是辨别一个人好坏的捷径。"眼神正"其人大致正直,"眼神邪"其人大致奸邪。传达出来的信息,要比其他部位多得多。从一个人的眼睛中,可以读懂一个人的大概。一个人所思所想很多时候会通过他的眼神表现出来,通过观察一个人丰富的眼神语言,也可以在某种程度上对他有一个大致的了解和认识。

经验告诉我们,人的内心隐秘,心中的冲突,总是会不自觉地通过变化的眼神流露出来。

泰戈尔说得好:"任何人一旦学会了眼睛的语言,表情的变化将是无穷无尽的。"

在人的一生中,眼睛所表达出来的"语言"是最丰富多彩的。更多的时候,人的眼睛和舌头所说的话是一样的,能从眼睛了解事物的大致面目。眼睛是人类五官中最敏锐的器官,它的感觉领域几乎涵盖了所有感觉的70%以上,其他感觉与之相比显得微不足道。以饮食为例,人们吃食物时决不仅靠味觉,同时会注意食物的色、香以及装食物的器皿等。如果在阴暗的房间里用餐,即使明知吃的是佳肴,也会产生不安的感觉,无心品尝或胃口大减。相反,如果在一流饭店或餐厅用餐,用精致的器皿装食物,并重视灯光的调配,定会增加饮食者的胃口,吃得津津有味。这是视觉影响了人们的食欲。

有时,眼睛也会说话,一个人的内心活动,经常会反映到他的眼睛里,心之所想,透过眼睛就能表达出个大概,这是每个人都隐瞒不了的事实。

一直观察对方的眼睛,会感觉视线的疲劳。这里所说的"看眼睛",并非真的凝视而是观察对方视线的活动。通过了解一个人的视线活动状况,就能大致完成与他人之间的圆满交往和心灵沟通。

一个人的视线可以通过不同的角度来了解。首先,对方是否在看着自己,这是一个关键。其次,对方的视线如何活动,或者是视线刚接触立刻就挪开,他的心理状态是有所不同的。第三,视线的方向,即对方是正视还是斜视观察自己的。第四,视线的集中程度,即是否是专心致志地看自己。第五,视线的位置,通过对方的方位移动,来考察他的内心动向。

然而,生活中的很多人在识人时,并没有做到用眼睛去交流,去识别,而是以貌取人。

爱因斯坦是德裔美国物理学家,思想家及哲学家,犹太人,现代物理学的开创者和奠基人。1999 年 12 月 26 日,爱因斯坦被美国《时代周刊》评选为"世纪伟人"。

爱因斯坦终生从事科学研究,事业心非常强。他一心专门从事研究,从不讲究穿着,着装一般都很朴素。

爱因斯坦还未成名时,有一次在纽约街头,碰见了一个熟人。那人见他穿得很寒酸,就问他:"你怎么穿得这么破啊?"爱因斯坦笑着说:"反正这里也没人认识我。"

多年以后,爱因斯坦成了伟大的科学家。有一天,在纽约的街上,他又碰见了那位熟人。对方上上下下打量了爱因斯坦一番,惊讶地问道:"你怎么还是穿得这么破?"爱因斯坦依然笑着回答说:"反正这里的人都认识我。"

一次,比利时国王和王后慕名邀请爱因斯坦前去做客,他们按约定时间派司机前去接爱因斯坦。大约半小时后,司机开着空车回来了。原来爱因斯坦穿着带有尘土的破雨衣和破皮鞋去赴约,而司机以貌取人而没有认出爱因斯坦来。

为了支持西班牙人民的反法西斯斗争,爱因斯坦应邀将自己相对论的手稿捐给了西班牙。那份手稿卖给了一位收藏家,所得的全部款项都给了西班牙人民。后来,美国国会图书馆花了高达 600 万美金,将其收藏。

正所谓"人不可貌相"。生活中,无论是工作、交友,乃至择偶,都会碰到识才识人的问题。这时,我们切不可通过声音、容貌来识人。"一样米养百样人",我们该如何做到真正的识人呢?

(1)看他的心量大小。心量的大小,决定一个人的行为、谈吐、决策与待人,进而决定他的成功与失败。所谓"宰相肚里能撑船""大肚能容天下事",心如大海，则能包容分歧，容忍失败。有雅量接受别人的批评指教，不会在小事上琢磨、计较的人，往往经得起冰天雪地的考验，能够成就大器。

（2）看他的品格高低。古人说："人到无求品自高"，无求无欲的人，能进能退，不会与人计较、比较。另外，品格高尚的人，平时言行坦荡、光明磊落，不会暧昧闪烁、谄曲阿谀；与人相处，不会只顾自己的利益，会顾全大局，或替对方着想。其他如慈悲、宽厚、正直、无私等，都是高尚品格的展现。

（3）看他的智能有无。玄奘大师见窥基大师举止豁达，知道他是个大器，以三车权巧度化，造就出日后的百部论师；徐庶向刘备推荐卧龙、凤雏，说二人得一而有天下，刘备识才，不惜三顾茅庐，始能三分天下。因此，识人用人不能固执局限，要看其智能有无。

（4）看他的能力强弱。识人要识其性，识其能。清朝康熙用张廷玉，乾隆重用汉人，皆是以才取人，不存门户之见，因此拥有数百年的江山。汉高祖原本不识韩信的军事之才，视他如一般小兵，让他黯然离去，幸有萧何月下追韩信，才有"筑坛拜将"，使他成为汉朝的开国功臣。由此可见，识才若心存偏见，则容易错失良将，唯有了解其能力强弱，并用其所长，才能赢得英杰。

乐以天下，忧以天下

齐宣王在雪宫里接见孟子。齐宣王问道："贤德的人也有这种快乐吗？"

孟子回答道："有的。如果百姓得不到这种快乐，他们就会埋怨他们的君主了。这种得不到快乐就抱怨他们君主的做法，是不对的。但是身为百姓的君主不能够和百姓一起享受快乐，那也是不对的。如果君主能够把百姓的快乐当作自己的快乐，那么百姓也会把君主的快乐当成是自己的快乐；如果君主能够把百姓的忧愁当作自己的忧愁，那么百姓也会把君主的忧愁当成是自己的忧愁。能够和天下人一起快乐，能够和天下人一起忧愁，要是做到了这样还不能称王天下的，是从来不会有的事。

"从前齐景公对晏子说：'我想去游览一下转附和朝儛两座名山，然后沿着海边南下，一直到琅邪山。我要怎么做才能和先王的外出巡游相比呢？'晏子答道：

'问得太好了！天子到诸侯的国家那里去叫巡狩。所谓巡狩，就是巡视诸侯所管辖的疆土。诸侯去朝见天子叫述职。所谓述职，就是汇报履行职守的工作情况。他们的来往都是和工作相结合的。春天视察耕作情况，并给予穷困的人家补助；秋天视察收获的情况，并对歉收的农户给予补助。夏朝的谚语说："我们的君王不出来巡游，我们怎么会得到休整？我们的君王不出来视察，我们又怎么会得到补助？君王出来巡游视察，都给诸侯们做了榜样。"可是现在却不是这样了，君王出巡时兴师动众，到处征集粮食，让饥饿的人得不到吃的，辛苦工作的人得不到休息。百姓们个个都怒目而视，怨声载道，这样有一些百姓们就会作乱造反。这样的巡游上则违背了天意，下则祸害了百姓，大吃大喝的浪费如同流水一样。这种流连荒亡的行为，都会让诸侯们感到忧患。顺流而下地游玩，高兴得都忘了返回的，这就叫流；逆流而上地游玩，高兴得都忘了返回的，这就叫连；无休止地打猎而不知疲倦，这就叫荒；不知节制地喝酒，这就叫亡。古代的圣贤明君既没有流连之乐也没有荒亡之行。你要选哪种方式出游，那只好是您自己决定了。'

"齐景公听了很高兴，先在都城内做好准备，然后离开宫室搬到郊外住。接着就开仓拿出粮食救济穷困的百姓。齐景公又召见了乐官，并吩咐说：'给我作一首君民同乐的乐曲来。'大概就是《微招》和《角招》这两首乐曲吧。其中有一句歌词说道：这样限制君王有什么不对呢？畜君，正是爱戴君王。"

以人之乐而乐，故人亦以其乐而乐。以人之忧而忧，故人亦以其忧而忧。

在这段对话当中，孟子没有直接表达自己的意见，而是借用了晏子和齐景公的对话，来表达国君应当具有"乐以天下，忧以天下"的思想。

只有先让百姓们能过上好的生活，你才能过上好的生活；只有先预防百姓们没有想到的灾害，你才可以安心地休息。这样，百姓们才会去真心地拥护、爱戴你。

宋朝的范仲淹又提出了"先天下之忧而忧，后天下之乐而乐"，而这种思想正是无数英雄豪杰的精神支柱。

"乐以天下，忧以天下"，"天下"就是指黎民百姓。"先天下之忧而忧，后天下之乐而乐"，与这种思想一脉相承，是宋朝的范仲淹提出的。

范仲淹不仅是宋朝的名臣与文学家，更是位杰出的政治家。他镇守陕西，屡次击退了西夏、契丹的侵略，保卫了国家的安全。虽然偶尔他也会感叹"浊酒一杯家万里"，"燕然未勒归无计"，虽然想家，但是为了国家，为了人民，他"愿得此身长报国，何须生入玉门关"，鞠躬尽瘁，死而后已。

"先天下之忧而忧，后天下之乐而乐"，正是范仲淹一生生动的写照，也是许多有志之士的梦想，它激励了无数人树立的远大志向。大禹呕心沥血率民治水，三过家门而不入，正是因为胸怀天下百姓。周公吐哺，正是因为心系天下。这些都是古人的"乐以天下，忧以天下"。

综观中国历史，"乐以天下，忧以天下"的有识之士，不胜其数，更让人们感动不已。对今天的人们来说，他们的精神，依然能点亮我们灵魂的灯光，照着我们在迷茫的路上前行。

与民同乐

庄暴见孟子，对他说："我被齐王召见，齐王告诉我说他很喜欢音乐，我不知怎样回答他。"接着又说："喜欢音乐到底好不好？"

孟子说："如果齐王真的非常喜欢音乐的话，那么齐国应该有希望了！"

有一天，孟子被齐王召见，问齐王："大王可曾对庄暴说自己喜欢音乐，不知道有没有这回事？"

齐王的脸色变得很不自然，不好意思地说："我并不喜欢先王们留下来的古乐，只是喜欢些流行于世俗的音乐。"

孟子说："如果大王真的非常喜欢音乐的话，那么齐国应该有希望了。因为现在的音乐和古代的音乐都是一样的。"

齐王说："您可以把其中的道理说给我听听吗？"

孟子问："一个人欣赏音乐的快乐，和与别人一起欣赏音乐的快乐，这两种哪一种更快乐？"

齐王说："当然是和别人一起欣赏音乐会更快乐。"

孟子又问："和少数的人一起欣赏音乐的快乐，和与多数的人一起欣赏音乐的快乐，这两种又是哪一种更快乐？"

齐王说："当然是和多数的人一起欣赏音乐会更快乐。"

孟子又说道："那么请让我为大王说说音乐的乐趣吧。假如大王您现在在这里奏乐,而百姓们听了大王钟鼓、箫笛的声音后,全都眉头紧皱,心烦头痛,相互议论说:'我们君王这么喜爱音乐,但又是为什么会使我们痛苦到这种地步?父子不能相见,兄弟、妻儿四处离散。'假如大王现在在这儿打猎,百姓们听到大王车马的声音,看到华美的旗帜,全都眉头紧皱,心烦头痛,相互议论说:'我们君王这么喜欢打猎,但又是为什么会使我们痛苦到这种地步?父子不能相见,兄弟、妻儿四处离散。'百姓们为什么会这样呢?没有别的原因,只是因为大王您不能与民同乐的缘故。

"假如大王现在在这里奏乐,百姓们听到钟鼓、箫笛的声音后,都喜形于色,互相议论说:'我们大王身体肯定很健康,要不然怎么会奏乐呢?'假如大王现在在这儿打猎,百姓们听到大王车马的声音,看到华美的旗帜,都喜形于色,互相议论说:'我们大王身体肯定很健康,要不然怎么会去打猎呢?'百姓们都如此地快乐,这其中没有别的原因,是因为大王能与民同乐的缘故。如果大王现在能和百姓共同快乐,那么就可以称王于天下了。"

孟子借由齐王对音乐的喜爱,提出他的治国之道。从"独乐乐不如众乐乐"的观念中生发出更高层次的治国之法,让齐王了解,贤明的君王,应当能够让百姓因为他的快乐而快乐,也就是"与民同乐"。

最后两段运用了对比的方式,让齐王感受到了就算是君王享受同样的乐趣,也会引起百姓们不同的感受,进而突出了主题。

其实真正的快乐是与人一起分享,而不是建立在别人的痛苦之上。所以只有当大家都感觉到快乐了,那才是真的快乐。

欧阳修的《醉翁亭记》相信大家都读过。

环绕滁州城的都是山。城西南方的各座山峰,树林和山谷特别秀美。远远望去,那草木繁茂幽深秀丽的地方,是琅琊山。沿着山路行走六七里,渐渐可以听到潺潺的水声,从两峰之间飞泻而出的,是酿泉。山势回环,路也跟着拐弯,有一座四角翘起、像鸟展翅飞翔似的亭子坐落在泉水边上,这就是醉翁亭。建造亭子的是谁?是山里的智仙和尚。给它命名的是谁?是太守以自己的别号来命名。太守同宾客来到这里饮酒,喝少量的酒就醉了,而年纪又最长,所以自号叫"醉翁"。醉翁的情趣不在酒上,而在那山水之间。山水的乐趣,领会在心里,寄托在酒中。

……

至于背负东西的人在路上歌唱，行人在树下休息，前面的人呼唤，后面的人应答，老老少少，来来往往，络绎不绝，这是滁州人在游玩。在溪边钓鱼，溪水深而鱼肥。用酿泉水酿酒，泉水香而酒清冽。山中的野味在面前摆着，这是太守在举行酒宴。宴饮酣畅的乐趣，不在于音乐。投壶的中了目标，下棋的赢了，酒杯和酒筹交互错杂，或起或坐，喧哗热闹，这是宾客们尽情地欢乐。一个脸色苍老，满头白发，醉醺醺地坐在众人中间的，是喝醉了的太守。

不久夕阳落到山顶，人影散乱疏落，太守下山回家，宾客跟在后面。树林渐渐昏暗了，鸟雀到处鸣叫，游人离去，鸟雀就欢乐了。但是鸟儿知道山林的乐趣，却不懂得人的乐趣。人们只知道跟着太守游玩欢乐，却不知道太守因为他们的欢乐而乐……

实行仁政统一天下

梁惠王对孟子说："我治理国家，可以说是够尽心尽力了。河内发生了灾荒，我就将那里的一些百姓迁移到河东去，又把粮食调拨到河内去赈灾。要是河东发生了灾荒，我也是这么处理的。我观察了邻国的治理政事，可以说没有一个国君能像我这样为了百姓而尽心尽力的。然而，为什么邻国的百姓并没有减少，而我国的百姓也没有增多，请问这究竟是什么原因呢？"

孟子回答说："大王您喜爱打仗，那么请允许我用打仗的事来做个比喻吧。战鼓已经'咚咚'地擂响，战斗就开始了，阵前短兵相接，双方的刀刃剑锋碰撞在一起。这时，战败的士兵有的就丢盔弃甲，拖着兵器逃跑了。有的一口气逃了一百步才停下来，有的一口气逃了五十步就停了下来了。如果那些只逃了五十步的士兵嘲笑那些逃了一百步的士兵，说他们经不起打而且还怕死，这事您以为怎么样？"

梁惠王说："这是不对的，他们只不过是没有逃跑到一百步而已，但是他们的行为同样也是在逃跑。"

孟子说："大王您既然明白这个道理，那就不用期望您的百姓会比邻国多了。只要在农忙的时候不去征用民工，不去妨碍百姓们的农业生产，那么粮食就会吃不完了；如果不用细密的渔网在深池塘里捕捞，那么鱼鳖也就吃不完了；如果按照一定的时间去砍伐山林，这样木材也就用不完了。粮食和鱼鳖都吃不完，木材也用不完，这样就能让百姓们有能力去生养死葬了，而且没有什么不满的。百姓们要是对养生葬死都没有什么不满的话，那么这就是王道的开始。

"在有五亩大的宅园里，种上了桑树，那么五十岁以上的人就可以穿上丝绸棉袄了。鸡、猪和狗等禽畜，家家都有饲料和时间饲养，那么七十岁的人就可以吃上肉了。如果一家有一百亩的田地，只要不去耽误他们耕种的时间，那么几口人的家庭就可以不挨饿了。然后认真地做好学校教育，让百姓们都知道并且懂得孝敬父母、敬爱兄长的道理，那么，头发花白的老人也就不用背负着重物赶路了。七十岁的人也能穿上丝绸棉袄，能够吃上肉，百姓们也不受冻挨饿了，要是做到了这样，还不能称王于天下，那是绝不会有的事情。

"然而，现在却是富贵人家的猪、狗吃着本应该是人吃的粮食，却又没有人去制止；路上都已经有饿死的人，却没有人去开仓发放粮食；百姓饿死了，竟然说'这个不是我的责任，是因为收成不好的原因'，这和把人用刀刺死了，却说'人不是我杀的，是刀杀的'，又有什么不同呢？大王您不要把百姓的不幸全都说是收成不好。大王只要实行仁政使人民安居乐业，那么，天下的百姓就会自然而然地投奔到您这儿来了。"

这里主要是表现孟子的"仁政"思想，论述了如何实行"仁政"以及"王道"，从而统一天下的问题。

战国时代，各诸侯国的统治者为了自身的利益，而相互攻伐。由于频繁的战争，造成了兵员缺乏、劳动力不足，这在当时是个十分突出的问题。争夺人力，也就成了各诸侯国统治者的当务之急。所以梁惠王才会对孟子提出"民不加多"的疑问了。

孟子这次和梁惠王的对话，主要是围绕"民不加多"的问题展开讨论，以及当时各诸侯国都想统一天下的心理，提出了仁政的主张，并且还阐述了仁政的具体内容，并在一定程度上揭露了社会的不平等。

孟子依据梁惠王有透过政治手段使"民加多"的愿望，帮助梁惠王认识到在政治上与邻国相比，只是做了一些救灾的好事而已，本质上并没有区别，并且还用了"五十步笑百步"这个故事来说明。接着话题一转，提出了想要从本质上有区别，那就应该施行"仁政",孟子的"王道"思想在这里是包括了精神文明("谨庠序之教,申之以孝悌之义")和物质文明("谷与鱼鳖不可胜食,材木不可胜用,是使民养生丧死无憾也"),而且还提到了一个可持续性发展的过程("数罟不入洿池","斧斤以时入山林")。

这样一来就能让百姓们发展生产,使百姓住有房,耕有田,吃得饱,穿得暖,还让百姓懂礼仪,能够接受教育,君王如此施行仁政,革除暴政,百姓自然能来归服。

尧在晚年的时候,很想找一位贤人接任他的位子,有的大臣对他说:"帝位受命于天,不能违背天帝,应由您的儿子丹朱继位。"但尧不想传位给丹朱,他说:"国君者,应当上承天帝、祖宗之重托,下与天下百姓共祸福,饥寒于百姓之先,温饱于百姓之后。而丹朱不勤于耕稼、渔猎,贪食无厌,违背了做君主的根本原则,不能用。"于是,人们便推荐舜给尧帝。

当时舜见多识广、聪明能干,德行也得到很多人的称赞。为了方便考验舜,尧就把自己的两个女儿娥皇、女英嫁给了他。舜带着她们到了历山上,开山种田,建造家园。附近的乡亲们也都在舜的感召下来到历山安家,于是荒芜的山野慢慢地就变成了热闹繁华的城邑。三年后,娥皇、女英完成了对舜的考验,回到当时的首都平阳。女英抢着向尧帝说:"舜聪明能干,可真是一个大贤大孝的人啊。"娥皇紧接着说:"百姓的心也都向着他。"于是,尧让位于舜。

舜即位以后,以天下为先,不谋私利,深得民心,表现出了卓越的才干。他曾任用鲧治理洪水,但鲧用堵的方法治理洪水,结果洪水不但不退,反而越来越猛。于是舜便依法杀了鲧。鲧的儿子禹闻讯赶来,抚尸痛哭。

舜问众臣:"继鲧之后,谁可领众治水?"

这时,禹慢慢站起来,高声叫道:"微臣愿领命。"

于是,舜举禹继承父业,治理洪水。他不辱使命,历经九年,终于用疏通的方法整治了洪水。由于大禹功德超卓,舜力排众议,将帝位禅让给了禹。

一位具备了仁德的君主,能同天下百姓共祸福,饥寒于百姓之先,温饱于百姓之后,便可深得民心。得民心者,就能成就大业,这个道理是显而易见的。

行道者多助

孟子说:"得天时不如得地利,得地利不如得人和。比如一座小城有三里的内城，七里的外城，可是包围起来攻打它，却不能取胜。包围起来攻打它，必定有得天时的战机，然而却不能取胜，这是得天时的不如占地利的。城墙不是不高，护城河不是不深，兵器铠甲不是不坚利，粮食也不是不多，却弃城逃离，这便是占地利的不如得人和的。所以说，治理百姓的，不能只靠国家的疆界，巩固国防不能只靠山川的险阻，威服天下不能只靠兵器铠甲的坚利。施行仁义的人，帮助他的人就多；不施行仁义的人，帮助他的人就少。如果帮助他的人少到极点时，连他家里的人也都会背叛他；如果帮助他的人多到了极点，那么天下的人都会归顺他。让天下人都归顺他的人去攻打连家里的人都背叛他的人，结果是一目了然的。所以君子不主张打仗，但是一旦打仗，则会攻无不克、战无不胜。"

天时、地利、人和，这三者不管是对作战、从政、经商都是非常重要的。

天时、地利都是客观因素，而人和则是主观因素，也是这三者之中的核心。人和就是团结，这种团结所爆发出来的能量，可以以一当十，以一当百。正是这种能量最后决定了成败。

人和又从中引出了"得道者多助，失道者寡助"，这也可以说是人和的核心。

在中国，几乎所有的开国皇帝都是从马上夺得天下。他们或有良相贤臣辅助，或是自己本身就是有勇有谋。明朝的开国皇帝朱元璋，就是其中的一个。

元朝末期，各地都有人领兵起义。朱元璋经过无数次的厮杀，终于占据了江苏、安徽、浙江三省的部分地区，作为根据地，进行反元的大业。此时，在江南还有一支强大的起义军，这支军队的领导人就是陈友谅。陈友谅本来是农民起义领袖徐寿辉的部下，后来他谋划杀害了徐寿辉，自己篡夺了这支农民队伍的领导权，自立为王，国号"大汉"。为了能独霸江南，他一心想消灭朱元璋。于是，各自进行反元战争的朱元璋和陈友谅互相之间，也有冲突。

当时陈友谅占据着江西、湖南、湖北三省的全部地区，他仗着兵多将广，实力雄厚，并且联合占据着江苏东南面的张士诚合攻应天（今南京市），企图一举消灭朱元璋。

而这时候的朱元璋以应天为根据地，经过几场战斗，力量一天天发展壮大，地盘一天天扩大，形势的发展越来越有利。最后朱元璋和陈友谅之间终于进行了一场生死大战——鄱阳湖之战。

公元1363年,陈友谅出动全部军队,号称六十万,浩浩荡荡向洪都(今江西南昌)进发。

陈友谅军队到达洪都后,就下令攻城。攻守双方的战斗进行得十分激烈,一直打了八十五天,伤亡都很惨重。随后,朱元璋亲自率领二十万大军援救,陈友谅才不得已把部队从洪都撤离,并把大军开到鄱阳湖去迎战朱元璋。

朱元璋在这场战役中,一直都是亲自指挥战斗,即使身边的卫士都战死了,他也仍然不肯后退一步。后来,又经过了几次激烈的战斗,陈友谅的军队一败再败,并且粮食也已经吃光,实在坚持不下去了。陈友谅就带着残兵败将开始突围,不料在突围的时候被飞箭射死。他的部将张定边用船装载陈友谅的尸首,和太子陈理一起,连夜逃回武昌。第二天,陈友谅的副丞相陈荣等集中全部残余水军五万多人,向朱元璋投降。

鄱阳湖战役,最终以朱元璋胜、陈友谅败而结束了。这场战役的胜利也为朱元璋平定江南奠定了基础,同时也为他进一步北上灭元和最终统一中国做了必要的准备。

战后,朱元璋分析了双方胜败的原因,他说:天时不如地利,地利不如人和,追根究底,打仗要靠人。我军所以能够取得胜利,是因为既掌握了时机,又能将士一心,得了人和。陈友谅虽然兵多将广,但是内部不团结,人各一心,上下猜疑,而且连年用兵,老是打败仗,不会蓄积力量,不善于捕捉有利战机,所以最后失败了。

仁者无敌

梁惠王对孟子说:"从前的魏国,天下还没有哪个国家比它更强大,这一点您应该是知道的。可是自从我继承了王位以来,在东面的战场上败给了齐国,连我的大儿子申也死了;在西面的战场上又失败了,并且还丧失了河西七百里的国土;在南面又被楚国侵略。这些对我来说,简直就是奇耻大辱,我希望能为我国所有阵亡的将士报仇雪恨,您说我该怎么做才能成功呢?"

孟子回答说:"一个国家哪怕只有百里见方,也可以称王于天下。大王您如果对百姓施行仁政,废除严刑峻法,减少苛捐杂税,让百姓能够深耕细作、勤除杂草,让年轻人有时间去学习孝顺父母、敬爱兄长、诚信做人、忠于国家的道理,这样,他们在家时能够侍奉父母、兄弟,在外面能够做到侍奉尊长,那么,即使他们拿着木棍,也能够抵抗身披盔甲、手持刀枪的秦、楚等国的军队了。

"秦、楚等国常年征兵打战,占用了百姓的农作时间,使得百姓无法靠精耕细作来奉养自己的父母。他们的父母受冻挨饿,兄弟、妻子四处流浪。秦、楚等国的君主让自己的百姓陷入了苦难之中,这时候大王您前去讨伐他们,那么还有谁会愿意为他们卖命而和大王您对抗呢? 因此古语说:'实行仁政的人是天下无敌的。'因此大王对此就不用再怀疑了。"

"仁者无敌",实行仁政是统一天下的根本保证。孟子觉得只要君主能够施行仁政,那么就能让老百姓过上温饱的生活,并接收到孝悌忠信的教育,这样就会具有一股内在的凝聚力,可以调动老百姓的积极性,这也是一个强大国家的根基。因此说孟子的观点还是可用的,而在我国古代也一直是儒家思想的治国原则。

孟子的理想是好的,但是有些一厢情愿。因为仁政只适合国家的休养生息,并不适合战争。孟子提出只要推行了仁政,只要拿根木棒都可以打败坚甲利兵的,这种忽略军事建设的行为,是极不可取的。这也是为什么孟子在当时得不到各国国君重用的原因。

仁者无敌,仁则是构成了德的最重要因素,是一个人具备的品德与修养。但讲仁义有时候也要考虑对象是谁。

孔子在卫国的时候,有一个弟子高柴是卫国刑部的官吏。有一次,高柴审判了一名犯人,并对他处以削足之刑,这个犯人后来做了守城的差役。后来,有人向卫国君主告密说:"孔子要谋反。"于是卫国君主要捉拿孔子一干人等,孔子闻讯立刻逃到其他的国家去了,他的弟子们也各自逃生。高柴怕受到牵连,也想逃出城去,但却不知道怎么出去。这时,一差役领着他进入了一个秘密的通道,高柴才得以逃脱了性命。高柴正想要感谢那个差役的救命之恩,却发现,这名差役正是被自己判处削足之刑的犯人。这名差役不计削足之恨,使高柴骇然,连忙问其原因,这时守门人说:"我受削足之刑,那是罪有应得。当日您判我有罪并处以削足之刑的时候,您眼中流露出的哀怜以及脸上闪现出的悲戚之情,至今我谨记在心,不敢一日忘记。现在我救您出关,只不过是回报您的仁爱而已。"

春秋时期,宋襄公伐郑国,郑文公求救于楚成王。楚成王没有直接带兵去救郑围,而是统领了士兵直接杀向宋国。

宋襄公连忙带领宋军星夜赶回国内。宋军在泓水边刚扎好营盘,楚国的兵马也都来到了对岸。这时公孙固对宋襄公说:"楚军只是为了救郑国。现在他们的目的已经达到了。我们兵力小,不如与楚国讲和算了。"宋襄公却说:"楚国虽然人强马壮,可是他们缺乏仁义。我们虽然兵力单薄,但却是仁义之师。以不义之兵又怎能敌得过仁义之师呢?"宋襄公还特意制作了一面大旗,并绣有"仁义"二字,要用"仁义"来战胜楚国的刀枪。

第二天天亮,宋军已严阵以待,而楚军却在渡河。公子目夷对宋襄公说:"楚军强大,我军力单,趁敌人立足未稳,发起攻击,便可取得胜利。"

宋襄公却指了指车上的"仁义"之旗说:"君子不讨伐伤者,不拘捕白发老人,不陷他人于困境,不逼其到绝地。还是等他们整好队形,再堂堂正正地击响战鼓吧。趁人渡河,发起攻击,是违反仁义的,我们还算什么仁义之师啊?"

等到楚军全部都渡过河,整理好队伍,宋襄公才令人击打战鼓。这时楚军大队人马已经冲杀过来,宋军大败。襄公腿负箭伤,在逃回国内的路上还说:"讲仁义的军队是要以德服人,我是奉以仁义去打仗,不能够乘人之危去攻打别人。"

孔子为儒家制定了五种基本德性:温、良、恭、俭、让,他认为一个人只有具备了这五种德行后,才可以成为一个完美的人,而这五种德性,又全都是以"仁"字为前提的。

从上面这个故事当中,我们可以看出讲仁义并不是毫无原则。在许多时候,对对方讲仁义可以化敌为友,化干戈为玉帛。但是也有一些时候,面对凶狠的敌人,还要去讲仁义,那就是愚蠢到极点了。

民事不可缓

滕文公问孟子怎样才能治理好国家。

孟子说:"关心百姓的事是不能怠慢的,一定要抓紧。《诗经》上说:'白天去割茅草,晚上把绳搓好。赶紧修房屋,到时播种百谷。'百姓们有一个基本情况:有固定产业和稳定收入的人,就会有一定的道德修养和行为准则;而没有固定产业和稳定收入的人,就不会有一定的道德修养和行为准则。如果没有道德修养和行为准则的约束，那么违礼犯法、为非作歹，什么坏事都做得出来。等到他们都犯了罪，然后再用刑罚来处置他们，这就像是布下了罗网去陷害百姓。哪有仁德的人做了君主，却做出这样陷害百姓的事呢？所以贤明的君主，办事一定会谨慎谦恭，生活上很节俭，而且能以礼对待臣下，向百姓征收赋

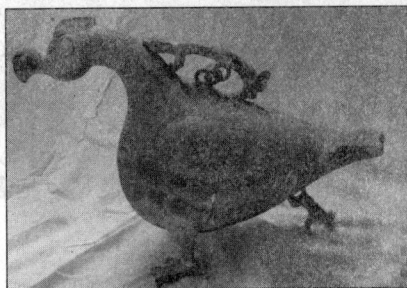

朱雀鸟

税有一定的制度。阳虎曾说：'要发财的就不会谈仁爱，要仁爱的就发不了财了。'

"夏朝每家有五十亩地，赋税采用'贡'法；商朝每家有七十亩地，赋税采用'助'法；周朝每家有一百亩地，赋税采用'彻'法。其实税率都是十里抽一。'彻'是'通'的意思，'助'是'借'的意思。龙子说：'田税没有比助法更好的，没有比贡法更差的。'贡法是比较若干年的收成的平均数作为定数，按定数收税。丰年，粮食多的到处都是，这样多征些粮也不算暴虐，而贡法却征收得少（因为是按定数征收的）；荒年，收成的粮食还不够下一年施肥的费用，可是贡法却非要足数征收。国君和官员都可以说是百姓们的父母，却使百姓们一年到头劳累不堪，结果还不能养活其父母，还得靠借贷来补足赋税，使得老人和孩子们四处流亡，最后死在山沟之中，这样的国君和官员哪还能算是百姓的父母吗？做官的世代都可以享受俸禄，这在滕国早就实行了。《诗经》上说：'雨先下到我们的公田里，然后下到我们的私田里。'只有助法才有公田。由此看来，就是周朝也是实行助法的。

"还要设立庠、序、学、校来教导百姓。'庠'是教养的意思；'校'是教导的意思；'序'是陈列的意思。地方的学校，夏朝称'校'，商朝称'序'，周朝称'庠'。至于中央的大学，三代都共用'学'这个名称。它们都是用来教人懂得正确的伦理关系的。为政者明白了正确的伦理关系，百姓们自然就会相亲相爱。如果有圣王出现了，必然会来学习的，这样就成了圣王的老师了。《诗经》上说：'歧周虽是个古老的诸侯国，国运却充满着新气象。'这里赞美的是文王业绩。您只要努力实行，也会使你的国家气象一新。"

滕文公派毕战向孟子请教井田制度的问题。

孟子说："您的国君打算施行仁政，选派你来我这里，你可一定要努力啊。施行

仁政,一定要从划分和清理田界开始。田界不正确,井田的大小就不均匀,这样作为俸禄的田租收入,也就不公平合理了,因此暴君污吏必定要打乱田地的正确界限。只要田界划分正确了,那么分配井田,制订俸禄标准,就可轻而易举地办好了。

"滕国,虽然土地狭小,但是也是需要官吏和百姓的。如果没有官吏,就没有人来管理百姓了;要是没有百姓了,也就没有人来供养官吏了。请考虑在农村实行九分抽一的助法,在都市实行十分抽一的贡法。卿以下的官吏一定要有可供祭祀费用的五十亩田,要是有剩余的劳力,那就每一劳动力另给二十五亩。百姓丧葬迁居都不离乡。乡里土地在同一井田的各家,出入相互结伴,相互友爱;守卫防盗,相互帮助,有病相互照顾,那么百姓之间就亲密和睦了。办法是:一里见方的土地定为一个井田,每一井田九百亩地,中间一块是公田。此外八家都各有一百亩私田,首先共同耕作公田,然后才去忙私田上的农务,这就是区别官吏和百姓所用的办法。这是井田制的大概情况,至于还想如何加以完善,那就在于你的国君和你的努力了。"

儒家的一贯主张是"先养而后教",孟子告诉滕文公,要想治理好国家,首先就应该先让百姓们有得吃、有得住。然后,再设立学校,教百姓明人伦。只有这样,国家才易于管理,而百姓们也拥护他们的国君。

这里还说到了税法,孟子认为助法是税法中最好的,而贡法则是最差的,所以他希望滕文公和毕战能实行助法。

大汉初立,汉高祖刘邦采取了一系列休养生息的政策和措施,比如:下令解散大量军队,让士兵回家务农;入关灭秦的关东人,愿意留下来的免徭役十二年,想要回去的免徭役六年;减轻田租为十五税一;因饥饿而卖身的奴婢一律免为庶人;商人不得穿丝,不得携带兵器,不得骑马乘车,不得做官,限制他们兼并土地,并且加倍征收他们的租税;与匈奴和亲休战……

这种种政策的施行,令西汉经济迅速恢复发展,稳定和巩固了汉朝的封建统治秩序,统治者与劳动者皆大欢喜。再经惠帝、吕后两朝,经济逐步恢复。到文帝、景帝时期,进一步实施轻徭薄赋、奖励生产、与民休息的政策,社会安定,社会经济进一步得到发展,终成治世,史称"文景之治"。

汉文帝在位时,有个非常著名的"缇萦救父"的故事。临淄有个姑娘叫淳于缇紫,她的父亲淳于意犯了错被判"肉刑",要押解到长安受刑。淳于缇萦一路跟随,到了长安,缇萦给汉文帝写了一封信,言辞恳切动人,信上说:"我叫缇萦,是太仓令淳于意的女儿。我父亲做官时,爱惜百姓,当地的人们都说他是个清官。而今他犯了错,判了肉刑。我不但为我父亲难过,而且为同受肉刑的人难过。人死不能复生,断了手脚终生不良与行,鼻子割下来再也不能长回去。到那个时候,就是人们想要改过自新也没有机会了。"

文帝看完缇萦的书信很是触动,认为缇萦说的有道理:秦朝怎么灭的,不就是因为严刑峻法导致人民起义吗? 于是在公元前167年,汉文帝从法律上废除肉刑,减轻刑罚的残酷程度。

只有治世的君王才会有如此的耐心和气量思考一个小姑娘的话,而也只有在治世,像缇萦这样的小姑娘才有勇气又有条件向皇帝转达自己的思想。所以,宽松的社会环境,才有可能使人民易于管理,使百姓安居乐业。

依道而行则身正

孟子说:"如果连本人自己都不依道而行的话,那么道在他的妻子以及儿女身上也是行不通的;如果差使别人却又不合道义,那样就会连自己的妻子以及儿女也会使唤不了的。"

一个人如果连自己的言行举止都不能做好,那么他又有什么资格去要求别人呢? 所谓的"修身、齐家、治国、平天下",也是从最基本的修身开始的,修身也就是用道德观念来约束自己平时的言行举止,陶冶情操。进而在家里起到一个带头模范的作用,这样家里的各个成员之间才会和睦。每个家庭都和睦安康,这样这个国家才会繁荣富强。只有国家繁荣富强了,那么别的国家就会归顺,平天下也就不费吹灰之力了。

以身作则,身体力行,才可以使道发扬光大,正所谓己身不正,焉能正人。而此章讲的正是从政者以身作则的问题。从政者不能因为自己有权有势就要求别人做这做那,而是应该好好地修身养性,依道而行,这样才能起到上行下效的作用。正如孔子所说的:"其身正,不令而行。其身不正,虽令不从。"

明朝时期的"指挥皆上将,谈笑半儒生"的徐达,儿时曾与朱元璋一起放过牛,后来随朱元璋一起参加了农民起义军。在其戎马一生中,徐达有勇有谋,用兵如神,为明朝的创建立下赫赫战功,是中国历史上著名的谋将帅才,深得朱元璋的器重。徐达同时也深谙为人处世之道,不论他做了多大贡献,他从不邀功,也不请赏,只把自己看作是平常人一样。

徐达每次挂帅出征,回来后就立即将帅印交还,回到家里过着极为俭朴的生活。朱元璋为了奖励徐达,想将自己的旧邸赐给他,可是徐达宁死也不肯接受。万般无奈之下,朱元璋只好请徐达到旧邸饮酒,然后将其灌醉,亲自将其抬到床上,并且还为他盖上被子。徐达半夜酒醒,当知道自己睡的是什么地方后,连忙跳下床,俯在地上自呼死罪。朱元璋见其如此谦恭,心里十分高兴,于是便命人在此旧邸前修建一所宅第,门前立一牌坊,并亲书"大功"二字,赐给徐达。

徐达功高而不骄,还体现在他虚心好学、严以律己上。放牛出身的徐达,少年的时候没有读书机会,但是他十分好学,又能虚心求教,每次出征都携带着大量书籍,一有时间便仔细研读,掌握了渊博的军事知识。因此每每临阵指挥,徐达莫不料敌如神,进退自如,且每战必胜,令人心悦诚服。

公元1358年,徐达病逝于南京,朱元璋为之辍朝,悲恸不已,追封他为中山王,并将其肖像陈列于功臣庙第一位,称之为"开国功臣第一"。

不信不仁

一个国家的君王要是不能够任用仁德贤能的人,那么人才就必定会离他而去,他的国家就会慢慢地衰落,直到灭亡。反之,一个国家的君王要是任用了仁德贤能的人,那么人才必定会聚集在他的身边,为他出谋划策。人民也因此受到良好的教育、学会礼仪,在政治上有良好的政策可以实施,国家繁荣富强,这样的国家将会天下无敌的。

而这三件事又是以仁贤为最根本,要是没有人才,其他的也就免谈了。

一个国家的强大与否,首先要看这个国家最高领导人的能力怎么样,其次要看这个国家的大臣能力怎么样。如果君王的能力很强,那在他周围会有一班贤良的大臣,这样的国家肯定是强大的。如果君王的能力是比较一般,但是他周围的大臣们都有能力,君王又信赖他们,这样的国家也可以是强大的。

隋朝的隋炀帝虽无雄才大略，却也有一定的文武才干，只可惜，他不仅没把他的才能放到治理国家这方面上，反而把这种才能当成他专横霸道的资本。

古代稍微明智一点的帝王，即使不能从谏如流，但也会多少采纳一些忠言，弥补一些过失。然而隋炀帝却偏偏反其道而行之，他把自己的所有才能全都用来拒谏饰非。他厌恶甚至痛恨那些极言敢谏之士，必欲除之而后快。朝中那些正直不阿、直言不讳的大臣如果不缄口无言，那就不会有什么好下场了。尚书仆射高颎是隋朝的一代名臣，他不仅辅佐文帝建立隋朝，而且还在炀帝南伐陈朝时，负责指挥部署，成就了炀帝的功绩。隋炀帝即位后，提拔他为太常。高颎见炀帝整天纵情声色，不理朝政，而后又起长城之役，便对太常丞李懿说："周天元帝以好乐而亡，应接受教训，怎么还可以这样？"当炀帝对突厥启民可汗恩礼太厚时，高颎又深为国家担心，对太府卿何稠说："启民可汗知中国虚实，山川地形，恐为后患。"高颎就因为这几句话为自己招来杀身之祸，炀帝以诽谤朝政的罪名把高颎杀掉了。后来，朝廷议订新令，久而不决，内史侍郎薛道衡对同僚说："如果高颎不死，新令早就颁布执行了。"炀帝听了，就把薛道衡交给法司问罪。薛道衡自己觉得所犯并非大罪，必会赦免。他催促法司早断，还通知家人准备饭菜，迎候他回家。待炀帝判决下来，竟让他自尽。

炀帝东征失败后，又要去东都游玩，太史令庚质进谏说："陛下连年征高丽，百姓们苦不堪言，现应镇抚关内，使百姓尽力农桑，让他们喘口气，然后再出去巡游。"结果被炀帝杀掉。其余凡劝谏炀帝节省民力、停止巡游，都被杀、被贬。大臣们见隋炀帝如此不可救药，也就都不再劝谏了？

而隋炀帝所宠信的人，不是凶残歹毒、贪得无厌之徒，就是阿谀奉承的小人。杨素是隋炀帝宠信的朝廷重臣，虽有文武之才，但却专会逢迎主上，半点不敢触犯炀帝的旨意，而且自己聚敛财富，修饰华丽的住宅，家僮数千，后庭妓妾穿锦绣之服者以千数。宇文述也是炀帝夺嫡时的干将，善于观察炀帝脸色，随从巡游河右，数以奇异之物进献。为了迎合炀帝意，劝炀帝幸江都，因而备受恩宠。光禄大夫郭衍为讨好炀帝，竟劝炀帝隔五日一视朝，以免被政事累着。就是像这样祸害皇帝不理政事的奸臣，炀帝反以为忠，说："唯有郭衍心与朕同。"其他像内史侍郎虞世基、御史大夫裴蕴等，皆以谄谀得宠。

像这样的国家怎么可能会强大呢？所以当爆发了起义后，隋朝就被推翻了。一个国家应该以仁贤为本，而他却是以残暴、荒淫为本，能不被灭亡吗？

民为贵

孟子说："百姓是最重要的，国家次于百姓，而君主的地位更要次于百姓了。所以只要能得到百姓们的拥戴就能做天子，只要能得到天子的信任就能做诸侯，只要能得到诸侯的信任就能做大夫。要是诸侯危害了国家的利益，那么就改立诸侯。祭祀用的牲畜都是肥而又壮的，盛在祭器里的谷物也是清洁的，而且又是按时祭祀，如果这样的话，还要发生了旱灾和水灾，那就只好改立土谷之神。"

国家是以民为本，而民又是天下的基石。"民为贵，社稷次之，君为轻。"这句话应该可以说是孟子思想中最具有代表性的。

从古至今每个朝代的变更，都是君王在变更，而民众始终还是民众。也就是说，只有受到了民众的拥戴，才能当君王；而失去民心的，就只能是个独夫民贼了。每个朝代的开国之君，都会看重人民的利益，所以能受到人民的拥戴。而每个朝代的最后一个国君必定是残暴无性、失去民心的。

孟子在《离娄章句上》中就说："桀纣之失天下也，失其民也""得天下有道，得其民斯得天下矣"。孟子从儒学民本思想出发，进而提出了"民为贵，社稷次之，君为轻"这个思想观念。而战国末期的荀子，他把君主比喻为舟，把人民比喻为水，说："君者舟也，庶人者水也，水则载舟，水则覆舟。"（《荀子·王制》）由此可见民心的重要性。

齐宣王即位后，他非常仰慕齐桓公、晋文公的霸业，同时也为了振兴齐国、称雄诸侯、统一天下，便褒尊儒学，招纳贤才，使各国学者前往齐国。在这种社会形势下，孟子离开了梁国再次前往齐国。

孟子来到齐国后，对齐宣王能够施行仁政充满了信心。他利用各种机会向齐王宣传"以民为本"的仁政主张。齐宣王也经常召见孟子入宫，尊之为长，奉之为师，促膝交谈，聆听教训。

有一次，孟子问齐宣王："大王您认为什么是诸侯的宝贝？"

齐宣王想了半天，最后才勉强回答道："珍珠、美玉应该才是诸侯的宝贝吧。"

孟子听后,理直气壮地对齐宣王说:"大王您说的不对,诸侯的宝贝应该有三样:土地、人民、政事。如果要是以珍珠、美玉为宝的话,必定会招来灾祸。"

齐宣王听了孟子的回答,脸上露出了不解的神情。

孟子接着对齐宣王说:"在诸侯国中百姓最重要,民心向背关系到国家的安危治乱,得民心的人便能得到天下,失民心的人便会失去天下。诸侯国的君王要保证百姓有足够的土地耕种,使得百姓能养得起他们的父母和妻子,丰收的年份能吃饱,而遇到饥荒的时候不会被饿死,能够过着安居乐业的生活。百姓居于社会的重要地位,他们的生活富庶、安定了,则必会诚心地拥护和爱戴国君。这样上下同心,君臣一致,国家必然强大,社会也必然长治久安。"

齐宣王听了孟子的话,点了点头。孟子又问齐宣王:"一国之内,何为贵?"

齐宣王不假思索地脱口而出道:"自然是君为贵。"

孟子听后摇了摇头,笑了。齐宣王被孟子笑愣了,反问道:"难道我回答错了吗?依您的高见,一国之内,何为贵?"

孟子严肃地回答道:"民为贵,社稷次之,君为轻。"

孟子稍微停了一下,接着解释说:"一个人要是得到百姓的欢心便做了天子,要是得到天子的欢心便做了诸侯,要是得到诸侯的欢心便做了大夫。诸侯要是危害到国家,那就改立诸侯。牺牲既已肥壮,而祭品又已洁净,同时也是依一定时候祭祀,但是还是发生了水、旱灾害,那就要改立社稷。"

齐宣王又询问孟子道:"那我要怎样做才能博得百姓的欢心呢?"

孟子回答说:"百姓所喜好的,大王应该替他们聚积起来;百姓所厌恶的,大王就不要去施行。总之,要做好耕种,尽量减轻赋税,使得百姓们富足起来。大王治理天下,使百姓粮食多如水火,取之不尽,用之不竭,百姓丰衣足食,安居乐业,就必定会齐心拥护大王。"

齐宣王听了孟子的话,十分满意,高兴地对孟子说:"先生的一番话使我茅塞顿开,请您辅佐我达到目的。"

一个处处为百姓着想的君王,百姓又怎么会不去拥护、爱戴他呢?

为官有道

孟子曰:"久于齐,非我志也。"

国学经典文库

孟子诠解

《孟子》智慧通解

图文珍藏版

孟子说:"长久地住在齐国,这并非我的志向啊!"

中国的读书人,似乎自古以来对从政做官都抱有一种复杂的心理。想做官、求官做的有,不想做官,不屑于做官的也有。

想做官、愿做官者,情况很复杂,一时半会也说不清。

而不想做官,不屑于做官者,则大体上不外乎是因为见多了为官不清、为官不廉,见多了官场的腐败和黑暗,见多了仕途的莫测和险恶,不愿同流合污,不愿屈己从人,因此宁愿归隐田里;优哉游哉,以求无官一身轻。比如陶渊明弃彭泽县印,躬耕柴桑,就是因为难以忍受仕途的污浊,不肯为五斗米折腰。

其实,官还是可以做的。孟子就不反对做官。魏人周霄问孟子古代的君子做不做官,孟子的回答就很肯定,而且他还引经据典,告诉周霄,《传记》上说孔子要是三个月没有得到君王的任用,就非常着急,离开一个国家,还必得带上和另一国君主初次见面的礼物。

孔子为何从一个国家到另一个国家,一定要带上给那个国家君主的见面礼呢?

想来大约不外是想以此来讨个一官半职。这很有点类似我们今天有些人,一遇单位人事变动,便拎上烟酒,到组织部长或主管人事任免的诸位领导家里"研究工作"。

可见,孔子这样一位圣人也想做官,而且不仅是想做官,大约还常去求官做。孟子自称得孔子真传,他自己对孔子也确实十分敬重,想来他这里绝不是在无根据地瞎说。

通达一点看,想做官,求官做,实在也很难简单地以好坏来判断。从根本上说,官是人做,是人做官,关键还在于求官、做官的人怎样做官,做什么样的官。

说到底,官的好坏,其实是人的好坏,与那位置本身并没有太大的关系。

由此看来,也就不必一概反对做官、求官。想做官,乃至谋官、求官,并不一定就是坏事。如果有德有能,尽可以去做官;一时得不到,也不妨去谋它一谋,只是这谋求之路应该是正当的。比如以自己的实力去公平竞争,去做竞选游说,甚至去拉拉选票也可以。只要不是想一人得道鸡犬升天,只要不是踩着别人的肩膀往上爬就行。

这层意思,孟子也说过。孟子说:"古代的君子不是不想做官,但是他们讨厌不经过合乎礼义的道路来求官。不顾礼义去找官做,那就像不正经的男女钻洞爬墙扒门缝地相互偷看一样,为君子所不齿。"

常听人说,无官一身轻。言下之意,自然是说官身沉重,做官很累人。许多人不想做官,不愿做官,这大约也是一个很重要的原因。

依常理看,做官很累,大约还不在于做官为政得操心费神,或者说不全在于得操心费神。要说操心费神,不做官和做官其实都差不了多少。小百姓每日开门的七件事:油盐柴米酱醋茶,其实也很琐细,很烦人。官身沉重,做官累人,大约主要还是因为官身无自由。

岂止做一般的官,即使是做皇帝,也并不能轻松自由到底。

封建时代的皇帝虽是一国之尊,普天之下,莫非王土,率土之滨,莫非王臣。可是做皇帝的居家出门,行走举措,身后总有史官、宦官相跟,一举手,一投足,都会被记录在案,连晚上在哪个妃子的床,也被人看得清清楚楚。如此这般,皇帝自己感觉如何我们不知道,依常理推断,这种生活应该是很有些让人难受的。

官身沉重,官身无自由,这是事实。但是,透析起来,这轻与重,这自由与不自由,说到底,还是得看做官的人自己,得看什么人做官,得看他做什么样的官和怎样做官。做官为政的轻与重,实在是不能一概而论的。

真人做明白官,便举重若轻。昏人做糊涂官,便拈轻犹重。从做官为政的心态方面看,道德高尚的智者无利欲挂碍,无声名之累,无失官之虑,心灵永远自由,精神永远舒展,这官就能做得轻松,做得自由。

道德高深的智者做官,一切以道义为本,一切以国家百姓为重,当行则行,当止则止,不必看上司脸色行事,不必为官路能否通达烦恼,这种官也必然会做得自由、轻松。

相反,以官谋利者,必会终日为利益得失揪心;怕丢乌纱者,一定会整日为如何保官忧心;总想升官者,便会每时每刻为如何打通仕途焦心;胸无良策者,还会无日无时为不能应付政事烦心。这样的人做官,要想不累,大约也是不可能的。

自然,从行事决断方面看,德才兼备者,日理万机也能应对自如,这官便能做得轻松自在;无德无能者,即使日行一事,也会纰漏百出,这官便做得难免沉重忧烦。这道理自然是不用多说的。

做官、做人、做事

孟子曰:"君仁莫不仁,君义莫不义。"

孟子说:"国君有仁德,百姓都会有仁德。国君讲正义,百姓都会讲正义。"

说到底,做官首先是做人,人是根本。不在其位,不谋其政。要做人,要为人,在其位谋其政,也首先要做人。而且,从社会分工的层次看,为官握权,也不过就是一种社会需要的人事安排,为官为民,虽行之于不同层次,但根本目的却是一致的。同时,官与民,本来也是相互不可或缺的整体,这就好比处长和他的办事员,管的事不一样,职责不一样,但都必须把自己的事情做好的要求则是一样的。而且,处长可以领导办事员,也离不开办事员。

如此想来,那官阶爵位,其实与人们家里的椅子沙发,也差不了多少。我们虽不必一概反对做官为政,却也实在没必要把它看得很重,有时我们可以要,也是可以弃的。

孟子在齐国做过一段时期的卿相,后来他决定离开齐国。

与孟子同在齐王手下做官的淳于髡问孟子:"重视名誉功名是为了济世救民。您身为齐国三卿之一,如今上辅君王、下济臣民的名誉功名都没有建立就要离开,难道这是仁人的作为吗?"

孟子回答说:"身处卑微,不以自己贤人的身份服不肖的君主,有伯夷;五次为桀做官,五次为汤做官,力图推行自己仁政思想的,有伊尹;不讨厌恶浊的君主,不拒绝微贱的职位的,有柳下惠。这三个人的行为方式不同,但大方向却是一致的,他们都是为了仁。君子只要仁就可以了,何必拘泥于具体如何去做呢?"

孟子一连举出三个人,要说明的其实也就是一点。对他来说,既然齐王不能行仁政,我便可以随时弃了他给我的这卿相之位。说得极端些,要不要我做官依不得我,但做不做官,做什么样的官,怎样做官,却要依了我,这些与给我官做的人是没有什么关系的。

伊尹、柳下惠都是孟子心中的贤人,但他们一个曾为残暴无道的夏桀做官,一个并不讨厌恶浊的君主,而且,即使如此,也并不损他们贤人的名声。伯夷宁可于首阳山下采薇自食,也不去求取俸禄。对于这些都是无可指责的。

所以，官阶爵位，有时可以要，可以求，有时也可以弃之如破鞋。去留弃取，只以人身的保全和立命的根本不受妨害为原则。只要这样，便可进退自如，弃取随心，予夺不惧，去留无忧。

因此，明达世事的智者并不拒绝功名利禄，但决不趋奉功名利禄，行动去取，全以人为根本，以事理为依归，利于人则干，损于人则拒。只有那些庸碌小人，才视权势为尊贵，看利禄为富有，整日为权势地位、功名利禄奔波劳形。

由此也可以见出人与人的不同，官与官的区别。所以孟子说："有一心只是侍奉君主的人，这种人只是一味地讨君主的欢心；有安定国家之臣，这种人以国家的安定为快乐；有天民，那是当他的道可以行于天下时便尽力去完成的人；有大人，那是端正了自己，外物也能随之端正的人。"

为国为民，方是为官的正道。只知道侍奉君主的人，自然做不了好官。眼中只有君主，心中便没有了百姓；心中只有上司，眼中便看不见下属。一切以君主的意旨为转移，一切以迎合上司为指归，这官必然是做失了本性。这种人可以做个讨君主喜欢的臣子。如果他有点才干，或许可以为君主邀约盟国，充实府库，如果他没有才干，那就完全只能俯首听命，甚至跟着君上指鹿为马，睁着眼睛说瞎话了。

无论如何，依孟子的看法，这些人都只能被看作古代所谓残害百姓的人。

究其实，这种人其实也并不是在为君主做官，而是在为他们自己做官。

这种人眼里盯着的是他们自己做着的或想去做的那些官位，迎合君主上司，目的也就在于保官全身，进而加官晋爵。因为在他看来，自己的官位本来就得自上赐，不迎奉便得不到；不迎奉也保不住。

从人生的角度看，这种官其实做得也最不轻松，也难以轻松。

从最一般的层次来说，要迎奉君王上司，便要时刻看着君王上司的脸色行事。他不快活，你也得跟着不快活，哪怕你晚上要做新郎，也不能面露喜色；他要是快活，你也得赔出笑脸，哪怕是暴病死了儿子，你也不能面现哀容，落实下来，其实自己最终什么都没有，连自己是谁都得忘记，这如何能有快活可言？

而且，俗话说，伴君如伴虎，又说，人有千虑，必有一失，拍马屁也常有拍到马蹄子上的时候。因此，一心只知侍奉君上的人，常常是终日怵惕不安，提心吊胆，谨小慎微，不敢越雷池半步，他也找不到轻松快活。

不用说，在智者眼中，这种官做起来，也实在不会有多大意思。孟子打了一个比方。他说："譬如现在有一个人，接受别人的牛羊，替别人放牧，那他就一定要替这些牛羊找到牧场和草料。如果牧场和草料都找不到，那他就得把这牛羊退还给原主，难道他能够就站在那里看着牛羊纷纷饿死吗？"孟子这个比喻的意思很明确，那就是，在这个位置上，就得做这个位置要求做的事，就该做事；如果不做，或不能做，你最好就别占着这个位置。当官不为民做主，不如回家卖红薯。其实，当官不能谋其政，与当官不为民做主，结果并无大分别，最好也还是回家卖红薯。

这道理人人都懂，却并不是人人都能做到。生活中有一种人，本就能力有限，占了一个位置，想谋其政，也谋不成政，自己干得吃力不落好，别人看着也揪心，但你真要叫他让出那位置，他一定一百个不愿意。不用说，为官者中，还有一些本就为了一己私利去谋官，本就不想谋其政的人。这种人，你要推他下来，他会与你拼命。

这些人，实在都不懂怎样做官。在其位不谋其政，或无力谋其政，结果一定是既害人，也害己。官是人做，人是根本，即使撇开做官为民不说，仅就做官与做人的关系来看，为了一个位置损了自己，也很不值得。翻翻史籍，即使在那我们常说的很黑暗无道的封建社会，做官谋私者真正身、名无损的也不多，做官想谋其政而无力谋其政，把事情办糟了被拉出去"咔嚓"的一声杀头的也不少。想来，仅此一点，也当足为为官者戒了。

牢记身份，明确职责

孟子曰："人有不为也，而后可以有为。"

孟子说："每个人都先有自己不可能做到的事，然后才有自己能够办到的事。"

对于在其位想谋其政且能谋其政的人来说，还有一个关键，即知身份，明职责。何为知身份，明职责？

燕王子哙自作主张，把王位让给了相国子之。齐国想以此为借口讨伐燕国。齐国大臣沈同以个人身份去向孟子咨询，问燕国可不可以讨伐。

孟子说："可以。"因为在孟子看来，一个国君是不能随意把国家私自让给别人的，做臣子的也不能从国王那里接受一个国家。

齐国果然攻打了燕国,发动了一场不义之战。

后来,有人问孟子:"听说齐国攻打燕国,是听从了你的劝告,有这回事吗?"

孟子回答说:"没有。沈同曾经以他个人的名义问我燕国可不可以讨伐,我也只以个人的身份回答说可以。假如他再问:'谁可以讨伐他们呢?'那么我就会告诉他:'只有天吏才可以去讨伐。'譬如这里有一个杀人犯,有人问道,'这犯人该杀吗?'那我会说:'该杀。'假若他再问:'谁可以杀他呢?'那我会告诉他:'只有治狱官才可以去杀他。'如今一个同燕国一样暴虐的齐国去讨伐燕国,我为什么去劝它呢?"

我不是官身,所以你以个人的身份来问我,我就可以回答你,假若你以公务的身份来问我,我也许不回答你,这就是知身份,反之,便忘了身份。

国君不可以随意让国,臣子也不可以随意受国,这就是知身份,反之,也是忘了身份。

只有天吏才可以讨伐不义,讨伐是天吏的职责,设若不是天吏而去行讨伐之事,即使该行,也是不明职责。

只有治刑律,执刑罚的人才能处杀人犯以死刑,执行死刑是治狱官的职责,设若不是治狱官而去杀人,即使那人该杀,也是不明职责,不知身份,不明职责,就会做错事。

由此看来,说穿了,知身份,明职责,也就是明白自己处在什么位置,清楚自己的职责范围,知道自己在这位置上该做什么事情。

知身份,明职责,这一点很重要。知身份,便清楚自己所处的位置;明职责,便知道自己的职责范围。

是自己职责范围的事,当作则做,忠于职守,尽心尽力。

不是自己职责范围的事,能不做最好不做,不随意伸手,枉费心力。

换一种说法,也就是在其位便谋其政,不在其位则不谋其政。不逾矩,不越位,这样心力才能用到点子上。

在其位不谋其政,如人们常说的"占着茅坑不拉屎",是不知身份,不明职责,绝不是一个好官。

不在彼位而欲谋彼政,逾矩越位,也不一定可以做好官。

足球场上就有一条不能越位的规则。

两军对垒，攻守交迭，队员都得猛冲猛打。己方队员一脚大开，把球踢向对方前场，作为一个队员，自然应该尽快跑上前去接住那球，寻机射门。但你的"跑"必须在允许的范围内，如果超前，便是越位，越了位就是犯规，你跑得再快也是白跑，踢进了也是白踢。

做官为政与足球的这种踢法很有些类似，逾矩越位，常常也意味着犯规，常常也会吃力不落好。

细想一想，做官为政不逾矩越位，也并不是一种消极的各人自扫门前雪，它也是政事的必然，官道的正常。

做官为政，职有不同，责便各异。只有各司其职，才能保证各尽其责，才能成一个整体，政事也才能正常运转。如果上下之间，做下属的可以随意更改领导的决定，同级之间管财务的可以随意插手人事，管人事的可以任性干预财务，要是不乱套，那只能是侥幸。

进一步说，职有不同，责有各异，尽职尽责所需要的才干和方式也会互不相同。各有其责，便各有其难，在此位而谋彼政，也未必真能谋得好。这又有点类似于踢足球。

足球场上，门将有门将的责任，也有他尽门将之责的方式，中锋有中锋的责任，也有他尽中锋之责的踢法，这之间是不可以任意互换的。假若中锋不在场上拼抢而去管守门的事，或者门将不守门而跑到前场去教中锋如何射门，那大约也只能等着输球了事。

这些道理其实很简单。只是大概正因为太简单，也就太容易被我们忽视。而在许多时候，这又实在是不该忽视的事。

当然，也只有不忽视最简单的道理，才能处理好复杂的人事。因为知身份，明职责，丝毫不排除在必要的时候为人帮忙与排难解纷，此其一。守份守职，在位谋政，还意味着，人尽其才，倘明显地自知才能不够，那就该让贤。否则，占着茅坑不拉屎，那仍旧是不明职责，而是只想做官，不想做事做人，这就是德行不好。这样的人必将成事不足，坏事有余。

知身份，明职责的另一层意思，就是当说则说，不当说则噤口；该你说的说，不该你说得最好不说。

生活中常能见到一些喜欢说说道理的人。这种人做下属,常能在上级的决定中见出不足,从别人的计划中见出纰漏,而且也总能依己之见谈出一些道道来。这种人虽不能说没有几分可爱,却也不免幼稚,幼稚就幼稚在这种人常钻了牛角尖还不自知。

细想想,生活中,许多道理有时该讲,有时却实在不必讲;而且,这些道理,有些讲得清,有些却讲不清,有时不讲还好,一定要讲,还有可能越讲越糊涂。

事实上,我们看人看事,大体上都是从我们自己的立场出发的。从自己的立场出发看问题,就难免主观,难免不出偏差。俗话说,"公说公有理,婆说婆有理",以致"清官难断家务事",说的就是这个理。如此看来,一事当前,你要这么办,你有你的理,别人要那样办,别人有别人的理。与其没干就说理,还不如干起来再说。好了,无话说;不好,亡羊补牢,犹未为晚。

实践才是检验理是否成其为理的唯一标准。这实践自然在于干而不在说。不干光说,光去争个道理,那叫"扯皮"。我们有很多该干成的事最终没有干成,就是因为"扯皮"。

消极一点说,从尽职尽责的角度看,做下属的,也终归总要干一些你不得不干的事,无论你愿意不愿意,让你干你就得干,许多情况下是没有什么道理可讲的。

这正如说"服从命令乃军人的天职。"假如军人以为可以随意对来自上级司令部的命令加以改变,认为对的就服从执行,认为不对就交上去另行讨论,那就是忘了自己的天职,自然也是没有尽职了。

勇于纳谏,有过则改

陈贾见到孟子,向他问道:"周公是一个怎样的人?"

孟子说:"古代的圣人。"

陈贾说:"他委派管叔监察殷人,管叔却带领殷人叛乱,有这种事吗?"

孟子说:"有这样的事。"

陈贾说:"周公是知道他会反叛而派他去的吗?"

孟子说:"不知道。"

"既然这样,那么岂不是圣人也会有过错?"

孟子说:"周公是弟弟,管叔是哥哥,谁能料到哥哥会背叛呢?周公的过错,不也是情有可原的吗?况且,古代的君子,犯了过错就改正;现在的君子,犯了过错却照样犯下去。古代的君子,他的过错就像日食月食一样,人民都能看到;等他改正后,人民都仰望着他。现在的君子,岂止是坚持错误,竟还为错误作辩解。"

善于纳谏,也就是善于听取臣下的不同意见,明辨是非,然后采纳正确意见。即过则改之,是孟子一贯坚持的君王理政方式。

所谓"人非圣贤,孰能无过?"关键是看你对待犯错误的态度,从这态度上可以看出你的品德修养。子夏说,"小人之过也必文"。小人犯了错误是一定会文过饰非,不愿意承认的。这种不愿意承认的心理,一方面是面子问题,由于不好意思而加以掩饰,另一方面是心存侥幸,以为人家发现不了而加以掩饰。结果往往是欲盖弥彰,自欺欺人,在错误的泥坑里越陷越深,以至达到不能自拔的程度。知错就改是一种君子修养,而文过饰非则是一种小人心态。

所谓"纳谏",其直接意义就是接受规劝。原多指旧时君主接受臣下的进谏。在君主专制的制度下,帝王能否善于纳谏,一方面体现了其胸襟和抱负,同时也往往决定了该国的发展前途。所以,在许多历史时期,都设置了专司谏议大夫之职,负责进谏,向帝王输送意见。

在我国历史上,有许多关于纳谏的故事。

战国时代,齐国有一个名叫淳于髡的人。他的口才很好,也很会说话。他常常用一些有趣的隐语,来规劝君主,使君王不但不生气,而且乐于接受。

当时齐国的齐威王,本来是一个很有才智的君主,但是,在他即位以后,却沉迷于酒色,不管国家大事,每日只知饮酒作乐,而把一切正事都交给大臣去办理,自己则不闻不问。因此,政治不上轨道,官吏们贪污失职,再加上各国的诸侯也都趁机来侵犯,使得齐国濒临灭亡的边缘。

虽然,齐国的一些爱国之人都很担心,但是,却都因为畏惧齐王,所以没有人敢出来劝谏。

其实,齐威王是一个很聪明的人,他很喜欢说些隐语,来表现自己的智慧,虽然他不喜欢听别人的劝告,但如果劝告得法的话,他还是会接受的。淳于髡知道这点后,便想了一个计策,准备找个机会来劝告齐威王。

有一天,淳于髡见到了齐威王,就对他说:"大王,为臣有一个谜语想请您猜一猜:某国有只大鸟,住在大王的宫廷中,已经整整三年了,可是他既不振翅飞翔,也不发生鸣叫,只是毫无目的地蜷伏着,大王您猜,这是一只什么鸟呢?"

齐威王本是一个聪明人,一听就知道淳于髡是在讽刺自己,像那只大鸟一样,身为一国之尊,却毫无作为,只知道享乐。而他并不是一个昏庸的君王,于是沉吟了一会儿之后便毅然地决定要改过,振作起来,做一番轰轰烈烈的事,因此他对淳于髡说:"嗯,这一只大鸟,你不知道,它不飞则已,一飞就会冲到天上去,它不鸣则已,一鸣就会惊动众人,你慢慢等着瞧吧!"

从此,齐威王不再沉迷于饮酒作乐,而开始整顿国政。首先他召见全国的官吏,尽忠负责的,就给予奖励;而那些腐败无能的,则加以惩罚。结果全国上下,很快就振作起来,到处充满蓬勃的朝气。

另一方面,他也着手整顿军事,强大武力,奠定国家的威望。各国诸侯听到这个消息以后都很震惊,不但不敢再来侵犯。甚至还把原先侵占的土地,都归还给齐国。

齐威王的这一番作为,真可谓是"一鸣惊人"呀!这些成就的取得,主要就在于他的善于纳谏,有过则改。

我国历史上最善于纳谏的皇帝是唐太宗李世民。李世民(627~649 在位)是唐高祖李渊的次子,626 年他发动"玄武门之变",杀死太子李建成,迫使李渊退位,从而当了皇帝,年号贞观。

唐太宗即位时,唐朝虽已建立十年,但由于隋炀帝的残暴统治和严重战乱的破坏,社会经济凋敝不堪。然而,在唐太宗即位后的不长时间内,社会经济便得到了恢复和发展。出现了政治比较清明、社会秩序相对稳定、国家逐步强盛的局面,使贞观时期成为中国封建历史上的"盛世"。唐太宗能够取得这样大的政绩,其中一个重要原因,就是他在贞观前期和中期善于纳谏。

唐太宗曾说过。我少年时就喜爱弓箭,后来我用弓箭定天下,还不能真正懂得弓箭的好坏,何况天下的事务,我怎么能都懂得?这说明他有一定的自知之明,承认自己并非一切都懂,无所不能。据此,他清醒地认识到,如果臣下对自己隐恶扬善,一味顺从、奉承,"则国之危亡,可立而待也"。为了稳固他的统治,唐太宗告诫下属:"君有违失,臣须直言。"并且也确实采纳了不少正确的劝谏。

比如,630年(贞观四年)唐太宗打算大兴土木,兴建洛阳乾阳殿。给事中张玄素说,在国家还未恢复元气的时候,您这样做的过失比隋炀帝还大,甚至会得到同桀、纣一样的下场。对如此尖锐的言辞,唐太宗非但没有动怒,而且接受了意见,下令缓建,还重赏了他。又一次,唐太宗一气之下要判处一名伪造资历的人死刑,大理寺少卿戴胄坚决反对,认为依法应判处流放。唐太宗受到顶撞,十分生气,戴胄仍然据理力争,说:法令是国家取信于天下的凭借,皇帝不能因一时愤怒而杀人。争辩的结果,唐太宗折服了,并且称赞戴胄秉公执法。至于以"犯颜直谏"著称的大臣魏征,更是常常与唐太宗面谏廷争,有时言辞激烈,引起唐太宗的盛怒,他也毫不退让,往往使唐太宗感到难堪,下不了台。不过事后唐太宗能认识到,魏征极力进谏,是为了使自己避免过失。因而先后接受了魏征二百多次批评规劝,还把他比作可以纠正自己过失的一面镜子。魏征病死时,唐太宗非常悲伤,痛哭说:"以铜为镜,可以正衣冠;以古为镜,可以知兴替;以人为镜,可以明得失。……今魏征殂逝,遂亡一镜矣!"

由于唐太宗鼓励进谏,而且愿意纳谏,所以当时的朝臣一般都直言敢谏。大臣裴矩,原是隋炀帝的宠臣,由于隋炀帝残暴拒谏,他便处处阿谀逢迎,还为隋炀帝出过远征高丽等一些祸国殃民的主意。但在贞观时期,同样是这个裴矩,却能够勇于谏争,他由隋朝的佞臣成为唐朝的净臣,前后判若两人。裴矩能有这样大的变化,根本原因在于唐太宗善于纳谏。

唐太宗李世民从维护自己的统治利益出发,在比较长的时间内,对臣下的意见能够认真听取,择善而从,甚至有时抑制住皇帝的虚骄心,不计较言辞的冒犯而纳谏,这在中国历代的封建皇帝中是无人可比的。

善于纳谏,说起来容易,做起来却比较难。这里最重要的就是要摘掉"变色眼镜",不要在主观上有意识地分亲论疏。只要符合客观实际,方法措施可行,就应当采纳,并给予进谏者以鼓励,创造一个有利于进谏的良好环境。否则,就有可能影响进谏者的积极性,因而听不到真实的情况和合理化的建议。

韩非子在其《说难》中曾经写过一个故事,说是宋国有位富人,因为天下雨,院墙被淋坏倒塌。他的儿子就说："如果不修筑好,就会有盗贼来偷盗。"他的一位邻居老头儿也提出了同样的忠告。夜晚,富人家果然被盗,丢失了很多财物。这位富人夸他的儿子聪明,却怀疑邻居老头儿。同样的一句谏言,同样的一个结果,只是由于亲疏关系的原因,就戴上了"变色眼镜",得出了截然相反的结论。纳谏者若持这种态度和思想方法,岂能不令进谏者心寒?韩非子由此得出一个结论,则非知之难也,处知则难也。

礼贤下士,看重人才

孟子正要去拜见齐王,齐王派人来说:"我本该来看望您的,但是有畏寒的病,不能吹风。明天早晨,我将临朝听政,不知您是否能来?"孟子回话道:"我不幸生了病,不能到朝堂上去。"

第二天,孟子出门到东郭氏家去吊丧。公孙丑说:"昨天推说有病,今天却去吊丧,也许不合适吧?"孟子说:"昨天有病,今天好了,怎么不能去吊丧?"

齐王派人来询问病情,医生也来了。孟仲子应付来人说:"昨天有王的召令,他不巧有点小病,不能到朝堂去。今天病好了点,急匆匆赶赴朝堂去了,不知道现在到了没有?"孟仲子随即派了几个人到路上去拦截孟子,告诉他:"请您一定不要回家,赶快到朝堂去!"孟子不得已,就到景丑氏家去歇宿。

《孟子》中记录的这个故事,主要是讲孟子因齐宣王对有德之人不够礼貌,所以故意不赴召见。孟子认为,贤能之士应该有贤能之士的自尊,他对君王的尊重,不是表现在趋奉应命这一点上,而是主要表现在勇于批评时政和陈说大道上。

其实,对有才有德的人以礼相待,这是儒家在用人问题上的基本观点。虽然孔、孟本人一生宣扬这种观点而自身并没有受到过这种待遇,但他们的思想却对后世的用人之道产生了极其深远的影响。

古代有大胸襟大气魄的君王将领,往往都是礼贤下士的人。他们对待有才能的人,甚至不惜亲自去恭迎、交结。这样君臣相得,才使得国家强大兴盛。春秋时期,魏国信陵君,楚国春申君,赵国平原君,齐国孟尝君,他们都能礼贤下士,喜欢接纳宾客,以优厚的俸禄款待他们,用隆重的爵位来尊敬他们,而使天下万民受惠。孟尝君的门客冯谖,为了试探孟尝君的容人之量,曾三次弹琴作歌,最后才为孟尝君焚毁借据，买回仁义的美名；魏国信陵君的门客侯赢，故意在市场上和屠狗者朱亥攀谈，以观察信陵君礼贤下士是否出于诚恳，最终为信陵君策划了窃符救赵的壮举。而他们礼贤下士的美名，千古流芳。

《荀子·劝学》中说："君子居必择乡，游子必就士，所以防邪僻而近中正也。"大凡有深谋远虑的人，都十分懂得尊敬有德才的人，而诚心诚意地与人为友。世人所熟悉的三顾茅庐的故事，就是交朋结友、礼贤下士的楷模。

相传当时三国鼎立的时候，刘备为了得到诸国亮帮助自己打天下，毅然决然地三次亲自到诸葛亮居住的茅庐去邀请他，最后诸葛亮被刘备精诚所至而答应出来辅助他。所以君子坦荡荡，遇贤者视为知己，日后任人唯贤，才不会失之交臂。

如果你是一位成功人士，请不要恃才傲物，拒人于千里之外。正所谓"山外有山，人外有人"，一个人若能笼络其他有才能的人，结成牢不可破的关系。在做任何事业中，使他们群策群力，苦干加巧干，那么，这个人苦心经营的金字塔，一定会富丽堂皇、光彩夺目。

孟尝君名叫田文，齐国人。他的父亲田婴在齐国当相国，封地为薛邑。传说田文小时候就很聪明。有一次他对父亲说："爸爸，您当相国这么多年了，齐国的土地没有扩大，而自家的财富却日益增多。家里人穿的是绫罗绸缎，而老百姓连粗布衣服都买不起。甚至家里的奴仆们都天天大鱼大肉，而老百姓连秕谷糟糠都吃不饱，我真为我们的国家担忧啊！"

孟尝君

小田文的话竟触动了田婴，他觉得再也不能看轻这小子了，于是让他主持家中日常事务，田婴死后，田文就成了田氏的继承人。

早在田文主持家务时，就由于礼贤下士而声名远播。所以成为薛邑主人后，有许多人来投奔他。无论贵贱都同等对待。田文经常询问门客有什么需要然后派人送去。平常他坚持与客人吃同样的饭菜。有一次，田文与宾客一起吃晚饭，因为有人挡住了视线,另一桌的宾客以为田文吃的饭菜与他们的不一样,就愤然退席而去。田文赶忙把自己桌上的饭菜端给他看。这位宾客一看,觉得自己错怪了主人,心中十分惭愧。

　　齐闵王二十五年,田文奉命出使秦国。秦昭王将他软禁起来,并准备杀了他。在十分危急的情况下,田文让手下人暗中去求秦昭王的爱妾设法解救。昭王的爱妾答应了,但提出要一件田文献给昭王那样的白狐皮大衣。但这件白狐皮大衣价值千金,况且一时也买不来。正在一筹莫展的时候,一位曾做过小偷的宾客为他解了难。这位宾客夜间钻进昭王的库房里,偷来那件白狐皮大衣。田文把白狐皮大衣献给昭王的爱妾,昭王的爱妾求秦昭王把田文放了。田文一获释,立即带着人飞速离开咸阳。一行人到达函谷关时,正是半夜,关门紧闭出不去。一位宾客模仿公鸡鸣叫,关内的公鸡也跟着叫起来。守关的士兵误以为到了开关的时间,就打开关门把他们放行了。

　　田文回到齐国以后,齐闵王任命他为相国。

　　随着田文的权势越来越大,投靠他的人越来越多。有一个叫冯援的人,穿着一双破草鞋来见田文。田文安排他在下等的客舍里。冯援常常弹着剑唱道:"长剑啊,咱们回吧,吃饭没鱼啊!"田文于是安排冯援在中等的客舍里,那里吃饭时有鱼。冯援又唱道:"长剑啊,咱们回吧,出入没车啊!"田文于是又安排他在上等的客舍里,那里出入可以乘车。冯援于是又唱道:"长剑啊,咱们回吧,这里没法养家啊!"田文觉得这个人好不识抬举,但还是给他家送去了粮食。

　　过了一年多,冯援再没说什么。有一次,田文要冯援替他收债。这一年碰上薛邑遭灾,冯援知道有许多人还不起债,他买了许多酒肉,叫所有欠债户都来参加宴会。宴会之后,他叫大家拿出借据验证,还得起债的,请他们约定偿还的日期;还不起债的,就当众把他们的借据一把火烧了。冯援说:"田相国放债给大家,主要是想让大家更好地发展生产;之所以要收债,是因为要供养许多门客。现在有钱的就还,没钱的就把债务废除了。这一下大家尽可以放心。"在座的人听了,都十分感激田文。

　　田文听说冯援把许多借据都烧了,责备他说:"我要你去收债,你不但烧了借据,还买了酒肉请客,这是为何?"

冯援说："我是给你废了许多债，但我给你收回了德啊！"

田文听了恍然大悟。

就这样，田文的威望越来越高，连秦楚两国都害怕起来。他们四处散布谣言，说田文独揽齐国大权，不久要取代齐王。齐闵王听了，对他产生疑忌，把田文的相国职务罢免了。田文一下失去权力，三千多名宾客一下子纷纷离去，唯独冯援留在他身边。

冯援说："让我去一趟秦国，我可以让您在齐国重新得到重用。"

冯援到了秦国，就去拜见秦昭王，说："大王知道齐国罢免田文的事吧？田文受各国诸侯尊重，如果能请他到秦国来，一定会使秦国的威信大增。大王千万不要错过这个机会啊！"

秦昭王于是派使者带着厚重的礼物去接田文。

同时，冯援火速离开，回到齐国见齐闵王，说："听说秦国带着重金来请田文。这样的话，齐国的实力就会大大削弱。我劝大王在秦国使者到来之前，立即起用田文。"齐闵王也被他说动，恢复了田文相国的职务。

秦国使者听说田文复职的消息，就调头回去了。

礼贤下士是古代明君的一个基本标准。孟尝君多次处于险境而终能化险为夷，正是其礼贤下士的品德帮了他的忙。在当今市场经济时代，企业领导者具有这一品德，他的企业将会比别的企业更好地吸引和留住人才，他的企业当然也就会比别的企业发展得更好。

领导者的大世界观

孟子曰："君子之守，修其身而天下平"。

孟子说："君子的操守，从修养自身开始，然后影响他人，从而使天下安定太平。"

真正的领导者，要有胸怀天下的气魄，组织有大小，但心怀和眼光却可以无限。尽管只是作为一个组织的领导，但领导的眼光必须能超越自己的组织，看见组织之外的东西，让自己能胸怀天下，有强烈的社会责任感和神圣的使命感，他不仅要无愧于追随者的敬仰和追随，更要让自己无愧于作为社会的精英。

领导者首先要有自己的价值观。

一个优秀的公司都必须要有自己的价值观念。这些共同的价值准则即使在最初培育建立它的领导人员离去以后仍能在几十年内长期发挥作用。而企业家、经理、企业领导的本人的价值观念是培育企业价值观的关键，所以，在企业管理中，应该重视人的价值观的确立。

企业的价值观即企业理念是一个企业获得成功的指南和动力，一个企业若没有正确的明确的价值观念，就没有正确的方向，就不可能获得成功。若没有强大的公司文化即价值观念和哲学观念，再高明的经营战略也无法成功。公司文化是企业生存的基础，发展的动力，行为的准则，成功的核心。

当今很多大企业的核心价值都很看重社会的公益性，索尼的核心价值之一就是提升日本文化和国家地位，迪士尼的目标是培育并宣扬"裨益身心的美国价值"，默克制药的核心目的是延续并改善人类生命，麦肯锡顾问公司的核心目的是协助领导企业和政府变得更成功，美琳凯化妆品的核心目的是给予女性无限机会——由此可见，这些大公司的核心价值有多么大的包容性和社会责任感，作为它们的领导者也该有何等的气度。

"立德，立功，立言"是古人倡导的"三不朽"，也就是我国先哲们的人生理想和对人生价值意义的看法。他们认为人的一生不应该追逐名利，追逐高官厚禄，贪图享乐，而应该去完善自己的人格，建立高尚的道德情操，为人民大众、为国家民族毫无保留地奉献自己的青春和全部智慧，建功立业。

人来到这个世界上，他首先享受了前人创造的价值，如果没有前人们的价值，人就不可能发育、成长，所以当人长大以后，就应当为他人，为社会创造价值。人类只有不断地创造价值，才能不断地发展、进步。人与人是相互依赖的。人享受自己和他人所创造的价值，享受他人所创造的价值比享受自己创造的价值要大得多。人如果不创造价值，就失去了自身的价值。领导者只有树立为他人，为社会创造财富的价值观，才能带领他的组织为民为国做出奉献的价值观，人类社会才能进步与和谐。

一个企业树立什么样的价值观，是一个企业能否获得成功的关键。企业价值观的培育、总结、归纳、完善是要依靠企业的领导、经理、企业家们的创造性智慧和远见卓识的。一个有雄心壮志的,有才华的有胆略的企业家,如果自己没有利他、利民的价值定向,没有带领企业树立起为国为民的、服务社会的企业价值观,他的企业就不可能兴旺发达,自己的雄心壮志也不可能得以实现。

世界在不断前进,组织在不断发展,博大精深的古代思想会给我们无数启迪,但卓越的领导力永远在不断的实践中,永远在善于思考的智慧里。

识人善任是关键

孟子曰:"不信仁贤,则国空虚。无礼义,则上下乱。无政事,则财用不足。"

孟子说:"不信任仁人贤士,国家实力就会空虚;没有礼义制度,上下等级关系就会混乱;没有政事,国家财用就会不足。"

人才、制度与财政,这是孟子推重的治国三大要素。在这其中,人才是最重要的关键,因为礼仪制度靠人才来建立,国家政务靠人才来运行,所以古往今来,无不重视对人才的发现与使用。任何时候都不缺少人才,缺少的只是使用人才的方法与容纳人才的度量。

唐朝贞观六年,太宗李世民设宴招待文武百官。他对王圭说:"你善于识别鉴定人才的优点和缺点,尤其擅长发表议论,从房玄龄开始,你逐个评价一下。再说一说你自己同他们相比较怎么样?"王圭回答说:"勤勤恳恳地为国家服务,能做到的就不遗余力地去做,我不如房玄龄。文武兼备,出朝能当将军,入朝可以做宰相,我不如李靖。陈述奏报得详细明白,将皇帝的命令向下宣告,将下面的意见向皇帝报告,我不如彦博。处理复杂烦琐的事物,我不如戴胄。直言规劝,及时指出皇帝的失误,我不如魏征。至于揭发批评丑恶行为,提倡表扬善良正义的事物,我同各位比较也稍胜一筹。"太宗皇帝非常赞同他的议论。大臣们也认为他说出了自己的长处,是正确的评价。

由此可知,任何优秀的人才都有其优缺点,但如果遇到一味求全责备的小人,这些人才就都不再是人才了。

辨良任贤,黜佞远奸,是身为领导人的主要任务。栖一凤则百鸟归林,驭一骏则万马奔腾。危乱之地,能者不居也,昏庸之政,贤者不佐也,陶醉于名门后代的人,大多是浅薄之徒。职位高不等于水平高。一切大人物都是由小人物转化的,太平盛世,法度最易渐渐废弛,科之以威又恐生变,纵之以宽则纲纪不申,待人以恕则大恶小惩,处事以和则积弊不革,故泰过否来,盛极则衰。

治民先治吏,治吏先正上,正上先严己。法律是靠官吏推行的,法遇良吏,法行;法遇昏吏,法停;法遇恶吏,法变形。若严下宽上,严人宽己,则惩罚愈猛,贪暴愈甚,人民愈受其害。监督就是用权力制衡权力,权力没有约束就成为强权、专权,强权、专权便会产生难以预料的恶果。一切掌权者自觉不自觉地会把职位权力最大化、利益化,因而绝对的权力,必然导致绝对的腐败。凡是手握重权的人,都易滥用权力,这是千古不变的教训。权力的延伸只有触到边界时,才不得不终止。权力运行建立在"放心"的基础上,是十分危险的。

你想得罪朋友,就借钱给他,然后催要;你想得罪下级,就放权给他,然后发现问题批评他;如果想找仇人,就先放权,再收权;或提拔于先,罢官于后。政治家最需要的是帮你登上顶峰的同志和战友。与轻视自己的人为伍,必将付出惨重的代价。危难中相依为命,富贵时相疑生害。上枉下曲,上乱下逆,上不正则下不端,一个不良的上级,可以诱导下级更多的不良现象。想干一番事业的领导人不应庇护愚蠢,庇护愚蠢只能使事业受损。在过度热情的背后往往是陷阱。

摒弃小聪明,培养大智慧

盆成括仕于齐。孟子曰:"死矣盆成括!"盆成括见杀。门人问曰:"夫子何以知其将见杀?"曰:"其为人也小有才,未闻君子之大道也,则足以杀其躯而已矣。"

盆成括在齐国做官。孟子说:"盆成括要丧命了!"盆成括被杀后,学生问道:"老师怎么会知道他将被杀?"孟子说:"他有点小才智,但不懂君子的大道理,那就足以招来杀身之祸罢了。"

盆成括是孟子的学生之一,他的塑像至今还立于孟庙之中。但是这位学生究竟是因为什么原因而死,从秦汉起考据家们就大量地考据研究,考据到最后得出结论,这件事的究竟,只能去找秦始皇问一问了,谁让他那么歹毒把当时的史料全部烧掉了呢?

其实不要说是距离如此遥远的战国年间,就是近一些的时代,也是疑案颇多,幸好我们不是搞历史考据,这活还是留给别人更好一些。我们主要想弄明白的是,不闻大道,徒有小才情,缘何会招来杀身之祸?

人生有小聪明,也有大智慧,小聪明是一种智力活动,比如猜谜语,说绕口令等。

小聪明最易于引起人们的比较心理,比过你就会凌辱你,骂你是白痴;比不过你就会憎恶你,迟早会在别的事上报复回来。所以小聪明是最可怕的东西,万万不能依凭。独有修养品德的大智慧,这东西别人都知道好却都躲着,没有可比性,所以安全而又能够带来你想要的任何东西。应该选择哪一个,这是不需要大智慧来作判断的,小聪明也能够得出正确的结论。

人最优秀的品质有两种,那就是善良与智慧。智慧若是与善良结伴,那便是大智慧;智慧若是孤独前行,那就只能是小聪明。人生需要的是大智慧,而最忌讳的则是小聪明。有大智慧才有大境界,才有大美丽,才有大人生,大人生才是至诚至善的人生。小聪明总有个性的弱点,个性的弱点总会造就人生的局限,小聪明造就的人生只是支离破碎的人生。

小聪明容易被聪明误,容易把春光看作秋风,用自造的凄凉来折磨自己。大智慧以善为本,仰观满天星斗,俯瞰人间烟火,淡泊明志,宁静致远。高山挺拔,草木景仰;大海辽阔,江河来归。

小人物运用大智慧,一生受益无穷。生活中只有勉强的哭和勉强的笑,你只要善意地经营好自己生活中所有的资源,不都要小聪明用青春去赌明天,而是运用大智慧拿真情来换此生,你就有资格有权利理直气壮地毫无愧色地走完自己人生的长街。大智慧像阳光,即使没有缝隙,阳光也能照亮心窝。幽兰吐馥,金菊傲挺,翠竹抱虚,寒梅争妍,无一不是大智慧的乐观。

小聪明对于每一个人来说,只是多和少的问题;而大智慧对于每一个人,则是有和无的问题。发挥小聪明易,把握大智慧难,切记:菩提深悟需要时间,善待自己却是永远。

民心远去,大道绝传

孟子曰:"由尧舜至于汤,五百有余岁,若禹、皋陶,则见而知之;若汤,则闻而知之。由汤至于文王,五百有余岁,若伊尹、莱朱则见而知之;若文王,则闻而知之。

由文王至于孔子，五百有余岁，若太公望、散宜生，则见而知之；若孔子，则闻而知之。由孔子而来至于今，百有余岁，去圣人之世，若此其未远也；近圣人之居，若此其甚也，然而无有乎尔，则亦无有乎尔。"

孟子说："从尧、舜到商汤，有五百多年，像禹和皋陶，是亲眼见到过而知道尧、舜的；至于商汤，则是听了传说才知道的。从商汤到文王，有五百多年，像伊尹和莱朱，是亲眼见过而知道商汤的；至于文王，则是听了传说才知道的。从文王到孔子，又有五百多年，像太公望和散宜生，是亲眼见过而知道文王的；至于孔子，则是听了传说才知道的。从孔子到现在，有一百多年，离圣人的时代是这样的不远，离圣人的家乡是这样的近，这样的条件下还没有继承的人，那也就不会有继承的人了。"

孟子的感叹不是没有道理的，早在春秋时期国人的群体智慧就走上了一条让孔子和孟子都感叹不已的道路。这条道路究竟是什么？我们走过来的历史就是了，王朝的更替与血腥，手无寸铁的民众一任暴政者屠杀荼毒生灵，人们总是抱怨说是少数人的责任，但在这个过程中民众的选择起到了什么作用呢？时至今天，我们有必要弄清楚这个问题。

南北朝北周年间，北周发生内乱，相州总管尉迟迥与杨坚的部将韦孝宽战于邺城。尉迟迥一方的军队人数就接近二十万人，韦孝宽等将帅的军队因形势不利而被迫后退，这时候邺城百姓出来观战的有数万人，行军总管宇文忻说："形势已经到了危急关头！我要用诡诈的战法击败敌军。"于是先射击观战的百姓，乱箭如雨，百姓们纷纷逃避，互相推搡践踏，呼声震天。宇文忻于是大声喊道："叛贼失败了！"韦孝宽的军队很快士气重振，乘纷乱之机发起进攻，结果尉迟迥的军队大败。

兵凶战危，师之所处必生荆棘，两军血战的恐怖地带，竟有数万人的老百姓不畏生死的跑去看热闹，这是一种何等可怕的心态。就算是再没什么可看的，也不至于拿人与人的相互杀戮当热闹看吧？为什么相隔不到百年孔子的思想就难以找到继承者？答案就在这里了。

你心里有什么，就会得到什么，渴望战争的人，必遭受战争的涂毒。除非我们认识到这一点，否则无助于我们人生的改善。

常思贪欲之害

孟子曰："养心莫善于寡欲。其为人也寡欲，虽有不存焉者，寡矣；其为人也多欲,虽有存焉者,寡矣。"

　　孟子说:"修养善心的方法,没有比减少求利的欲望更好的了。一个人求利的欲望少,那么即使善心有些丧失,也是很少的;一个人求利的欲望多,那么即使善心有所保存,也一定是很少的。"

　　欲望是推动人类社会前行的强大动力,这是我们现代人的认知。但儒家所说的欲望与今人的欲望是有区别的,这也是我们都清楚的。在儒家看来,人的欲望与善念良知的和是一个常数 C,如果欲望多了,那么善念良知的分量就会相应的减少。

　　南北朝时,北魏是中国北方最为强大的帝国,历经百年,强大富强。当时北魏有一条血规,凡生下太子的妃子,一律处死,以避免后宫乱政。别的妃子都害怕生育男婴,只有胡承华天天祈祷,宁不惜身死也要生一个太子承传国祚。她的愿望果然实现了,终于生下了北魏的新皇帝。这时候胡承华为了国家不惜牺牲自己的精神,充满了感天动地的挚情,但是,当她用自己的生命换来的儿子登基之后,她却亲手将儿子毒死了。

　　为什么她会这样做?

　　答案是贪欲。

　　从不惜为国家身死到残忍的毒死自己的亲生儿子,正是胡承华内心中的欲望渐渐压倒了善念良知的结果。

　　当胡承华生下太子之后,那条杀死太子生母的血规却恰好废除了。于是,胡承华终以太后的身份主持朝政,开始了欲望滋长的过程。起初她的欲望并不多,只是喜欢乱花钱,北魏库府中历年积累的满满的财富,被她不到一年的时间挥霍一空。然后她的欲望继续增长,耽于情欲。有一次,小皇帝去她那里,看到她身边有两个美貌尼姑,小皇帝也是性情中人,当即骗开太后,按倒尼姑,不曾想搞得火花四溅,那所谓的尼姑原来是两个美貌男人假扮的。

　　胡太后还喜爱武艺,经常比赛射箭——必须要让她赢,不然就要你的命,喜欢写诗,总之,她就是这样一个女人,既有文才,又贪武艺;既爱天下,又喜金钱;既信佛教,又善权术;既贪图玩乐,又耽于情欲……直想把好处都占全。但身为太后占这么多的东西是不妥当的,于是她干脆一咬牙,把亲生儿子毒死,于是她继续快快乐乐地亲政享受。结果激得藩镇尔朱荣起兵,将她干脆利索地浸到河里淹死了,北魏也因此分裂为东魏和西魏两个国家。

欲念与善念之间就是存在着这样一条此消彼长的规律,想了解什么叫人性?这就是了。

贪欲,是指人之贪心、贪婪的欲望。贪欲之心,人皆有之,是人性中"恶"的一面。贪欲造成的后果,轻则为社会公德所谴责,重则为法律所不容。常思贪欲之害,为私能洁身自好,受人尊重,惠及四邻;为公能问心无愧,公正执法,社会和谐。所以,常思贪欲之害,能修身齐家利工作,平心静气度终生!作为一名国家公职人员,更是履行好职责必须具备的素质。

常思洪水肆虐之害,方能筑牢堤坝。常思贪欲之害,才能筑起思想防线。我们一定要真正做到自重、自省、自警、自励,面对社会生活中种种诱惑,心不为其所动,志不为其所丧。堂堂正正做人,踏踏实实做事,清清白白做官,比任何非法所得都让人快乐。

权力缘于恐惧

孟子曰:"说大人,则藐之,勿视其巍巍然。堂高数仞,榱题数尺,我得志弗为也;食前方丈,侍妾数百人,我得志弗为也;般乐饮酒,驱骋田猎,后车千乘,我得志弗为也。在彼者,皆我所不为也;在我者,皆古之制也,吾何畏彼哉?"

孟子说:"向权贵进言,要藐视他,不要看他那副高高在上的样子。殿堂几丈高,屋檐几尺宽,我要得志了,就不这么干。面前摆满美味佳肴,侍妾有数百人,我要得志了,就不这么干。饮酒作乐,驰骋打猎,让成千辆车子跟随着,我要得志了,就不这么干。他们的所作所为,都是我所不愿干的;我所愿干的,都是符合古代制度的,我为什么要怕他们呢?"

汉光武年间,北海郡武官公孙丹建造新宅,术士说新宅如建,公孙丹全家势必凶死。公孙丹不想全家死光光,却非要建造这幢宅子,就琢磨出来一个办法,派儿子在光天化日之下拦路杀死一个无辜路人,并将尸体埋在地基下,说这叫"消灾攘祸"。那么这个办法管用不管用呢?此事被北海相董宣得知后,立即将公孙丹父子捉去砍了头。公孙丹族人大怒,啸聚了三十多人包围了衙门,董宣毫不客气地把这三十多人全都砍了。术士的话应验了，为建一幢新宅，公孙丹满门死得一个不剩。

但董宣也因此惹下了麻烦，被解送京师砍头，一共九个人，等轮到刽子手要砍董宣的时候，赦令突下，光武帝刘秀要董宣活着干活，这个活就是管理洛阳皇族。当时刘秀的姐姐湖阳公主府中护卫赵彪，在三家店刀伤二命。董宣阻拦湖阳公主舆驾，当场将赵彪拿下并处斩。湖阳公主盛怒之下，上殿告知光武帝，要斩董宣。董宣上殿辩理，光武词穷，要董宣给公主赔罪磕头，不曾想董宣却坚决不肯，杀头是可以的，磕头是坚决做不到的。最后搞得局面很僵，几个太监按着董宣的脖子，也没把头磕成。人的倔强到了这份上，皇帝也只能让步，于是封董宣为"强项令"，这事就这么算了。

即使在皇权极端化的时代，也仍然有着许多像董宣这样的人，不畏权势，不避刀矢。相比于许多在权势面前下跪的人而言，他们往往活得命长，而且有尊严，这个原因就是：除非你自己尊重自己的人格，否则，就不会赢得别人的尊重。权势是因为你的畏惧才成其为权势，如果你不惧怕它，那么权势也就失去了力量。

做官莫作怪

孟子曰："非礼之礼，非义之义，大人弗为。"

孟子说："不道德的事情，不正义的事情，君子切莫去做。"

例如，春秋战国的取士以治民，士大夫一入仕途，在理论上，固然仍须力求善政以利民，但在事实上，却只是巩固自己的权势，当然离开民瘼愈远。汉代注重地方治平，重视二千石的郡守——太守，但是它距离下层民众还是很远。唐代重刺史——即等于汉代重视郡守的遗风，然而在盛唐以后的刺史，大多数是分发考取功名的进士们来担当其任，因此难免有"书画琴棋诗酒花，当年件件不离它"的气概，而于基层民间的疾苦，也就愈来愈远了。于是，外面则藩镇（军阀）专权，目无中央；内廷则宦官操政，女祸把持，天下事就不问可知了。

顺便提到一首明人的打油诗，夹点笑话给大家轻松轻松。这首诗是描述一个人一生的转变情况，现在如用来比方过去历史上官与民之间隔，却也很有趣。它的前面两句，便是"书画琴棋诗酒花，当年件件不离它。"可以作为旧时代达官而兼名士的写照。接着是"而今事事都更变，柴米油盐酱醋茶。"后面两句可作为一般社会民生基层情景的描述,或者是退职后清苦生活的写照。这不是很幽默吗?

明清两代,承元朝的政治体制演变,自中央级的朝廷以下,形成三级政治,即所谓盛府(州或道)、县治。虽然注重亲民之官的县官大老爷,但是那些多半是从进士、举人出身的外放地方官,自然十之七八,都是读书做八股文的书生。所以地方政治,全靠幕僚的师爷——刑名与钱谷两个得力助手的机要秘书。因此有人说,清代的政治,是为绍兴师爷所把持的天下。上自内阁中书衙门,下至府县,的确也是如此。至于真正的民间疾苦,所谓下情而能上达,几乎比登天还难了。

我们只是粗枝大叶地把历史上这些事实做个了解,那么,便可知道过去一部中国政治制度史上,皇帝的中央政府——朝廷,是高高在上,悬空独立的。各级的官吏,在理论上,应该是沟通上下,为民办事。而事实上,一旦身为地方官,"天高皇帝远,猴子称霸王",任所欲为的事实也太多了。我们试想,以此图功,何事能办?以此谋国,焉得不亡!然而,我们的民族性,素来以仁义为怀,老百姓始终顺天之则,非常良善,只要你能使他们做到如孟子所说的"乐岁终身饱,凶年免于死亡",也就可安居乐业,日子虽然苦一点,还是不埋怨的。除非是你使他们真的受不了,真的走投无路了,否则你做你的皇帝,当你的官,与他毫不相干。这便是中国历史上政治哲学的重点之一。自春秋战国以来,中国的官吏和老百姓的关系一直是如此,在邹穆公问孟子的时候更是如此。那么,他问孟子这个问题时,甚至内心气愤得想杀些人来发泄一下,镇压一下,这岂非超越于政治原则之外,无乃太过乎!

现在是民主时代,也是注重基层政治工作的时代。为民服务的基层工作,实在是一件神圣伟大的使命,很不简单,最上层到中枢各部院政令的推行,一节一节地统统汇集到了基层。其间事务的繁忙,头绪的复杂,并不亚于上层执政者天天开会,随时开会的痛苦。而最难办的,往往是各部门的政令,缺乏横的整体的协调,致使政令达到基层时,有许多矛盾抵触之处,无法执行,只好一搁拉倒。还有许多政令,可以用在甲地,却不适用于乙地,更不合于丙地的事实,但是也例行公文,训令照办不误。实在难以做到,也只有一搁了事。还有最重要的,什么高官厚禄,实至名归,风光热闹的事,都集中在上层朝市。基层工作者,必须具备有愿入地狱的菩萨心肠,和成功不必在我的圣贤怀抱。照这样的情况,我也常常想,假如叫我到穷乡僻壤,长期担任一个国民小学教员,是不是真能心甘情愿地尽心尽力去做得好?

我对自己的答案是:恐怕未必。己所不欲,何望于人。推己及人,如何可以要求他人呢?

总之,所得的结论便是,从古至今,基层的工作,能干的不肯干,肯干的不能干。因此,真正参与工作的,就是一批不是不能干,就是不肯干的人。往往为政府帮倒忙,作了丧失民心的工作,你看怎么办? 至于说贪污不贪污,那还是另一附带的问题,不必去讨论。

有时朋友们与我谈到美国的社会政治,基层工作者是如何如何的好,因此才有的今天的成就。我说,不错。美国还年轻,历史还浅,所以历史文化的包袱也轻。甚至还没有背上历史文化的包袱。我倒祝福他们永远如此年轻,不要背上历史文化的包袱才好。一旦老大,历史文化包袱的根基愈深,要想有所改革当然愈难,那就得慢慢地潜移默化,不可能再像现在这样立竿见影了。

至于经过民选,来自民间的现代官员,他们的功过、是非与善恶,且等历史做定评吧! 不过,千万要记住,历史是公平的天平,也真有明镜高悬,可以照见善恶而使原形毕露的作用,大须留心从事,多读民族文化的宝典,培养仁心仁术,以立己立人。

记得明人冯梦龙就有段论调怪诞的小品,写得很好,特别抄录一节,给自认为民主时代民意代表的青年朋友做一个借镜。

昔富平孙家宰在位时,请进士谒选,齐往受教。孙曰:"做官无大难事,只莫作怪。"真名臣之言也。

岂但做官,做人也是一样。民主时代的民选,更须切莫作怪。我们看了这一段似幽默,其实严肃的小品文,再回转来看孟子答邹穆公的问题,便可以说,只恐穆公守土有责的有司们,早已经国太作怪而失去民心。因此,孟子的结论一句话:"君无尤焉",又怎能责怪下民呢!

除此以外,在邹穆公的观念中,认为他守土有责的重臣们既能尽忠,为什么更下层的干部们,就不能为他们尽节? 这个道理,在理论上讲,说来话更长了。总之,要了解中国文化的重心,无论是儒家或诸子百家的学术修养,都是做人和做事合而为一的。仔细体认历史,便可知道有些人的一生,事业功名是成就了,但不能说他做人也成功了。有的人,一生做人成功,但并无事业功名上的成就。如果兼而有之,应该是不圣亦贤了。

例如,明代的名臣张江陵——居正,是万历当时的权臣名相,可算是一个大政治家,但因个性急躁,修养不足,所谓"操切为政",往往便不能优容气节之士。好多理学名儒,因为意见不合而被压制不伸。但在张江陵当政的时期,的确做到了兵强国富,其功实有不可掩盖者。可是当他身死以后,结果弄得抄家破产,大儿子被逼上吊,老太太也被逼得流离失所。固然是明代朱氏王朝的作风,惯于苛待功臣,大有失德之处。但张江陵的做事成功而做人失败,实在也不免有话分两截的必要。

当时有人经过张江陵的住宅,看到荒草丛生,一片凄凉的景色,和当年的煊赫对照,便大生感慨。就拿笔提诗在张宅的破壁上说:"恩怨尽时归论定,封疆危日见才难。"

这两句诗,和张江陵的生平,正好用来作为邹穆公问孟子这个问题的答案。

生于忧患,死于安乐

对人的一生来说,逆境和忧患不一定是坏事。生命说到底是一种体验。因此,对逆境和忧患的体验倒往往是人生的一笔宝贵财富。当你回首往事的时候,可以自豪而欣慰地说:"一切都经历过了,一切都过来了!"这样的人生,比那些一帆风顺,没有经过什么磨难,没有什么特别体验的人生要丰富得多。

"生于忧患,死于安乐"是一个亘古不变的真理。人因为忧患而得以生存,因为沉迷安乐而消亡。历史上多少古人都是在逆境中生存和成长。周文王坐牢时写成了《周易》,孔子在仕途失意后作了《春秋》,屈原被流放时创作了《离骚》,左丘失明后著《国语》,韩非子因在秦国写《说难》,司马迁遭宫刑后写《史记》。可见,磨难对于有志者来说是一笔宝贵的财富。

长在岩石间的树,总是特别苍劲;沙漠里的种子,遇到一点儿水分就能快速萌发;极地的苔藓,可以经历长期的干燥寒冷依然存活。不平凡的遭遇常能造就不平凡的人生。顺利的境遇,优越的地位,富足的资财、舒适的生活,似乎应该是个人、家庭以至民族发展的有利条件。但历史和现实的经验却一再告诉我们:从来纨绔少伟男。在中国五千年的文明史上,我们看到名门望族走马灯般地替换,家运五代不衰便成为治家有方的美谈。清朝的八旗子弟就是最好的例子,这个马背上的民族曾是骁勇剽悍的,但成了统治阶层后,不过几代,八旗子弟就沉醉于安乐享受之中,清朝的灭亡也随之来临。

相反,苦难、逆境,甚至生理缺陷反而产生和造就了一些伟大人物。恺撒、亚历山大、罗斯福都是如此。很多心理学家认为,压力是每个人生活中不可缺少的一部分,苦难的刺激,能使人振作。先秦的吴越之争,吴王夫差骄奢淫逸、纵情享乐,终于被卧薪尝胆的勾践所击败。

勾践是春秋时期越国的国君,公元前496年至前465年在位。当时吴国、越国是春秋中期在长江下游逐步崛起的两个诸侯国。春秋中期,晋、楚争霸,晋国联合吴国攻击楚国,而楚国则联合越国攻击吴国,进而造成吴、越两国长期对立的局面。

周敬王二十四年(公元前496年),吴王阖闾派兵攻打越国,结果兵败受伤而死。两年后,勾践拒绝了谋臣范蠡的劝告,在敌强我弱的形势下。贸然出兵,攻打吴国。结果吴王夫差替父亲报仇雪恨,而大败越军。

勾践带着残兵败将五千人逃回了会稽山,被吴军团团包围。勾践无奈,只有接受范蠡、文种的计谋,派人暗暗把美女、珍宝送给吴国大臣太宰伯嚭,太宰伯嚭接受了贿赂并答应在吴王面前替他说话。就这样,吴王没有听伍子胥的劝告,反而相信了太宰伯嚭的劝告,答应了越国投降,把军队撤回吴国。

吴王撤兵后,勾践带着妻子和范蠡来到吴国,伺候吴王,从事劳役,履行降吴所接受的屈辱条件,受尽了各种屈辱。再加上太宰伯嚭的从中帮助,最终赢得了夫差的信任。三年后,勾践被释放回到越国。

勾践回国后,立志奋发图强,振兴越国,时时不忘复兴越国的大志。他身穿粗布衣,不吃肉食,亲自耕田种地,晚上睡在稻草堆上。他又把苦胆悬挂起来,坐着、躺着都能仰望着苦胆,每次吃饭前也都要先尝尝苦胆,并自言自语地告诫自己说:"你忘记了在吴国的耻辱吗?"勾践一边不断激励自己,一边又任用贤才,发展生产,奖励生育,薄取赋敛,加强军队训练。这一系列有效措施,保证了越国的复兴。经过"十年生聚,十年教训"的励精图治和艰苦奋斗,越国由弱变强,兵精粮足。

此时,吴王夫差却过着骄奢淫逸的生活,而吴国的政治也在逐渐腐败。

周敬王三十八年(公元前482年),越国趁吴王北上参加黄池之会的机会,出动精兵袭击了兵勇在外、国内空虚的吴国,打败吴兵,攻下了姑苏,并且杀死了吴国太子。周元王元年(公元前475年),勾践又一次亲率军队进攻吴国。这时候的吴国由于连年用兵和政治黑暗,已经陷入民穷财尽、军力衰弱的境地。吴国的军队再一次被越国的军队打败,吴王夫差被包围在姑苏山上。勾践接受了范蠡的忠告,汲取了过去吴国没有趁机灭亡越国的教训,拒绝了吴王提出求和的要求。吴王最终感到绝望,自杀而死,吴国被越国灭亡。

勾践曾被夫差打败,屈辱求和。但是随后他能发愤图强,勤政为民,任用贤才,最终使得越国强大起来,把吴国消灭掉,并在徐州大会诸侯,成为新的霸主。

吴王夫差就是在安逸的环境中,贪图享乐,失去了警觉的观念,才让越王勾践有了机会。而越王勾践则是在忧患环境当中,他必须要让越国强大起来,经过了十年的卧薪尝胆,越国在越王勾践励精图治、厉兵秣马之后,一举消灭了吴国。

"宝剑锋从磨砺出,梅花香自苦寒来",只有经历过忧患和磨难,才能逐渐迈向成功。在年轻的时候,多把自己放在逆境中,不仅会磨炼敲打出许多美好的品性,也增强了生活的能力,扩展了视野,掌握了很多技能。

一个人对自己目前的环境不满意,唯一的办法,是让自己战胜这个环境,超越这个环境。譬如行路,当你不得不走过一段险阻狭窄的道路时,唯一的办法是打起精神,克服困难,把这段路走过去。而不是停在中途抱怨,或索性坐在那里打盹,听天由命。

"古今英雄多磨难",不论处于什么样的环境下奋发进取,勇于求索才能获得最有价值的人生。所以,置身在不如意的环境中的人们,不但不应该消沉停顿,反而要拿出加倍积极乐观的精神来支配目前的环境,一片更广阔的蓝天在前面等着你。

领导下属,和谐相处

孔子说:"君使臣以礼,臣事君以忠",君礼臣忠。朱熹说:"两尽其道",君以君道,臣以臣道,"君君臣臣父父子子"各尽其道。君礼臣忠的关系,如果说孔子谈得还比较抽象的话,那么孟子则谈得十分形象而又具体。

孟子先从正面讲,君王待臣如手如足,那么臣属待君王则如五腑如心脏,内外相依,上下相随,联系紧密,浑然一体。接下来从反面讲,君王待臣如犬如马,那么臣属视君则如同路人,陌路相逢,冷眼相对,对面相逢不相识,君臣分离,背道而行。更有甚者,君王视臣如泥土如草芥,任意践踏,随意抛弃,那么臣属视君则如强盗如仇敌,拔刀相向,怒目相对,如此,则民无宁日,国无宁日,天下无宁日,灾难兵祸由此而生。

这是孟子关于君臣关系的主要论述,它对现今领导者与下属之间的相处有很大的借鉴意义。

领导是一门学问,也是一门艺术。在领导者的位置上,既要保持自己严正清明的本色,又要学会一套处事的本领和技能,这样才能赢得上级的赞赏和下级的尊重。不懂得协调,不掌握分寸,不注意言行,不尊重下属人格,不善于调动下属积极性,有的甚至为达到某种目的,不择手段地做出令人不痛快的事。影响团结,影响工作,影响事业发展。

先来看这样一个故事:

当营业部经理时,我和一个雇员不和。我不喜欢她的目中无人,并决定找她谈谈。为了避免当众争吵,我打算在家中给她打电话。"我是否要解雇她?"翻着雇员卡,我若有所思。突然,9年前发生的一件事闯入我的脑海。

那时,我干着一份全日制工作,以资助丈夫迈克完成学业。终于,他毕业的日子要到了。我们的父母将从州外赶来参加他的毕业典礼,而我也为那天做了许多计划。比如,毕业典礼后,去吃冰激凌,然后去镇里潇洒一回。

我兴高采烈地跑进我工作的那家书店。"我要在感恩节后的那个星期六休假,"我向老板宣布,"迈克毕业了!"

"对不起,玛丽,"老板说。"假日后的周末是我们最忙碌的时间,我需要你在这儿。"

我无法相信老板会如此不通情理。"可迈克和我等这天已经等了五年了啊!"我辩解说,声音因激动而发颤。

"当然,我不会在毕业典礼时,给你安排活儿。"他说。

"我根本就不能来,罗斯,"我的脸因发怒而绷紧。"我不会来的!"我咆哮着冲了出去。

后来的那些天,我对他都不理不睬。他问我话时,我也只是三言两语冷漠地应答。

我们的关系越来越紧张，虽然罗斯看起来依旧热诚，而且常常是笑脸相迎，可我知道他心里不舒服，而我也铁了心，一定要请一天假。

我们就这样冷战了几个星期。一天，罗斯问我是否愿意和他单独谈谈。于是，我们去阅览区坐了下来。我盯着我的脚，告诫自己无论发生什么都要坚强地承受。显然，老板想解雇我。他不可能任我这样轻视他而无动于衷。毕竟，他是老板，而老板总是对的。

当我不屑地冷冷地扫视他时，我惊讶地看到他眼中受伤的表情。"我不想在你我之间存有任何的怒气和不快，"他平静地说，"你可以在那天休假。"

我不知道该说什么。我的愤怒，我的狭隘，我的孩子气的行为在他的谦卑面前是那样的微不足道。"谢谢，罗斯。"我终于"挤"出了一句话，我不会忘记这事的。

现在，这段往事又跳回我的脑袋里。我怎么就忘了罗斯对我的友善呢？在过去几天里，我怎么就没有能把这种友善传递出去呢？

我从雇员卡中拿出雇员的卡片，拨打了她的号码，并向她道歉。挂电话时，我们的关系已和好如初了。

上帝有办法把我们的人生中所学到的东西深藏于我们心灵深处，并在需要的时候，让它们浮现出来。而且她也让我明白，有时候，对人友善比坚持"正确"更重要。

通过故事中主人公地位的变化，我们可以明确地感受到，当你是一名下属的时候，你希望自己的领导怎样做，怎样对待自己；当你是一名领导的时候，又希望自己的下属能做到怎样，能怎样听从自己的安排。显而易见，虽然这两者都是正确的，但他们又是相互矛盾的。

所以，要想这两者能和谐相处，做下属的就要摆正心态，同时，做领导的就更需要具备领导的艺术。

领导者要想与下属和谐相处，尤其要注意以下几点：

（1）少用命令的口吻，因为多数人不喜欢被呼来唤去，尤其是知识分子、年龄稍大和爱面子的人，下属认为领导和下属之间，既是上下级关系、领导与被领导关系，又是一种同事关系、同志关系，甚至是朋友关系。领导与下属在职务上有高低之分,但在人格上却是平等的,领导不该把自己看得高人一等,随意贬低下属,出口就是命令,很少用商量口吻说话,用建议性指令方式将会使下属不仅乐意听命于你,而且有一种被重视的感觉,并对吩咐的工作任务格外认真去做。用命令的语气指挥下属做事,不如用建议的口吻来下达工作指令。

(2)"宰相肚里能撑船。"领导者有了容人容事的雅量,就能宽容待人,宽恕处事,就能换位思考,将心比心,大度谦让,诚心相待,尽量去理解人、同情人、谅解人,对人对事就不会计较,即使对自己提出过意见的人也不会计较;反之会损伤下属的自尊,伤害他们的情感。平和宽容地待人,给员工面子,为他们树立良好形象,这样才能获得良好的人际关系,才能缓解上下级关系,才能调动人的积极性。

(3)对待下属所做出的成绩要充分肯定,肯定他们取得成绩的背后所付出的艰辛劳动。有目的地夸奖某个下属,可以有效地激励属下员工,使大家学有榜样,增强信心。这就要领导经常有针对性地夸奖下属员工。

(4)要与下属建立沟通渠道,在沟通过程中注意语言,耐心听取对方意见,不随意打断对方的话,平心静气地听完听懂对方的说明和想法,如能变通的话可采取其他合适的方法妥善处理。如果遇到较大的事情需要协调,可由专门机构召集双方或多方坐下来共同商讨,寻求解决的办法。有事多找下属商量,责任感是自信心的基础,民主协商会增强下属的责任感,让下属明确自己在一个集体中的位置与作用,下属就会精神饱满地去创造业绩;良好的沟通是"润滑剂",必不可少。

(5)作为领导者对下属的过失和错误应该宽恕,要能够原谅别人的过错,并帮助他从中吸取教训,使他心平气和地改正错误,他们就会将教训转化为成功的财富。今天的失败者,或许就是明天的辉煌成功者,因为失败者也是教训的拥有者,为下属提供机会,鼓励成功,宽恕失败。谦让、容忍、宽厚大度是品质高尚的表现。给别人方便的同时也便利了自己,这是高明领导者的处事技巧。

背离仁义,自取灭亡

孟子说:"仁就获得尊荣,不仁就招来耻辱。现在有人厌恶耻辱却又安于不仁,这就像厌恶潮湿却又安于居住在低洼的地方一样。如果真的厌恶耻辱,就不如崇尚道德、尊重士人,让贤人在位做官,让能人在职办事。国家太平无事,趁这时修明政教刑法，这样国家就可以长治久安。《诗经》上说：'赶上天气没阴雨，取来桑皮拌上泥，窗洞门户细修葺。从今下边的人，有谁再敢把我欺？'孔子说：'这篇诗的作者，真懂得道啊！能治理好他的国家，谁还敢来侵犯呢？'如果国家太平无事，趁这时寻欢作乐，怠惰傲慢，这就是自找灾祸。祸与福，没有不是自己找来的。《诗经》上说：'永远顺应天命，自己求福才能多福。'《太甲》说：'上天降下灾祸，还有办法可躲；自己造下罪孽，那就别想再活。'就是说的这个道理。"

孟子在此论述了仁政的重要性。他认为，如果执政者能够讲义气，做仁人，施仁政，那么国家就能获得长治久安。接着，他又从荣辱祸福这个角度出发，加以论述，指出"仁则荣，不仁则辱"，并进一步指出该如何施行仁政，即要"贵德尊士"，让"贤者在位，能者在职"，在国家还未出现祸乱前，就要未雨绸缪，"明其政刑"，使政治清明，法典完备。这些论说，至今仍有借鉴意义。

"天作孽，犹可违；自作孽，不可活。"孟子的这句话，等于是给当时的人甚至后人都敲起了警钟。它时刻在提醒着人们，待人处事一定要有一颗仁义之心。

"仁"与"义"，原来是两个概念：仁者，人也，人之所以为人而不为禽兽；义者，宜也，人应该怎样为人才符合情理。孟子始将"仁义"并称，以概括儒家的核心价值。他拜谒魏国梁惠王，惠王问："老人家不远千里而来，将有什么高见可以利吾国？"孟子答云："陛下何必曰利？我只有仁义而已。"惠王问的是"利"，孟子却跟人家讲"仁义"，好像风马牛不相及。其实，这正是孟子超越流俗的远见卓识。

孟子所处的时代，七国争雄，互相攻伐，战争连年。各诸侯国的发展主题，就是富国强兵，开疆扩土。但对普通百姓能有什么好处呢？无非是赋税更重，死人更多。

因此，孟子主张："民为贵，社稷次之，君为轻。"人民至上，而非国家至上，更非君王至上，所以他反对战争，说"春秋无义战"，说"不嗜杀人者能定天下"。他劝君王施行"仁义之政"：省刑罚，薄税敛，使人民不饥不寒，养生丧死无憾，然后好好办一些学校，教以孝悌之义，使百姓懂得尊老敬长。如果能这样，天下的知识分子都想到贵国来发挥聪明才智，农民都想来贵国耕田种地，商家都想来贵国做生意，各国痛恨本国君王的人都想到贵国来寻求正义。仁者无敌，自然而然就令天下归服了。

　　孟子这种仁义治国的观点，在历史上有很多史实可以证明。

　　我国历史上著名的"文景之治"，是西汉文帝、景帝两代40年左右的时间政治稳定、经济生产得到显著发展的"盛世"。

　　西汉王朝建立后，汉高祖、惠帝、吕后都着力于农业生产，稳定封建统治秩序，收到了显著的成效。文景两帝相继即位后，又在这基础上进一步采取了轻徭薄赋，与民休息的措施，这便是历史上所称的"文景之治"。

　　汉文帝十分重视农业生产，他即位后多次下诏劝课农桑，按户口比例设置三老、孝悌、力田若干员，经常给予他们赏赐，以鼓励农民发展生产。同时还注意减轻人民负担，文帝前二年（前178年）和前十二年，曾两次"除田租税之半"，即租率减为三十税一，前十三年还全部免去田租。自后，三十税一遂成为汉代定制。文帝时，算赋也由每年120钱减至每人每年40钱，徭役则减至每3年服役一次。景帝二年（前155年），又把秦时17岁傅籍给公家徭役

汉文帝

的制度改为20岁始傅，而著于汉律的傅籍年龄则为23岁。此外，文帝还下诏"弛山泽之禁"，即开放原来归国家所有的山林川泽，从而促进了农民的副业生产和与国计民生有重大关系的盐铁生产事业的发展。文帝前十二年还废除了过关用传的制度，这有利于商品流通和各地区间的经济联系。对于农业生产的发展也有一定的促进作用。

　　汉文帝对秦代以来的刑法也做了重大改革。文帝时许多官吏断狱从轻，持政务在宽厚，不事苛求，因此狱事简省，人民所受的压迫比秦时有显著的减轻。文景两代对周边少数民族也不轻易动兵，尽力维持相安的关系。

　　经过劳动人民几十年的辛勤劳动，到景帝末年和武帝初年，社会和国家都已经比较富庶。司马迁在《史记·平准书》中记载说："非遇水旱之灾，民则人给家足，都鄙廪庾皆满，而府库余货财。京师之钱累巨万，贯朽而不可校；太仓之粟，陈陈相因，充溢露积于外，至腐败不可食。"由此可见，文景时期以仁治国，政治清明、经济

发展,人民生活安定,确实称得上是太平盛世。因此史家称这段统治时期为"文景之治"。

以仁治国,倡导仁义,能安民强国。反之,如果背离仁义,苛政治国,则无异于自取灭亡。

历史上同样有很多君王刚登基的时候,都勤修同政,想把同家治理得很好,可是慢慢地就会变了样。看那唐玄宗,刚开始时是何等奋发向上,可是到后来,为了爱妃杨玉环,把好好的一个国家弄得鸡犬不宁,才有"安史之乱"。在十六国时期,也有一个这样的君王,他就是石虎。

石虎是十六国时期赵国的第三代君主,也是中国历史上一位恶名昭彰的暴君。他的生活奢侈程度超过了历代的君王。

石虎刚开始称帝后,首先加强农业生产。他先派官员带领百姓开展屯田,发展农业生产,使典农中郎将王典率众万余屯田于海滨,自幽州东至白狼,大兴屯田。石虎又采取各种方法屯集粮食。屯田外,石虎还注意屯粮,备赈灾荒,将收集到的粮食,依傍河岸建仓储存,减少百姓转运的劳烦。此外,还下令凡犯罪者可以以粮赎刑,并将这些粮食储存起来,等到灾年,下令开仓赈民供种,提高农民的牛产积极性。此外,为确保生产,石虎还仿效历代皇帝,亲自在桑栏梓同耕籍田,对地方官吏不修田地农桑者予以贬斥,在发展农业生产的同时,石虎还很注重整顿吏治,进一步推广儒家思想,使之成为统治的思想基础。石虎即位后,重新设置国子博士、助教,下诏命郑国立《五经》博士。又遣国子博士到洛阳写经,于秘书省校中经。命国子祭酒聂熊注《穀梁春秋》作为学校读本,借以推广儒家思想。他又下令吏部以九品官人法选拔官吏,然后由中书省、门下省宣布名单,被宣布者方可任用为官。诏令同时规定:"铨衡不奉行者,御史弹坐以闻。"惩罚那些贪赃枉法、徇私舞弊的选官之官,保障九品官人法的严格执行。经过整顿,吏治有所好转,贪官污吏横行霸道的局面有所改变。

但是石虎这个人生性残忍暴虐,用《晋书·石虎载记》的话说就是:"假豹姿于羊质,骋枭心于狼性。"他在发迹前,不仅用残酷的手段先后杀死两位妻子,即使是在军队中,如果遇到与他一样强健的战士,他会以打猎戏斗为由,借机将对手杀死,以图心头之快。战斗中,对俘获的俘虏,不分好坏,不分男女一律坑杀,很少有俘虏生还。他做了赵王以后，本性不改，更加穷奢极欲，劳民伤财。此外，他还大肆营建宫殿。石虎将都城迁到邺城后，又派人到洛阳将九龙、翁仲、铜驼、飞廉转运到邺城装点宫殿。在邺城，石虎又修建观台四十多所，又营建长安、洛阳的宫殿，两地服役的人有四十多万。为了征讨前燕，石虎又下令司、冀、青、徐、幽、并、雍兼已免除徭役之家每五丁取三、每四丁取二，为了征讨战争，石虎又命黄河以南、四州之内的人民准备南下进攻的装备，要求并、朔、秦、雍准备向西攻讨的物质。各州为石虎征战造兵器的就有 50 万人，近 100 万人口脱离农业在外为石虎服劳役、军役，只有不到 3/10 的人口在从事农业生产。而征调来的百姓，又没有生命保障。据记载，在征调做船夫的 17 万人当中，就有 1/3 遭杀害。除此之外，石虎又强令百姓五人出车一乘、牛两头、米十五斛、绢十匹，为征战备物，如有违令不征者，以斩论处。在此严酷统治下，百姓只好卖子以充征调，沉重的劳役、征调负担，造成石赵国道路上"死者相望"的凄凉景象。

石虎暴虐无道，残害百姓，政苛刑酷，心如蛇蝎。他的残暴统治最终激起了广大人民的反抗。在各地人民起义的烽火中，这个暴君结束了自己罪恶的一生。

石虎虽是历史上有名的暴君，但他同时又采取一些措施巩固政权，如粮食储备政策、九品选官制，对吏治的整顿等一系列措施又缓和了冲突，使其能在北方战乱的局面下维持一段时期的统治。这也正如孟子所说的"自作孽，不可活"，这一切都是取决自己怎么去做的。

位卑未敢忘忧国

孟子曰："不仁而得国者，有之矣；不仁而得天下，未之有也。"

孟子说："不仁的人得到一个国家，有这样的情况；不仁的人却得到整个天下，是从来没有过的事。"

清代学者顾炎武说："有亡国，有亡天下。亡国，肉食者谋之；亡天下，匹夫有责。"他强调"保天下者，匹夫之贱与有责焉耳矣"，认为任何人都有责任保卫此忠孝大义、纲常伦理。也就是说，所谓"保天下"，所谓"天下兴亡，匹夫有责"，并不是要人人挺身而出保卫国家民族，使之免于灭亡，而是要人人挺身而出保卫忠孝大义、纲常伦理，使之免于沦丧。

顾炎武这一思想，与孟子的"不仁的人得到一个国家，有这样的情况；不仁的人却得到整个天下，是从来没有过的事"是一脉相承的，古之国家又称之为社稷、宗庙，这些东西往往会让"不仁之人"通过不正常手段而得到，如隋炀帝杀掉父亲杨坚，登上了帝位，在这个过程中百姓有什么责任？什么责任也没有！那是皇帝他们自己的家事，不关老百姓的事。

　　"不仁之人"都有一种强烈的冲动，如梁惠王，他自己也清楚出兵燕国不可能强掳到对方的国土，因为国际纷争的态势是明显的，如魏国获得利益，势必对其他国家造成威胁，所以出兵伐燕是绝不会有任何所获的。但是，梁惠王却无法抑制自己的另一个念头：借此机会削弱燕国，这叫害人之心，想害人的结果，就是魏国的百姓身死异乡。梁惠王在害人的时候，是不会明确告诉百姓真相的，他打的旗号正是国家天下，而且这一招是后世欺名盗世者最常用的伎俩。古往今来的历史告诉我们，凡是故意将国家与天下混淆为一谈的，都是存有莫大的险恶机心，目的是拖着民众去送死，以满足他们自己内心中隐密的险恶欲望，这是我们最应该警惕的。

　　古人说：忧劳兴国，逸豫亡身。作为一名普通百姓，自觉地珍惜当前来之不易的安定环境，自觉地把国家安危与个人利益、整体利益与局部利益、长远利益与眼前利益联系起来，自觉地多一些像明末清初的启蒙思想家顾炎武所阐发的"天下兴亡，匹夫有责"的忧患意识，就会少一些"拿起筷子吃肉，放下筷子骂娘"的事了。实践也证明：居安思危得安，居安思安得危。忧患本身并不可怕，可怕的是缺乏忧患意识，可怕的是没有责任感、使命感。

　　"位卑未敢忘忧国"。振兴中华，建设和谐社会，使得国富民强起来，最重要的是落实到每个人的行动上。这就是匹夫的责任。

品德是自己的自留地

　　孟子曰："言近而指远者，善言也；守约而施博者，善道也。君子之言也，不下带而道存焉。君子之守，修其身而天下平。人病舍其田而芸人之田，所求于人者重，而所以自任者轻。"

　　孟子说："言语浅近而含义深远，这是善言；把握住的十分简要，而施行时效用广大，这是善道。君子所说的，虽然是眼前近事，而道却蕴含在其中；君子所把握住的,是修养自己,却能使天下太平。常人的毛病在于荒弃自己的田地,却要人家锄好田地,要求别人的很重,而加给自己的责任却很轻。"

这个毛病非常普遍,就是一味责怪别人,贬斥别人,诋毁别人,却对自己网开一面,认为自己千对万对,认为别人千错万错。这种人是最典型的小人之心,对别人求全责备,万能难与之共事。三国时东吴曾有一个叫暨艳的人,官为选部尚书,主要负责对官员的考评及升降。他对别人极度的苛责,经他考评的官员,全部被降职,甚至连降数级,没有一个人能够保住官位。至于那些品德原本就鄙下,没有志向和节操的人,遇到他更是倒霉,都被他发落成为军吏,安插在军队的各营各府。他还经常揭发别人的隐私,加以夸大张扬,以证明他处罚得当。为此陆逊写信给暨艳说:"圣贤的人赞扬善行,而体谅别人的愚昧;忘记别人的过错,而记住人家的功劳,以形成美好的风化。所以,我们应该远学孔子的泛爱亲仁,近效郭泰的宽厚容人,这才有益于正道常理。"左将军朱据也对暨艳说:"如果只举荐那些完全清白的人,而容不得一丝缺点,恰恰破坏了劝导作用;如果一下子都被免职,恐怕会带来祸患。"暨艳不听。于是怨恨之声遍布于路途,人们都争着搜集暨艳的隐私并告发他,最后迫得暨艳自杀了。

所以,圣人将品德视为自留地,一味地盯着别人的田,却荒废了自己的地,这实在不是明智的选择。

孰轻孰重说百姓

孟子曰:"民为贵,社稷次之,君为轻。是故得乎丘民而为天子,得乎天子为诸侯,得乎诸侯为大夫。诸侯危社稷,则变置。牺牲既成,粢盛既洁,祭祀以时,然而旱干水溢,则变置社稷。"

孟子说:"百姓是最重要的,土谷之神次于百姓,君主的地位更要轻些。所以得到许多百姓的拥护就能做天子,得到天子信任就能做诸侯,得到诸侯信任就能做大夫。诸侯危害了土谷之神,那就改立诸侯。祭祀用的牲畜是肥壮的,谷物是清洁的,又是按时祭祀的,然而还是干旱水涝,那就改立土谷之神。"

战国时有一次齐襄王派遣使者问候赵威后,还没有打开书信,赵威后就问使者:"今年收成还可以吧?百姓安乐吗?你们大王无恙吧?"使者有点不高兴,说:

"臣奉大王之命向太后问好,您不先问我们大王状况却打听年成、百姓的状况,这有点先卑后尊吧?"赵威后回答说:"话不能这样说。如果没有年成,百姓凭什么繁衍生息?如果没有百姓,大王又怎能南面称尊?岂有舍本问末的道理?"她接着又问:"齐有隐士钟离子,还好吧?他主张有粮食的人让他们有饭吃,没粮食的人也让他们有饭吃;有衣服的给他们衣服,没有衣服的也给他们衣服,这是在帮助君王养活百姓,齐王为何至今未有重用他?叶阳子还好吧?他主张怜恤鳏寡孤独,振济穷困不足,这是替大王体恤百姓,为何至今还不加以任用?北宫家的女儿婴儿子还好吗?她摘去耳环玉饰,至今不嫁,一心奉养双亲,用孝道为百姓做出表率,为何至今未被朝廷褒奖?这样的两位隐士不受重用,一位孝女不被接见,齐王怎能治理齐国、抚恤万民呢?於陵的子仲这个人还活在世上吗?他在上对君王不行臣道,在下不能很好地治理家业,又不和诸侯交往,这是在引导百姓朝无所事事的地方走呀!齐王为什么至今还不处死他呢?"

读史明理,有些理实在有点让人沮丧,赵太后以一介女流能够有此清醒的见识,而更多的男人包括儒者,却都在为尊君抑民推波助澜。作为一个思想家,孟子在这世界上是多么的孤单啊!他的思想,除了战国年间的赵太后,居然鲜有支持者。

领导者易犯的十大错误

孟子曰:"仁者爱人,有礼者敬人。"

孟子说:"一个仁义的人会爱别人,一个有礼义的人会善敬别人。"

"人非圣贤,孰能无过。"每个人都难免要犯一些错误,这是无可厚非的。但是,作为一个领导者,他担负着重大的责任,对那些可能导致严重后果的过错,不能不时刻保持警惕之心。

(一)寻找借口,推卸责任

有些领导者在错误和过失面前,不愿主动承担责任,而是习惯于去寻找各种理由为自己开脱,以此来减轻心理上的压力。通常,他们总是能够如愿以偿地做到这一点。但是这种推卸责任的做法,却是领导者最不可原谅的过错之一。

如:不要归罪于年成不好;

王顾左右而言他。

（二）不肯干，而不是不能干

是不为也，非不能也。有些领导者之所以庸庸碌碌，难有作为，与他对自己缺少认识、缺乏自信心是分不开的。领导者要想取得卓越非凡的成就，首先就必须克服这种动摇退缩的心理。事实上，正如松下幸之助所言：“人心之一念，足以成就伟大的事业。”

（三）以主观好恶破坏法度

有些领导者通常总是强调规矩法度的重要性，要求下属严格遵守。但他自己却往往喜欢凌驾于法度之上。一旦部属坚持正确的原则立场而忤逆了他个人的意愿，就会招致不满和责难。

领导者这种自相矛盾的做法，所造成的影响是极其恶劣的。

如：楚庄王支持廷理执法。

（四）行动与目标相悖离

领导者首要的任务，在于为团体成员确定共同奋斗的目标。

如：缘木求鱼；

　　凿井九仞却不见水；

（五）用小恩小惠讨好每个人

如：子产行小惠却不懂得如何施治政。

（六）对身边作祟的小人缺乏警惕

管理者须审慎选择身边的亲信。

齐王向晏子问道：“执政的人担心什么？”

晏子回答说：“担心好人坏人分不清。”

齐王问：“怎样才能分清他们呢？”

晏子回答说：“审慎地选择身边的亲信。左右亲信好，那么百官就会得到适当的人选，并且好人坏人也能分清。”

管理者选择什么样的亲信做助手，是关系到事业成败的重要问题。为了防止小人作祟，管理者对助手进行慎重考察和选用，防患于未然，是十分必要的。

（七）喜欢说别人的缺点

孟子说："宣扬别人的缺点而招来后患,该如何是好呢?"

孟子的话,给人们一个重要的启示:每个人对于自己的缺点和不足都十分敏感,他也许会乐于接受恰当的批评而努力去克服它们,但却无法接受别人将他们的缺点四处传播的事实。一个嗜好散布他人缺点的上司,必然会处处招致怨恨和不满,他的所作所为将会给自己带来无穷的后患。

宣扬别人的长处,不要宣扬缺点。威廉·詹姆士曾经说过:"人性的第一个原则是渴望得到赞赏。"林肯曾说:"一滴蜜糖比一斤胆汁更能捕获许多的苍蝇。"

(八)拖延决策,当断不断

孟子说:"有一个人每天偷邻人一只鸡,有人正告他说:'这不是正派人应有的行为。'等到明年再彻底改过不偷吧! 如果真的懂得这种行为不合理,就该立即停止,为什么偏要等到明年呢?""月攘一鸡"的故事,生动地说出了人们常见的一种毛病:拖延决策,缺少即断即行的作风。这也是企业管理者容易犯的错误之一。

艾柯卡说:"如果必须用几个字来概括造就优秀经理人员的气质的话,我会说只要两字便可:决断"。

(九)责人者重,责己者轻

领导者永远处在众人的眼光注视之下,他应该注重自己的形象,他的一举一动都必须有适当地表现。"领导者的行动就是团体的行动。"美国著名实业家、美琳凯化妆品公司董事长玛丽·凯说道:"以身作则,那么你的部属随时就会向你看齐。"

为此,企业领导者必须注意克服这样一种奇怪的毛病:"舍弃自己的田地而去替别人的田地除草——要求别人的很重,自己担负的却很轻。"

(十)喜欢使用平庸的人为部下

只喜欢用听话的人为臣,不喜欢以贤能的人为臣。

孟子说:"商汤对于伊尹,是先向伊尹学习,齐桓公对管仲,也是先向他学习,然后以他为诸侯国大小相等,行为风气也大体相似,彼此之间谁也无法凌驾于他人之上。这没有别的缘故,只是因为他们只喜欢听话的人为臣,却不喜欢能教导的人为臣罢了。"

著名的美国钢铁大王卡内基,他的墓志铭上就写着这样一句发人深思的话:

"懂得挑选比自己更为卓越的人做部下并与之共事的人在此长眠。"

能否成为"巨人公司",取决于用人。

在一次董事会上,奥吉尔维在每位董事面前放上一个娃娃。"这就是你。"他告诉董事们:"请打开它。"董事们一个个将娃娃打开,发现里面有一个小号的娃娃;打开这一个,里面还有一个,如此下去,在最小的娃娃肚子里,装着奥吉尔维的一张条子,上面写着:"如果你总是雇佣水平比你低的人,我们将变成侏儒公司;如果你总是雇佣水平比你高的人,我们的公司就会成为一个巨人。"

人格的感染力量

孟子曰:"圣人,百世之师也,伯夷、柳下惠是也。故闻伯夷之风者,顽夫廉,懦夫有立志;闻柳下惠之风者,薄夫敦,鄙夫宽。奋乎百世之上。百世之下,闻者莫不兴起也。非圣人而能若是乎,而况于亲炙之者乎?"

孟子说:"圣人是百代人的师表,伯夷、柳下惠就是这样的人。所以,听说过伯夷的道德风范的,贪婪的人会变廉洁,懦弱的人会有立志的决心;听说过柳下惠的道德风范的,刻薄的人会变得厚道,狭隘的人会变得宽广。百代之前奋发有为,百代之后,听说过他们事迹的人,没有不振作奋发的。不是圣人能像这样吗?百代以后的影响尚且这样,更何况当时亲身受过他们熏陶的人呢?"

事实正是这样,只有受过尧舜先圣事迹熏陶的人,内心之中莫不存有几分良知,如魏晋末年,刘聪眼见晋室已失天下民心,遂与同族之人共建匈奴汉国,封刘殷当丞相。刘聪每次与大臣们商议政事,刘殷都不表示什么态度,等大臣们离开后,刘殷单独留下来,为刘聪对所议铺陈理出头绪,商讨事宜,刘聪从没有不采纳他的建议的。刘殷常常告诫子孙说:"为君主做事应当务求对君主委婉地劝谏。凡人尚且不能当面斥责他的过错,更何况皇帝呢?委婉劝谏的功效,其实与冒犯君主没有什么区别,只是不明说君主的过失,所以是比较好的方法。"刘殷历任侍中、太保、录尚书等职,并被赐予可以佩剑穿鞋上宫殿、朝见天子不用快步行走、乘车进入宫殿等特权。但是,刘殷在公卿大臣中,常常恭顺地带有卑谦礼让的神色,以致处在骄纵横暴的国家,能够保全自己的富贵,不损伤自己的美好声名,以长寿善终。

但是,像刘殷这样的智者终究是少数,更多的人是"冒死进谏",存下心来给刘聪添堵,如有个叫陈元达的,他用铁链子将自己捆在树上,大进"逆耳的忠言",刘聪怒极,喝令武士斩之,可是陈元达将自己捆得很紧,武士竟然无法把他从树上解下来,气得刘聪大吼:"你本该怕朕,现在反倒是朕怕你了!"于是就依了陈元达的建议。

刘聪怕的是什么? 怕的就是人心中的那几分良知善念。

五、孟子教育智慧

教育是人性的升华

"乃若其情,则可以为善矣,乃所谓善也。若夫为不善,非才之罪也。恻隐之心,人皆有之;羞恶之心,人皆有之;恭敬之心,人皆有之;是非之心,人皆有之。恻隐之心,仁也;羞恶之心,义也;恭敬之心,礼也;是非之心智也。仁、义、礼、智,非由外铄我也,我固有之也,弗思耳矣。故曰:'求则得之,舍则失之。'或相倍蓰而无算者,不能尽其才者也。"

在这里,孟子正面阐述了自己关于人性本善的看法。不仅人性本善,人性本来有"四心",就连仁义礼智这四种品质道德,也都是"我固有之也",只不过平时我们没有去想它因而不觉得罢了。所以,现在我们应该做的就是要在自己的身上,自己的本性之中去发现自己美好的素质,充分发挥自己的天生资质,达到"尽其材"的目的。

抛开其中唯心主义的色彩不提,作为孟子教育思想的基础,"性善论"还是有其进步的、健康的教育意义的。其中最根本的一点就是"性善论"说明了人性是人类所独有的、区别于动物的本质属性,人之需要社会伦理与政治,这是为人的内在本质所决定的,学习的可能,不在于其他,而首先在于人之为人。而教育与学习就是人的必须,也是人的可能;人需要教育。

那么,教育的目的究竟是什么呢? 我们是人,比起地球的一切动物来说,都具有无与伦比的优越性,教育也跟其他动物存在巨大的差别,除了动物所需要求生的本领技能之外,还有更高的目的,这才是我们所需要教育的最高目的。

美德是我们教育基础的目的,为了达到教育的更高宗旨,考虑到一个人要走得更远,站到更高的地方,看到更广阔的时空,必须充分体现出教育的实用性、功效性、发展性,注重美德教育的同时,更要重视智力挖掘的教育方法,也就是说,通过教育的捷径,激发蕴藏在人生命中的无限潜能。人意识的力量是一种无形的存在,我们的精神世界蕴藏着无限的潜能,一旦化作一个人的生命力,他将爆发出强大无比的威力,甚至可以撼动整个人类,达到教育至高无上的境界,才是教育目的的极限宗旨。

简单地说,挖掘人的智慧潜能,就是发展人的天赋,天赋在谁的生命里都具有,关键在于如何利用教育的手法,因材施教理性地激励他去释放出天赋的能量,转化为强大的力量。教育的方法不能一概而论,要因人而异地利用,好像花草树木的栽种那样,不同的种苗要施放不同的肥料,浇灌不同的水分,分量要适宜它的需要,才能够使花草树木的幼苗得到苗壮成长,理性教育的道理亦是如此。然而,在我们现实的教育中,大多数教育者往往容易忽略这样的问题,偏重于教育的一致性,这是教育者容易犯的通病。那么,我们的教育要重视德、智、体、美、劳的全面发展,就不能够让人凭自己的天性随意地发展,既要对他进行约制,也要对他进行开放,这是理性教育的道理。

教育的作用,就是要让人摆脱无知及愚蠢,使他得到提升、美化、升华,令人能够受益。我们通过接受教育,即使是为了自私的需要,目的都是为了增强自身的能力,能够得到能力去谋取某种利益,实现生活与人生的愿望。

由此可见,教育是任何一个人,都必须要面对的人生主题。教育是人性的升华,在人生的旅途中,我们必须要接受教育,接受教育的式样非常关键,以及教育者本身能力的优劣,还有教育环境条件的好坏,都会对受教育者造成极大的影响。教育的式样是可以变样的,好的式样可以变坏,坏的式样可以变好,大多数都取决于教育者和受教育者两者的因素。一方面看教育者是否诚心诚意地施教,另一方面看受教育者是否虔诚认真地学习,两者的态度,决定着教育的效果。教育者怀着唯利是图的心态去教,功利的教育只会使他敷衍了事,反之,受教育者怀着被压迫的心态去学习,也会变得散散漫漫三心二意应付了之。

所以,我们要实现教育的目的,必须要有一个教育的前提,首先要实现德行教育的目的。即是要让教育者理解到，施教是一种责任，必须要认真履行职责的工作，展现自身优越才智能力的行为。于受教育者来说，让他深刻理解教育的目的，是为了他自身的需要而接受教育，怀着自发性的意志而心甘情愿地接受教育。当教育者和受教育者达成教育目的的共识时，才能够更容易地达到教育的目的。认识教育，理解教育，是为了让人通过接受教育，学会学习，学会教育自己，又能够教育别人，这就是对人教育的最终目的。

教育唤醒心灵

"尽其心者，知其性也。知其性，则知无矣。存其性，养其性。夭寿不贰，修身以俟之，所以立命也。"

孟子谈天命，谈人的本性，从字面意思看似乎具有很强的神秘色彩，但是究其内涵，孟子宣扬的是一种充满了积极主动的个体精神，对待天命，不过是保持心灵的思考，涵养人之所以为人的本性罢了；所谓安身立命，也不过是一心一意地进行自身修养而已。用我们今天的话来说，就是要加强知识学习和思想修养，充实自己的心灵。

教育的对象是人，而最终目的也是为了人。所以，教育是"人"的事业。一切教育本质上都应该是对受教育者的关爱。教育学生就要让他感受到这种关爱，当他在爱的体验中感悟，在爱的感悟中反思，学生就真正成为教育的主体，自觉地完成自我教育的过程。所以，教育要充分关注受教育者的心灵。积极的情感、态度、价值观，哪一个可以不经过心灵的激活而诞生？因此，正如苏格拉底所说，教育不是灌输，而是点燃心灵的火焰。所以，教育是引领心灵的旅程。

从一定意义上说，教育的核心就是唤醒。

我们人总是有着一种生命的创造冲动，这说明人具有内在自我发展的动因，并外在地表现为他不满足于已有的定论，不相信唯一的答案，不屈从于任何外在的压力而放弃自己的主张。还表现为对自己现在自我发展状况的不满足和否定，以至于追求更高水平、更完善的发展。因而我们的教育应该呵护、关怀人的这种生命的冲动意识，使学生在现实中能够大胆地去追寻自我，大胆地去展现自我，在追寻和张扬中各种能力得到充分发展。

唤醒,是一种教育的手段,这就要求在教育学生时教师对学生要有更多的信任,要有更多的期待,相信学生能够健康苗壮地成长,学生一旦得到信任,他们的内在动力就会被激发,他们就会显得聪明、能干、有悟性、很懂事。那么,教师就不要总是叮咛他们,检查他们,监督他们,审查他们,甚至因为学生暂时的不好、不开窍而失去对他们应有的信任。

在每一个班级或多或少都有后进生,对待这部分学生,教师应从培养良好的非智力因素人手,启发诱导,激发兴趣,去唤醒学生内在的动力,使其明确学习目的,端正学习态度,变"要我学"为"我要学"。这是一个极其艰苦的过程,教师要付出巨大的代价。有人说"教育的全部秘诀在于爱",那就是让教师去关爱后进生,去关注他们每一点的进步。教师要用满腔的爱去唤醒他们"沉睡的心灵",用爱去填补他们心灵的鸿沟,用爱去消除他们情感的障碍,用爱去找回他们的自信和自尊。只有这样,才能使后进生打开心扉,乐于接受教师的教育。

唤醒,也是一种教育的艺术。要知道学生的灵性和欲求,总是发生在不经意之时,如果教师不善于发现这种灵性和欲求,就失去了唤醒的有利时机。因此,教师要有一颗灵动的心,不时地去感受,去贴近学生;要有一双锐利的眼睛,去观察,去发现他们的闪光处。再加上赏识教育,多说一句关爱的话,多给一个鼓励的眼神,多一次信任的微笑,这样就能唤醒学生沉睡已久的意识和潜能,就能使学生天性中最优美、最灵性的东西发挥出来。

总之,在教育的过程中,要用自己的情感和心灵去贴近学生,去研究学生,才能探寻到更适宜的教育方法,才能激发学生,点燃他们心中的火焰。因为,教育,实际是心灵的事业。

霍姆林斯基在《我把整个心灵献给孩子》中曾阐述道:"心灵既是指教师的心灵,也是指学生的心灵,所谓教育就是心灵对心灵的感受,心灵对心灵的理解,心灵对心灵的耕耘,心灵对心灵的创造。"当教育者真正用心灵来思索,用心灵来工作的时候,就能够在学生的心灵世界中点燃圣火,那火光一定会照耀他生命中更遥远的路途。

铸人先铸魂

"仁,人心也;义,人路也。舍其路而弗由,放其心而不知求,哀哉!人有鸡犬放,则知求之;有放心而不知求。学问之道无他,求其放心而已矣。"

从人的发展说,教育是人的自我完善和发展进步的根本途径,是个人形成高尚人格的决定力量。《孟子》性善论认为"仁义礼智根于心","非由外铄我也,我固有之也"。又认为天赋于人的只是善端,而非完全的道德;况且,人受环境影响,很容易将自身好的因素向不好的方向转化。所以说教育是十分必要的。"学问之道无他,求其放心而已矣。"教育的作用即在于促进人对自身固有"善端"的体认,获得道德修养的主体意识,自我完善,自我发展,继而成为一个对他人、对社会有益的人。

1987年75位诺贝尔奖获得者在巴黎聚会,会议期间,有记者向其中一位老科学家提问:"您在哪所大学学到您认为最重要的东西?"老人没有马上回答,思索一番之后,他平静地回答:"是在幼儿园。"看到记者困惑的表情,老科学家微笑道:"学到了把自己的东西分一半给小伙伴,懂得了不是自己的东西不要拿,还学到了东西要放整齐,吃饭前要洗手,做错事要表示歉意,还学会了午饭后要休息,要仔细观察大自然。从根本上说,我学到的这些东西让我受益终生,这也是我一生所学到的最重要的东西。"

老人的回答是意味深长的。看看我们的周围,正是许许多多司空见惯的事物给我们带来了影响,让我们能用一生写成一个完整的"人"字。教会孩子做人,使孩子拥有健全的人格,这是人生第一课,这也是人生永远的一课,因为一切成功源于做人的成功。

一段时间以来,在中国教育孩子先做人、做一个有用之人的家长似乎在减少,很多的教师、家长盯着孩子的分数不放,重智轻德,认为孩子只有考上大学,特别是考上名牌大学,孩子才有出息。这种观念的起源来自教育作用的误解,专业技能与人文教育分离,导致了畸形人才出现——只重技术而灵魂苍白的空心人和奢谈人文不懂科学的边缘人。在我们这个日益技术化、物质化的时代,人文精神失落,价值理性势微。许多人更是倾向于用世俗、功利的眼光来看待世界,以感观为满足,以眼前利益为目标,以现实生活为旨规。爱因斯坦说过,通过专业教育,学生可以成为一种有用的机器,但是不能成为一个和谐发展的人。我们应当走出"半个人"的教育,培养孩子健全的人格。

真正的教育应该是以人为本的教育，让人去体验美好，体验成功，体验快乐，体验崇高。只有这样，才能培养积极的生活态度，鲜明的价值判断，丰富的思想体系。人文精神是关注民众、造福社会、健全人格，是求善；科学精神是崇尚学术、献身科学、探索真理，是求真；两者是相辅相成的，在探索真理和造福社会的过程中内心世界涌起的美丽情怀，就是求美。将真、善、美传递给青少年，就是教育对于个人发展的根本作用所在。

教育事业首先是道德养成的教育，育人必先育德，育德必先育魂，教育的价值核心就是"铸人铸魂"。

"铸人铸魂"就是要坚持以人为本衡量教育的成败得失，应以是否有利于受教育者的长期发展为标准。那种脱离人和社会发展的实际需要，考试以分数为中心，唯分是举，片面追求升学率；就业以岗位为中心，唯钱是举，一味追求物质享受的教育，它所追求的是一种典型的功利教育价值观念。这种教育的异化表现为把教育价值定位为以功利主义为导向，教育的最终目的只是单纯为获得个人物质经济方面的成功。这种所谓的"成功教育"与人的发展需要是不完全符合的，功利主义的教育依据急需程度来定义教育价值的高低，将物质或经济方面的利益作为终极目的，注重现实而忽视了未来。

"铸人铸魂"就是要坚持"德育为先"。育人必先育德，育德必先育魂。现代社会是一个丰富多彩的大舞台，教育不再是封闭的"玻璃瓶"，成长于社会转型期的受教育者的价值观念不可避免地发生了变化。这就要求新形势下的教育首先要树立全局观念，坚持"德育为先"。德育教育中要做到与时俱进，更加紧贴时代发展的脉搏。德育教育内容在突出时效性和实效性的同时，切实加强人生理想信念教育、民族传统美德教育、心理健康教育，引导学生将个人人生理想融入实现中华民族复兴之路的时代潮流中，确立国家利益至上的基本价值观念。帮助学生树立积极健康的开放胸怀，在社会生活和社会实践中，在提升自身的同时，不是被动地去适应社会，而是积极地去迎接社会的挑战。"铸人铸魂"就是要强化公民意识，以"铸人铸魂"为价值核心的教育立足于人的生命整体，超越人的自然属性，建构个体主体精神，进而促进个体自我完善和发展。其价值取向是，让接受教育者学会做人、学会认知、学会做事、学会交往，在成为一个"完整"的人的基础上最终成为一个"整体"的人,即人类社会大系统中的一个"细胞",实现人与人、人与社会的和谐共处。它立足于指导学生形成独立的人格、具有现代思想意识、思维方式和公民意识、责任意识的公民教育。这种培养合格公民的公民意识、责任意识教育不具有专门定向的性质,而是适应未来社会广泛需要的教育,因此注重基础性和普通性。"铸人铸魂"就是要提升人的综合素质,教育的"铸人铸魂"不只是传播专业知识和技能,更重视人的综合素质的培养,特别是文化素质,因为文化素质是一种基础性的素质,对于其他素质的形成和发展具有决定性的影响,对于人的人生观、价值观和世界观具有决定性的作用。教育"铸人铸魂"最大特点就是真正地把受教育者当作一个生命体,一个具有主观能动性的活生生的人来看待。教育"铸人铸魂"赋予新的"学生观",立足于人的生命整体,使学生的知识、能力、体魄、内质、个性、创造性以及社会适应性都会得到良好的发展,培养"完整"意义上的人。

教育"铸人铸魂"核心思想是让受教育者先学会做人,因为良好的素质可以把外部获得的知识、技能内化、升华为人的稳定的品质和素养,人的"人魂"为这种升华提供了内在动力。没有人的素质的提高,就没有社会经济结构的演变,就没有技术的进步和知识的创造,就没有经济的增长和社会的文明进步。"铸人铸魂"的教育以满足人的发展需求、提高人的素质以适应社会发展为前提条件,在满足个人需求的前提条件下,不断超越人的自然本性,不断完善和发展。

人类正在步入一个以知识资源的占有、配置、生产、分配使用为最重要因素的经济时代,现代化是一种综合发展的过程,它不仅是指物的现代化过程,更重要的是人的现代化过程。教育是经济和社会发展中最核心、最关键、最基础的工作。教育兴才有百业兴,教育现代化才能实现社会全面发展。这就决定我们的教育必须将着眼点放在提高受教育者的综合素质上。因此,教育"铸人铸魂",注重综合素质培养,从而开发人的创造性潜能,不断提高受教育者的创造性和创造能力。它不仅是时代和社会发展的必然要求,也是教育自身不断改革和发展的内在需要。

培养真正的人

"设为庠、序、学、校以教之,庠者,养也;校者,教也;序者,射也。夏曰校,殷曰序,周曰庠,学则三代共之,皆所以明人伦也。"

孟子在这里第一次明确地概括出中国古代学校教育的目的——"明人伦",又说明了教育就是通过实现"明人伦"来为政治服务的。"人伦"就是"人道"。具体来说,"人伦"就是五对关系:"父子有亲,君臣有义,夫妇有别,长幼有序,朋友有信"。后世称之为"五伦"。"五伦"体现了中国古代社会的宗法关系,为人们所普遍接受。此外,《孟子》提出学校要"教以人伦:父子有亲、君臣有义、夫妇有别、长幼有序、朋友有信","申以孝悌之义"。办学目的在于"明人伦",使学生懂得并遵守维护社会尊卑、贵贱、男女、长幼、朋友关系的封建道德规范,培养自觉服从封建统治秩序的"君子""圣贤"。"亲亲,仁也;敬长,义也。"明人伦的教育也就是自觉体认和扩充四端为四德的实际内容。《孟子》要求学校的智育、美育都要为明人伦的目的服务,围绕孝悌仁义来进行。"仁之实,事亲是也;义之实,从兄是也;智之实,知斯二者弗去是也;礼之实,节文斯二者是也;乐之实,乐斯二者。"这样,封建伦理道德教育就成了学校教育的主体和中心了。

中国封建社会的教育都把《孟子》提出的"明人伦"当作教育目的。这对于统一办学思想,统一教学内容和培养目标是有积极意义的。但是,把学校教育目的局限于明人伦上,有重德轻智倾向,忽视自然知识的教育,对中国古代教育也有消极作用。

中国的教育思想,自汉代以后就变现出重德轻智的特点,相应的,在教学实践过程中,也就忽视了技术性学科,如数学、物理、医学等知识的灌输与培养。而对陶冶性情的琴棋书画,则以国家强制的手段要求学生必须掌握。军事体育方面,如兵法战略,以及后来被誉为"国粹"的武术和御(骑马)射(弓箭),由于不同朝代的内外情况不同,地位有所区别,但总体是处于现在称为"任选科"的较低地位。特别是宋代以后,封建政府鼓吹"偃武修文",彻底抛弃了对学生身体素质的培养,乃至最后影响了整个中华民族的整体素质。

实际上,这种"重德轻智"的教育思想,其本质就是封建统治者愚民政策的产物。这种愚民政策,以孟子"劳心者治人,劳力者治于人"为思想源头,在漫长的封建时代不断演变,越来越隐蔽,越来越具有欺骗性。在这样的教育体制下,培养出的所谓"人才"往往是些脱离实际的"书呆子""腐儒"。

建国以后,随着时代的变迁,教育体制的重心发生了偏移,教育工作者开始注重学生智力的启发和培养,但是很快又表现出一个新的不良趋势——"重智轻德"。很长一段时期,我国实行填鸭式应试教育,由国家规定统一的教材,由教师在课堂上教授,片面要求学生对课本的内容死记硬背,考试也以教材为依据。从而,一方面,使学生只能局限于教材,忽略并且也没有时间对课本以外的知识进行吸收;另一方面,学校和教师通过考试考查学生对教材的掌握程度,片面地以分数评优劣,以名次定高低。最终培养出来的学生往往"高分低能"。同时,受儒家"天地君亲师"的尊卑观念影响,社会以及大部分教师自身,都要求学生"听话""好学"。对学习成绩不佳以及敢于反驳教师意见的学生,采取训斥、忽视,乃至孤立的态度。由此一来,便将原本平等接受教育的学生,划分为"优等生"、普通生、"学困生"三个"等级"。优等生自以为优秀,自我封闭,心理承受能力下降,经受不起打击;学困生由于受到不公平待遇,要么自暴自弃,一蹶不振,甚至有的开始仇恨社会,成为社会安定的隐患;介于两者之间的,则拼命但往往是徒劳的想加入优等生的行列。可见,应试教育,实在害人不浅。

同样的,社会各界衡量青少年优良的价值体系,也存在严重的"重智轻德"倾向,一些陈旧的观念根深蒂固,对教育应有的地位和作用无法做到正确的解读,而是走向另一种极端的歪曲。如"读书做官""光耀门楣"的思想,改头换面成了"求学可以做白领、当老板,赚钱发财";一些教育方式也很落后,有人形容"过去的风气,背诵八股文章,作考试的本钱;现在风气,背诵问答题解,便能赢得好名校"。

正如苏联著名教育家苏霍姆林斯基所言:"我们的教育信念应当是:培养真正的人!"因此,无论是"重德轻智"还是"重智轻德"的教育思想都是片面的,不科学的,对教育真正作用的认识应该随着时代的发展而走向进步、走向全面。

学生是一个发展着的多侧面的实体。展示在教育者面前的是一个个完整的个体;每个人都有自己的过去,现在和将来;每个人都具有不同的认识、方式与水平。情感基础、个性倾向与特征;其需要也是多方面的、多层次的;有物质的,也有精神的;有生理的、安全的,也有归属的、尊重和爱的;有认识的,也有审美和自我发展的。总之,每个学生的内心,都能构成一个生机勃勃、五彩缤纷的世界。

学生是未来的多重角色的承担者。我们培养的学生是未来社会的主人,将来要承担多种角色:从政治角度讲,他们应是社会主义事业的接班人;从经济角度讲,

国学经典文库

孟子诠解

《孟子》智慧通解

图文珍藏版

应是现代化的建设者;从社会结构讲,应是合格的国家公民;从家庭结构讲,应是称职的家庭一员。为此,学校应促进学生个性全面、和谐地发展。基于学生发展的现状与未来的需要,学校教育要促进学生的全面发展,培养合格的人才,就必须施以多方面的教育影响,使其德、智、体、美、劳全面发展,生理与心理同步健康发展,认识与个性和谐发展。

这就要求我们要同时兼顾教育的两大基本职能:促进社会的发展和促进个体的身心发展。忽视其中任何一个方面,或过分强调其中任何一点,都会导致教育的失误,影响以至阻碍学生的全面发展。事实证明,"重智轻德"或"重德轻智"的做法都会走向不同的极端,只讲德与智忽视体、美、劳或只重灌输、知识传授而忽视健康个性的培养,也都是片面的;只肯定学生求知的需要而对其他方面的需要一概否定,要求其"一心只读圣贤书"的做法更是荒唐可笑的。只有树立正确的教育观念,才能培养出全面、和谐发展的高质量人才。

教育是人格的健全

"养心莫善于寡欲。其为人也寡欲,虽有不存焉者,寡矣;其为人也多欲,虽有存焉者,寡矣。"

《孟子》性善论把"存心""求放心"当作教育的任务和个体修养的内容。主张存心寡欲,提出道德修养必须正确对待物质欲望问题。它要求人们追求高尚的精神生活,不要贪图物质生活享受,物质享受方面的欲望多了,将妨碍精神境界的提高。这是其合理性的一面。另一方面,它把二者绝对对立起来,"何必曰利,亦有仁义而已矣",则是走向极端了。同样,它强调思维对道德修养的重要性,要求树立对道德的理性自觉,是合理的因素。但是视感觉器官为"小官",轻视感性认识,割裂理性认识与感性认识的联系,则是错误的。总的来看,孟子所提倡的存心寡欲的修养方法是具有一定的唯心主义禁欲主义色彩的,但是在道德修养的过程中重视精神追求却是应该提倡的,反映在教学原则方面就是一种追求健全人格的教育观念。

以培养健全人格作为教育的终极目标和价值取向,一直是中外教育家、思想家们所孜孜以求的。不过"健全人格"是个历史概念,不同历史时期,人们对"人格"和"健全人格"的理解不尽相同。在古人那里,不一定有"人格"或"健全人格"这些词语,但在他们的心目中自有那"人之所为人"的完美的人的品格。例如,我国古代教育家以"圣人""君子""贤人"为理想人格;一些外国古代教育家以"和谐发展的人""全人"为理想人格;今天人们把人的"知、情、意的和谐充分发展"作为理想人格。说法不一样,价值追求其实是一致的,或者说,随着历史的发展,理想人格或健全人格的内涵在不断充实、调整,以臻完善,但教育以完美人格为目标导向是不变的。

完美人格的核心在孟子那里就是仁、义、礼、智四德:"仁、义、礼、智,非外铄我也,我固有之也。"这就是著名的性善论,不过,他同时认为,人们天生的善只是一个起点,一个发展的端点,人们这种善良的天性如果不在后天的生活中诱发、扩充,善就会泯灭,人就会变恶。因此,必须后天做出不懈地努力。为了达到完美的人格境界,孟子提出一系列修养方法:存心寡欲和养浩然之气。"养心莫善于寡欲,其为人也寡欲,虽有不存焉者,寡矣;其为人也多欲,虽有存焉者,寡矣。"(《孟子·尽心下》)"其为气也,至大至刚,以直养而无害,则塞于无地之间,其为气也,配义与道;无是,馁也,是集义所生者,非袭而取之也。"(《孟子·公孙丑上》)公孙丑问孟子:"夫子加齐之卿相,得行道焉,虽由此霸王,不异矣。如此,则动心否乎?"孟子对曰:"否。我四十不动心。"(《孟子·公孙丑上》)这就是说,孟子在高官厚禄和名利面前都不动心。这正是孟子所主张的理想的人格,而塑造人格正是教育的出发点和落脚点,教育或者是张扬人固有本性的活动,或者是改造固有本性的活动,或者是兼而有之的活动。通过教育,人才能成为"人",否则如同禽兽。

我们大力倡导的素质教育既是社会变革的客观要求,也是教育本身发展的必然结果。那么人格教育思想对我们目前全面推行的素质教育到底有什么重大意义呢? 人格教育在素质教育中处于什么地位呢? 我们认为,人格教育是素质教育的核心,人格教育思想对贯彻和实施素质教育起着极其重要的作用。

首先,人格教育体现了素质教育的根本宗旨。"实施素质教育,就是全面贯彻党的教育方针,以提高国民素质为根本宗旨,以培养学生的创新精神和实践能力为重点,造就'有理想、有道德、有文化、有纪律'的德、智、体、美全面发展的社会主义事业的建设者和接班人"。这段话明确了素质教育的根本宗旨:提高国民素质。

人格教育一直以人性、人本身的发展作为教育的价值追求和目标导向,它始终强调人格教育首先是成"人"教育,首先要把学生培养成一个"人",然后才可能全力实现或提高人之所以成为"人"的潜在素质。因此,在把人放在教育的中心位置,以提高人的素质为宗旨这一点上,人格教育与素质教育可说是完美的结合体。

其次,人格教育反映了素质教育的培养目标。素质教育所造就的是"有理想、有道德、有文化、有纪律的德智体美等全面发展的社会主义事业建设者和接班人",人格教育的培养目标很好地体现了这一点。

人格这一相对稳定的整体性心智系统,由人的认知、情感、意志三个子系统构成。这三个子系统的和谐、充分发展就是健全人格。而素质教育培养目标之"四有"与人格结构中的这三个子系统是基本重合的,有文化即认知系统的发展,有理想、有纪律、有道德即情感系统和意志系统的发展。足可见"健全人格"与素质教育培养目标中的"全面发展"有着本质上的一致性。

再次,人格教育有利于素质教育的实施。人格教育有利于发展学生的非智力因素,把培养学生的情感和意志作为重要任务;人格教育有利于发掘学生的潜质。人格教育的首要任务是把学生培养成"人",在实现基础目标后,必然要向更高层面进军——人的潜能的和谐充分发展,最终达到"自我实现"和"高峰体验"(马斯洛语)的理想境界;人格教育有利于发展学生的个性。从某种程度上说,人格教育正是个性教育,是发展人的个性特征(需要、兴趣、智力、能力、气质、性格)的教育。最后,人格互动应当成为素质教育的教学模式。教学活动中的互动是指师生间发生的一切交互作用和影响,它在学生发展和教育中的重要意义正被越来越多的教育研究者和实践者认识。实际上,教师在与学生交往过程中其一言一行所表现出的道德情操、学问见识、性格气质等无不对学生产生巨大的榜样作用、示范作用,对塑造学生的健全人格的形成有不可低估的潜在威力。师生互动不是教师对学生的单向、线性的影响,而是师生间的双向、交互的影响。教师在交往过程中流露出来的对学生的情感、期望与评价,直接影响学生的自我认识、社会行为等人格因素。反过来,学生对老师的情感、评价,在老师那里也能产生这样的影响,甚至学生的高尚品质、某一方面渊博的知识对老师情操的提升、学识的增长会起到积极的作用。"弟子不必不如师,师不必贤于弟子"以及"教学相长"等在我们的文化内涵中积淀下来的观念也证明了这一点。同时,师生间这种交互作用和影响不是一次性的、间断性的,而是链状、循环的连续过程,师生正是在这样一个连续的动态过程中不断交互作用和相互影响的。因此,素质教育理念背景下的教学活动是施教者与受教者之间人格碰撞的过程,是一种人格活动。

师生间的人格互动具有如下特征:教学伦理上的平等、教学方式上的对话和教学途径上的多维。

互动教学要求师生做到教学伦理上的平等,这就要求将民主作为互动教学的第一法则,教师必须在伦理上把自己放在与学生平等的位置上。这种平等包括知与情两个方面。从知的角度看,教师和学生只是知识的先知者与后知者的关系,并不存在尊卑关系。教师不应以知识的权威者自居并对学生存有偏见和歧视,否则会造成师生之间的对立。从情的角度讲,学生与教师一样,在人格上是独立的,每一个学生都有着自己丰富的内心世界和独特的情感表达方式,都需要教师的理解和尊重。民主平等的师生关系,真正地具有人性,除了可以成为互动的前提之外,它自身就具有极大的教育价值。

互动教学主张教师和学生具有对话心态,坚持对话原则。变教师传授知识、学生接受知识为师生互动交流,在对话与合作中学习。通过对话教学,学生不仅获得了活的知识,重要的是获得了理性,并在富有启发性、探索性的对话中获得了主体性的发展。既然是对话教学,言语对话的形式是最基本的不可少的。但这并不是判断对话教学的唯一标准,甚至还不是第一标准。判断一种教学是不是对话教学,关键取决于教育者的教育意向与教育过程互动的实质。它应该发生在对话双方自由的探究中或自发的讨论中,发生在对话双方精神上真正的相互回应与相互碰撞中,发生在双方认知视界的真正融合中。相对于传统的教学,对话教学是师生交往的、互动的、合作的教学,充满着无穷的可能性,洋溢着生命的色彩,富有活力和魅力。

互动教学要求教学途径多维化。师生互动的具体情境应该是千变万化的,既可能是发生在有组织的教学活动中,也可能是在非正式的游戏、生活和交往活动中。其形式也可以是多种多样的,就教师而言可以是与个别学生,也可以是与小组学生、全体学生,等等。

总之,人格教育虽然还没能成为普遍的教育现实,但认清它与素质教育的关

培育志向,坚持理想

"我知言,我善养吾浩然之气。"

一个人有了志向与追求,他就会有相应的"气"——精神状态。孟子要求士人必须"尚志"。志与气又是紧密相连、互为因果的,"志一则动气,气一则动志也,今夫蹶者趋者,是气也,而反动其心。"也就是说意志专一了,就会一鼓作气,精神专一了也会使意志更加坚定。所以孟子提倡培养自己的浩然之气。那么,浩然之气又是什么呢? 连孟子本人也说"难言也",不过他解释道:"其为气也,配义与道;无是馁也。是集体所生者,非义袭而取之也。行有不慊于心,则馁矣。"显然,这种以直(正义)培养起来,而一点也没受到损害的至大至刚之气,是一种冲天的壮气,是凛然正气,是压倒一切的豪迈之气。也就是说,人的精神境界是靠"养"出来的,是靠一件件平常的善言善行积累起来的,而非一时一事所能成就的。可知,它是道德修养的最高境界。这对于我们的德育工作当有所启示。

《孟子》强调立志,志行高尚,"居仁由义,大人之事备矣"。它认为具有仁义理想的人,有一种高尚的精神力量,坚强的人格意志,能够坚定地向着自己的理想之路奋斗不息,而把生死、荣辱、苦乐置之度外。《孟子》在道德教育和修养方面非常重视磨炼意志。它有一段名言:"天将降大任于是人也,必先苦其心志,劳其筋骨,饿其体肤,空乏其身,行拂乱其所为,所以动心忍性,曾益其所不能。"孟子就是凭着自己自主、自立和自强的意志,从早年丧父的贫困家境中走出了一条成才之路,成为与孔子齐名的大学者。因此,对于今天的教育工作者来说,帮助学生树立远大的理想,让他们培养起顽强的意志品质,就已经成为基础教育改革的时代主题和紧迫任务。只有这样,才能充分调动起学生的积极性和努力发挥他最大的主观能动性,为素质教育的进一步施行创造了基本条件。

理想与意志,对于一个人的成功、成才来说,往往具有决定性的意义。斯蒂芬·霍金,被誉为继爱因斯坦之后世界上最著名的科学思想家和最杰出的理论物理学家。但是,这位科学巨人的生平却充满了传奇色彩。

刚刚过完21岁生日的霍金,被确诊患上了卢伽雷氏症(运动神经细胞萎缩症），只有两年的寿命。当时，他正在剑桥就读研究生，面对这个打击，霍金经过最初一段时间的消沉之后，迅速恢复心情，在亲人的帮助下，他以无比顽强的意志投入与痛魔的战斗中，并最终打破了"你只能再活两年"这个预言。虽然他的身体越来越不听使唤，甚至在 1970 年不得不使用轮椅，他还是一如既往地从事科学研究。有一次，他坐轮椅过马路的时候，被小汽车撞倒，左臂骨折，头被划破，缝了 13 针，但 48 小时后，他又回到办公室投入工作。

在那张轮椅上，霍金几乎被禁锢了 20 年之久。这期间，霍金动了一次穿气管手术，从此完全失去了说话的能力，最终只能借助电脑和语言合成器来表达自己的思想。他就是在这样的情况下，极其艰难地写出了著名的《时间简史》，他超越了相对论、量子力学、大爆炸等理论而迈入创造宇宙的"几何之舞"。尽管他那么无助地坐在轮椅上，他的思想却出色地遨游到广袤的时空，解开了宇宙之谜。

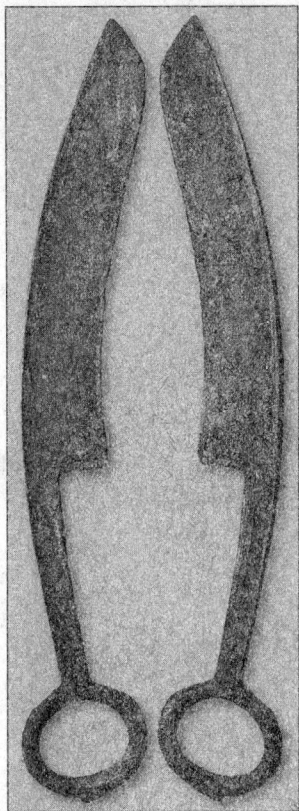

削

霍金的故事表明，只有那些意志坚强、理想远大、事业心强、能适应各种社会压力的人，才能充分显示自己的才华。一个人的成功，并不在于智力水准，主要的还是在非智力因素上，特别是取决于有无良好的意志品质和树立远大的人生理想。坚强的意志、远大的理想是一种超越，一种突破，是对生命的创造，是向外界的挑战，也是人格健康的标志。所以，教育工作中应当重视培养青少年学生良好的意志品质和远大的人生理想，引导他们坚持不懈地朝着既定目标努力，让他们成为生活的强者，走向成功的大门。

培养学生良好的意志品质是教育工作的重要组成部分之一，坚强的意志有利于帮助学生克服前进中的困难，形成健康的心理和人格，对促进班级的班风和学风有重要意义。

教育工作者首先应当引导学生树立远大志向。坚强意志的前提是有志，学生只有树立远大的志向,才能激发火一般的热情,充分发挥自己的主观能动性,冲破层层阻力和障碍,为实现自己的志向而奋斗。在具体指导时可以帮助学生将志向分为远期、中期、近期目标:这样将理想具体化、细节化,让学生确实看到自己的进步,使他们产生信心和勇气。

在意志培养工作中,给学生以相应的有关意志的知识也是非常重要的。教师可以定期利用课余时间,为学生找来有关心理学方面通俗易懂的读物,找出有关意志的故事以及生动的事例,带领学生学习并结合班级工作中在这方面出的问题,组织学生讨论,然后要求学生根据自己的情况,制订一个奋斗目标和一份自我锻炼计划,让学生在行动中加深理解。

当然,千里之行,始于足下,坚强的意志不可能形成于一旦,而是在日常学习、工作和生活实践中逐步培养起来的。应当帮助学生把远大的志向与日常学习、工作和生活联系起来,从小事做起,把完成每一项学习、工作任务都视为向远大目标迈进了一步,把克服生活中的每一个小困难都当成"千锤百炼"磨炼意志的考验。

由于意志品质是意志在不同人身上的具体表现,具有个别差异,因此,教师应当注意对意志品质不同的学生采取不同的教育方式和方法。例如,对于行动中常表现出盲目性的学生,应加强自觉性教育,对于行动中常优柔寡断的学生,要培养他们果断性的品质,对于见异思迁、虎头蛇尾、缺乏毅力的学生,要培养他们的坚韧品质,对于任性、怯懦的学生,要培养他们的自制力。

作为教师,一方面要爱护、关心、了解、体贴学生,知道他的困难在哪里;另一方面,又要对学生提出既合理又严格的要求,这个要求是合理的、能够做到的,但又是严格的,一定要按照最好的标准来完成任务,要求是通过制度、纪律来体现的。一要引导学生练习遵守生活制度,因为只有经过不断练习,才能养成遵守生活制度的技能和习惯。二是对学生要实行必要的监督,对其行为进行督促、鼓励、提醒与检查,这样可以增强学生对执行生活制度的自觉性和自信心,并形成自我督促、自我检查的能力。三是教师自己必须以身作则,所谓其身正,不令而行,其身不正,令而不行,要求学生做到的教师自己首先做到,就能减少学生的抵触心理,促使他们自觉遵守。

总之,培养青少年学生良好的意志品质是一项长期复杂的工作,需要教师做长期细致的工作,应付各种挑战,才能收到成效。

树立正确的荣辱观

"人不可以无耻,无耻之耻,无耻矣。"

《孟子》认为在道德修养上知耻与否关系重大。正确的荣辱观念体现了维护人的人格尊严的要求。一个人应有高尚的道德理想,勇于承担对他人、对社会的道德义务,正确处理个人与他人、个人与社会的关系,做到自尊、自爱、自强、自律。"不知荣辱乃不能成人""宁可毁人,不可毁誉""人不可无耻;无耻之耻,无耻矣"都反映出了我国古代教育家对荣辱观的追求和考量。

在社会主义国家,荣辱观念有了新的价值标准。社会主义的荣辱观作为当今我国社会的主流价值观,作为评价人们行为是非、荣辱的基本标准,鲜明地体现了维护人格、国格尊严的需要,体现了以人为本、以德立人的社会道德要求。

"八荣八耻"成为新的历史时期对于社会主义荣辱观的具体表述,亦即:"以热爱祖国为荣、以危害祖国为耻;以服务人民为荣、以背离人民为耻;以崇尚科学为荣、以愚昧无知为耻;以辛勤劳动为荣、以好逸恶劳为耻;以团结互助为荣、以损人利己为耻;以诚实守信为荣、以见利忘义为耻;以遵纪守法为荣、以违法乱纪为耻;以艰苦奋斗为荣、以骄奢淫逸为耻。"

社会主义荣辱观是社会主义经济关系的反映。以"八荣八耻"为主要内容的社会主义荣辱观,是适应社会主义经济关系而提出的判断是非、荣辱的价值标准,因而它应是我国人民共同遵循的道德准则;社会主义荣辱观是中华民族传统美德在新的历史条件下的继承和弘扬。中华民族传统美德包含着极为丰富的内容,"八荣八耻"体现了中华民族传统美德与时代精神的有机结合,使社会主义荣辱观充满生机与活力,成为社会主义公民最基本的价值取向;社会主义荣辱观是针对一些社会风气提出的是非、善恶、美丑的界限。"在我们的社会主义社会里,是非、善恶、美丑的界限绝对不能混淆,坚持什么、反对什么,倡导什么、抵制什么,必须旗帜鲜明"。

"八荣八耻"概括精辟,切中时弊,寓意深刻,涵盖了个人、集体、国家三者之间的关系,涉及人生态度、社会风尚的方方面面,明确了我国社会主义初级阶段最基本的价值取向和行为准则,具有很强的思想性、指导性和现实针对性,是全社会应该遵循的价值准则。

社会主义荣辱观对当前教育工作有着重要指导意义,对于学校应把握三个重点人群,有针对性地开展重点教育。

首先应当大力加强领导班子的建设,使教育管理者成为社会主义荣辱观的引领者、示范者。教育管理者在弘扬和树立社会主义荣辱观的过程中,承担着宣传、引导、示范、规范等多项责任,影响着整个学校的风气。因此,必须大力加强领导班子的建设。要进一步强化社会主义荣辱观念,做热爱祖国、服务人民、崇尚科学的模范;每个教育管理者都要成为社会主义荣辱观的宣传员,大力宣传和引导广大师生树立正确的荣辱观;要加强廉政建设,保持清正廉洁,坚决杜绝贪污腐败行为;要在实际工作中,狠抓制度建设,规范运行机制,强化科学管理,树立服务意识,促进形成良好的校园风气。

其次则是加强师德建设,使广大教师成为社会主义荣辱观的倡导者、促进者。广大教师是教育的主导力量,教师的言谈举止是学生树立正确荣辱观的重要的校园环境。我们要大力加强教师"三观"教育,开展学术诚信的宣传教育,开展丰富多彩的师德建设活动,广泛宣传师德典型,提高师德整体水平。通过多种多样的学术活动,强化校园学术氛围,培养崇尚科学的思想意识。

当然重中之重还是要加强学生荣辱观的教育,使学生成为社会主义荣辱观自觉的遵守者、实践者。学校教育不仅要让学生掌握科学文化知识,更要培育他们的荣辱观,教他们怎样做人,让他们从小学会遵纪守法,成为合格的社会主义接班人。荣辱观从学生抓起,其实更意味着从学校和教师抓起,更意味着把学校真正打造成道德的高地,更意味着教师真正成为道德的楷模。培育学生科学精神和创新精神,继续加强诚实守信的教育,保持优良考风;推动和谐校园、和谐班级、和谐宿舍的建设,倡导敬师爱生、团结互助的风气。

社会主义荣辱观的提出,为广大学生评判是非荣辱提供了标准,为思想道德教育指明了方向。教育者应把荣辱观教育落实到学校教育的各个方面,从解决实际问题入手,努力使荣辱观教育取得实效。

社会主义荣辱观从如何对待国家和人民,如何对待科学和劳动,如何对待他人和义利，如何对待法纪和生活等角度，全面阐明了"培养什么人"的问题，可以说是新时期党和国家教育方针的进一步深化。教育者应深刻认识社会主义荣辱观的本质要求，遵循"教书先育人，育人德为先"的原则，把荣辱观教育摆上重要位置，纳入教育教学体系，渗透到教育教学的各个环节，使之与其他素质教育形成有机统一的整体。

课堂是对学生进行思想政治教育的主渠道。教育者应针对当代青少年学生的特点，科学设计教育内容，把社会主义荣辱观引入教材、引入课堂，通过课堂教育，使社会主义荣辱观逐步渗透到学生的思想和行为中。为此，应对课程设置进行必要的调整和充实，组织编写有针对性的教材，切实突出荣辱观教育在整个教学体系中的位置。

在青少年学生社会主义荣辱观形成的过程中，教师和社会的评价是极其重要的影响因素。这就要求在全社会努力形成树立和实践社会主义荣辱观的浓厚氛围，为青少年形成正确的荣辱观提供良好的外部环境。同时，学校也应通过健全和完善规章制度、组织开展主题实践活动等，使社会主义荣辱观的基本要求更好地渗透到学校工作的各个方面和各个环节，转化为学生们的价值追求、行为准则和生活习惯。学生是未来社会主义建设的生力军。他们的思想道德素质如何，有什么样的荣辱观，事关祖国的前途命运。每一所学校、每一个校长、每一位教师都要认清自己肩负的历史使命，在弘扬社会主义荣辱观方面，学习在前、宣传在前、践行在前，努力走在社会前列。

说服比压服更有效

"以力服人者，非心服也，力不赡也；以德服人者，中心悦而心服也。如七十子之服孔子也。《诗》云：'自西自东，自南自北，无思不服'。此之谓也。"

孟子在此处生动地阐述了一条教育原则。教育学生，靠强制手段是没有效果的；用道德去感化他们，用真情去温暖他们，说服而不是压服，往往更有效果。

孟子还为我们指出孔子教学的实例来印证这条原则，事实上，在我们心中，孔子就是一位温和儒雅的智慧长者，循循善诱，和蔼可亲。现代学者和作家林语堂曾说过："孔子品格的动人处，就在于他的和蔼温逊，由他对弟子的语气腔调就可清清楚楚看得出。《论语》里记载的孔子对弟子的谈话,只可以看作一个风趣的教师与弟子之间的漫谈,其中偶尔点缀着几处隽永的警语。以这样的态度去读《论语》,孔子在最为漫不经心时说出一言半语,那才是妙不可言呢。"孔子教学,犹如春风化雨,不知不觉推开学生紧闭的心扉,让他们的心灵变得纯净、清透。孔子从来没有刻意地灌输,却达到了最理想的教育成果,这种教育手段是值得今天的广大教育工作者借鉴和学习的。

古希腊被称为"寓言鼻祖"的寓言家伊索曾有一篇寓言,名为《北风和太阳》,内容是这样的:

北风和太阳争论谁的威力大。他们认定,谁能剥去行人的衣裳,就算谁胜利。北风开始猛烈地刮着,行人把衣裳裹紧了些,北风见状就刮得更猛了,后来,行人冷得厉害,又加上了更多的衣裳,北风终于刮累了,就让位给太阳。太阳先温和地晒,行人脱掉了添加的衣裳;太阳越晒越猛,行人热得难受,就把衣裳脱光,跳到附近的河里洗澡去了。

我们不妨把"北风"比作以粗暴生硬的方式来压服学生的某些教育工作者,把"太阳"比作以温和的方式进行说服的教育工作者,把"行人"比作受教育的对象。可以看到,最后真正征服了"行人"的是那种温和的方式——说服。在寓言中,"北风开始猛烈地刮,行人把衣裳裹紧,北风刮得越紧,行人就裹得更紧"。这就说明,简单粗暴的压服愈猛烈,就愈引起对方的心理对抗。而当被批评者把自己的内心封闭起来时,压制者就愈加粗暴。这种恶性循环不仅达不到预定目的,甚至会事与愿违。而"太阳先温和地晒,行人脱掉了添加的衣裳,直到把衣裳脱光"。这无疑形象地告诉人们:善意、温和,充满爱与感性的教育方式,会迅速地冲破对方的心理防线,使其对你产生亲近感,向你袒露赤裸裸的心,从而听信、服从你的观点,改变自己原有的错误观点,达到说服、劝导的目的。

说服教育,就是通过摆事实、讲道理,提高学生思想认识的方法,是德育的基本方法。向学生进行德育首先要提高他们的思想认识,启发他们的自觉性。这就需要以理服人,以情感人,而不是以力服人。

人常说"有爱才有真正的教育"。对人的教育,说来说去,要数思想教育最难。难在何处?难就难在双方心理隔膜,互不理解。教育需要讲究科学,更需要讲究艺术。但首先必须溶入教育者健康的情感。我们确信，人，只有被人当人的时候，他的创造性才智才能得以最大限度地发挥；人，只有被人充分尊重的时候，才会真正懂得如何尊重他人，尊重自身。毫无疑问，无论是在课堂教学中还是学校整体教育活动中，情感的价值与功能都是不容低估的。

因此，在对学生进行说服教育时，教师绝不能够忽略情感的表达。这是进行说服教育的出发点。

第一种情感叫作"真诚"。也许在局部的教育教学管理中，我们还在矛盾着传承这一些实应摒弃的所谓的"经验"，因此而消极强化了学生对教师的不真诚印象。然而，学生已具备了与教师交流的动机和信心，学生交际意识的发展必然对情感意愿先行要求，他们从心底里渴望与老师的真心面对。因此，作为一名教师，应该把真诚内化为一种具有人格魅力的素质，从而表现为一种育人导向的自然影响力，甚至于升华为一种真诚信念——坚信自己的学生能够不断进步，成为对社会有益的公民。并满怀责任心与自豪感。

第二种情感叫作"理解"。由于智力上的不明确性和思想上的不成熟性，学生就表现出一些表演性或随意性的"明知故犯"行为，以此来竭力地弥补或补偿自己的内心深处脆弱的一面。对此，往往事后学生都会有些"悔恨当初"的调整反应，那么在接受说服时，他们潜意识里就会对教师产生给予宽容暗示的愿望。这时，教师就可以顺其自然，把握原则标准，适度的满足学生的这种心理需求。

第三种情感叫作"平等"。学生要求平等的对象是教师和同学，由于学生对平等的权利色彩的浮面感想，又划归为对师生工作关系的感应，从思想到行动他们都执着于验证"教师"是一种职位而不是作用于学生的地位。因此，教师应自省认知，实现师生间朋友般的互助和同志般的协作。另外，教师应防止学生个体间的偏激对比，进而避免学生间的畸形心理比较，产生不平等感。

最后也是最重要的情感，那就是——希望。希望是一种能够满足人们爱与归属需要的情感体验。大仲马说："自信和希望是青年的特权。"每一个孩子都希望师长把自己看作希望所在，在纯挚的心田中都保存着一块播撒希望的自留地。因此，教师在教育学生时要善于针对不同学习层次、性格特点的学生指出长短、点明方向、寄予希望、表达希望，从而，使学生能够体验到希望之情，看到前途所在。

此外,进行说服教育还应遵循几条原则:

首先,说服教育要注意晓理性、灌输性。教育者进行说服教育时,要言之成理,持之有故,摆事实,讲道理,启发自觉,以理服人。道理要讲得透彻、顺势、人情、合理;事实要摆得真实、具体、充分、有力。要讲得头头是"道",要说得能"得人心"。这里的"得人心",是指说理时一能抓住人心,二能打动人心,三能深入人心,四能振奋人心。要使学生听了"说理"之后,确有"听君一席话,胜读十年书"之感,进而引起思想上的强烈共鸣,接受真理,提高觉悟,心悦诚服。这正是"以力服人者,非心服也;以理服人者,心悦而诚服也"的深刻内涵之所在。

其次,说服教育要注意多端性、启发性。多端性是指说服教育应具有多种开端,形式多样,不拘一格。比如,有时从传授政治、道德知识说起,有时从解答青少年关切的现实问题和热点问题说起,有时从解决具体的思想认识问题说起,有时从纠正青少年的缺点错误说起,等等。所用语言有时文雅古朴,富于哲理;有时气势磅礴,富有激情;有时含蓄幽默,别具风趣;有时开门见山,突出诚意。就说服方式而言,讲解可以是系统的,也可以是专题的;谈话,可以在室内或室外进行,也可以在集体或个人中进行;讨论,可以是小组讨论,也可以是全班讨论;调查,可以是书面调查,也可以是实地考察,等等。但是无论采取什么样的方式,都要注意挖掘启发性。要注意贯彻"导而弗牵、强而弗抑、开而弗达"的启发式原则,在受教育者求通而把握不到、想说而表达不出的状态下进行点悟、诱导、启迪,使其思而得之。常言道:"施教之道,贵在引导,妙在转化,重在开窍。"这里的"开窍",即指通过"启发"促进受教育者思想的内部矛盾运动,教会他们观察、分析和解决问题的正确方法,达到思想转化的目的。

再次,说服教育要注意针对性、对比性。针对性即针对当前青少年突出的思想状况和心理特点进行说服教育:他们拥护改革、向往四化、锐意创新、热爱祖国,但往往情绪偏激、求全责备;他们思想活跃、爱美求乐、崇尚实际、喜欢独立思考,但往往观察和分析问题带有片面性、表面性和盲目性,有时过于追求实惠和享受,价值取向偏激;他们渴望独立、要求自主,有强烈的民主意识和参与意识,注重社会交际,但往往组织纪律松懈、法制观念淡薄、交友不够慎重;他们追求知识、渴望成才、自尊自爱,但又自觉性较差、自控力不强,有时缺乏对自身的正确估价、盲目自信;

他们关心党风和社会风气的根本好转,但又对此缺乏信心、容易以偏概全,等等。因此,说服教育必须实事求是地针对青少年的这些思想特点进行,扬长补短,长善救失;对比性则是指在说服教育中通过对照、比较、鉴别,分析差异、做出判断,进而提高学生的思想认识。对比可分为两种,即从时间上分为纵向比较;从空间上分为横向比较。纵向比较能使人看到成绩,振奋精神,受到激励和教育;横向比较能使人找到差距,端正态度,明确奋斗目标。说服教育中的对比,要选择有代表性、学生能够认可的思想现象进行比较,这样才能使学生心灵深处受到触动。选择比较鉴别的对象时,既要运用正面的材料,也要有目的地提供反面材料。要从本质上进行分析,而不能作简单地类比。

最后,说服教育要注意渐进性、疏导性。说服教育工作是一个循序渐进、逐步提高的过程。按照马克思主义的认识论原理,人们思想的产生、发展和变化,只有通过量的逐渐积累,才会达到质的飞跃。因此,说服教育要注意由浅入深、由表及里、层层推进,不要只讲些"理所当然",还要阐述好"理之所以然";不仅让青少年"知其然",而且要"知其所以然"。说服教育还要注意疏导性。"疏"有疏通、开浚、清除之意;"导"有启发、引导、选择之意。在说服教育中,疏导就是疏通和引导。疏通是指广开言路,集思广益,发扬民主;引导是指循循善诱,因势利导。疏通和引导是辩证的统一。疏通是引导的前提,引导是疏通的目的。说服教育中注意疏导性,符合人的思想认识的规律和思想政治教育的特点。青少年的问题主要是思想认识问题。要注重疏导,一味地强调"不许""不准""不能""不要"等,实行堵塞和禁止的压服手段,是无济于事的。对青少年进行说服教育,只能采取疏而导之的方式,解思想疙瘩,明问题是非,发挥积极因素,克服消极因素,促其提高觉悟。

总之,作为教育工作者,要善于运用说服的教育方法,它不仅是一种方法,还是一种艺术。这种艺术需要我们在具体实践中不断探索,才能在工作中运用得卓有成效。

教学应"自求自得"

"君子深造之以道,欲其自得之也。自得之,则居之安;居之安,则资之深;资之深,则取之左右逢其原。故君子往其自得之也。"

孔子最先提出启发教学原则。《孟子》发展孔子思想,更加强调启发学生学习的主动性和积极性,必须自己刻苦钻研,深切体会,才能有高深的造诣,应用起来才可能取之不竭,用之不尽,达到左右逢源的地步。

《孟子》"尽心、知性、知天"思想,认为"万物皆备于我矣"。因此只要自己自觉体认,积极思考,便会获得知识德性,即所谓"思则得之,不思则不得也","求则得之,舍则失之,是求有益于得也,求在我者也"。《孟子》认为,也只有这种自觉探求思考得来的知识,才能掌握得牢固,运用起来得心应手。《孟子》从性善论出发,强调知识德性的内烁内求,重视独立思考的作用,发挥教为诱导、学为主体思想,发展了孔子启发教学原则,但是也使之蒙上了神秘色彩,而且有忽视闻见之知的倾向。但是孟子在教育思想上重视人的价值,相信人的力量,注重人的发展,主张发挥学生学习的能动性,引导他们主动学习,这些观点与今天推行的教育方法颇有相似之处,是值得肯定的。

从现代教育理论的视角来看,孟子的"自得"学习理论,强调的是学习者主体性的发挥,轻视或忽视主体性,"自得"便将成为一种奢望。明代著名的理学家陈献章(白沙)云:"夫学贵自得,苟自得之,则古人之言,我之言也。"其意是学习的可贵之处就在于不受外界各种东西的牵累和蒙蔽,通过自己的思考,悟出前贤悟出的真谛,取得自己的真知灼见。"自得"历来被授课者重视,强调的是学生的自我习得,钱梦龙、叶圣陶、毛泽东等人提倡"自学",这对当时及后来的学导式教学实验的兴起和发展产生了积极影响。新课程改革就是要改变那些忽视学生学习能力而满堂灌的教学现象,跟"道而弗牵"一样,在强调学生自主学习、"学贵自得"的过程中,提倡能悟能觉,"自得"的关键在于能悟能觉,如果缺乏了"悟"和"觉"的能力,学生的"自得"也就失去了光彩。

以下是一节语文课《滴水穿石的启示》的精彩片段:

师:(板书大字"水")"水"有什么特点?

生:水碰到石头就会碎掉了。

师:水是什么样的?

生1:水没有颜色。

生2:水是一种液体。

师:水是一种液体,没有硬度,也就谈不到碎掉了。(板书大字"石")石头是什么样的呢?

生:石头很硬,是一种固体。

师:谁能说一个词语,带有这两个字。

生:滴水穿石。

师:(板书成语"滴水穿石")谁来说说这个词语的意思?

生:就是说一滴水可以把石块滴穿。

师(点头):我们都知道水是液体,石头是固体,水能把那么坚硬的石头滴穿吗?到底有没有这样的事情呢? 大家打开课本,轻声朗读第一节,想一个问题:水滴要把石头滴穿,必须具备哪几个条件?

(生轻声读第一节)

师:好,大家说说水滴要把石块滴穿,需要具备哪些条件? 能说一个就说一个,能说两个就说两个。

生:要目标专一,持之以恒,就能做成所有的事情。

师:如果我们就从这种现象本身来看,需要什么条件? 用第一节课文中的语言来说。

生:第一要有水滴接连不断地滴下来,第二要总是滴在一个地方,第三要经过几千年几万年的时间。

师:给点掌声吧! 很长的时间,课文中是怎样来表述的?

生(齐声道):几百年过去了,几千年几万年过去了。

师:就几百年、几千年、几万年吗?

生:不是,几亿年,甚至更长的时间。

师:课文中有两个词来形容水滴接连不断地长时间地滴在同一个地方,是哪两个词?

生:锲而不舍、日雕月琢。

师:"锲而不舍"是什么意思呢?

生:比喻有恒心,有毅力,坚持不懈。

师:"锲"什么意思?

生:雕刻。

师:作者用比拟的手法,把水滴当作艺术家在雕刻艺术作品。不断地雕刻,不肯放手。什么叫"日雕月琢","雕琢"是什么意思?

生:雕琢就是雕刻。

师:这也是比拟的说法。作者把水滴石头比拟成艺术家在雕刻艺术作品,一天又一天,一月又一月,一年又一年,一直不停,就叫日雕月琢。正是因为这样,水滴从来没有停止,所以才能滴穿石头。

师(微笑):读了这个故事,大家觉得怎么样呢? 有什么感受?

生:滴水穿石真是一个奇特动人的情景,真是令人难以置信啊!

师:还有谁说? 没有了吗? 不可能。水滴容易吗?

生:这水滴多么不容易啊!

师:很对,大家读一读课文中的这段话,把刚才自己的感受通过朗读表达出来。

(生齐声朗读课文)

师:谁愿意读给大家听。

(生1有感情地朗读段落)

师(点头):有些地方读得很好,有些地方还需要改进,但是如果请其他同学来读,肯定也是这样的。刚才这位同学的朗读给人的感觉,好像水滴有时滴在了其他的地方,谁再来读,把这段话的意思读出来。

(生2有感情地朗读段落)

师:她滴在了同一个地方。我还感觉水滴把石块滴穿好像比较容易,哪个地方读好了,水滴就很了不起?

(生3有感情地朗读段落)

师(鼓掌):真的不容易,从"终于"这个词我们体会得最明显,大家给点掌声!

师:让我们来重温一下这种感觉,大家一起读一遍。

(生齐声朗读课文)

在上面的案例中,教师充分运用了自己的教育智慧,注重引导,与学生一同融入课文的意境之中。教师没有直接告诉学生滴水穿石反映了什么,体现了什么,有什么样的深刻含义,而是让学生自己去感觉,自己去揣摩,通过引导学生反复朗读,找到课文的"文眼",激发他们内在需求并形成积极的情感,形成了美好的心灵体验。教师善于运用各种引导性的评语,并配合点头、微笑、鼓掌激励评价,一步步引导学生读出理解,读出生动,读出深度,"自求自得"。

"自求自得"是一种很好的学习方法,而教师的作用就在于相机的引导与组织,不在于全盘授予,只有这样的教学,才能达到"教是为了不需要教"的最高境界。

如何实现"自得"呢?从认知角度来看,"自得"的核心是"思","自得"的实现依赖于"思"。孟子秉承孔子的"学而不思则罔",明确提出"思则得之,不思则不得"的主张,强调"心之官则思"(《告子上》)。他主张要熟读精思,苦心探求,追本究源,如此才能深切体悟,彻底明了,心有所得。从非认知角度来看,为了实现学习中的"自得",学习者必须专心致志,不能三心二意,必须持之以恒,不能一曝十寒。"弈之为数,小数也;不专心致志,则不得也。"(《告子上》)孟子用"学弈"的事例深入浅出地说明,成败得失往往并非智力上的差异使然,关键在于是否专心致志。

倡导"自得"学习的教育理念,并非轻视或排斥教师在教学中的作用,恰恰相反,学生的"自得"始终离不开教师的主导作用。孟子认为,教师要教给学生的道理,首先自己必须弄懂,应"以其昭昭,使人昭昭",反对"以其昏昏使人昭昭"(《尽心下》)。他继承了孔子的启发性教学思想,主张在教学中要运用启发式教学方法,以期能引导学生积极地自求、自得。"君子引而不发,跃如也"(《尽心上》),教人学射箭要引弓而不放矢,摆着跃跃欲试的姿势。为了更好地引导学生"自得",教师在教学中要做到以下两点。一是语言要深入浅出。"言近而指远者,善言也""君子之言也,不下带而道存焉"(《尽心下》)。就是说,教师的讲解要语言浅近而含义深远,要能从眼前近事讲出高深的道理来。二是引导学生学习时,要能抓住精萃,由博反约。"博学而详说之,将以反说约也"(《离娄下》)。

教无定法,量体裁衣

"君子之所以教者五:有如时雨化之者,有成德者,有达财者,有答问者,有私淑艾者。此五者,君子之所以教也。"

《孟子》认为学生的素质、才能和学习态度、条件等是有差异的,教师应当针对不同类型学生采取不同的教学方式、方法。也就是所谓的"君子之所以教者五",

"教亦多术矣",总之,孟子提倡教学应当从学生实际出发,采取多样灵活的方法。

孟子认为人虽有同样的善性,但由于客观环境的影响,以及自我修养的不同,就产生了才能的个别差异。他把有教养的人分为"善""信""美""大""圣""神"六种类型。他继承并发展了孔子因材施教的思想,针对不同类型的学生采取不同的教法。对于修养最好,才能最高的学生,只要及时提醒点化,好像及时的雨露润泽草木一样,便会滋养发育起来;对于长于德行的则加以熏陶,使之成为德行完全的人;对于长于才能的。则善为指导使之成为才能通达的人;对于一般学生则只可答其所问,以排其所难,解其所惑;对因地点或时间的限制,不能入门受业的学生,则采取"私淑弟子"的形式,做到"闻道以善其身"。这就是对于几种不同类型的学生所应采取的不同的施教方法。

宋代的大学者朱熹曾经逐一列举了孔子、孟子用这五种方式在不同学生身上的运用,比如说孔子对颜渊、曾子就是"如时雨化之者";对冉伯牛、闵子骞就是"成德者";对子路、子贡就是"达财者";而孔子、孟子分别对樊迟、万章就是"答问者"。至于"私淑艾者",朱熹举的是孔子、孟子分别对陈亢、夷之。其实,孟子认为启己就是孔子的私淑弟子,在《离娄下》里,他曾经说过:"予未得为孔子徒也,予私淑诸人也。"这其实就是对"私淑艾者"的最好解释。

虽然孟子在这里所列的五种教育方式已包括了德育、智育等各方面,但严格说来,它并不是一个全面的教学体系,各种方式之间也没有严密的逻辑关系,而只是一种列举的性质。尽管如此,我们还是可以看到,这些不同的教育方式,是根据学生们本身的不同情况,因材施教而总结出来的经验。如果不是从理论方面做系统的要求,而是从教学实际情况出发,把它们引入教学实践,即使是在两千多年后的今天,也仍然是有推广与应用价值的。

在当今强调全面发展、个性教学的大旗帜下,用一把尺子来量学生,一刀切的教学仍然大行其道,毫无偃旗息鼓的迹象。在我们的教学实践中,仍然存在着忽视学生原有素质,在淡化学生的个人欲望、个人情感的前提下,主观地强制灌输知识,致使学生泯灭了学习兴趣,甚至荒废学业。这正像夸美纽斯批评有的教师不顾学生领会与否,只是尽其所愿教的错误做法时指出的,"这犹如向窄口瓶子猛灌多量的水一样,结果大量的水都流到了外面,最后瓶子中所得之水比缓缓注入的还要少"。我们也明白：教学本身就是"双向"的"互动"的。作为一名教者,在教学中必须杜绝自以为是、固执己见、凝固僵化。因为教学不同于物质生产,教学对象(学生)是活生生的人,他们具有潜在能动性。"请记住没有也不可能有抽象的学生","要使每一个儿童的力量和可能性发挥出来,使他们享受到脑力劳动中的成功和乐趣"。(苏霍姆林斯基语)教育者就要认真分析学生的个体差异,"视其所以,观其所由,察其所安"(《论语·为政》),并以此为根据,选择不同的教学内容和教学方法,使他们各有所得,各有长进。孔子曾说："中人以上,可以语上也,中人以下,不可以语上也。"(《论语·雍也》)墨子也反复强调："必择物而从事焉","夫知者必量其力所能至而从事焉。"(《公孟》)并说："子深其深,浅其浅,益其益,撙其撙。"(《大确》)古人的这些言论无不反映了"因材施教"的基本内涵,实践也告诉我们：只有从学生的实际情况出发,我们的教学才能实现真正的归宿。

诚然,"因材施教"要立足于研究学生,但更重要的是研究"教法"和"学法"。我国著名教育家叶圣陶先生曾说："教是为了达到不需要教","努力去教,使你的学生逐渐不需要你的教育,也就是要他们渐渐地越来越多地得到一种能力,能使自己成为自己的教育者。"美国的布鲁姆也指出："教育的基本任务是找到这样的策略:既考虑到个别差异,但又确实能促进个体的最充分的发展。"为了实现不需要教的教,找到促进学生最充分发展的最佳途径,就要研究"教法"和"学法"。我们知道教学过程是由教的过程和学的过程结合而成的。教涉及的目标要求、内容方法、程序步骤,以及学涉及的知与不知、能与不能,大都是变量,并没有固定界限,且这诸多变量都是围绕学生发展过程中的质量互变规律而展开。因此,教师要把握教学过程中各种变量的控制或引导,在具体的教学情境里,及时而敏锐地洞察学生变化的趋向与程度,适时适度地设计或演绎出促进学生发展变化的教学方法及唤起学生自我运动的学习方法。所谓"教无定法""学无定法"也正是这个道理。

以下这个案例或许可以让我们得到一些启发。

某中学新学期开学第一天下午,学校组织同学学习中学生广播体操《时代在召唤》。体育老师丁榕并没有立即教操,而是利用几分钟时间开动学生的思想,然后伴着强劲奔放、富有感召力的音乐示范整套操,音乐一停,丁榕马上问道："同学们,有没有信心学好这套操!""有!"响亮的还略带着点稚嫩的声音回荡在操场上空。

接下来,丁榕开始将全套体操动作分解示范,先教学生下肢动作,有踏步走步、弹动步、"V"字步、交叉步、前弓步、侧弓步、侧前弓步、半马步、开立、半蹲、直膝跳、屈膝跳,紧接着练习躯干的转、前倾、直立、俯身,然后带领学生练习上肢动作,有单、双臂的直臂上举、斜上举、平举,双臂胸前平屈、振,手型有并掌、五指分开、握拳、冲拳等。最后,带领学生练习头部动作,有抬头、稍抬头、稍低头、转头等动作。之前丁榕就研究过,发现这套操与小学生广播体操的动作形式有很多相似之处,通过动作分解后,学生也找到了这种熟悉的感觉,因而学得很快,大概只用了十分钟的时间,学生已经基本掌握了。

在操场的另一边,另一位教师马燕则采用了一种不同的方式。学生集合后,马燕将预备节、第一节至第九节的名称定义为 ABCDEFGHIJ 段,并将每节操的几个八拍定义在字母的右下脚,既 $A_4B_4C_4D_4E_8F_8G_6H_4I_8J_{10}$,这样便于学生记忆操的顺序和节拍数。

"我们现在一起来学习 A_4,跟我做,直立——左臂侧上举眼看左手、右侧前弓步左臂前下举眼看左手——直立两臂侧上举稍抬头,直立——踏步。"马燕一边喊着口令,一边示范动作,同学们跟随她轻松的学会了"A_4"的动作。马燕让同学们说说"A_4"中有哪些基本动作是以前学过的,同学们立刻回答道:"有直立、单臂斜上举、单臂前下举、双臂侧上举、踏步,还有抬头"。听到回答,马燕非常满意,她顺势抓住时机,一鼓作气,带领同学们学习"B_4"的全部动作,效果也非常好。然后将两套动作串联练习。很快,全套动作便教授完毕。

以上两位老师在教授同一套体操时,分别采用了各具特色的两种方法,都取得了不错的效果。这就告诉我们:教学方法并不是固定的、唯一的。作为教师,应该钻研教材教法,灵活处理好"死的教材"与"活的学生"之间的关系。只要能够提高教与学的效率,提高学生的学习兴趣和吸收能力,就是值得采用的教学方法。

当然,教育教学作为一项复杂的人的工程,"因材施教"除了强调教师研究学生、研究教法学法的主观努力外,还要启动学生的心志,诱发学生的兴趣。因为"在人的心灵深处,都有一种根深蒂固的需要,这就是希望感到自己是一个发现者、研究者、探索者。"(苏霍姆林斯基语)教师就必须顺着学生生长、发展的趋势,及时满足学生不同的"需要",使之在一次次的成功喜悦中激发学习兴趣。从而避免"苦其难而不知其益""教之不刑"的结果,收到"师逸而功倍,又从而庸之"的效果。

　　总之,在当前全新的教育背景下,我们不得不重新考量"因材施教"的教育意义。实施因材施教就要求教师了解每一位学生(基础、能力、性情……),明晰教学内容,把课堂交给学生,让学生在课堂上自主探究,生生交流,教师成为学生学习的伙伴,参与交流、引导,必要时提醒、帮助,形成多层面、多通道、多方面的网络式交流。让学生们知无不言,言无不尽,同时又要言之有物,言之有理。当然,前提是要让学生有可言之物、之理,想言,敢言。有话可言,这就需要方法培养学生的学习能力了,充分发掘学生的潜能,提高其学力;想言、敢言,这就需要通过各种途径、方法,培养学生自信、自强、自律的品性。只有这样,我们才能进行因材施教,让每一位学生都是学习的主人,让每一位学生在自己的基础上有所收获,不断地超越自我,迈向成功。

学习贵在循序渐进

　　"源泉混混,不舍昼夜,盈科而后进,放乎四海。有本者如是,是之取尔。苟为无本,七八月之间雨集,沟浍皆盈;其涸也,可立而待也。故声闻过情,君子耻之。"

　　《孟子》以流水为喻,生动地阐发了孔子循序渐进,务本求实的思想。

　　孟子把学习看作是一个自然发展的过程,必须按部就班,循序渐进,而反对急躁。他说:"其锐者,其退速。"正确的进程应当像源源不断的流水那样,注满一个洼坎之后再注下一个洼坎,未注满时决不下流,由此渐次流入大海。这就是"不盈科不行","盈科而后进"的道理。他还通过"揠苗助长"这一寓言告诫人们必须注意到教学是一个自然有序的过程,人们应当关注并促进教学过程的实现,但决不能用"揠苗"的方法去助长,否则,"非徒无益,而又害之"。

　　孟子主张循序渐进的同时,还有一个不舍昼夜,持之以恒的思想。如果没有坚强的意志,没有持之以恒的精神,学习也是不会有所造诣的。孟子说:"虽有天下易生之物也,一日暴之,十日寒之,未有能生者也。"要能做到持之以恒,在学习中必须树立信心,既不要遇难而退,更不可自暴自弃。在向外界求知学习方面,孟子非常重视专心致志。他说:"今夫奕之为数,小数也,不专心致志,则不得也。"用此比喻生动形象地说明了专心致志在学习中的巨大作用。

学生能否专心致志地学习，往往取决于他们是否具有良好的学习习惯，循序渐进、锲而不舍、持之以恒等都是好的学习习惯，而乱无头绪、一曝十寒、半途而废、虎头蛇尾等都是不良的学习习惯。良好的学习习惯不仅可以提高学习效率，而且有利于自学能力的培养。而不良的学习习惯却是成绩提高的大敌。著名教育家叶圣陶先生说："什么是教育，简单一句话，就是要培养良好的习惯。"那么，如何帮助学生培养起良好的学习习惯，是教育者必须加以重视的。

我们常常见到不少学生由于学习无计划，无头绪，显得手足无措，忙乱不堪被动之至。特别是到复习迎接期末考试的阶段，哪一科催得紧，就复习哪一科，做哪一科作业。由于安排不合理，不能兼顾各科学习，没完成那一科作业或测试不过关者，有些教师就罚学生抄书。少则抄数遍，多则抄数十遍甚至上百遍。有的学生为了应付了事，把两三支笔绑在一起写，一次可写几行，以尽快完成被罚抄的内容。看到这种情景，不觉又怜又气，其中，既反映了应试教育的种种弊端，亦反映了不少学生没有形成良好的学习习惯，以致学习被动，效率低下。

事实上，如果教师能够将循序渐进的学习习惯传授给学生，就能很好地改善学习乱无头绪的情况。比如，日常学习可以按照五个环节有步骤有条理地进行：

预习。在上课前，教师要求学生把课文内容阅读一遍，并有针对性地做一些简单笔记，哪些易理解，哪些似懂非懂，哪些不明白，预习后自己有何想法和疑问等。课堂上再听时，就可有的放矢。为使学生形成自觉预习的习惯，刚开始时，教师可以每天指定时间给学生预习，老师检查、指导预习笔记，久而久之，让学生形成习惯。

课堂学习。教师要求学生上课要集中精神，带着自己的问题跟上老师思路，鼓励学生积极思考、大胆发言，指导学生记好课堂笔记。刚开始时，有必要提醒学生，该记什么内容，特别是提醒记下不明白、有问题的地方，下课后及早解决。

作业练习。教师要向学生阐明做作业的重要意义：消化、巩固课堂知识。做作业时要求学生参照以下步骤有序进行：做作业前简单复习当天所学内容；完成作业后检验是否正确；认真阅读经老师批改后的作业，如有错误，思考分析重做一遍，有必要将错误原因总结成经验教训记录下来。

课后复习。根据心理学研究表明，新学的知识内容在头几天是最容易遗忘的，所以，必须要做到当天的内容当天复习。到一星期结束时，又将本周的内容复习一次，如此定期有规律复习，省时又见效。比到期末时"东一榔头西一棒"要好得多。

分段总结。学习完一个单元的知识后，教师要指导学生及时总结一下学了哪些基础知识，它们之间又有什么联系。每次测试，特别是中段测试和期末测试后，更是要指导学生根据自己的情况总结得失和经验教训，做好记录，找出自己知识掌握的薄弱环节，及时补救。

当然，学生的良好学习习惯是多方面的，我们在教学活动中要以科学为依据，要不断学习，提高自己的教育理论水平，更新观念，注重学生个性，帮助他们养成好的学习习惯；良好的学习习惯也不是一朝一夕能完成的，但贵在坚持，重在探索，一旦学生的良好学习习惯逐渐形成，不管是教师的教还是学生的学都会事半功倍而卓有成效。

没有"标准"，难成方圆

"大匠不为拙工改废绳墨，羿不为拙射变其彀率。君子引而不发，跃如也。中道而立，能者从之。"

《孟子》继承发扬孔子因材施教思想；同时提出教学必须坚持一定标准，对因材施教思想作了必要补充。《孟子》举例说，羿教人射箭一定把弓张满，学者也必须学着张满弓，张满弓是射箭所要求达到的标准。能干的工匠教人学艺，一定要用规矩，学者也必须学会用规矩，因为无规矩方圆便失去了标准。"大匠不为拙工改废绳墨，羿不为拙射变其彀率。"也就是说教学要做到因材施教，又要坚持统一要求与标准，不能因为追求真理的困难或目标高远而降低目标或标准。这一点，对于当今的教育者来说，就要始终牢记一条准则："不用统一的尺度来衡量学生，但应用统一的标准来要求学生。"

我们大力提倡以人为本的素质教育，要求减负，让学生成为学习的主人。但这不意味着没有考核和评估的标准，而是要求考核具有综合性、全面性和经常性；从某种意义上讲，素质教育对学校、教师、学生提出的标准都更高了，而不是变低了。

当前，在实施素质教育过程中存在两种误区：一种认为考分高就是素质高，认为高考指挥棒是以文化课成绩为主，与高考无关的一切科目都要让路，学生没有时间接触课本以外的世界,成为考试的机器、分数的奴隶,高分低能由此产生;另一种认为素质教育就是琴棋书画,于是许多家长在孩子上幼儿园时就开始加压,逼孩子学舞蹈、练钢琴、习书法,刚上小学就强迫孩子上这样那样的补习班。这样,课上应试教育,课下素质教育,许多孩子的学习负担不轻反重,学习成了折磨人的"苦役"。从根本上说,以上两种做法都是对素质教育的误解,并不是真的做到了素质教育。

素质教育能否落到实处,关键是要澄清错误认识。素质教育并不是不要考核,放弃标准,而是要具有综合性、全面性和经常性。要教学生既会动脑、又会动手;使学生德智体美全面发展;还应该根据学生长期的学习表现决定成绩。减轻学生负担也绝不是对学生放松要求和撒手不管,而是给孩子更多的时间接触世界,接触事物,接触生活,学习更多的知识,做更多的事,思考更多的问题,培养独立思维和创造能力。

为此,学校首先应该保证要把该开的课程开全,把休息时间还给学生,给学生创造全面发展的空间。教育部门要制定科学合理的考核办法,把对学生的单一评价变为多元评价,由评分数变为评综合发展;由一次考试定终身变为考察学生的成长规律和发展潜力。

对于工作在一线岗位的广大教师来说,则要积极转变自身观念,提高自身素质,改革教学方法,提高教学质量和教育水平。当前,以人为本的理念可谓深入人心。但是如何理解"以人为本"还存在诸多误区。

有些教师以为以人为本就要迎合学生天性,放弃标准,放弃原则,对学生不能说"不",不能批评,生怕扼杀了"牛顿",夭折了"爱迪生",导致没有原则的"尊重""赏识"泛滥成灾。殊不知这种没有标准的迎合会产生非常恶劣的影响。放弃原则的赏识不但模糊了学生的认知,而且会养成不良的习惯。有些学校甚至规定老师不准批评学生、不准变相批评学生、不准向家长说学生的坏话。结果,由于害怕被扣上批评学生的帽子,不少教师对学生的错误不得不"视而不见",在教育管理上不敢坚持标准,给学生成长带来了负面影响。

有些教师以为以人为本就要充分尊重学生自由,无视课堂纪律。如有的小学提出课堂上学生可以睡觉、插嘴、喝水、上厕所、随意选择同桌,在课堂上有权拒绝回答教师提出的问题。这些做法表面上是对学生自由和权益的尊重,实际上违反了课堂纪律,影响了正常的课堂教学秩序,最终会损害所有学生的课堂权益。以人为本的素质教育不能没有标准,没有规矩,而是应该在规则、纪律、制度之下,尊重学生的权益、个性与自由,并不是对无序课堂纪律的漠视。

有些教师以为以人为本就要迁就学生要求,漠视教师权益。如有的学校在"尊重"的名义下,对学生不合情、不合理、不合法的要求一味迁就,出现了学生想怎么样,学校和教师就为他们提供相应条件的现象,实际上变成了"唯生独尊"。为了"尊重"学生的发展需求,有的学校对教师提出近乎"苛刻"的要求,一味强调教师要无私奉献,教师的休息权和获取劳动报酬的合理要求却得不到满足;一些教育主管部门、学校领导动辄以"下岗"为要挟,教师的合法权益得不到有效保证,使教师产生职业倦怠,影响教师积极性的发挥和学校办学质量的提高。

以人为本的素质教育不能没有标准,没有规矩,"不以规矩,难成方圆",为此,教师必须及时转变认识,用统一的标准要求学生,营造一个纪律良好,凝聚力强,积极向上的学习环境,促使学生共同进步。

从具体管理措施上讲,教师应该抓好常规管理规范学生的行为习惯,比如按时到校、做好两操、积极参加班集体各项活动,等等。对于日常规范教师应当严格要求,决不马虎,让学生感到做人就要这样严谨、认真、一丝不苟,直到学生形成自觉意识,不需要教师强调,就主动认真地遵守校纪校规。

现在青少年学生的学习、生活绝大部分时间是在学校度过的。班级即是学生的一个大家庭。营造良好的学习环境,对提高学生的德育素质起了相当大的作用。为此,教师应当首先对学生进行理想教育、学习目的教育、习惯的养成教育,培养其自信心及责任意识,其次,建立一些监督机制、奖惩制度,定期检查,定期反馈,赏罚分明,有一定的标准,才能让学生自我衡量自己的行为,从而端正态度,积极进取。

班级中总是存在一些思想基础和学习都比较差的学生,通常表现为精力旺盛而又学不进去,思想活跃而又任性好动,对班集体正常的学习生活秩序有一定影响。在教育转化这部分学生时,教师可以从建立和培养感情入手,亲近他、关心他、了解他,努力发现他身上的闪光点。在班级活动中,像打扫卫生、主动抬水,拾到东西主动上缴,积极参加校运会入场式等,都及时表扬,让这些已经失去了上进心和自我认同感,缺乏自信心的同学,重拾自信,使性格和人格回到正确的轨道上来。老师应真正有爱心,理解学生,尊重学生,不要吝啬表扬,善用巧用表扬,这往往比批评更具威力。

此外,培养学生的集体荣誉感是班级建设中事关工作成败的重要环节。有了集体荣誉感,学生就会热爱集体并发挥主动性和创造精神,表现出主人翁的责任感;就会不断进取,产生积极向上的强烈愿望,做到心往一处想、劲往一处使,形成一种合力,从而使班集体更具凝聚力和竞争力。相反,如果学生对自己的班级缺乏荣誉感,班集体就会失去教育功能。集体荣誉感是建设良好班集体,把学生培养成才的巨大引力场,它能使几乎所有的学生都自觉自愿地为争取和维护集体荣誉而努力。集体荣誉感也是一种约束力量,它能使学生感到不能为集体争光或做了有损于集体荣誉的事是一种耻辱,而产生一种自谴自责的内疚感,从而使每个学生为维护集体的荣誉和利益而服从集体的决定,克服自身的缺点。

总之,不要以统一的尺度衡量学生,但要以统一的标准要求学生。只要是同龄人都能做到的,就要求他们努力做到;当然达到标准不代表就此停步,而是要力争向更高的标准迈进,争取更大的进步。"会读书"是基础,读好书是理想;"懂健身"是乐趣,身心壮是追求;"能办事"是目的,办成事是必须;"做好人"是一切之根本,教育学生用合理的标准衡量和要求自己,成为一个有利于社会和人民的人。

"由博反约""深入浅出"

"博学而详说之,将以反说约也。"

孟子说:"言近而指远者,善言也;守约而施博者,善道也。君子之言也,不下带而道存焉;君子之守,修其身而天下平。"这表明孟子主张教人必须由近及远,深入浅出,这是最好的教学方法,由"守约"而"施博"是好的教育途径。孟子主张"由博反约",即教师应当有渊博的学识,并能详细地解说,这当然不是为了炫耀自己的渊博,而是要以广博的知识,融会贯通起来,将其归纳而得到简单概括的结论,只有这样,才易于被学生消化接受。当然,如果没有广博的知识,详细的解说,是概括不出这简约结论的。

真理原本是至简至约的,博学评说是手段,归于简约才是目的。

全面提高教育教学质量,就必须改进教师课堂的教学方法,而课堂教学方法的改革要在"由博反约""深入浅出"上下功夫。

"博学""深入"要求教师在工作中不断学习和积累教育理论知识,提高自身素质。教师如果不重视经常学习和进修,忽视教育理论的学习和更新,不关注当前教育和社会动态,知识体系就会慢慢变得陈旧、薄弱,教师只有保持"终身学习"的态度,教学才能永远焕发光彩。

要力求教育理论"深入",就应当重视平时课余的学习和积累。教师可以有计划地研读一些教育经典著作,提高自己的思想修养;并积极关注当前国家的教育方针政策,了解教改教研方面的信息;阅读具有权威的教育类报刊杂志,学习名师名家的教学经验。

理论要深刻,光靠知识的堆积是远远不够的。教师要学会思考,勤于思索,善于总结。把书上看到的、生活中学习到的、别人教自己的融入自己的头脑中,再融会贯通,变成自己的,在课堂上展示出来。课堂上不能回答学生的问题和不能解决现实问题的教学是难以"深入"的,无法勾起学生学习的欲望,也打动不了学生的心。教师不能完全机械地重复教材、教教材,仅仅做好教材的阐释,做好编者的传话筒,那他并不是一位好老师。一名负责的教师,是在自己理解和熟悉教材的基础上,深入思考,比较借鉴,敢于大胆质疑和创新,形成自己的教育理论和教

白玉出廓璧

育思想。只有这样才能"深入",才能使讲的东西变得深刻、全面。没有深入就难做到"浅出""反约"。

"博学""深入"是练基本功,"浅出""反约"是练方法技巧,这就要求教师在课堂教学表达方式上下功夫。要使表述出来的内容浅显易懂、启人深思、耐人寻味。真正的大家名师能把一个深刻的道理、抽象的描述和晦涩的语言文字,用通俗易懂的方式表达出来。如果教师采取从书本到书本的机械反映式教学,必然使学生丧失学习的主动性和积极性,教师的课堂永远打动不了学生的心。

从书本到学生，教师要发挥吸收、转化的作用。书本上的理论知识要为学生掌握，必须考虑到学生的接受能力。学生的接受能力与其知识基础和社会经验紧密相关，我们要把未知的新知识想方设法地"还原"到学生已知的基础上去，而不是要求学生用他们的理解能力来消化我们教师理解能力所能达到的知识。

"反约""浅出"仅仅达到浅显简约易懂是不够的，还要力求启人深思。培养学生的理解能力和思维能力，是我们课堂教学的一项重要任务。我们可以采取发散式教学思维方式，由点到面，由此到彼，举一反三。同样的问题，我们不妨指导学生换个角度，寻找一种新看法，得出一种新观点。教师要善于启发学生大胆想象，勇于探索解决问题的不同途径，而不是满足于记住一个概念和一个结论。

课堂教学要"由博反约""深入浅出"，还要在情上下功夫。教师的理论情态直接影响着学生学习理论的心态。教师对自己所讲的内容要做到心中有数，把理论的爱转化到针对理论宣传教育的爱上，才能以情动人，才能感染学生。只有使学生感到学习有意思、有乐趣，他才能主动去学习。

从具体的教学策略来讲，教师首先应当逐步降低起点。教学伊始，把起点定得很高，随着教学难度的提升会使教学难以为继。深奥的课文，起点定得低些，然后逐步提高要求，学生的学习才能比较顺利。这样的教学，遵循的是从感性到理性的顺序，符合认识规律，学生学起来就容易得多。

其次应当注意突出重点。是教学重点同时是教学难点的，要去突出。是文章的难点，但不是教学重点，可以淡化甚至忽略。以语文教学为例，低年级的寓言、古诗的教学，寓意可以淡化，古诗意境的深入品味可以忽略；高年级的辞藻华丽类的略读课文的教学，可以忽略大部分词语的教学；对哲理性很深刻的课文，对人与事的感悟、体验要充分，对哲理的认识则可以点到为止。

定好起点，抓住重点，就要求教师在研读教材时，需要遵循"心存教学，深入浅出"的思维转换模式，使自己的教学预设更具针对性和科学性。具体来说，这种思维模式需要教师在课前解读教材过程中，提前虚设教者和学者角色，根据角色特点，运用还原、简化、抽象等思维形式，将教者解课读文时把握的信息进行分层转换，进而选择合适的教学设计方案来实施教学。

总之，实现教学上的"由博反约""深入浅出"，不仅使教师的教学设计呈现出宽广的视野特点，而且富有教学张力。落实在具体的教学实践中，"由博反约""深入浅出"对于正确地选择教学设计和预设教学的指向有着十分必要的指导意义。

善用比喻，事半功倍

"必有事焉而勿正，心勿忘，勿助长也。无若宋人然。宋人有闵其苗之不长揠之者，芒芒然归，谓其人曰：今日病矣，予助苗长矣。其子趋而往视之，苗则槁矣。天下之不助苗长者寡矣，以为无益而舍之者，不耘苗者也。助之长者，揠苗者也，非徒无益，而又害之。"

孟子主张以近在眼前的平常事来说明意义深远的大道理，所以他经常用类比法进行论证，或用简单的比喻来解释疑惑。例如，孟子用宋人揠苗助长的故事比喻培养"义"不能急于求成，不尊重事物的客观规律只会导致失败。

这样的例子还有很多，孟子对齐宣王解释"不能"和"不为"的区别时，也用了简单、生动的比喻，他说："挟太山以超北海，语人曰：'我不能'，是诚不能也。为长者折枝，语人曰：'我不能'，是不为也，非不能也。固王之不王，非挟太山以超北海之类也，王之不王，是折枝之类也。"意思是用胳膊夹着泰山去跳过北海，告诉别人说：'我不能。'这是真的不能做。替老人折取树枝，告诉别人说：'我不能。'这是不去做，不是不能做。因此您没有称王天下，不是夹着泰山去跳过北海一类的事；您没有称王天下，是折取树枝一类的事。

诸如此类的比喻，据统计在《孟子》全书 261 个，有 93 章总共使用了 159 个。《学记》中总结说："君子之教喻也"，"能博喻然后能为师。"通过巧妙的类比论证帮助学生理解并掌握知识点，这一思想在中国教育史上有着深远的影响。

众所周知，一个巧妙的比方，往往能把抽象的问题形象化、间接的问题直接化、复杂的问题简单化，从而让人易于理解和接受。把它运用到教学上来，自然是突破难点的一种好途径。

在具体的教学工作中，善用比喻是一种技巧，它往往能起到令人惊喜的效果。例如，教师可以用比喻鼓舞学生的斗志，让他们振作精神，努力学习。这时，教师可以经常用这样的话语来激励学生："在曲折道路上前进，缺乏勇气、毅力、信心，是不可能走到终点的。""学如逆水行舟，不进则退，你们要做前进的勇士，还是后退的懦夫?""困难不是铁、不是钢,困难是弹簧,你强它就弱,你弱它就强。"在生动的比喻中,困难和艰苦仿佛变得不再可怕,学生们会鼓足勇气成为学习的主人,生活的强者。

当然比喻更多的还是用于加深知识点的理解和强化记忆。我们面对的是陌生的世界,学习就是为了认识陌生的世界。如何化"生"为"熟"也是教与学永恒的研究课题。教师要用熟悉的事物去说明、去比喻还不熟悉的事物,使学生易于理解。基于此,就要求教师在熟悉教材、深刻体会教材体系、正确处理教学内容、积极开展实验实习的基础上,选择有经验老师常用的比喻手法作为传统讲授法的一种辅助教学方法。

实践证明,比喻教学的恰当运用是一种事半功倍、行之有效的方法。它可以很好地把一些抽象的概念形象化、具体化;帮助学生完成对某些概念、规律从短暂识记向长久识记的转化。

当然,运用比喻教学,要求备课时要精心选择,切忌灵机一动,信口比喻,还必须考虑一定的原则:

首先,运用比喻教学,要引起学生的联想。比喻是生活知识精巧的联想,在教学中运用比喻教学,发挥学生联想,才能把抽象的知识转变成形象生动的知识,便于学生理解和记忆。

其次,运用比喻教学,喻体要通俗但又要创新。在比喻教学法中,喻体应该是学生在平时都能接触到,且贴近生活实际,既避免人云亦云,又能吸引住学生的注意力。

最重要的一点是运用比喻要妥帖恰当。在比喻教学中,本体与喻体是两种截然不同的事物,但又极为相似,这样的比喻才称得上妥帖。不妥帖的比喻不仅不能提高学生学习效率,反而会对学生起干扰作用,分散学生注意力,从而影响学生。教师可以采用化"生"为"熟"的原则。按照熟悉事物的性质、判定去研究陌生事物,使认识延伸;也可以采用化"熟"为"生"的原则,将熟悉事物有意识地看作陌生事物,用新方法、新手段加以研究,使认识深化;在比喻教学中一定要突出主体,把学生易错、难掌握之处通过比喻突现出来,深化理解、加深学生印象。

总之,课堂重视挖掘并运用巧妙的"比喻"手段进行教学,是诱发学生积极思考,活跃课堂气氛,激发学习兴趣,提高教学效率的重要方法。当我们在讲述某些让学生甚至自己都觉得枯燥、乏味的知识点时,何妨"打个比方"呢? 相信一定会收到事半功倍的教学效果。

虚心学习是教育的法宝

"子路,人告之以有过则喜。禹闻善言则拜。大舜有大焉:善与人同,舍己从人,乐取于人以为善。自耕稼陶渔以至为帝,无非取于人者。取诸人以为善,是与人为善者也。故君子莫大乎与人为善。"

《孟子》主张要像子路那样"闻过则喜",像大禹那样"闻善言则拜"。它多方阐发孔子"过则无惮改"的思想;又进一步提出"与人为善"的要求。"与人为善"首先要做到有过改过,无过也乐于学习别人长处;进而要"善与人同",积极为善,并偕同别人一道为善。这种虚心向别人学习,互相帮助,共同进步的思想,对于今天的教育者仍不失其借鉴意义。

一般而言,为师者应该有高深学识和能力,并且拥有较高的学历和得到社会的尊敬。但这也容易使一些老师骄傲自满起来,仅把学生看作是"授众",而不是平等的、教学相长的伙伴。更有甚者,一些人还沾染了文人相轻的习气,不把同行放在眼里。孔子曾感叹说:"物满则覆。"毛泽东同志也曾说:"谦虚使人进步,骄傲使人落后。"自古以来,取得成功的人都是虚心好学的。江海不拒细流,方能成其深;泰山不择土壤,方能成其大。只有虚心地学,虚心地做,才能有进步,有成就。相反,永远摆出高高在上的姿态,"好为人师"的人,很快就会被实践证实自己的错误。

以下这个案例发生在某中学的语文课堂上:

在讲评课外练习题时,教师碰到了这样一道题目:"父亲看了一眼儿子,眼光里是欣赏和赞许。"要求给出"赞许"的同义词。有的同学说是称赞、表扬、夸奖,这样的答案让人无可争议,可有个别的同学却说出"称扬"这个词语。

教师一怔,"称扬"? 自己教了十几年语文课,仿佛从没听过这个词语。于是,教师非常坚定地一口否决了这样的答案,并自信地纠正道:"同学们,这里用'赞扬'或是'称赞'都是可以的,但是注意不要用'称扬',因为没有这个词。"

教师还没说完,讲台下就响起了学生的抗议声,"老师说错了! 有这个词……"教师觉得很没面子,摇摇手,示意大家保持安静。但噪音却更加刺耳了:"老师,你就是错了!"

教师感到有些恼火,为了维护自己身为老师的尊严,严厉地说道:"起哄的同学安静一下。为什么总和老师对着干呢?现在是在课堂,不是在菜市场!"

终于,课堂恢复了宁静,教师拿起课本准备开讲,却看见台下高举起的一只小手,教师无奈地示意学生起立,"老师,请看字典!"……

在第10版《新华字典》的第599页中对"赞"的解释:"②夸奖,称扬(赞许,赞扬,称赞)。"

一瞬间,教师的脸涨得通红……

人非圣贤,孰能无过?即使是教书育人的人,也难免存在偏颇和不足,也难免会出现错误和纰漏。但是,教育者必须清楚地知道:衡量教师水平的绝对因素不是错误的多少,而是教育者对待错误和不足的态度。如上文的案例,教师对"称扬"这个词并不熟悉,无法给出肯定的结论,但教师却害怕承认自己的不足,反而想当然地告诉学生错误的概念,更加严重的是遭到学生的否定后,不但不承认错误,还变本加厉地固执己见,试图用强硬的手段维持课堂秩序。其结果,不但影响教学效果,更会让自己在学生心目中的印象不断恶化,这种教育方法既不明智也不理智,是教育者应当坚决摒弃的。

事实上,教师如果能够转变观念,放下教师的架子,问题就能很好地解决了。在出现错误和纰漏时,作为教师,自己首先要冷静,不用意气用事,否则就会出现师生间的不愉快;教师切忌把自己的地位抬得高于学生,而是要用一种平等的眼光去看待学生,这样即使发生什么意外学生也能谅解老师;错误既然是难以避免的,出现了错误就要有勇于承认,积极改正的态度,作为老师向学生认个错,不但不会"丢面子",反而会增加学生对你的好感,这无疑是良好教育的开端;做个虚心好学的老师,不光能够充实自己的知识素养,提高自己的业务水平,更能让学生感受到榜样的力量,如此这般,师生互勉,共同进步,这样师生间的关系会更加融洽,教学气氛会更加积极向上。

教书育人,名义上是教别人怎样读书学习、如何做人做事的过程,其实更是教师自己不断学习、不断提升自身修养水平的漫长历程。作为一个好的老师,在教学实践中,应该虚心地向学生学习,虚心地向同行学习,要学习、学习、再学习。教师是教育学生的第一责任人。教师水平的高低决定学生一生的命运,教师有责任也应该努力提高自己的教学水平和教育水平。只有高水平的老师,才会培养出高水平的学生。做一个好老师其实真的不是一件很容易的事情,一方面知识的更新比较快,另一方面学生的思想多元化的趋势,都要求教师必须要不断地充实和提高自己。

怎样向学生学习呢? 今天的青少年是一个充满朝气、思想活跃的群体,在他们身上散发着浓郁的时代气息。所以,教师在课堂上下,也要把学生视为自己学习的对象,通过课堂提问、讨论,课后与学生面谈、通信(包括手机短信、E-mail、QQ)等方式,细心观察和分析学生的一言一行,及时发现其长处和亮点,认真倾听其诉求,采纳其合理意见、建议,不断改进自己。作为一个教师,一定要很谦虚地和学生们交流,以一种平等的态度和学生讨论或探讨一个自己并不了解或知之甚少的问题;要学会与学生分享知识、表达知识,应该把自己好的学习方法拿出来与学生分享,不仅要"授之以鱼",更应该"授之以渔"。这样,教学相长,教师的教学就一定能得到长足进步。

怎样向同行学习呢? 学校是群英荟萃的家园,每个教师都有自己独特的生活、教育经历,也有不同的学术见解和教学风格及经验。因此教师之间一定要相互学习,取他人之长补自己之短。通过经常性互听课、观摩教学、谈心、请教等方式,虚心向同行们学习。要学会尝试多种多样的教学方式,紧紧跟上时代的步伐,不断创新课堂。要学会选择学习的对象、合作的对象及处事的方法。教师这个岗位是需要经验累积的,因此,作为教师特别是年轻教师,就必须虚心谨慎地向其他教师学习,同时要做一个有心人;一个好老师应该有着开阔的胸怀,勇于接受各种批评与自我批评,善于与其他教师合作,维护团队的团结和荣誉,相互扶持而不是相互拆台。

总之,教育者应当时刻牢记:虚心学习是教育的法宝。从而解放思想,更新观念,树立开放意识,从书斋、教室、学校走出来,结束那种自我封闭、自我满足、自我欣赏、自我陶醉的状态;立足岗位、国情和当地实际,通过各种信息传递方式,把视野多角度地扩展到外部世界;用辩证唯物论的观点观察、分析、认识问题,把握国内外教育改革的动态。要从头脑想着应试题,心里盼着高升学率的禁锢中挣脱出来。与旧的、保守的,甚至是阻力的教育观念、人才观念、素质观念、教学方法等划清界限。面对瞬息万变的社会,面对莘莘学子对新知识的强烈渴望,教师不能故步自封、停滞不前,必须投身于学习和创新中,不断带给学生新的知识新的体验。并以自身的这种不懈地追求,潜移默化地影响学生,履行好教师肩负的使命。

热爱学生,乐于为师

"君子有三乐,而王天下不与存焉。父母俱存,兄弟无故,一乐也;仰不愧于天,俯不怍于人,二乐也;得天下英才而教育之,三乐也。"

孟子的快乐反映出一位为人师者广阔的襟怀,和对学生无限的热爱。为师者,不只有答疑解惑之乐,更有为天下培育英才的极乐。试想,一个发明家对社会的贡献可能是一种产品;一个建筑师对社会的贡献可能是一栋大厦乃至一个城市的设计;一个将军对社会的贡献可能是一次战役的胜利;一个农民对社会的贡献可能是一片庄稼的丰收;一个艺术家对社会的贡献可能是一部作品的问世;一个探险家对社会的贡献可能是一个景观的发现;一个外交家对社会的贡献,可能是一个国家与另一个国家的握手;一个政治家对社会的贡献,可能是一个民族的兴旺发达;一个历史学家对社会的贡献,可能是对一个时代乃至人类历史进程的把握和预言……而无论什么样的家,无论多大的贡献,都是由"天下英才"来完成的。而任何家,都不可能是生而知之者,都必须由老师长期精心"教育之"才能成才。所以,为师者的责任其实就是天下的责任,为师者的使命其实就是天下的使命,为师者的快乐其实也是天下的快乐,不是极乐又是什么呢?

热爱学生,乐于为师是教育者的天职,更是一种高贵的美德。现代素质教育不仅要求教师能以渊博的知识培养人,以高尚的道德塑造人,以美好的情操陶冶人,以优美的语言感染人,更重要的是教师还要善于用科学的方法来引导人。在教育过程中,变"选择适合教育的学生"为"选择适合学生的教育",那么,什么才是适合学生的教育呢? 其实很简单,就是以热爱学生为出发点的教育。

刘波是一位普通的中学教师,她在平凡的工作岗位执教二十多年,将无数的优秀学生送出学校的大门,可谓"桃李满天下"。而她的学生,都深深地热爱她,尊敬她，即使离开她很多年，也无法忘记她。

刘波老师的秘诀很简单，就是对学生全心全意的爱与关怀。

她总是站在与学生平等的地位，给予他们充分的尊重和信任。每接任一个班级，她总是先了解学生的思想表现、家庭环境、社会状况。根据学生的不同特点因势利导。从道德上，从学习上处处关心体贴他们，言传身教，成为学生的表率。她曾教过的一个学生，身体好，个子高，力气大，个性好动，爱好体育运动，是学校篮球队队员。在家里父母视其为"小皇帝"，很是疼爱，可是在学校学习成绩差，常欺负班里弱小的同学，又爱出风头。有一次，一位老师批评了他，他竟然冲着老师破口大骂。事后刘波老师没有直接批评他，而是利用一次阅读课的机会，让大家品读古今中外名人歌颂恩师的一些散文、诗歌，那些饱含深情的语言打动了每一个学生的心。全班同学都静静地听着，刘波注意到那个"坏学生"，他也被触动了，红着脸，低着头，下课后，刘波这才把他叫到办公室，语重心长地指出他的错误，这个学生很快便主动向老师道了歉。紧张的师生关系就这样和谐地解决了。

刘波总是满腔热情地辛勤忙碌着，学生看在眼里，记在心里，感到老师的每一句话，每一个眼神，每一个动作都是出自内心的真诚。因此，他们都能自觉学习，把老师看成是他们的贴心人。班里的一个学生成绩不错，表现也很好。但家庭遭到不幸，父亲暴病身亡，母亲得了不治之症。突然的打击对她影响很大，成绩大幅下降，终日郁郁寡欢，刘波看在眼里，急在心上。在征求学校领导的同意之后，刘波在班内发起"一人有难，众人相帮"的捐款活动，得到全体同学的响应。刘波带头捐钱捐物，学生也踊跃解囊。学生家长十分感动，称赞老师教育有方，并表示一定要鼓励孩子好好学习，不能辜负老师的期望。之后，刘波找这位同学谈心，帮助她树立起信心。解决了思想问题，还帮助她把前段时间落下的功课补上。这位同学最终以优异的成绩考入了一所著名的高校，她时常给刘波写信、寄贺年卡，感谢刘老师对她的关心和体贴，信中的话语让刘波自己也觉得十分欣慰。

刘波老师的亲身实践，让我们看到教师的爱能够在学生心中产生多么惊人的神奇力量。教师的爱与关怀，让桀骜不驯的学生逐渐软化，让失去希望的学生重拾信心。教师的爱，甚至可以改变一个年轻生命将来的命运。

可以说，热爱学生，是教师最基本的道德准则，没有对学生真诚的热爱，就不可能全身心地投入到教育事业中去,没有对学生的爱,教师的工作就失去了真正的意义和目的。教师的爱是博大精深的,他既包含着父母那样的亲爱、慈爱,也包含着朋友之间的友爱、关爱,因为学生苛求尊重,苛求理解,教师要引导学生走好人生的路,采撷知识的花朵,酿造才能的蜜,教师应该有一颗慈母之心,敞开宽广的胸怀把孩子揽在怀中,把温暖和教诲传给每一个学生。

教师要热爱全班的每一个学生,关心他们,帮助他们,努力成为他们的知心朋友,只有这样,教师才会赢得学生的信任和尊重。而学生对自己的信任和尊重,调动了自己的工作热情,同时也调动了学生学习、活动、生活的积极性和主动性,增强他们的自信心,提高自觉性,努力上进,形成良性循环,一个优秀的班级才能逐步形成。相反,教师体会不到工作的乐趣,对工作消极被动,对学生的教育方式简单粗暴,这只能伤害学生的自尊心,师生间可能会形成对抗心理,教育工作就会陷入僵局,以致工作无法正常开展。

世界上任何事物都有其独特的属性,尤其是人。作为受教育的每一个学生,也都有其独特的闪光点,通常所说的"优等生"和"差等生"并没严格的界线,真正的教育也决不会出现绝对的"优等生"和"差等生"。但是,作为教师来说,我们眼里的学生,都是完全平等的,因为学生都不是完人,学生的天赋、智能有差别,个性特征有异同,在教师面前无论什么学生都应该接受公平对待,每一个学生是自己的施教对象,对于学生教师不能有选择,不能有好恶,不能厚此薄彼,不管他们长得漂亮还是丑陋,性格温和还是暴烈,也不管他们家庭富有还是贫穷,父母是高官名人还是普通百姓,教师对学生更应该多一些尊重理解、关爱、帮助和教育,使其心中升起希望的太阳,扬起自信的风帆,划动奋斗的双桨,朝着理想的彼岸不断前进。

当然,"热爱学生"不代表放任自流,不严格要求。事实上,热爱学生与严格要求是相对的、矛盾的,但又是统一的。"热爱学生有两个相互联系的基本方面:尊重爱护和严格要求。教师对学生的最大的尊重爱护,就是要把学生培养成具有社会主义觉悟的一代新人。这就包含着向他们提出严格要求,否则,尊重将成为放任自流,爱护将成为娇宠护短。教师向学生提出严格要求,是尊重爱护学生的具体表现。"《教育学》的这段论述,从教育学理论的角度阐明了热爱学生与严格要求的一致性。因此,教师对学生的爱应该同严格要求相结合,严格要求学生则是对学生更真诚的爱。中国有句古话，"严师出高徒"。任何时候对学生严格要求都是正确的，必要的。"严是爱，松是害"。教师只有严格要求学生，才能使其从小养成良好的行为习惯，打好坚实的知识基础，也才是对学生尽责，对家长、社会负责。

教师热爱学生，就要在平时教育管理中，坚持按照党的教育方针和中小学生日常行为规范，从小事抓起，严格要求，一视同仁，对学生的不良行为决不姑息迁就，发现问题及时纠正。不但教育其本人，也使他人同样受到深刻的教育，让每个学生明白：严格要求学生，一视同仁；体现了"公平性"，增强了教师工作的力度和在学生心中的信度。

不过严格要求也应把握尺度。教师对学生严格要求，必须以爱为出发点。教师严格要求学生，必须把握好尺度，务必有利于保护学生的自尊心和自信心，务必有利于促进学生的身心健康、进步和成长。对经常犯错误学生的教育，决不能操之过急，要坚持依法教育；尤其对身体有缺陷、心理有障碍、单亲家庭、弱智等学生的教育要充满爱心。

冰心曾经说过，有了爱便有了一切。当教师必不可少的，甚至最重要的品质就是"爱"。它是一种发自内心地对学生的关心、爱护、尊重、信任、期待以及尽责的美好感情。

总之，热爱学生不仅是教师开展各项教育教学活动的出发点，同时也是归宿。一个具有良好教育素养和心理素质，从心底热爱学生，不断探索教育教学方式、方法的教师很容易获得学生的尊敬。黑格尔曾有一句名言：教师是孩子们心中的偶像。

学生敬佩老师渊博的学识，敬佩老师深入浅出的教育教学风格，敬佩老师诲人不倦的精神和宽容的情怀，敬佩老师热情开朗、光明磊落的性格。学生对教师怀有敬佩之心，便产生了对教师的尊敬之情、亲近之感，师生之间就有了相互尊重和信赖的感情，教育就有基础。这时教师对学生提出意见或要求，学生心里就会想"老师是为了我好"，从而产生肯定的倾向，愉快地接受教育。此时，纵然教师的言辞尖锐些，学生也会认为老师是真诚的关怀而乐意接受。

时间一长，良性循环，学生既十分依恋教师，又对教师有一定的畏惧心理。"敬畏"佳境形成，教师就"不言而威"了。

热爱学生是教育的全部秘密所在。作为一名教师，要以热爱学生、乐于为师为天职，要严格要求学生，要做到严出于爱，爱寓于严，严而不凶，爱而不纵，严爱相济，努力创设有利于学生身心健康发展的宽松和谐的育人环境，在无私奉献的岁月中品味那份人生的至乐。

六、孟子成事智慧

有所不为，方有所为

孟子认为，不去做不合礼制和正义的事，对目标与行为的选择要到位，舍弃小事而做大事，就像人们说的，有所不为才能有所为。并且团结大家一道进步，这样的贤者应该为师，才能有所作为，成就大事。

人的一生是短暂的，但是想做的、需要做的事情很多。古往今来，能成大事的人，贵在目标与行为的选择。如果事无巨细，事必躬亲，必然陷入忙忙碌碌之中，成为碌碌无为的人。所以，一定要确立好最主要的目标，舍弃与目标无关的琐事，然后才能成就大事，有所作为。

但是如果该为的时候不为的话，也有可能因小失大。有这么一个寓言故事。从前有个渔夫，渔网破了几个小洞他懒得理。别人告诫他这样会事倍功半，捞的鱼少，他却说这样正好只捞大鱼。一天，他果然网到一条大鱼，正欣喜地收网时，那大鱼却在挣扎中将几个小洞连成一个大洞，趁机溜回了海里。渔夫后悔莫及。正所谓"有所为然后才能更有为"，但是这个渔夫不知道这个道理，结果后悔晚矣。

我们每天需要处理大量的事情，就需要"有所为，有所不为"，清醒地看清什么是应该做的，什么是不应该做的，这样才能集中精力更有效地工作，才会更有作为。

所谓"有所为"，就是指应该做的，一定要去做，把它做得最好；而"有所不为"，并不是什么事也不做，而是不做那些愚蠢的、无效的、无益的、无意义的，乃至无趣无味无聊，而且有害有伤有损有愧的事。人一生要做许多事，人一天也要做许多事，做一点有价值有意义的事并不难，难的是不做那些不该做的事。"不为"就是把有限的精力、时间节省下来，才可能做一点事，也就是——有为。

艾森豪威尔曾在他的《远征欧陆》一书中写道,马歇尔"轻视那些事必躬亲的人,他认为那些埋头于琐细小事的人,没有能力处理战争中更重大的问题"。他讲美国的军事原则是:"为战区司令官指定一项任务,给他提供一定数量的兵力,在他执行计划的过程中,尽可能少加干涉。"如果他的战果不能令人满意,"那么,正当的办法不是对他进行劝说、警告和折磨,而是用另一个司令官替代他。"

艾森豪威尔所说的"琐细小事"和"尽可能少加干涉",就是有所不为的范畴。对于一个战区司令官来说,对那些琐细小事就有所不为,以便于集中精力研究整个战区的大事,要在全局上有所为,更高一级的统帅对战区的事情少加干涉,也正是要研究更大的战略问题,在更高的层次、更广泛的意义上有所为。

因此,也可以说是有所不为才能有所为。有所为有所不为,有利于使资源实现优化配置,把宝贵的有限的资源用在最急需的地方,争获最佳的效益;有利于集中人力、物力、财力办更大、更好的事情。

一个人要想做到有所为有所不为,需要的是胸有全局,目标高远。而心中无数、虚浮懒散、官僚主义的人是做不好有所为有所不为的。胸有全局是能分清轻重缓急、该取该舍、科学规划、科学设计。目标高远是瞻前顾后,虑及子孙,以高度的社会责任感和历史责任感对待自己的工作。显然,短期行为,急功近利与此格格不入。

有所不为是效率原则、事务原则、节约原则,是有为的第一前提条件;又是养生原则、快乐原则,只有有所不为才能不自寻烦恼。同时,有所不为更是道德原则,道德的要义在于有所不为而不是无所不为;这样,才能使自己脱离低级趣味,脱离鸡毛蒜皮,尤其是脱离蝇营狗苟。

有所不为是一种境界,一种自卫自尊;是一种对自己,对别人,对事业,对历史的信心;是对于主动的一种保持,是一种豁达的耐性。无为是一种聪明;是一种清明而沉稳的智慧。

古往今来,有以忠名留青史者,如伯夷、叔齐;有以智佐定天下者,如韩信;有以义折服世人者,如豫让;有以贤开创伟业者,如诸葛亮,皆有所为,有所不为,伯夷叔齐不食周粟,付出了生命的代价,韩信受胯下之辱,付出了尊严的代价,豫让自黥面,付出了身残的代价,诸葛亮不受刘备禅让,拒绝了帝王的荣位,正是他们都有所不为,所以才成就了大作为。

海尔集团无疑是最受国人推崇的成功企业之一,仔细想想它那几乎尽人皆知的创业历史,也看出个有所为,有所不为。比如砸冰箱事件,宁肯将价值不菲的几十台冰箱全部砸烂,也不要流入客户手中,自毁信誉,这种气魄,说起来是很容易的,但有几人能真正做到。再看国内外成功的企业,无论是市场扩张战略,产品质量保证,核心经营范围,都是有所为,有所不为。

有所为,有所不为。看似简单的一句话,却能给人带来无尽的思索。有时,它是一种执着的精神;有时,它是一种坚定的信念;有时,它是一种庄严的承诺;有时,它是一种成功的智慧。

那么,具体又该如何做到有所为,有所不为呢?

(1)"四为"

诚心待人,乐于助人。用自己的真心对待身边的人和事,发挥自己的能力帮助需要帮助的朋友。不摆架子,平易近人,对人对事认真严谨。现在社会上弥漫着一种"事不关己,高高挂起"的习气,一些人只顾着谋求自己的利益,对身边的人和事漠不关心,冷眼相看。只是一味地接受别人的帮助,却不愿拿出自己的一点热情来帮助别人,这样的人只能让身边的人离他越来越远,而不愿与他为伍。

做人做事,坚持原则。我们看到身边有很多的"好人",他们将自己整得焦头烂额,自己真心帮助别人,却得不到别人的理解,弄得自己里外不是人,挠破头皮也不知道为什么自己的努力总是得不到大家的赞同。其实,根本原因是自己没有坚持原则。不能为了迁就别人、帮助别人。而违背了工作原则。

爱岗敬业,做好本职。每年社会各界都会评选出一批劳动模范,这些人在生活上是我们的楷模,在工作中是我们学习的榜样。他们被选出来,是因为在工作中兢兢业业,在自己平凡的岗位上干出了不平凡的业绩。他们把自己的身心奉献在了岗位上,用自己的行动表达了对工作对企业的热爱,这样的人自然而然地会得到大家的认同,成为大家眼中的好人。

心胸宽广,海纳百川。一个好人,一定有着宽广的胸怀,虚怀若谷的心胸,以海纳百川的气度对待他人给予自己的意见,志向高远,不会把自己的力气浪费在无谓的争辩中,一定会以自己的行动来证明自己的能力。从古至今,有大胸怀的人往往被人称赞,成为教育后人的典范。这样的人在我们心中也会树立起高大的形象,令人肃然起敬。

(2)"四不为"

不"损人利己"。为了达到自己的目的,不惜把自己的"得到"建立在别人的"失去"上,这样的人必定会被世人所不齿,做这种事的人会丢掉做人的道德底线,更不用说做"好人"了。

不"畏首畏尾、推卸责任"。大事难事看担当。一个人的品质在工作中可以得到体现,对待责任该承担时就要承担。如果总是推卸责任,那么这样的人会失去大家的诚信。

不"锱铢必较、小肚鸡肠"。不要对什么事都斤斤计较,或用猜测怀疑的态度对待身边的人和事。应该"自处超然、处人蔼然、无事澄然、处事断然、失意泰然"。以心换心。

不"骄傲自负、盲目自大"。取得一点成绩就沾沾自喜,把别人的建议抛之脑后,这样只能离"好人"的标准越来越远。夜郎自大的做法会让自己脱离群众。

做事不能半路而废

孟子说:"做事就像打井,已经挖了六七丈深还没见到泉水,(如果不继续挖)仍然是口废井。"

孟子在这里告诉我们,做事要有始有终,绝不能半路而废。

我们不论是做事还是求学,都要坚持下去,如果一旦遇到困难就半途而废,那样终究会一事无成。

当我们去做一件事情的时候,会有很多的因素,让我们半途而废。而做不好那件事情,其实只要我们能坚持下去,好的局面还是会向我们招手的。

刘秀称帝后,紧接着渔阳太守彭宠、涿郡太守张丰、东莱太守张步也都各自称王,这对刚刚建立的东汉政权构成了很大的威胁。

这时刘秀身边的建威将军耿弇对刘秀说:"臣的父亲耿况现在在上谷(今属河北),兵强马壮,实力雄厚。臣想前去调集军队,先平彭宠,再破张丰、张步,铲除这些祸患。"

刘秀被耿弇的雄心壮志所感动,经过再三考虑,最后同意了他的请求。

耿弇首先把矛头指向渔阳的彭宠,但是在行军途中,他发现张丰力量较弱,于是决定先消灭张丰。在朱佑、王常两位将军的支援下,耿弇连战连胜,一直打到张丰的老家涿郡,攻破城池后,活捉了张丰,随后就把他给处决了。

彭宠和张丰是一起互相勾结、狼狈为奸的。现在张丰一死,他就独木难支了,耿弇又趁胜前进,他率领军队长驱直入,彭宠在众叛亲离的情况下,企图弃城逃命,却被自己的家奴杀死。

在平定了张丰、彭宠后,耿弇于是挥师东下,渡过波涛汹涌的黄河,直接前往攻打东莱的张步。

张步的势力要比张丰、彭宠强大很多。他派大将军费邑在历下(今济南西)以重兵防守,又在泰山一带筑起营垒,准备与耿弇决一死战。耿弇在熟悉费邑的布兵情况后,觉得硬攻是难以取胜的,于是决定采取调虎离山之计,挥师东进,攻打巨里城。

费邑知道后,慌忙率领三万精兵前去救巨里,然而令费邑没有想到的是,耿弇只有二三千士兵在佯装攻城,而大部分将士都埋伏在巨里城外的山岭中,只等着他自投罗网。

当费邑的军队进入耿弇的伏击圈后,耿弇的军队冲杀出去,费邑的军队全军覆没,他也被乱军杀死。耿弇趁势攻破济南,逼近张步的根据地剧县。

随后张步孤注一掷,将二十万大军全部投入战斗。因此,战斗刚开始就空前地激烈、残酷。在激战中,耿弇身先士卒,左冲右突,带领着队伍往前冲。突然,一箭飞来,正射中耿弇的大腿,顿时血流如注。耿弇为了不影响士气,他咬紧牙关,用刀砍断箭杆后,继续领兵作战。一直作战到天黑下来,双方都鸣金收兵后,身边的将士才发现他早已负伤。

这时,刘秀已率军队进入山东,准备亲自增援耿弇。耿弇对将士们说:"皇上驾到,我们应该以战斗的胜利来迎接他,又怎么能让皇上冒着危险,亲自上战场呢?"全军将士都受到鼓舞。第二天的激战从清晨开始,一直杀到傍晚。耿弇所率领的士兵,个个都奋勇杀敌,使得张步损失惨重,最后被迫潜逃,从此一蹶不振。

在庆功宴上,刘秀感慨地对耿弇说:"将军身经百战,所向无敌,即使是当年的韩信见了也会叹服。想当初,你向我请求平叛的重任时,我还忧心忡忡。现在看到你胜利的成果,这真是有志者事竟成啊。"

既讲原则,又要灵活

伯夷,商末孤竹国(今河北卢龙西)君长子,名允。孤竹君立次子叔齐为继承人。孤竹君死后,叔齐让位于伯夷。伯夷不受,兄弟相偕去周,投奔西伯(即周文王)。西伯死后,武王东进伐纣,他和叔齐叩马而谏,以为父丧而用兵,是不孝不仁。武王灭商后,他们逃到首阳山(今山西永济南),不食周粟,饥饿而死。

柳下惠,是鲁孝公的儿子公子展的后裔。"柳下"是他的食邑。"惠"则是他的谥号,所以后人称他"柳下惠"。柳下惠选择坚持"直道而事人",他不因为君主不圣明而感到羞耻,不因官职卑微而辞官不做;身居高位时不忘推举贤能的人,被遗忘在民间时也没有怨气;贫穷困顿时不忧愁,与乡下百姓相处,也会觉得很愉快;他认为自己和任何人相处,都能保持不受不良影响。

通过这两者的对比,孟子认为,"伯夷隘,柳下惠不恭。隘与不恭,君子不由也。"这是对他们的否定。孟子的这段话还说明了一个这样的道理:真正的君子,是既讲求原则,又灵活多变的,任何只讲原则或只求灵活都是不可取的。

虽然每个人的生活环境不同,文化层次不同,因而所追求的目标和理想也不尽相同,但是,在内心深处,每个人都会有自己不同程度的做人原则。

做人的原则应该是多方面的。比如说对待学习、生活、工作等,每个人都会有自己的原则,也就是说有个做人做事的底线,会有所为有所不为,懂得哪些事应该努力去做好,哪些事可以做,而哪些事是绝对不能做的。

相信很多人进入社会后,有这么一种感觉,做人要有明确的原则。只有原则搞清楚了,做人做事才会更有方向感,才会更清楚自己到底应该做什么和怎样去做!做人毫无原则的人总是没有自己的主见,总怕得罪人。这是非常不明智的,有时候甚至会把自己搭进去。而有原则的人,在他眼里总是可靠成熟和富有魅力的,所以,这样的人活得最轻松,还往往被赋予重任。

有一个流亡海外的女孩子。因为能讲一口流力的英语和法语被英国特工组织看中,加入了英国特工组织。她其实并不适合特工工作,性情急躁,所有同事都不看好她，认为她做间谍，无疑是给敌国送上一座秘密的宝矿。

正在这时，英国在法国的一个秘密电台被纳粹分子破坏，因为电报员奇缺，她被暂时派遣到法国从事电报收发工作。果然，正如大家所预测的，所有的训练过程都对她没有丝毫用处。组织让她拿一份敌国驻军图给地下交通员。她到了接头地点后，怎么也想不起来接头暗号，情急之一，索性把地图展开，对着来来往往的人群进行试探："你对这张地图感兴趣吗？"幸运的是，她很快遇上了两位地下交通员，他们扮成精神病人迅速地掩盖了这个可怕而致命的错误。

不仅如此，她认为越是繁华的地段越安全，于是自作主张把秘密电台搬到巴黎的闹市区，可是她不知道，盖世太保的总部就在离她一街之远的地方，如果在晚上，盖世太保甚至能听见她发报的声音；终于在一天夜里，盖世太保们把这个胆大妄为的正在发报的间谍逮捕了。英国特工得知她被捕之后，后悔不已，如果这个天真的姑娘在盖世太保的刑具下毫无保留地说出一切，那么对在法的特工组织将是一个重创。出乎意料，盖世太保们用尽了种种残酷的刑法，都无法撬开她的嘴。盖世太保对这个外表柔弱被折磨得半死的女孩简直肃然起敬了。

她的名字叫努尔，曾是一位印度王族的娇贵女儿。英国政府追授乔治勋章和帝国勋章。

这样一个不称职的间谍获得英国政府的最高奖赏，官方的解释是：对敌国而言，梦寐以求的是间谍的背叛，这等于无形的巨大宝藏。但这个很笨的女孩儿，至今都没有吐露一个字。一个人也需要技巧和智慧，但最不能缺少的是原则和信念。这就是一个间谍最出色的地方，所以我们从没怀疑过她是一位优秀的间谍。

的确，一个人需要技巧和智慧，但最不能缺少的是原则和信念。同时，还要注意以下两点：

做人要有原则，但这些原则也是与时俱进的。社会在不断发展，观念在不断更新，需求也在发生着不同程度的变化。在不同的社会背景下，法律和道德等准则会有所不同，这个时期这样做可能是对的，而同样的做法放在另一个时期就是错的，甚至是违法的。那么，做人的原则也要随着变化着的社会而不断调整。

做人要有原则，但还应当考虑到原则与发展的关系。有时候，做人的条条框框太多，并且养成了固有的行为习惯，则可能会束缚人的思维，让人失去开拓创新的精神,甚至思想僵化,很难适应不断发展变化着的社会环境。因此,人们在遵守做人的原则的同时,还要随时做出适当调整,使自己的做人原则时刻能够适合现时代的要求,不要让原则束缚和禁锢自己的思想。

春秋末年,楚王想攻打宋国,命人叫鲁班设计制造了攻城的云梯。墨子知道这件事后,走了十天十夜才到达楚国的都城。他对楚王说:"你如果攻打宋国,是不会得到胜利的。"楚王十分骄傲地说:"鲁班是天下手艺最高超的木匠,他已经替我做好了攻城的云梯,我一定能把宋国攻下来。"墨子说:"那么我就去帮宋国守城,你叫鲁班来攻。看他能不能取得胜利。"于是两人在楚王面前演示,鲁班进攻,墨子守城,连攻了九次,墨子都赢了。

但是鲁班并不认输,他说:"我已经知道对付你的办法了,只是我不想说出来。"墨子也说:"我也知道你会用什么方法来对付我了,只是我不愿意说罢了。"楚王故作不解地问墨子:"先生理解鲁班的意思吗?"墨子正气凛然地说:"我当然理解——那就是把我杀掉! 他以为这样做宋国就没人守城了,就可以一下子攻下宋国。不过,我早已经叫我的三百多个学生运载着我的守城器械到宋国去了,他们正等着你们呢! 你就是把我杀了,也挽救不了你们的失败。"接着,墨子又严肃而高声地说:"你们到底打算怎么办?"楚王叹了一口气,无奈地说:"好吧,我们取消攻打宋国的计划。"这时墨子才带着胜利的微笑,告别楚王而去。

人们把墨子守城的规则称为"墨守成规",后来表示思想保守,坚持按老规矩办事,不肯改变。

综上所述,我们在处事为人中,既要坚守原则,又要灵活多变。坚守原则,是对个人信仰的守护,灵活多变,是对客观环境的适应。这两者缺一不可。

集思广益,博采众长

孟子说:"善于听取好的建议,治理天下就会游刃有余,更何况治理一个鲁国呢? 如果善于听取好的建议,那么天下的人都愿意不远千里地赶来把好建议告诉给他;如果不善于听取好的建议,那么人们就会模仿他的口气说:'哦哦,我早就知道了。'那种口气脸色早把别人拒绝在千里之外了。有见识的人在千里之外止步不来,那么,喜欢进谗言和阿谀献媚的人就会不请自来了。与这样的阿谀谄媚之人为伍,还想把国家治理好,怎么可能呢?"

孟子的这段话,强调了听取善言的重要性。广开言路,天下英才皆来归附。过分看重自己,那么该接受的意见就会加以拒绝,言路就被堵塞了。在历史上,许多有所作为的帝王因为善于采纳善言而成就功业。

梁君王出去打猎,见到一群白雁。梁君王拉满弓想射白雁。路上有个走路的人,梁君王叫走路的人停下,那个人没停,白雁群受惊而飞。梁君王发怒,想射那走路的人。他的车夫公孙袭下车说:"您别射。"梁君王气愤地说:"你不帮助你的主君反而帮助别人?"公孙袭回答说:"过去齐景公的时候,天大旱三年,占卜时说'一定用人祭祀才下雨'。齐景公走下庭堂磕头说:'我求雨的原因,是为了人民。现在一定让我用人祭祀,才要下雨,我将自己充当祭品。'话没说完,天下大雨达到方圆千里,为什么呢?因为齐景公对天有德对人民施恩惠。现在主君想射人,我认为主君的话跟虎狼没有什么不同。"梁君王拉着公孙袭的手,和他上车回去。梁君王说:"今天真幸运啊:别人打猎都得到禽兽,我打猎得到善言。"

"好善",就是善于听取好的建议的意思。真正好善的人,雍容大度,宰相肚里能撑船,即使对不那么中听的话也能照样听取,采纳其合理的对治国平天下有益的良方。日常生活中的为人处世,也是同样的道理。善于集思广益,博采众长的人,总是更容易获得成功。

集思广益,顾名思义,就是一种依靠集体智慧去研究问题,克服困难,最终取得创造发明成功的思维方法。俗话说"三个臭皮匠,合成一个诸葛亮"。个人的力量和智慧,在许多情况下,常常会感到心有余而力不足。而一旦把问题拿出来和人家共同讨论研究,便很快可以找到办法,使问题迎刃而解了。

三国时,刘备死后,刘禅继位。丞相诸葛亮处理、决定蜀国的大小政事,成了蜀国政权的实际主持者。他在人们的心目中有很高的威望,但他并不因此居功自傲,常常注意听取部下的意见。当时丞相府里负责文书事务的主簿官,对诸葛亮亲自过问每一件事的做法提出了建议,他说:"处理国家军政大事,上下之间分工应该不同。"他还举出历史上一些著名的例子,就是成语集思广益的意思。劝诸葛亮不必亲自处理一切文书,少过问一些琐碎的小事,对下属应该有所分工,自己应主抓军政大事。

诸葛亮对主簿官的劝告和关心很是感激,但他怕有负刘备所托,仍然亲自处理大小事务。后来主簿官病死,诸葛亮非常难过,哀悼不已。为了鼓励下属踊跃参与政事,诸葛亮特地写了一篇文告,号召文武百官、朝廷内外主动积极地发表政见,反复争议。

　　这篇文告就是《教与军师长史参军掾属》。他在文中写道:"丞相府里让大家都来参与议论国家大事,是为了集中众人的智慧和意见,广泛地听取各方面有益的建议,从而取得更好的效果。"

　　这个故事正是成语"集思广益"的出处。它告诉我们,无论做什么事,集思广益,博采众长,对自己都是大有益处的。

　　但如今,最需要集思广益、博采众长的管理者,许多都已经习惯了独断专行,他们把别人的意见当作是对他们的权威的挑战和对他们的权力的干涉。这造成了许多企业只听从一人、万马齐喑的局面。在团队中,管理者要想成功地做出一项决策,绝不能一味地固执己见。相反,必须善于倾听各方面的意见。换句话说,也就是要集思广益,集众人的智慧和意见,取精华弃糟粕,只有这样,才能使决策取得更好的效果。

　　事实上,企业的发展不能够只靠上层管理者的决策,而应该靠全体员工,特别是能够集中全体员工的智慧。企业中重大的问题应该广泛地听取大家的意见,要分析看有没有不合理的成分;少数人的意见也要听,看一下有没有合理的方面,认真思考分析,对各种意见分析、归纳和整理,最终得出正确的结论。毕竟,集大家的智慧和力量比较容易实现目标。

　　集思广益是前人在长期实践中总结出来的制胜法宝,其中蕴含着深刻的道理和原则,是做出好决策的必备法宝。

　　无论是什么企业,再高明的管理者,也不能单靠自己的智慧,就能制定出一整套干大事业的行动方针,他必须集中众人的智慧,遍采众人之长方可成事。

　　在这个问题上,杰克·韦尔奇曾说:"CEO 的任务,应该对他手下人的成长感到自豪。企业的副总应当对他的领域负起责任,而不是等 CEO 向他发号施令,如果所有的想法都来自 CEO,CEO 告诉每一个人如何做每一件事的话,这样的企业就很难长远成功。企业的成功需要集思广益,所有的人都要有激情。"他还说:"我在通用的时候,我们的销售达到 1300 多亿美元,我们制作发动机,制作电影,生产医疗设备,制造塑料产品,等等。大家想一想,在这么多的领域,如果让我来告诉大家怎么做发动机,怎么做塑料产品,怎么制作电影,如果这样做的话,做出来的肯定是特别滥的电影。所以,一定要调动所有人的积极性,用集思广益来促进新思想的出现和创造力的出现。"

白玉牛首

通用电气公司的前身是美国爱迪生电气公司,创立于 1878 年。经过一百多年的努力,通用电气公司现已发展成世界上最大的电气设备制造企业。生产的产品种类繁多,除了一般的电气产品,如家电、X 光机等,还生产电站设备、核反应堆、宇航设备和导弹。但到了 1980 年,这个巨大的企业却到了山穷水尽,难以维持的境地。

就在这个危急关口,年仅 44 岁,出身于一个火车司机家庭的韦尔奇走马上任,担任了这个庞然大物般的企业的董事长和总裁。

他上任后进行了一系列改革,其中最重要的一条就是宣布通用电气公司是一家"没有界限的企业",他指出:"毫无保留地发表意见"是通用电气公司文化的重要内容。

"集思广益"的大部分理论基础包含着诸如工人的参与、信任感和下放权力等平凡、甚至有些陈旧的观念。它拆除了"蓝领"和"白领"的界限,不同岗位、不同阶层的职员集中到一起,针对某些问题研究提出建议和要求,当场确定实施意见。这种管理方式,减少了大量中间环节,迅速提高了行政效率。

"集思广益"讨论会不仅带来了明显的经济效益,而且让员工广泛参与管理,感受运用权力的滋味,从而大大提高了员工的工作热情。

1987 年,通用电气公司制造一台燃烧室喷气发动机上的关键部件需要 30 周,通过开展"集思广益"活动,1991 年初,这一产品的生产周期缩短到 8 周,如今只需 4 周。负责制造加工燃烧室的员工们还在商讨 10 天内完成任务的可能性。

"集思广益"讨论会已成为通用电气公司一种日常性的活动,随时都可以根据需要举行,参与人员也从员工扩大到顾客、用户和供应商。

"集思广益"活动把本来毫不相干的人们聚集到了一起，包括计时工人、白领阶层、管理者甚至是工会领袖们。他们平时在工作中很少有机会接触，现在却可以在这种活动中相互交谈并相互信任。这些会场很快就变成了打靶场，靶子就是令人厌恶的各种官僚主义的具体表现形式——一项小小的申请需要 10 个人签字；毫无意义的案头工作；多余的工作惯例以及盲目自大。这些东西绝大部分当场就被废除或改良。而不是再"研究研究"。

在这种工作经历中，人们看到企业的言行一致，他们的信任感在这个过程中不断地增长，智慧的火花不断地迸发。过去只被要求贡献时间和双手的人们现在感到他们的头脑和观点也开始备受重视了。在听取他们想法的过程中，每个人都更加清楚地认识到，越是接近于具体工作的人就越是看得透彻。

因而，韦尔奇说："20 世纪 90 年代期间，我们通用电气公司具有创造这样一种企业气氛的根本性的机会。在这种企业气氛下，毫无保留地发表意见在文化上是可以接受的，讲真话受到奖赏，而对下属一味喊叫的管理者则不会受到奖赏。"

也正是这种"集思广益"的活动，推动着企业的高层管理者必须更多地去放权，更多地去行动，更多地去听取意见。他们必须信任别人，也必须被别人所信任。虽然这并不十分容易，但却是通用电气公司在 20 世纪 90 年代所致力于促进的。

志存高远，能成大事

孟子认为，立志要高远，胸襟要开阔。同时，基础也要扎实，要循序渐进，逐步通达。这样才能有所成。

"登东山而小鲁，登泰山而小天下。"这是胸襟的拓展，境界的升华。登山如此，观水也如此。所以有"观于海者难为水"一说。既然大海都看过了，其他小河小沟的水还有什么看头呢？

徐霞客说："五岳归来不看山，黄山归来不看岳。"境界就是这样一步一步提高的。由此看来，"游山玩水"的积极意义是不容小觑的。"登山"则"小鲁"，"小天下"；"观海"则"难为水"，思想认识真正得到提高，得到升华，那也就"不虚此行"。

既然"登东山而小鲁，登泰山而小天下"，既然"观于海者难为水"，那么，"游于圣人之门者难为言"也就是顺理成章的了。所以，登山就要登泰山，观水就要观海水,做学问就要做于圣人之门。这就是拓展胸襟,升华境界的道理。立志要高远,胸襟要开阔。

另一方面,"观水有术,必观其澜。"因为,光有本,水有源,太阳和月亮的光辉不放过任何一个能够容纳光线的小缝隙,流水不放过任何一个坑坑洼洼。那么,我们做学问,立志于道呢? 也同样应该不马虎,不敷衍,循序渐进,厚积薄发,因为,与"日月有明,容光必照焉;流水之为物也。不盈科不行"同样的道理,"君子之志于道也,不成章不达。"既然如此,我们当然就应该打好基础,一步一个脚印地踏实向前。

"志当存高远"是一句千古流传的名言,古人很重视人生志向的确立,志存高远,就会自我激励,奋发向上,有所成就;志向远大,才能克服眼前的困难和自身的弱点,去实现宏伟的志愿。所以,成功人士都是先给自己树立了一个远大的志向,然后才取得成功的。

有个出生于旧金山贫民区的小男孩从小因为营养不良而患有软骨症,在 6 岁时双腿变形成弓字形,而小腿更是严重萎缩。然而在他幼小心灵中一直藏着一个没有人相信会实现的梦想——除了他自己。这个梦就是有一天他要成为美式橄榄球的全能球员。他是传奇人物吉姆·布朗的球迷,每当吉姆所属的克里夫兰布朗斯队和旧金山西九人队在旧金山比赛时,这个男孩便不顾双腿的不便,一跛一跛地到球场去为心中的偶像加油。由于他穷得买不起票,所以只有等到全场比赛快结束时,从工作人员打开的大门溜进去,欣赏剩下的最后几分钟比赛。

13 岁时,有一次他在布朗斯队和西九人队比赛之后,在一家冰激凌店里终于有机会和他心目中的偶像面对面接触了,那是他多年来所期望的一刻。他大大方方地走到这位大明星的跟前,朗声说道:"布朗先生,我是你最忠实的球迷!"吉姆·布朗和气地向他说了声谢谢。这个小男孩接着又说道:"布朗先生,你知道一件事吗?"吉姆转过头来问道:"小朋友,请问是什么事呢?"男孩一副自豪的神态说道:"我记得你所创下的每一项纪录,每一次的达阵。"吉姆·布朗十分开心地笑了:"真不简单。"这时小男孩挺了挺胸膛,眼睛闪烁着光芒,充满自信地说:"布朗先生,有一天我要打破你所创下的每一项纪录。"

听完小男孩的话,这位美式橄榄球明星微笑地对他说道:"好大的口气,孩子,你叫什么名字?"小男孩得意地笑了,说:"奥伦索,先生,我的名字叫奥伦索·辛普森,大家都管我叫O.J.。"

奥伦索·辛普森日后的确如他少年时所言,在美式橄榄球场上打破了吉姆·布朗所写下的所有纪录,同时更创下一些新的纪录。

自古以来,凡成大事者,无不是立高远之志,以勤为径、以苦作舟去实现自己的理想抱负的。

昔时少年项羽因为看到秦始皇出游的赫赫声势,就有取而代之的念头,才有历史上的楚汉相争;诸葛亮躬耕南阳,因为常"好为梁父吟,自比管仲乐毅",才有魏晋时期的三国鼎立;霍去病因为有"匈奴未死,何以家为"的壮志,才演绎出一代英雄赞歌;巴尔扎克因为年轻时的挥笔豪言"拿破仑用剑无法实现的,我可以用笔完成",才有350部鸿篇巨制的源远流长;苏步青教授因为少年时有"读书不忘救国,救国不忘读书"的志向而成为国际公认的几何学权威。

年轻人当有远大志向,才可能成为杰出的人物。但要成为杰出人物,光是心高气盛还远远不够,必须从最不起眼的事情做起。

维斯卡亚公司是20世纪80年代美国最为著名的机械制造公司,其产品销往全世界,并代表着当今重型机械制造业的最高水平。许多人毕业后到该公司求职均遭拒绝,原因很简单:该公司的高技术人员爆满,不再需要各种高技术人才。但是令人垂涎的待遇和足以自豪、炫耀的地位仍然向那些有志的求职者闪烁着诱人的光环。

史蒂芬是哈佛大学机械制造业的高才生。和许多人的命运一样,在该公司每年一次的用人测试会上被拒绝。史蒂芬并没有死心,他发誓一定要进入维斯卡亚重型机械制造公司。于是,他采取了一个特殊的策略——假装自己一无所长。

他先找到公司人事部,提出为该公司无偿提供劳动力,请求公司分派给他任何工作,他都不计任何报酬来完成。公司起初觉得这简直不可思议,但考虑到不用任何花费,也用不着操心,于是便分派他去打扫车间里的废铁屑。

一年来,史蒂芬勤勤恳恳地重复着这种简单却劳累的工作。为了糊口,下班后他还要去酒吧打工。这样,虽然得到老板及工人们的好感,但是仍然没有一个人提到录用他的问题。

90年代初,公司的许多订单纷纷被退回,理由均是产品质量问题,为此公司蒙受了巨大的损失。公司董事会为了挽救颓势,紧急召开会议商议对策。当会议进行很长时间却未见眉目时,史蒂芬闯入会议室,提出要见总经理。

在会上,史蒂芬对这一问题出现的原因作了令人信服的解释,并且就工程技术上的问题提出了自己的看法。随后拿出了自己对产品的改造设计图。这个设计非常先进,恰到好处地保留了原来机械的优点,同时克服了已出现的弊病。

总经理及董事会的董事见到这个编外清洁工如此精明在行,便询问了他的背景以及现状,尔后,史蒂芬被聘为公司负责生产技术问题的副总经理。原来,史蒂芬在做清扫工时,利用清扫工到处走动的特点,细心察看了整个公司各部门的生产情况,并一一做了详细记录,发现了所存在的技术性问题并想出了解决的办法。为此,他花了近一年的时间搞设计,获得了大量的统计数据,为最后一展雄姿奠定了基础。

可见,人人都要认真地审视自我,感知理想实现路程的艰辛,要有远大的抱负,正如道格拉斯·勒顿说的:"你决定人生追求什么之后,就做出了人生最重大的选择。要想如愿,首先要弄清你的愿望是什么。"有了志向,你就看清了自己的目标。有了志向,你就有一股无论顺境逆境都勇往直前的动力。

处理问题,分清缓急

孟子说:"智者没有什么不知道的,但总是急于知道眼下应该做的事情;仁者没有什么不爱的,但总是急于先爱德才兼备的贤人。尧、舜的聪明才智不能遍知所有事物,是因为他们急于去做眼下更重要的事情;尧、舜的仁德不能遍爱所有的人,是因为他们急于先爱德才兼备的贤人。有些人不实行三年的丧礼,却讲究缌麻、小功这类三五个月的丧礼;在尊长面前用餐,大吃大喝,却讲究不用牙齿咬断干肉这类小礼节,这就是不懂轻重缓急的表现。"

无论做什么事情,都有主次之分,都有轻重缓急之分。俗话说:"丢了西瓜拣芝麻。"抓住了小的却失去了大的,抓住了次要的却失去了主要的,因小失大,舍本逐末,这就叫作"不知务"。凡事总有轻重缓急,因此,要抓住当前急切应办的事先做。

《孟子》一书在多个地方强调了类似的观点。例如,《告子》篇中,孟子说:"今有无名之指屈而不信,非疾痛害事也,如有能信之者,则不远秦楚之路,为指之不若人也。指不若人,则知恶之;心不若人,则不知恶,此之谓不知类也。""不知类",就是不知轻重,舍本逐末的意思。又比如,同样是《告子》篇中,孟子说:"先拉乎其大者,则其小者弗能夺也。此为大人而已矣。"即是,首先把心这个身体的重要部分树立起来,其他次要部分就不会被引入企图。这样就可以成为君子了。这也是在说明分清主次轻重的必要性。

郑玄《诗谱序)说得好:"举一纲而万目张。"抓住主要矛盾,次要矛盾便可迎刃而解了。而且,一个人的能力总是有限的,要同时进行各方面的工作,全面开花是不可能的。所谓"饭要一口一口地吃",事情要一件一件地做,每一个时期有一件最主要的事情,这样日积月累,就会像滚雪球一样,不断取得成效。

生活中,我们可以看到,许多人每天被繁杂的事务弄得焦头烂额、头晕目眩,如堆满桌子的文件,一个接一个的电话,不断来访的客人,顾客的投诉抱怨……而一个高效率的人却能够从容地应对这一切。他们懂得如何把重要紧急的事放在第一位,如何授权给别人,如何减少干扰,如何集中注意力,利用好充沛的时间。他们有效地主持会议,训练自己快速而有效地阅读……因为他们养成了一个良好的习惯——如何分清轻重缓急。

令人遗憾的是,很多人常常把注意力集中在一些根本不会给他们带来任何成就感和快乐的工作项目及其他活动上。他们工作勤奋但却不知道自己的真正目的是什么。要知道,当你正在为一些错误的事情而工作时,无论付出多少汗水都是白搭。

有一次,杰克要在客厅里钉一幅画,请邻居来帮忙。画已经在墙上扶好,正准备砸钉子,邻居说:"这样不好,最好钉两个木块,把画挂上面。"杰克遵从了邻居的意见,并让他帮着去找木块。

木块很快找来了,正要钉,邻居又说:"等一等,木块有点大,最好能锯掉点。"于是便四处去找锯子。找来据子,还没有据两下,"不行,这锯子太钝了,"邻居说,"得磨一磨。"

他家有一把锉刀,锉刀拿来了,他又发现锉刀没有把柄。为了给锉刀安把柄,他又去校园边上一个灌木丛里寻找小树。要砍下小树,他又发现那把生满锈的斧头实在不能用。他又找来磨刀石,可要固定住磨刀石,必须得制作几根固定磨刀石的木条。为此他又到校外去找一位木匠,说木匠家有现成的。然而,这一走,就再也没见他回来。

当然了,那幅画最后还是杰克一边一个钉子把它钉在了墙上。下午再见邻居的时候,是在街上,他正在帮木匠从五金商店里往外架一台笨重的电据。

读到这个故事,我们也许会不禁失笑。其实,生活中这样的人有很多。他们认为要做好这一件事,必须得去做前一件事,要做好前一件事,必须得去做更前面的一件事。他们逆流而上,寻根探底,直至把那原始的目的淡忘得一干二净。这种人看似忙忙碌碌,一副辛苦的样子,其实,他们不知道自己在忙什么。起初,个别的人也许知道,然而一旦忙开了,还真的不知忙什么了。

遍布全美的都市服务公司创始人亨利·杜赫提说过,人有两种能力是千金难求的无价之宝:一是思考能力,二是分清事情的轻重缓急,并妥当处理的能力。

如果有一天卢浮宫突然起了大火,而当时的条件只允许从宫内众多艺术珍品中抢救出一件,请问:你会选择哪一件?

这个问题是巴黎一家杂志曾刊登过的一个竞答题目。在数以万计的读者来信中,一位年轻画家的答案被认为是最好的选择:离门最近的那一件。这是一个令人拍案叫绝的答案,因为卢浮宫内的收藏品每一件都是举世无双的瑰宝,所以与其浪费时间选择,不如抓紧时间抢救一件算一件。

在做事前,如果你确定了至少三种以上的目标,那么,最先要完成的不是最绚丽最诱人的那一个,而是离你最近的那一个。

想一想你设定目标的时候列的清单,你想要实现的目标也许非常多,但它们都是重要而有效的吗? 如果你把这些都作为你现在要做的事,那么最终的结果可能是你什么也得不到,正所谓"追两兔而一兔不可得"。

一个想成功的人,首先要知道的不是做事的细节,而是确定事情的大致方向与优先级。例如,应该先确认好哪些事项,才能开始进行后续的作业;哪些事情应该排在最后,以避免因其他流程的变动而必须一再地重做;各项流程之间应如何协调与整合等等。

一个人每天要面对许多工作,它们有的互相牵连,有的互不相关;有的很重要,有的不太重要;有的急需处理,有的不太紧急。但哪一件事情都不能不做好。如何统筹安排好这些工作,是每一个人都不得不面对的问题。

教授在给即将毕业的 MBA 班的学生上最后一次课。令学生们不解的是,讲台上放着一个大铁桶,旁边还有一堆拳头大小的石块。

"我能教给你们的都教了,今天我们只做一个小小的测验。"教授把石块一一放进铁桶里。当铁桶里再也装不下任何一块石头时,教授停了下来。教授问大家:"现在铁桶里是不是再也装不下什么东西了?""是。"学生们回答。"真的吗?"教授问。随后,他不紧不慢地从桌子底下拿出了一小桶碎石。他抓起一把碎石,放在已装满石块的铁桶表面,然后慢慢摇晃,然后又抓起一把碎石,不一会儿,这一小桶碎石全装进了铁桶里。

"现在铁桶里是不是再也装不下什么东西了?"教授又问。"还可以吧。"有了上一次的经验,学生们开始变得谨慎了,事实上,他们并不能确信是不是还可以装下一些东西。

"没错!"教授一边说,一边从桌子底下拿出一小桶细沙,倒在铁桶的表面。教授慢慢地摇晃铁桶,大约半分钟后,铁桶的表面就看不到细沙了。

"现在铁桶装满了吗?""还没有。"学生们虽然这样回答,但心里其实已经没底了。"没错!"教授看起来很兴奋。这一次,他从桌子底下拿出来的是一罐水。他慢慢地把水往铁桶里倒。

水罐里的水倒完了,教授抬起头来,微笑着问:"这个小实验说明了什么?"

一个学生马上站起来说:"它说明,你的日程表排得再满,你都能挤出时间做更多的事。"

"有点道理,但你还是没有说到点子上,"教授顿了顿,说,"它告诉我们:如果你不是首先把石块装进铁桶里,那么你就再也没有机会把石块装进铁桶里了,因为铁桶里早已装满了碎石、沙子和水。而当你先把石块装进去,铁桶里会有很多你意想不到的空间来装剩下的东西。所以,在以后的职业生涯中,你们必须分清楚什么是石块,什么是碎石、沙子和水,并且要总是把石块放在第一位。"

一个忘记最重要的事情的人,会成为琐事的奴隶。有人曾经说过:"智慧就是懂得该忽视什么东西的艺术。"人们要发挥自己的潜力,就要专注于自己有优势并一定会有回报的方面。当你不停地在自己有优势的方面努力时,这些优势会得到进一步发展。

一百多年前,意大利经济学家帕累托提出了80/20法则。这个法则告诉人们:我们80%的收入来源于我们20%的工作。从另一个角度说,我们浪费了80%的时间,或者没有对这80%的时间进行最充分的利用。

80/20法则表明:只有将那些剩余的80%行为中的一大部分也投入到创造收入的行为中的人,才可以大幅度地提高自己的工作效率。

事实上,在每一项工作中都包括了一些关键性的任务,也就是最后决定了事情成败的关键行为,我们必须将自己的注意力放在这一部分上。让人感到吃惊的是,通常情况下,从事创造优异成绩的行为并不像我们想象的那么难。因此,一个人的成功之处并非在于他做的事情是否异常艰巨,而是在于他将一些简单的事情做得非常出色。

孟子的就业观

陈子曰:"古之君子何如则仕?"

孟子曰:"所就三,所去三。"

陈子曰:"古代的君子如何去做官呢?"

孟子回答说:"做到三要,三不要就行了。"

就业,是我们现代人所必须面对,也是我们已经习以为常的事。特别是在现下就业形势严峻的情况下,就业问题显得格外重要。同样,在中国古代知识分子的世界中,就业也同样是一个必须认真考虑的问题。这不仅因为知识分子必须在立功、立德或立言的过程中,实现自己内圣外王的人生终极价值追求这样一个颇具有审美意韵的宏大使命,而且知识分子也需要通过就业解决自己的一日三餐这样的现实的微观生活问题。与我们不同的是,古代知识分子的就业选择范围极其狭小。除却入于仕途,大概也就只剩下受聘西席,自己创业大概是太过奢侈而绝无可能的追求了。而"入世"选择庙堂之高,或"出世"独处江湖之远,则意味着必须在个人的精神自由与现实权力的管制之间做出最后的抉择。这始终是困扰中国古代知识分子的一个核心问题。

作为中华文明的始祖之一，战国时期的"亚圣"孟子，在《孟子·告子》中为我们留下了一个很有意思的就业观。孟子在答复"古之君子何如则仕"时说："所就三，所去三。迎之致敬以有礼，言将行其言也，则就之。礼貌未衰，言弗行也，则去之。其次，虽未行其言也，迎之致敬以有礼，则就之。礼貌衰，则去之。其下，朝不食，夕不食，饥饿不能出门户，吾闻之，曰'吾大者不能行其道，又不能从其言也，使饥饿于我土地，吾耻之。'周之，亦可受也，免死而已。"

孟子的话很有意思。简单来说，分三种情形。第一种情况，一开始老板对你礼敬有加，而且言听计从，这是最理想的情况，你就珍惜这样难得的发展机遇，好好干，干出成绩。如果你发现老板表面上对你还算尊敬，但从来不听你的意见，那就应该考虑动动地方。俗话说："树挪死，人挪活"，动一动，说不定有更好的去处。比如楚汉争霸之际，韩信、陈平等人从项羽处跳槽到刘邦处，最后得以大用，封侯拜相。第二种情况，一开始就不怎么听你的意见和建议，但对你始终尊敬。这毕竟还可以接受，就先待着。如果你发现，老板已经开始不尊敬你了，把你不当回事了，就赶紧走人。否则，必受其辱。第三种情况，你实在没什么本钱，待在家里饿肚子，撑不了几天就得饿死。那么兄弟，不好意思，最好别提什么过分的要求，只要有地方可以吃饱肚子赶紧去，可别犯傻，饿死在家里。

孟子可真是一个现实而理性的人，在两千多年前就能如此透彻地想清这个问题，真是具有大智慧的人。

其实，我们现在解决就业问题的思路，也不会比孟子高明多少。特别是在失业率居高不下，就业竞争激烈的形势下，一方面，我们要就业，另一方面，很多人在就业以后，也必须权衡自己的工作情况和发展机会，适时辞职，准备新的起步。那么，我们是不是能从孟子的就业观中体悟到选择的智慧呢。

最后，必须着重说明的一点是，在孟子的选择体系中，后面的两项已经是在无情的现实面前所做的妥协了，"致敬有礼，将行其言"无疑才是最高的追求。所以，我们即便在现实生活中无奈妥协，但，请我们在自己的内心深处清楚地记得，我们还有更高的追求。所以无奈时，老实点，妥协一下，同时做好准备，善养大丈夫之志，善培君子浩然之气，决不轻坠青云之志，决不放弃，决不沉沦，耐心地等待和创造时机，时刻准备着展翅腾飞。

求教一定要虚心

公都子曰:"滕更之在门也,若在所礼。而不答,何也?"孟子曰:"挟贵而问,挟贤而问,挟长而问,挟有勋劳而问,挟故而问,皆所不答也。滕更有二焉。"

公都子问孟子:"腾国国君的弟弟滕更在您门下学习时,似乎是属于要以礼相待的人,然而您却不回答他的发问,为什么呢?"

孟子说:"倚仗地位来发问,倚仗能干来发问,倚仗年长来发问,倚仗有功劳来发问,倚仗老交情来发问,都是我不愿回答的。滕更占了其中的两条。"

孟子实际上是在说:"少跟我拿架子,你是来求学问的,不放下架子你能学到东西吗?"在这一点上,那个总是和孟子吵架的淳于髡,却是有着相同的态度。

一次淳于髡见梁惠王,惠王喝退身边的侍从,单独坐着两次接见他,可是他始终一言不发。惠王感到很奇怪,就责备那个宾客说:"你称赞淳于先生,说连管仲、晏婴都赶不上他,等到他见了我,我是一点收获也没得到啊。难道是我不配跟他谈话吗? 到底是什么缘故呢?"那个宾客把惠王的话告诉了淳于髡。淳于髡说:"本来嘛。我前一次见大王时,大王的心思全用在相马上;后一次再见大王,大王的心思却用在了声色上;因此我沉默不语。"那个宾客把淳于髡的话全部报告了惠王,惠王大为惊讶,说:"哎呀,淳于先生真是个圣人啊! 前一次淳于先生来的时候,有个人献上一匹好马,我还没来得及相一相,恰巧淳于先生来了。后一次来的时候,又有个人献来歌伎,我还没来得及试一试,也遇到淳于先生了。我接见淳于先生时虽然喝退了身边侍从,可是心里却想着马和歌伎,是有这么回事。"后来淳于髡见惠王,两人专注交谈一连三天三夜毫无倦意。惠王打算封给淳于髡卿相官位,淳于髡客气地推辞不受便离开了。当时,惠王赠给他一辆四匹马驾的精致车子、五匹帛和璧玉以及百镒黄金。淳于髡终身没有做官。

荆浩是五代后梁画家,年轻时因逃避战乱,隐居在太行山洪谷埋头学画。一天,他因迷路走入了一个乱石林立的峡谷,只见峡谷内小溪清澈,古松苍天,便推纸作画。后来,他天天写生,画艺进步不少。

第二年春天,荆浩又来到峡谷作画,路上遇见一位衣着简朴的老人。老人见到荆浩,亲切地打招呼道:"你又来作画啦?"荆浩以为就是一个路过的山野农夫,只嗯了一声,就继续作画。老人也不生气,挂着拐杖站在荆浩身后说道:"你知道画法吗?"荆浩一听,以为老人是在轻视他,就说:"画画嘛,画得像就好。"老人感慨地说:"我见你天天到此临画山景,风雨不辍,精神可嘉。但你只知画外形,还应深入领会描写对象的特征和精神实质,才能形神兼备、精巧入微啊!"荆浩大吃一惊,忙问老人姓名,以便登门求教,谁知老人笑而不答,渐渐地走远了。

从此,荆浩虚怀若谷,听取意见,汲取各家所长,独创一格,终于成为名家,被后人尊崇为山水画的宗师。

所以,孟子一再要求于诚,求教于人而无诚意,这种求教,不教也罢。

人生没有"攻略"

公孙丑曰:"道则高矣,美矣,宜若登天然,似不可及也。何不使彼为可几及而日孜孜也?"

孟子曰:"大匠不为拙工改废绳墨,羿不为拙射变其彀率。君子引而不发,跃如也。中道而立,能者从之。"

公孙丑这个学生非常"现代",做人处世老想图省事,一门心思想找个攻略,一下子解决所有的问题,为此他对孟子抱怨说:"道是很高很好啊,但要学它,那就像登天那样,似乎不可能达到的;何不让它变得有希望达到从而使人每天不懈地追求它呢?"

孟子说:"高明的木匠不会因为笨拙的徒工而改变、废弃绳墨,羿不会因为笨拙的射手而改变拉弓的标准。君子教导别人,正如教人射箭,拉满了弓却不射出箭,只是跃跃欲试地做示范。君子站立在道的中间,有能力的人便会跟从他学习。"

人生是没有丝毫侥幸可言的,如果你不愿意比别人更多的付出,就绝无可能比别人更多的获得。那些以为不需要太多的付出就可以获得的人,是最愚昧的,他们终将为自己的愚昧而付出更多的代价。

唐代景云年间,有个留着长头发的人叫贺玄景,自称是五戒贤人,跟他一起作妖弄怪的还有十多个人。他们在陆浑山林搭起草棚,迷惑那些愚昧的人和少男少女,不少人被害得倾家荡产。他们哄骗人们说:"诚心来求的人,必定成佛。"他们沿着悬崖根点上大火,再派一些人披着红绿纱站在半崖间,那红绿纱随风飘举,如同仙衣一样。贺玄景让众人来看,并诳他们说,这就是神仙呵。他让那些人都穿上红绿纱衣,说飞过去就可以成道了。信徒们临悬崖往下看,一个个眼花缭乱,神志恍惚。这时,贺玄景一伙将他们推到崖底,当时都烧死了,所有的财物都被这伙人窃取。后来,事情败露,官府派人来侦查,从灰中发现残腿剩臂等数百具尸骸。皇帝下令将贺玄景斩首,县官也被降职使用。

道是一切智慧的源泉,执道不弘,信道不笃者,就必然远离智慧。任何不愿意付出足够的努力获取智慧的人,就必然沦为任人愚弄的愚民,这是几千年来历史不断上演的场景,我们对此恐怕一点也不陌生吧。

学会打破常规

孟子曰:"梓匠轮舆,能与人规矩,不能使人巧。"

孟子说:"木匠和车匠能教给人圆规、曲尺的使用方法,却不能使人技术精巧。"

忽必烈曾经罢免过一个叫廉希宪的官员,过后不久,他问侍臣:"廉希宪现在在做什么?"侍臣回答:"他在关起门来吃喝玩乐。"忽必烈大怒,骂侍臣道:"胡说,希宪人称廉孟子,清贫廉洁,人人皆知,他能拿什么吃喝?"随即启用廉希宪,任其为北京行省长官,镇守辽东。

后来,廉希宪到新平定的长江重镇江陵去做行省长官。他临行前辞谢了忽必烈所赐财物,冒着酷暑直奔江陵。到达后就立即下令禁止抢劫百姓,开始兴利除弊。他又安抚商人照常营业,使军民相安以处,官吏各司其职。然后登记原来的南宋官员,量才授予官职,从没有一点猜疑之心。他为了安抚地方,专门下令:凡是杀害南宋俘虏者一律按杀害平民治罪;俘虏如果患病被遗弃,允许人们收养,病愈后原来的主人不能索要;开掘城外御敌之水,灌溉得到良田数万亩,分给贫民耕种;发放粮食,救济饥民。地方秩序刚刚稳定,廉希宪又大力兴办学校,他还亲自讲课,训导激励学生学以报国。这使当地很快出现了勃勃生机,远在西南地区的少数民族首领和重庆等地的宋将都闻风来降。忽必烈得到消息后,感慨地对侍臣说:"先朝用兵不能得地,现在廉希宪不用一兵却让几千里外的人奉送土地,廉孟子不虚其名啊!"

南宋有众多的儒臣,独不能保得万里江山,而廉希宪一生精读孟子,却亲身实践了儒学的精义,实在是让江南的儒士汗颜。这正如孟子所说:"木匠和车匠能教给人圆规、曲尺的使用方法,却不能使人技术精巧。"同样是学习儒家的治国之术,南宋儒臣竟不能以此兴国,而唯独廉希宪能够做到这一点,差别不仅只是在人的天分上啊。

心理学家的研究结果表明,我们所使用的能力,只有我们所具备能力的2%—5%。这就更有必要提倡打破常规的创造性思维。

说到创造性思维,我这里还有一个小故事:

一个中国的小孩子同父母共同去了美国。在美国的小学,图画课是最让他头疼的,那里的美国孩子,画的根本称不上是画! 他们笔下所绘:不成比例、不讲布局、不管结构、无方圆没有规矩,甚至连基本的笔法都没有。而每当他们画完,都兴高采烈地问老师:"好不好?"

而那个中国孩子却与他们大不一样,她努力地去画出自己想象中的事物:父母、文具、房子、花草……画毕,也会兴高采烈地问老师。不过,他是从来不问"好不好"的,只是问"像不像"。

一个是"好不好",一个是"像不像"。这不禁引起了我的沉思。中国的教育,教导孩子要循规守矩,却忽视了孩子的创造性思维。美国孩子学绘画,老师往往不设计样板、不立模式,让孩子从现实生活到内心想象的过程中自由"构图"。与此相比,中国的所谓范文、参考图,便都成了禁锢中国孩子思想的罪魁祸首! 老师、家长把孩子变成了复印的机器,中国的孩子,也许具有很高的COPY"能力",但却欠缺了基本的创造力,这是多么可悲呀!

这里还有一则笑话,似乎也谈到了今天的这个话题:

一位小学语文老师考学生:"雪融化了是什么?"

一个学生回答:

"雪化了是春天!"

老师说:"错! 答案是泥水。"

"雪化了是春天!"多么天真,多么浪漫的想法! 创造性是不能教的,但,创造性却能被这潭"泥水"冲刷得干干净净!

乾隆年间,有两位书法家。一位极认真地模仿古人,横要像苏东坡,捺要像李太白；另一个正好相反，讲究自然，独成一派。某天，两人相遇，第一个书法家嘲讽第二个书法家，说："请问仁兄，你的字有哪一笔是古人的？"，后一个并不生气，而是笑眯眯地反问了一句："也请问仁兄一句，您的字，究竟哪一笔是您自己的？"第一个人听了，顿时瞠目结舌。

不错，正如齐白石的那句话："学我者生，似我者死。"不会创造，只会在前人的框架里打转转，是不会有什么出息的。

我们不是不会打破常规，只是常规牵制住了我们的手罢了。

古来兵者为凶器

孟子曰："有人曰：'我善为陈，我善为战。'大罪也。国君好仁，天下无敌焉。南面而征北狄怨，东面雨征西夷怨。曰：'奚为后我？'武王之伐殷也，革车三百两，虎贲三千人。王曰：'无畏！宁尔也，非敌百姓也。'若崩厥角稽首。征之为言正也，各欲正己也，焉用战？"

孟子说："有人说，'我善于布阵，我善于打仗。'这是大罪恶。国君爱好仁，就会天下无敌。商汤征伐南方，北方的民族就埋怨；征伐东方，西方的民族就埋怨。埋怨说：'为什么把我们放在后边？'武王讨伐殷商，有战车三百辆、勇士三千人。武王向殷商的百姓说：'不要害怕，我们是来安抚你们的，不是来同百姓为敌的。'殷商的百姓都跪倒叩头，额角碰地的声音，像山岩崩塌一般。'征'就是'正'的意思。如果各国都有端正自己的打算，哪还用得着打仗呢？"

孟子认为战争是极大的罪恶，不喜欢那些擅长于军事谋略的人，这并不是孟子对军事家有成见，而是人类社会的活动特点决定了军事家处境的尴尬。所以，知名的军事将领们都有一个"美好的愿望"，那就是战死疆场，马革裹尸。虽然战死疆场多半意味着一场败仗，但你无论在战场上赢多少次，你的人生已经输定了，因为一个擅长于"杀人"的人，必然会引起所有人的忌禅。

汉代名将周亚夫，治军于细柳营，连汉文帝进入营中，都得小步策马而行，而将士们披蓝带甲，弓上弦，刀出鞘，完全是准备战斗的样子。其治军之严，由此可见一斑。

后来汉景帝召见周亚夫，赏赐食物，只放了一大块肉，没有切开，又不准备筷子。周亚夫心中不高兴,回过头来吩咐主管宴席的官员取筷子来。景帝看着周亚夫,笑着问:"这莫非不满足您的意思吗?"周亚夫摘下帽子向景帝谢罪,景帝说:"起来!"周亚夫就快步退了出去。景帝目送着他走出去,说道:"这位愤愤不平的人,不能做幼年君主的臣子。"随后不久,周亚夫被逮捕,追究他私自购买五百件铠甲盾牌的事情,周亚夫解释说他是用这些东西殉葬的,刑讯官质问道:"这么说,你是打算在地下谋反了?"听了这话,周亚夫气得吐血而死。

一代名将如此归宿,实在是令人感伤。这时候我们再反思孟子的教导,可知社会人心的趋好,唯其求之于仁德之心,才是避免悲剧重演的唯一途径。

学会求人

孟子曰:"天时不如地利,地利不如人和。"

孟子说:"天时好不如地利好,而地利好则不如人与人之间的和睦团结。"

有俗语道:"人不求人一般高。"又有俗语道:"上山擒虎易,开口求人难。"中国古代有贤哲主张"万事不求人。"

先贤孟子早就批评过这种观点。

陈相见孟子,道许行之言曰:"滕君,则诚贤君也。虽然,未闻道也。贤者与民并耕而食,饔飧而治。今也滕有仓廪府库,则是厉民而自养也。恶得贤?"

孟子曰:"许子必种粟而后食乎?"曰:"然。""许子必织布而后衣乎?"曰:"否。以粟易之。""许子冠乎?"曰:"冠。"曰:"奚冠?"曰:"冠素。"曰:"自织之与?"曰:"否,以粟易之。"曰:"许子奚为不自织?"曰:"害于耕。"曰:"许子以釜甑爨,以铁耕乎?"曰:"然。""自为之与?"曰:"否。以粟易之。""以粟易械器者,不为厉陶冶,陶冶亦以其械器易粟者,岂为厉农夫哉? 且许子何不为陶冶,舍皆取诸其宫中而用之? 何为纷纷然与百工交易? 何许子之不惮烦?"

孟子非常高明地驳斥了许行的荒谬,向我们揭示:人间无事不求人。

有一位青年甲,从小父母就教育他学会独立,于是,他一岁的时候,便学会了走路,两岁时便坚决不再拉着父母的手,三岁便能独立去幼儿园。十二岁初中时一个人背着行李就走了,他独自去交学费,找宿舍,找床位,铺被子,虽然初来乍到环境不熟,跑了些弯路,但毕竟是自己动手完成这一切的,一点也没有依赖他人,他心里充满了自豪。

十八岁时,他进了大学,同样是一个人坐上了去外省的列车,第一次走出了省门。从此,他更加独立,不但在生活上,他将自己照顾得很好,在学习上,他也尽量自己去找答案。哪怕上课时没听懂,他也会利用下课时间去图书馆找资料,然后花上几倍于课堂上的时间来求证,他几乎没有给同学和老师们带来一丁点儿麻烦。看到自己的儿子这么独立,父母很高兴,并深深地为能有这么一个儿子感到自豪。

另一位青年乙,在他一岁的时候,他不会走路,于是父母将手伸过去牵着他走。在他两岁的时候,他还经常摔跤,每次摔倒之后,父母总是远远地看着,并鼓励他依靠身边的物体爬起来;如果他的身边没有任何可以借助爬起来的物体,则告诉他,可以向父母求援,让父母伸出一只手来帮助他站起来。在他上幼儿园时,父母告诉他,他可以跟邻居家的小孩一起去,或者跟在邻居孩子父母的身后去,出可以向自己的父母求助。

上中学的时候,他的父母总要问他跟同学们的关系怎么样,相处得是否融洽,有没有找老师问过不懂的问题。到了大学,他的父母会问他跟其他大学的同学有没有联系,认识了多少位社会知名人士。

在两位青年大学毕业即将走向社会时,那位青年甲却茫然了。因为要想找到一份好工作,就必须走出校园,将自己融入社会,而要做到这一点就得求人。可是,青年甲从小就养成了独立的习惯,不善于也从没求过人,甚至很少与别人交往。而那位青年乙则运用自己的交际能力,调动自己的社会关系很快找到了一份好工作,不久又成功地说服身边的伙伴,一帮年轻人拉起了旗杆办起了公司。

一个篱笆三个桩,一个好汉三个帮。一个人本事再大,纵使浑身是铁,又能打得几根钉呢。

成功者几乎都有一项特长,就是善于吸引一批有才识的人来合成事。

美国钢铁大王卡内基墓碑上刻着这样一句话:“这里躺着一个人,他明白如何集合比他能干的人在他身边。”正如卡内基所说:“不是我本人有什么超常的智慧和能力,我只不过是比较善于团结在某些方面比我更能干的人为我工作而已。”

有趣的两极思维

孟子曰:“逃墨必归于杨,逃杨必归于儒。归,斯受之而已矣。今之与杨墨辩者,如追放豚,既入其苙,又从而招之。"

孟子说:"避开墨子这一派,必定会归入杨朱这一派;避开杨朱这一派,必定会回归到儒家这一派。回归了,接纳他就是了。而现在同杨朱、墨子辩论的人,好像在追跑掉的猪,已经追回、赶入猪圈了,还要接着把它的脚拴住。这样做就未免过分了。"

凡是责于人而恕于己的思维,都有一个共同的特点——极端。为什么会走极端呢?这是因为这种思维只是苛求别人,不是用来要求自己,所以就会有意无意地不断加码,一直加到荒谬的程度,却还认为是理所应当的。正是这个原因,墨子和杨朱两家才成为世人思想的归宿,逃墨必归杨,逃杨必归墨,而后是不断地加码,用孟子的话就是把圈里的猪羔的脚也要拴住,总之,不搞到把一个好好的理论让正常人都无法接受是不肯罢休的。

相对来说,墨子的思想更容易放到桌面上来,多少能够显示自己"道德高尚"。而杨朱的"为我"就显得有点不上档次了,所以北魏的时候,文武官员一概没有俸禄,为国家干活是你的义务,要钱就不高尚了。于是就有人贪污,北魏国主因此而下令:"官员接受所管辖范围内的一只羊、一斛酒的,处死。"就有大臣上书解释说这样不可以,这样会把清官逼得全家上吊的。后来北魏又考虑恢复俸禄,于是又有人捣蛋,上书强烈反对,给国家无私奉献吗,拿什么工资呢?这种想法太不高尚了,持这种想法的人不排除欺世盗名的可能,但他敢于把如此荒谬离谱的观点提出来,是因为社会上存在着接受这种极端思维的民意基础。

所以,我们一定要警惕极端化思维,最好的办法就是做好自己的事,别总是盯着别人。凡属极端化思维,百分之百都是对别人的要求。而人对于自己,宽容是无限的。

蚁熊有一种特殊的习性:它吃蚂蚁绝对不会赶尽杀绝,每挖开一个有成千上万只蚂蚁的窝,它只把一小部分蚂蚁吃掉,最贪婪时吃 500 只,其他的全部放生,径自寻找下一个蚂蚁窝。蚂蚁虽小,有时竟集合起来把鲜活的大蚯蚓拖入蚁穴吃掉。蚁熊见到此情景从不惊扰蚂蚁,让它们饱餐美味佳肴。

蚁熊非常清楚,要使自己的种群在地球上生存,就必须让蚂蚁家族子子孙孙生存繁衍下去。它的仁慈宽厚实际上来自自身的生存和发展的需要。这是生物链的自然平衡现象。人类为了自身的生存与发展也需要具备这种"两极思维",既要看到事物的存在,也要看到事物的毁灭。如果只看到了一极,那么就会打破事物存在的稳定和平衡状态。莎士比亚著名悲剧《哈姆雷特》中"生存与死亡,这是一个问题"的思考,同样是人类在前行过程中必须面对的问题。"两极思维"中的两极是对立统一的,相互依存的,没有存在,就没有死亡,没有死亡,也没有存在。蚁熊不会让蚂蚁全部消亡的,因为如果那样的话,它们种族的存在就会受到威胁。因此,美国政府接受了哥伦比亚大学生物学德籍教授华莱士的建议,本土石油井于2000年1月1日全部封井停钻,就是出于"两极思维"的考虑。

正向:"两极思维"通过对立统一的认识来保障问题的合理解决和事物的合理存在。

反向:"两极思维"容易生成中庸的思维状态,使问题的解决过程充满优柔寡断,使哈姆雷特走进了悲剧。

智慧如水心如途

孟子谓高子曰:"山径之蹊闲,介然用之而成路。为闲不用,则茅塞之矣。今茅塞子之心矣。"

孟子对高子说:"山坡上的小路,一段时间内经常去走才能成为路;只要一段时间不走,茅草就会堵塞住它。现在,'茅草'堵塞住你的心了。"

世上本没有道,走的人多了,就成了道。而那些人们不走的地带,或许才是我们人生真正的目标。路用脚来走,那道用什么来走呢?用思想!

东汉年间有一个黄宪,他十四岁那年,被名士荀淑在客栈中遇到,当时名满天下的荀淑一见这少年大为心惊,如哈巴狗一样跟着小黄宪的身后转,说:"你是我的人生导师啊!"然后荀淑匆匆赶往好友袁阆处,劈面便说:"贵郡有个像孔子的学生颜回那样的人,你可认识他?"袁阆说:"是遇到了我们的黄叔度吗?"大名士戴良富有才华而心气高傲,而见了黄宪,却总是十分恭敬,等到回家后,则感到惘然若有所失。他的母亲问道:"你又是从牛医儿子那里来吗?"戴良回答说:"我没看到黄叔度时,自以为没有地方不如他,相见以后,却好像看他就在前面,而忽然又在后面出现,实在高深莫测。"太学生领袖陈蕃与同郡人周举曾交谈,一致认为:"如果三个月不见黄宪,那么卑鄙可耻的念头就会重新在内心萌芽了。"

三个月不坚持正道,卑鄙可耻的念头就会重新萌芽。同样的,一个人如果能够长期的坚守信念,就能够克服内心的鄙俗,体现出自己品性的高洁一面。北齐高延宗,少年时顽劣不堪,喜爱蹲在楼上大便,让仆人在下面张开嘴吧接着,及至成年,却成为北齐皇族中唯一拯国救难的力量,赢得了民众、朝臣及敌对国家的一致尊敬。正是:身是菩提树,心如明镜台,时时勤拂拭,莫使惹尘埃。对于普通人来说,这就是道,就是我们最需要的人生。

解决问题,抓住根本

宣王说:"我头脑有点昏乱,对你的说法不能做进一步的领会。希望先生开导我的心智,更明确地教我。我虽然不聪敏,也请让我尝试一下。"

孟子说:"没有固定的产业,却有稳定不变的道德观念,只有士人能做到。至于百姓,没有固定的产业,也就不会有固定的道德观念。一旦没有固定的道德观念,就会胡作非为,什么事情都做得出来。等到他们犯了罪,然后才去加以刑罚,这等于是陷害他们。哪有仁人做了君主可以用这种方法治理的呢? 因此,贤明的君主在规定百姓的产业时,一定要使他们上足以赡养父母,下足以抚养妻子儿女;好年成能丰衣足食,坏年成也不至于饿死。然后再督促他们一心向善,这样百姓也就乐于听从了。而现在规定的百姓的产业,上不足以赡养父母,下不够养活妻子儿女,好年成尚且艰难困苦,坏年成更是性命难保,这就使百姓连维持生命都怕来不及,哪有工夫去讲求礼义呢? 大王如果想行仁政,为何不从根本上入手呢?"

人的道德生活是和人民的物质条件相互联系的,当生命受到饥饿威胁的时候,多数人就难以坚持他们自身的廉耻观了,更别说礼节了。孟子对宣王的答复,简单来说就是这个意思。

《论语·子路》载,有一次孔子到卫国去,弟子冉有替他驾车。他在车上看到卫国的老百姓很多,就赞叹了一声,"庶矣哉!"冉有就问,"人口多了后,又该怎么办呢?"他回答,"富之。"冉有又问,"已经富了,又该怎么办呢?"他回答道,"教之。"这就是孔子著名的先富后教的主张。

后来诸家,多有继续发扬这一主张的。《孟子·梁惠王上》说,"乐岁终身苦,凶年不免于死亡。此惟救死而恐不赡，奚暇治礼义哉？王欲行之，则盍反其本矣。"《管子·治国》也认为"凡治国之道，必先富民。"《史记·货殖列传》则进一步声言，"故曰：'仓廪实而知礼节，衣食足而知荣辱。'礼生于有而废于无。故君子富，好行其德；小人富，以适其力。渊深而鱼生之，山深而兽往之，人富而仁义附焉。富者得势益彰，失势则客无所之，以而不乐。夷狄益甚。谚曰：'千金之子，不死于市。'此非空言也。故曰：'天下熙熙，皆为利来；天下攘攘，皆为利往。'夫千乘之王，万家之侯，百室之君，尚犹患贫，而况匹夫编户之民乎！"

先富后教，礼生于有而废于无，强调的是物质性的基础对于礼乐教化的支撑性作用。这就是孟子对于宣王疑问所作解答的根本所在。它告诉宣王，要想解决问题，就要从施行仁政、安民富民的根本做起。

有这样一个哲理故事：

从前有一对夫妇，家里有 3 个饼。夫妇俩一起分着吃，你一个，我一个，最后还剩下一个。他俩相约说："从现在起，如果谁先开口说话，就不能吃这个饼了。"从此，为得到那个饼，俩人谁也不愿先开口说话。有天晚上，一个盗贼溜进屋里，偷了他们家的财物。直到盗贼把东西全部偷光，夫妇俩因为先前有约，眼睁睁看着财物丢光。谁也不愿开口讲话。盗贼看到没人说话，便当着丈夫的面侮辱他的妻子，可丈夫瞪着两眼还是不肯讲话。妻子急了，高声叫喊有贼，并恼怒地对丈夫说："你怎么这样傻啊！为了一个饼，眼看着闹贼也不叫喊。"丈夫高兴地跳了起来，拍着手笑道："啊，蠢货！最先开口讲的话，这个饼属于我了。"

唯物辩证法告诉我们，不同的事物，包含着不同的矛盾，即使同一事物，在发展的不同过程和阶段，矛盾的具体情况不同，事物在发展中的作用也不同。其中必有一种矛盾起着领导的、决定的作用，规定和影响其他矛盾的存在和发展，即主要矛盾。而其他的矛盾则属于次要和服从的地位，也就是次要矛盾。抓住并正确解决主要矛盾，就可以带动其他矛盾的解决，推动事物发展。

在这个故事中，夫妇二人之所以落得财失家破的结果，是因为夫妇俩没能正确处理主要矛盾和次要矛盾的关系。当两人打赌争饼时，遵守赌约，闭口无言是双方的主要矛盾，应着力解决。可是，当盗贼进屋盗窃财物时，如何联手赶走盗贼，保护家中财产，则成为主要矛盾，赌饼约定就成为次要矛盾。此时此刻，夫妇二人就应该抓住主要矛盾,齐心协力,抓住盗贼,保护财产。然而,夫妇二人因为牢记赌约,对盗贼不予理睬,让盗贼有了可乘之机,将财物盗走,从而丧失了抓贼的大好时机,落得家破财丢。

这个故事告诉我们,"擒贼先擒王,射人先射马。"想问题、办事情,应该牢牢抓住矛盾的主要方面,不能主次不分,因小失大。在实际工作中,我们要坚持矛盾的客观性,就是要弄清当时当地客观存在的矛盾是什么,从而采取正确的解决方法,以收到事半功倍的效果。

匹夫之勇,难成大事

宣王说:"先生说得太有道理了! 不过我有个缺点,我喜欢勇武。"

孟子答道:"大王请不要好小勇。一个人按剑瞪眼说:'他怎么敢抵挡我!'这只是逞匹夫之勇,只能对付一个人罢了。大王应该有更大的勇!《诗经》上说:'文王勃然大怒,旋即整军备战,以抵抗侵犯莒国的敌人,增加我周朝的威福,不辜负天下百姓的期望。'这就是文王的勇武。文王一怒而使天下的百姓得到了安宁。《尚书》上说:'上天降生于万民,并为他们设立君主,设立师长,这些君王和师长的唯一责任,就是协助上天来爱护百姓,天下有罪和无罪的,都由上天来负责,天下谁敢超越它的本分?'有一个人横行天下,武王就感觉到耻辱。这就是武王的勇武。而武王也是一怒就使天下的百姓得到了安宁。如果现在大王也一怒就使天下的百姓得到安宁,那么百姓就会唯恐大王不喜欢勇武了!"

"勇气",有大勇和小勇之分。不讲仁义和智慧,而逞匹夫之勇是小勇;而真正的勇,是斗志不斗力,是斗理不斗血气。我们需要的是大智大勇,而非一时之小勇。

君王之怒,君王之勇有别于匹夫之怒,匹夫之勇。匹夫之怒,匹夫之勇只匹敌一人,不足以为怒,不足以为勇。君王之怒,君王之勇则足以安定天下,使百姓过上太平生活。

因此,即使如宣王所说的"我有缺点,我好逞勇。"只要能够像武王那样一动怒而安定了天下的百姓,如果宣王也一动怒而安定了天下的百姓,那么百姓真的只怕宣王不好勇啊。

孟子真是所谓能言,以大小相比较,以《诗经》来印证,足以说动宣王,如果宣王不听,则是宣王之智力与心理的问题,那是怪不得孟子的。

北宋文学家苏东坡在《留侯论》开篇中说:"古之所谓豪杰之士,必有过人之节,人情有所不能忍者。匹夫见辱,拔剑而起,挺身而斗,此不足为勇也。天下有大勇者,卒然临之而不惊,无故加之而不怒,此其所挟持者甚大,而其志甚远也。"可以说,这是对孟子"勇气"论的最佳阐释,是对这种智慧的继承和发扬。

苏东坡

匹夫,古代指平民中的男子;泛指平民百姓。匹夫之勇,指不用智谋,单凭个人勇气行事的行为。

孟子说,像一个人手握利剑,瞪大眼睛,高声吼道:"谁敢抵挡我!"这就是匹夫之勇,是只能对付一人的小勇。而当国家面临强敌和霸权时,像周文王周武王敢于一怒而率众奋起抵抗,救民于水火之中,所谓"文王一怒而安天下之民"。这就是大勇。

从孟子的这段话中可以看出,匹夫之勇,是无原则的冲动,是只凭拳头和武力的血气之勇。而大勇则是孔子所说的义理之勇,也就是基于正义的勇敢;只要正义存于我方,对方即使有千军万马,也会勇往直前,大义凛然,无所畏惧。

一个人要想成就一番事业,仅有匹夫之勇是远远不够的,而要有大智、大勇。

明代曹臣所编《舌华录》中曾收录了这样一则故事:宋朝和州士人杜默多次参加科举而不得成名,一日过乌江,顺便拜谒项王庙,因实在喝多了点儿,竟然在焚香叩拜之后爬上神桌,搂着项羽神像的脖子,拍着神像的脑袋大哭而言曰:"大王好亏呀!像大王这样英雄盖世竟不能得天下;像我杜默这样文章满腹竟捞不着一官半职,我也好亏呀!"言罢泪如泉涌。旁人忙把他拉下来,再一看神像的眼睛里,竟也有热泪喷涌而出。

的确,说起项羽,人们马上会想到一个顶天立地的英雄形象,会想到项羽著名的诗句《垓下歌》:"力拔山兮气盖世,时不利兮骓不逝。骓不逝兮可奈何,虞兮虞兮奈若何",更会想起李清照的诗句"至今思项羽,不肯过江东",或者还会想到传统剧目和屠洪刚新歌《霸王别姬》。千百年来，不管是司马迁把他列入皇帝资格的《本纪》，还是后世戏剧评论，项羽都是不折不扣的英雄形象。

甚至，作为一个失败的英雄，项羽也得到了司马迁的如此称赞："当年秦国政治腐败，百姓纷纷起来反抗，项羽在陈涉这个地方领军对抗……前后只花了三年时间，就把秦国灭掉，然后将得来的天下分封给各王侯贵族，成为称雄一方的霸主，虽然最后他失去了霸主的地位，但是他的功绩伟业，是近古以来还没有人能做到。"

那么，如此雄姿英发的项羽，为什么还是会失败呢？归根到底还是在于，项羽的勇，只是一种匹夫之勇。

《史记》记载：项籍者，下相人也，字羽。初起时，年二十四。其季父项梁，梁父即楚将项燕，为秦将王翦所戮者也。项氏世世为楚将，封于项，故姓项氏。项梁起义后，征集精兵八千，项羽做了裨将（副将）。汉高帝五年，汉高祖发兵向项羽发动总攻，在垓下把项羽军团团包围。项羽想东渡乌江重整旗鼓，又觉无颜见江东父老，奋力拼杀一阵，遂横剑自刎而死。

项羽是一位超群的军事统帅。他在战场上豪气盖世，叱咤风云。巨鹿之战，项羽破釜沉舟，以寡击众，全歼秦军主力，客观上为汉高祖进入咸阳，推翻秦朝创造了条件。楚汉战争中，破田荣，救彭城，救荥阳，夺成皋，一生大战数十次，多获胜利。所以，古人称他"有百战百胜之才"。公元前210年，秦始皇巡游经过会稽（今江苏苏州），项羽也随众人前往观看。观望中，项羽不禁脱口而出："彼可取而代之也。"只此一语，就表现出项羽的宏伟大志和英雄气概。

同时，项羽又刚愎自用，智谋不足。刚愎自用的含义是顽固、偏执、一意孤行、拒不接受他人的意见。楚汉战争中，他是唯一、无与伦比的百胜将军，所以他的清高使他缺少海纳百川的英雄气概。所以当年韩信、陈平在项羽的手下得不到半点信任，许多贫贱无行却有才干的人都跑去跟了刘邦。谋士范增，主张在"鸿门宴"上除掉刘邦，然而在这"关键时刻"，却对他的意见不予理睬，对刘邦的假意殷勤，毫无察觉，反把曹无伤的告密直接告诉刘邦，反映了他只是一个有勇无谋、不懂策略、麻痹轻敌的草包将军。公元前202年，韩信伐楚。韩信派李左车到楚营诈降，项羽听信了李左车的煽动，亲自领兵迎战。项羽的爱妃虞姬和帐下众将极力劝阻不可轻举妄动，但他固执不听，结果引兵深入，中了韩信十面埋伏之计。

项羽好逞匹夫之勇，狂暴浮躁。通过司马迁《史记》得知：项羽，身高八尺，力能扛鼎，"吴中子弟皆惮之"。楚汉战争的最后一战，当时项羽已经是四面楚歌了，重重包围。这时候项羽就上马，说我们今天就痛痛快快打他一仗，上马！拿起剑来，骑上马，一路厮杀，杀得痛快淋漓。结果杀得尸横遍野，汉军溃退。这是典型的匹夫之勇。细读《史记》之《项羽本纪》可以看到，"项王怒""项王大怒"几乎充斥着全篇。如"项王怒，烹周苛，并杀枞公"，"……则幸分我一杯羹。项王怒，欲杀之。项伯曰……"，"项王大怒，乃自被甲持戟挑战"，"汉王数之，项王怒，欲一战"等等。动不动就大怒，动不动就发脾气，动不动就杀人，足见项羽是多么狂暴浮躁。

项羽的匹夫之勇，便是出自韩信之口。刘邦做了皇帝以后，在洛阳宫摆设筵席宴请群臣的时候说："我之所以能成功，顺利取得天下，是因为能够知道每个人的特长，并且也懂得如何让他发挥长处。"然后他问韩信对自己的看法。韩信回答说："大王您很清楚自己各方面的才能与长处，因此您其实心里明白，说到机智与才华，其实是不如项王。不过我曾经当过他的部下一段时间，对于他的性情、作风、才能，了解得比较清楚。项王虽然勇猛善战，一人可以压倒几千人，但是却不知道如何用人，因此一些优秀杰出的贤臣良将虽然在他手下，可惜都没能好好发挥各自的专长。所以项王虽然很勇猛，却只是匹夫之勇，做事不懂得深谋远虑、三思而行。而大王任用贤人勇将，把天下分封给有功劳的将士，使人人心悦诚服。所以天下终将成为大人您的。"

由此可见，徒有匹夫之勇，即使这种勇气能达到项羽那种"力拔山兮气盖世"的境界，也是难以成就大事的。

灵活变通，巧妙行事

孟子说，嫂子掉进水里，不去拉她，那简直就是豺狼。男女之间不亲手递接东西，这是礼制；但礼制也可以根据实际情况加以变通，嫂子落水而去伸手援救，这就是一种通权达变。

孟子的这种"通权达变"的处世方式，实为人生道路上不可或缺的一种权巧方便。人生于世、行于世，本来就是一场非常艰巨而严峻的考验，并且世间万物纷然而庞杂难以一概而论。虽然从人生的进取层面来看，为人自然应该战战兢兢，如履薄冰,如临深渊;但在具体的实际行动则应遵循"权变"的原则,不应执于一端,否则东向西望难见西墙。

世事的复杂,时势的多变,要求人们在不同的情况下采取不同的应对措施,唯有灵活掌握"权变"的通达,才能真正做到进退自若。

《老子》里说:"上善若水。水善利万物而不争。处众人之所恶,故几于道。居善地,心善渊,与善仁,言善信,正善治,尹善能,动善时。夫唯不争,故无尤。"

老子认为,有道德的上善之人,有像水一样的柔性。水性柔顺,明能照物,滋养万物而不与万物相争,有功于万物而又甘心屈尊于万物之下。

《孙子兵法·虚实篇》云:"夫兵形象水,水之形,避高而趋下;兵之形,避实而去虚。水因地而制流,兵因敌而制胜……能因敌变化而胜者,谓之神。"

孙武认为,用兵应像水一样,因敌变化。为人处世也是同理。要学会随机应变。

我国古代,有这样一个寓言故事:

战国时期,秦国有个人叫孙阳,精通相马,无论什么样的马,他一眼就能分出优劣。他常常被人请去识马、选马,人们都称他为伯乐。

有一天,孙阳外出打猎,一匹拖着盐车的老马突然向他走来,在他面前停下后,冲他叫个不停。孙阳摸了摸马背,断定是匹千里马,只是年龄稍大了点。老马专注地看着孙阳,眼神充满了期待和无奈。孙阳觉得太委屈这匹千里马了,它本是可以奔跑于战场的宝马良驹,现在却因为没有遇到伯乐而默默无闻地拖着盐车,慢慢地消耗着它的锐气和体力,实在可惜! 孙阳想到这里,难过得落下泪来。

这次事件之后孙阳深有感触,他想,这世间到底还有多少千里马被庸人所埋没呢? 为了让更多的人学会相马,孙阳把自己多年积累的相马经验和知识写成了一本书,配上各种马的形态图,书名叫《相马经》。目的是使真正的千里马能够被人发现,尽其所才,也为了自己一身的相马技术能够流传于世。

孙阳的儿子看了父亲写的《相马经》,以为相马很容易。他想,有了这本书,还愁找不到好马吗? 于是,就拿着这本书到处找好马。他按照书上所画的图形去找,没有找到。又按书中所写的特征去找,最后在野外发现一只癞蛤蟆,与父亲在书中写的千里马的特征非常像,便兴奋地把癞蛤蟆带回家,对父亲说:"我找到一匹千里马,只是马蹄短了些。"父亲一看,气不打一处来,没想到儿子竟如此愚蠢,悲伤地感叹道:"所谓按图索骥也。"

这个故事出自明朝杨慎的《艺林伐山》,也是成语"按图索骥"的由来。这个寓言有两层寓意,一是比喻按照某种线索去寻找事物,二是讽刺那些本本主义的人,机械地照老方法办事,不知变通。

美国威克教授曾经做过一个有趣的实验:把一些蜜蜂和苍蝇同时放进一只平放的玻璃瓶里,使瓶底对着光亮处,瓶口对着暗处。结果,那些蜜蜂拼命地朝着光亮处挣扎,最终气力衰竭而死,而乱窜的苍蝇竟都溜出细口瓶颈逃生。这一实验告诉我们:在充满不确定性的环境中,有时我们需要的不是朝着既定方向的执着努力,而是在随机应变中寻求求生的路;不是对规则的遵循,而是对规则的突破。我们不能否认执着对人生的推动作用,但也应看到,在一个经常变化的世界里,灵活机动的行动比有序的衰亡好得多。

只知道执着的蜜蜂走向了死亡,知道变通的苍蝇却生存了下来。执着和变通是两种人生态度,不能单纯地说哪个好哪个不好。单纯的执着与单纯的变通,二者都是不完美的。只有二者相辅相成才能取得最后的成功,我们要学会执着与变通二者兼顾。

随机应变,灵活变通是一种智慧,这种智慧让人受益匪浅。孙膑是我国古代著名的军事家,他的《孙膑兵法》到处蕴含着变通的哲学。孙膑本人也是一个善于变通的人。

孙膑初到魏国时,魏王要考查一下他的本事,以确定他是否真的有才华。

一次,魏王召集众臣,当面考查孙膑的智谋。

魏王坐在宝座上,对孙膑说:"你有什么办法让我从座位上下来吗?"

庞涓出谋说:"可在大王座位下生起火来。"

魏王说:"不行。"

孙膑说:"大王坐在上面嘛,我是没有办法让大王下来的。不过,大王如果是在下面,我却有办法让大王坐上去。"

魏王听了,得意扬扬地说,"那好,"说着就从座位上走了下来,"我倒要看看你有什么办法让我坐上去。"

周围的大臣一时没有反应过来，也都嘲笑孙膑不自量力，等着看他的洋相呢。

这时候，孙膑却哈哈大笑起来，说："我虽然无法让大王坐上去，却已经让大王从座位上下来了。"

这时，大家才恍然大悟，对孙膑的才华连连称赞。魏王也对孙膑刮目相看，孙膑很快就得到魏王的重用。

在处理问题时，我们总是习惯性地按照常规思维去思考，如果我们能像孙膑那样，学会灵活变通，那么你会发现"柳暗花明又一村"。

不仅思考问题要这样，在工作上也应该这样。与领导相处的时候尤其要注意灵活变通。领导为什么能成功？其中一个重要因素就是灵活变通，故而跟在他身边的下属，必定要懂得弹性处理法则。所谓灵活变通与弹性处理，跟滑头性格与做事没有原则是不相同的。因时制宜，在某种特殊特定环境之内，配合需求，设计出最好的可行方案，这就是所谓弹性处理。分明已经改了道，此路不通，还偏偏要照旧时那个法子把车开过去，这不是坚持原则，而是蛮干。

领导喜欢凡事肯变通、会适应的人。因为他不但不用担心这个人会受外在环境影响而情绪有所变化，导致工作质量下降，而且还可以依赖他在非常时期应付一些突发事件，建立奇功。

总之，"识时务者为俊杰，"如果一个人不懂变通，那就是一个呆子。众所周知的刻舟求剑的故事，就是一个学富五车的人不懂变通的生动例子。船已经走了，那个所刻下的印记自然也变化了，靠这样的死脑筋又怎么能够找到自己的宝剑？同样的道理，我们如果不懂变通就会变得迂腐不堪，如同没有生命的雕像和傀儡，为人处世的时候就会不得要领，做出迂腐荒唐让人哭笑不得的傻事来。

特别提示：

本书在编写过程中，参阅和使用了一些报刊、著述和图片。由于联系上的困难，和部分作品的作者(或译者)未能取得联系，对此谨致深深的歉意。敬请原作者(或译者)见到本书后，及时与本书编者联系，以便我们按照国家有关规定支付稿酬并赠送样书。

联系电话：010-80776121　联系人：马老师